ARTHUR

Mord und andere katalanische Spezialitäten

Band 1

Uwe Rademacher

Feuertanz-Verlag

Impressum

ARTHUR – Mord und andere katalanische Spezialitäten, Band 1
Uwe Rademacher
2. Auflage 2026

Herausgeber:

www.feuertanz-verlag.de • kontakt@feuertanz-verlag.de
www.va-verlag.de • info@va-verlag.de
Veronika Aretz, Vennstraße 30, 52134 Herzogenrath

Lektorat: Rich Schwab, https://www.lektorat-und-tat.de
Korrektorat: Birgit van Troyen
Coverbild & Rückseite: Christian-Mark Morariu / Markison von Fiverr.com
Druck: Druck: BOOKS FACTORY Sp. z o.o., Szczecin (Polen)

ISBN: 978-3-910619-07-4

Uwe Rademacher

Arthur

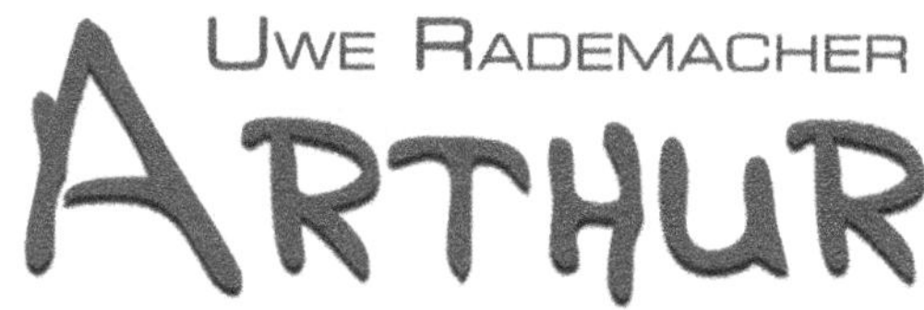

Mord und andere katalanische Spezialitäten

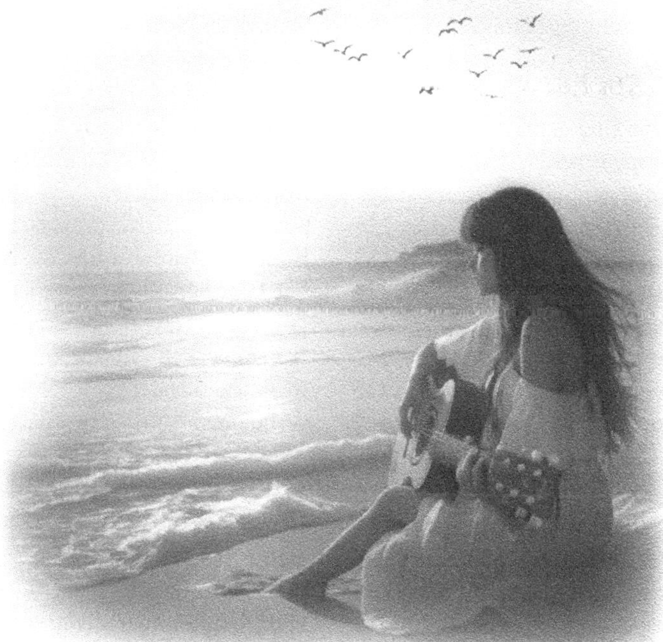

Inhalt

Eine Liebeserklärung an ein liebenswertes Katalonien

Für Birgit, Daniel & Hannah

Prolog

Mein Name ist Arthur Crawley.

Ich bin zweiundsechzig Jahre alt, ledig und seit fast fünf Jahren hauptberuflich Schriftsteller. Hört sich merkwürdig an, entspricht aber der Realität, auch wenn ich es an manchen Tagen selbst nicht glauben kann.

Ich habe ein einziges erfolgreiches Buch geschrieben, nun, eigentlich sind es drei Bände, ergo eine Trilogie: Fantasy – *Die Insel-Chroniken*. Urban Fantasy im Fachjargon. Gedruckt über fünftausend Seiten. Irre, oder? Wie kann man nur so viel schreiben?

Also, na ja … es geht, besonders dann, wenn man von einem inneren Fieber befallen wird, welches einen immer weitertreibt, weil man nachts mit der Story zu Bett geht und am nächsten Morgen mit neuen Ideen aufwacht.

Es gibt dieses Jahr zu Weihnachten eine sechsbändige, aufwendig gestaltete Schmuckausgabe. Krasse Sache, oder?

Als ich schon nicht mehr daran glaubte, erbarmte sich eine Lektorin. Ich durfte das ganze Manuskript einsenden, und … Wunder über Wunder: Das komplette Werk wurde sukzessive veröffentlicht und verkaufte sich gar nicht mal schlecht.

»Du bist nicht so gut wie George R.R. Martin, aber dein Buch hat einen unschlagbaren Vorteil«, dozierte mein ewig grummelnder Verleger. Die haben alle was von Onkel Dagobert, ständig jammernd, dem Armenhaus nahe und am Hungertuch nagend. »Deine Geschichte ist zu Ende erzählt, außerdem stehen die Leute anscheinend auf kaputte Helden und starke Frauen.«

»Yo«, hatte ich lapidar geantwortet. »Wer tut das nicht.«

Es gab wohlwollende Artikel in der *Zeit* und in der *Frankfurter Rundschau,* daheim in der *Times* und im *Guardian.* Die Fangemeinde wuchs und die Verkaufszahlen stiegen. Fünfte Auflage aktuell, und das, ganz ehrlich, ist ebenfalls verdammt krass. Mein Vertrag wurde nachgebessert, aber das ganze Gewese wuchs mir über den Kopf, also suchte ich mir professionelle Hilfe und fand eine mit allen Wassern gewaschene Agentin.

Audrey Parker. Der Hammer. Ein Vulkan mit der Lizenz zum Gelddrucken.

»Ich vertrete nur Klienten, deren Bücher mir auch gefallen«, war der erste Satz, den ich von ihr zu hören bekam.

Ich drückte ihr die Standardausgabe im Schuber in die Hand. »Na dann, viel Spaß damit. Wann werde ich von Ihnen hören?«

»Übermorgen.«

Das maliziöse Lächeln in ihrem rundlichen, von glatten blonden Haaren umrahmten Gesicht zeigte, dass sie sich über meinen ungläubigen Blick amüsierte – aber hey, wer liest so einen Schinken in zwei Tagen?

»Da haben Sie sich aber ordentlich was vorgenommen«, gab ich zu bedenken. »Leiden Sie unter Schlafstörungen?«

»Wenn es mich langweilt, melde ich mich schon morgen. Oder in zwei Stunden.«

Nach immerhin drei Tagen fand ich mich wieder in ihrem schnieken Büro in Manchester ein. Ihre Augen zierten dunkle Ringe. Sie reichte mir die Hand und nickte. »Das ist okay. Was haben die Geizkragen Ihnen offeriert?«

Ich nannte eine Summe und die Vertragslaufzeit.

Sie schüttelte nur mitleidig den Kopf. »Das ist ja ’ne Lachnummer. Soll ich Sie vertreten?«

»Als meine Agentin?«, fragte ich einfältig zurück. Sie sah mich bloß an, mit ihrem Röntgenblick. »Okay!«

Sie nickte zufrieden und zerriss die Vorschläge des Verlags in der Luft. »Ich melde mich, wenn ich mit den Halsabschneidern einig geworden bin, bis dahin wird nichts unterschrieben.«

»Deal!«, stimmte ich aufgeregt zu. Für einen Moment taxierten wir uns.

»Du hast mich zum Weinen gebracht, Arthur Crawley.« Wow, schon waren wir per Du. Unvermittelt tippte sie mit ihrem Zeigefinger auf meine Nasenspitze. »Und zum Träumen und zum Nachdenken. Mir gefällt dein Schinken.«

Ich grinste gebauchpinselt, wahrscheinlich recht dümmlich. Sie hatte offensichtlich alle drei Bände zumindest quergelesen.

Mein Verleger und Audrey begaben sich in eine Art Konklave. Messer wurden gewetzt, Drohungen ausgesprochen und Stimmen erhoben. Nach zwei Wochen zäher Verhandlungen präsentierte sie mir das Ergebnis. Ich sage mal nichts konkret zu den Summen, aber mir blieb die Spucke weg.

»Das reicht wohl für den Rest meiner Tage.«

»Das soll es auch, du bist ein spätes Talent. Du hast nur eine Verpflichtung zu erfüllen: Schreib gefälligst weiter, solange deine Birne noch halbwegs funktioniert.«

»Oh, ja.« Ein Vertrag über fünf Jahre, der mich verpflichtete, mindestens drei Bücher zu schreiben, der aber auch die Veröffentlichung darüber hinaus garantierte. Keine Festlegung auf ein Genre, kein geknebelter Autor, die Freiheit des Dichters wurde in allen Punkten gewahrt. »Wow, danke.«

Audrey lächelte hintergründig. »Zwanzig Prozent, Arthur, und dreißig bei den Filmrechten.«

»Ist das gut?«

»Wenn alles so hinhaut, wie ich mir das vorstelle, dann werde ich nur noch für dich arbeiten müssen, oder gar nicht mehr, falls du nochmal was Vernünftiges zu Papier bringen solltest.«

Das alles ging vor fünf Jahren los, der Vertrag wurde vorzeitig auf acht Jahre verlängert. Die *Chroniken* sind noch immer in den Top 30 der Bestsellerlisten, ein Dauerbrenner, wie man so schön sagt.

Als die Kohle vermehrt floss, kaufte ich dieses Haus in Calonge, einem kleinen Nest an der Costa Brava, zwischen Girona und Barcelona in Katalonien. Hier lässt es sich leben, zumindest von Ostern bis der liebe Gott irgendwann Anfang November den Schalter umlegt. Die Winter können unleidlich daherkommen mit Schnee, Matsch und viel Regen, aber die letzten Jahre waren fantastisch mild. Mein Spanisch kann man als mittelprächtig bezeichnen, aber die Eingeborenen, die untereinander nur *Catalan* sprechen, sind nachsichtig mit *el Escribar,* dem zugereisten Schreiberling aus England.

Alles ist supergeil und megacool, wie man heutzutage annehmliche Dinge zu umschreiben pflegt – wäre da nicht dieses klitzekleine, gänzlich uncoole Manko zu vermelden …

Man nennt es auch heute noch: eine Schreibblockade.

Das Ende der beschaulichen Tage

Der Tag X

Die ganze Chose begann im Juli 2016, also im vergangenen Jahr. Das genaue Datum weiß ich nicht mehr, auf jeden Fall war es ein Donnerstag Anfang Juli. Nach einer Nacht, in der ich vier Stechmücken eine erbitterte und letztendlich erfolgreiche Schlacht geliefert hatte – die Blutflecken an der frisch getünchten Wand zeugten von meinem heroischen Sieg – machte ich mich auf, um den kleinen Wochenmarkt in Calonge zu besuchen. Gemüse, Obst, ein Gläschen Weißwein bei Antonio, das Übliche halt.

Donnerstag ist Markttag. Für mich ein lieb gewonnenes Ritual, deshalb die Gewissheit, um welchen Wochentag es sich handelte. Übermüdet, aber zufrieden damit, mein eigenes Blut rot gesprenkelt auf der Wand verorten zu können, kramte ich in der Schale auf dem Sideboard in der Diele nach meinem Wagenschlüssel. Vor dem Haus beschwerten sich die Katzen lauthals über das ausbleibende Frühstücksbuffet, aber in meinem Alter benötigt man feste Regeln zum Überleben, und die für den Donnerstag lautete: erst die Einkäufe und dann die Dachhasen.

Noch ehe ich die Tür öffnen und mich mit fünf anklagenden Augenpaaren konfrontiert sehen konnte, vernahm ich eine Stimme, eindeutig weiblich, ziemlich erschöpft.

»Hallo, sind Sie zuhause?«

»Auch das noch, Besuch am frühen Morgen«, brummte ich unwillig, ging zurück ins Wohnzimmer und von dort auf die Terrasse, die fast mein ganzes Haus umlief. Ich tastete mich vor bis zum äußersten Zipfel. Von dort konnte ich auf den Wendehammer der Sackgasse blicken. Das Haus gegenüber stand zum Verkauf und war seit fast einem Jahr unbewohnt. Erst residierten dort Schweizer, denen es daheim zu teuer geworden war, dann verkauften die gewieften Finanzhaie aus dem neutralen Ländle das Objekt für einen irren Preis an eine russische Familie, deren Patriarch Anatoli Soundso immer mit einer dicken Geldrolle in der Hosentasche herumlief. Nachdem der erfolgreiche Baulöwe sich zu Tode gesoffen hatte, verkaufte die wasserstoffblonde Natalia Haus und Grundstück für einen Spottpreis an einen hiesigen Makler, der seitdem händeringend neue Käufer oder zumindest Mieter suchte.

Der Russe war in seinem eigenen Pool ersoffen. Irgendwie machte die Geschichte die Runde, und niemand wollte das verfluchte Haus kaufen, wahrscheinlich wegen Anatolis Geist, der dort drüben sein Unwesen trieb.

Mir war das derzeitige Arrangement ganz lieb. Keine Nachbarn, keine wilden Partys, keine verhätschelten Köter, die meine Katzen jagten.

»Hallo, da sind Sie ja.«

Ich schob meine Sonnenbrille energisch den Nasenhügel hinauf. Auf der etwa einen Meter hohen Mauer, die mein Grundstück von dem Ascherondell abgrenzte, saß ein dunkelblondes Mädchen, die langen Beine in Jeans gehüllt, die Füße in klobigen Wanderstiefeln verpackt. Das dunkelblaue T-Shirt komplett durchgeschwitzt, einen Rucksack neben sich abgelegt. Aus einem erschöpften Gesicht blitzten mich zwei blaue Augen erwartungsfroh an.

Ich schwieg. Hey, das kann ich wirklich gut und ausdauernd.

»Ich bin den weiten Weg von Farington bis auf diesen verdammten Berg gereist.«

»Farington?« *Auch das noch, eine Engländerin.* »Wo, bei unserer Hohen Mutter, soll das denn sein?« Ohne nachzudenken hatte ich eine der Gottheiten aus meinem Buch bemüht.

»Zwischen Bampton und Buckland, in der Nähe von Oxfordshire. Ich wohne in einem wunderschönen Haus an der berühmten *Tadpole Bridge.*«

»Nie gehört.«

»Macht ja nichts, ich dachte nur …«

»Ich bin aus England sozusagen geflohen.«

»Ich weiß.«

»So? Sie scheinen ja bestens informiert zu sein, junge Dame, aber …«

»Luisa.«

»Wie bitte?«

»Ich bin Luisa. Ich bin Ihr größter Fan.«

»Nun, das ist schön, aber …«

»Ich habe die *Chroniken* schon fünfmal gelesen.« Das Mädchen, oder sagen wir gerechterweise die junge Frau, strahlte über ihr ganzes erhitztes Gesicht. »Sie ist wundervoll. Ich liebe sie.«

Tatsächlich war ich ein wenig verlegen. »Äh, gewiss …«

»Ich hatte nicht mehr genug Geld.«

»Geld? Wozu denn?«

»Dieser raffgierige Taxifahrer hat mich nur bis zu den Müllcontainern heraufgefahren. Weiter reichte meine Kohle nicht, also musste ich den Rest laufen.« Sie wischte sich mit dem Ende ihres Shirts den Schweiß von der Stirn und entblößte dabei einen ziemlich weißen flachen Bauch. »Ich glaube, der hat mich ganz schön beschissen.«

»Sie müssen vorab den Fahrpreis aushandeln, Mädchen.«

»Ja, ist sicher besser, aber jetzt habe ich nur noch einen Euro sechzig. Au Backe, ist das heiß, schon am frühen Morgen.«

»Schön, Luisa, Sie sind ein Fan meiner Trilogie. Das finde ich gut«, knurrte ich leicht genervt. Aufkommende Kopfschmerzen kündigten weiter steigenden Luftdruck an. Es würde ein richtig heißer Tag werden, und jede Minute, die ich jetzt verschwatzte, würde ich auf dem Markt teuer bezahlen müssen. »Ich hoffe, Sie haben die Bücher auch gekauft und nicht irgendwo heruntergeladen.«

»Was denken Sie denn? Ich habe eine Ausgabe nur zum Lesen und eine unbenutzte zum Anschauen im Schrank, ein E-Book für meinen Reader, das Hörbuch, die ungekürzte Lesung und die Weihnachts-Schmuckausgabe vorbestellt.«

Jetzt war ich doch beeindruckt. »Ah, okay, also, das ist wirklich … Respekt.« Ja, Herr im Himmel, was soll man denn auch sagen?

»Kann ich vielleicht ein Glas Wasser bekommen, mir ist ein wenig schwindelig.«

Oha. Das wird keine gute Schlagzeile: Treuester Fan stirbt vor dem Haus des Dichters … Sie sah herzerweichend zu mir hinauf.

»Gut, meinetwegen, fallen Sie mir bloß nicht tot um, ich kann keine negative Presse gebrauchen.« Es war schon schlimm genug, dass sich alle Welt fragte, wann denn mein neuer Roman erscheinen würde. »Gehen Sie durch das Törchen hinunter zum Pool, ich bringe Ihnen was zu trinken.«

Der Fan aus dem Vereinigten Königreich nickte folgsam, öffnete das quietschende Metalltor und trabte die knapp zwanzig Stufen hinunter zum Pool. Erschöpft schleppte sie sich bis zu einer der Liegen, die unter der ausladenden Palme auf Gäste warteten. Ich füllte eine Karaffe mit Zitronenwasser. Gläser standen ausreichend in der kleinen Sommerküche.

Die Katzen maulten lautstark. Wieder kein Futter, stattdessen Wasser für eine Wildfremde. Seufzend stiefelte ich in meinen Wellnessbereich.

»Wahnsinn, darf ich Ihnen die Hand geben?« Luisa sprang von der Liege auf. In ihrem hübschen Gesicht las ich so etwas wie Heldenverehrung.

»Ach, nun trinken Sie erstmal was«, wehrte ich verlegen ab. Das erste Glas leerte sie in einem Zug. »Langsam, langsam, das gibt sonst Krämpfe.«

»Puh, Sie haben ja recht. Jetzt aber …« Entwaffnend lächelnd hielt sie mir ihre rechte Hand hin. »Luisa Verbeek.«

»Das klingt gar nicht britisch.«

»Mein Vater ist Holländer, meine Mutter Engländerin. Sie haben sich auf einer *Star Trek Convention* kennengelernt, meine Mom ging als *Seven of Nine* und Dad als Lieutenant *Worf.*«

»Krasses Paar.« Ich nahm kurz ihre verschwitzte Hand. »Echter Kult.«

»Haben sich sofort ineinander verknallt.«

»Das soll vorkommen.« Den zweiten Becher trank sie in kleineren Schlucken. »Luisa …« Ich setzte mich auf die Liege vis à vis. »Ich bin ehrlich beeindruckt, und ich freue mich, eine so reizende Bewunderin meines Werkes kennenzulernen … Aber mal ganz ehrlich, was versprechen Sie sich von dieser … Aktion?« Mit einem Auge schielte ich auf die Wanduhr in der Sommerküche. Halb neun. Ich war schon verdammt spät dran.

»Ich habe da ein paar Fragen.«

»Zu den Chroniken?«

»Genau.«

Auch das noch, ein Fan, der das Buch wahrscheinlich besser kennt als der Autor. Das wird voraussichtlich eine schreckliche Haarspalterei, ich hasse das. »Aber ich habe jetzt keine Zeit, ich muss zum Markt.«

»Macht ja nix, muss ja nicht jetzt sein.«

»Bleiben Sie länger?«

»Den ganzen Sommer. Wahrscheinlich bis Anfang Oktober. Mein Semester beginnt dann wieder.«

»Das sind locker drei Monate!«

»Ja, ist das nicht großartig?«

»Wie man's nimmt. Wo werden Sie denn wohnen?«, fragte ich alarmiert.

»Ich habe ein Zimmer gemietet. In Calonge, bei Señora Marisol. Es ist winzig, aber für mich wird es reichen.«

»Himmel, ist das nicht eine Bruchbude?«

»Passt schon. Ich konnte erst mal für zwei Wochen bezahlen; wie gesagt, ich habe nur noch einen Euro sechzig.«

»Na, das sollte kein Problem sein, es gibt ganz in der Nähe einen Geldautomaten.«

Luisa lachte hell. Mir fielen ihre langen, dunklen Wimpern auf. Ein schöner Kontrast zu den blauen Augen. »Ich habe keine solche Karte.«

»Travellerschecks?«

»Nö.«

»Ihre Eltern schicken Geld?«

»Nee, die wissen doch gar nicht, wo ich bin. Die sind auf einer längeren Geschäftsreise in Asien.«

»Aber … Aber wovon wollen Sie denn leben?« Ich denke, ich klang ziemlich konsterniert und spießig.

»Ich habe meine Gitarre mit.«

Aha, damit war wohl alles gesagt. Ich bin für dieses In-den-Tag-Hineinleben wohl doch schon zu senil. »Was studieren Sie denn?«

»Literaturwissenschaften, Schwerpunkt auf der Neuzeit.«

Na klar, was sonst. »Bestimmt interessant.«

»Oh ja, ich habe ein Referat über die weiblichen Protagonisten der *Insel-Chroniken* geschrieben und plane meine Bachelor-Thesis über die wichtigste Figur, Jack Dawson, zu verfassen.«

»Lieber Himmel.«

»Ich hoffe auf ein paar Anregungen von Ihnen.«

»Nun, wie dem auch sei … Ich muss jetzt zum Markt.«

»Sie fahren doch bestimmt mit dem Auto.«

Auch das noch … »Okay, ich nehme Sie mit, ich fahre eh nach Calonge.«

»Dankeschön! Kann ich noch was von dem köstlichen Wasser haben?«

Méhari

»Was ist das denn für ein lustiges Gefährt, das hat ja gar keine Türen.«

»Das ist ein Citroën Méhari, der braucht keine Türen.«

»Und auch kein Dach, so wie es aussieht.«

»Man kann eine Plane spannen, aber meine ist kaputt und ich bekomme einfach keine neue.«

»Schick, so in Gelb«, lobte Luisa aufgekratzt.

»Baujahr '85, der verrottet nicht, ist alles aus Hartplastik. War in den meisten Ländern gar nicht zugelassen, nicht verkehrssicher, vor allem für die Insassen.«

»Wieso heißt das Auto Méhari, hat das was zu bedeuten?«

Kaum neugierig, das Mädchen … »Kommt aus dem Französischen und heißt so viel wie Renndromedar.«

»Klasse, das ist mal ein außergewöhnliches Teil.«

»Nun steigen Sie endlich ein, wir sind spät dran.«

Warum hatte ich eigentlich *wir* gesagt?

Knatternd und stotternd erwachte der Zwei-Zylinder-Boxermotor aus seiner Lethargie. Durch die billigen Kunstlederimitate der Sitze bohrten sich unangenehm einige Federn. Ich rutschte mit meiner linken Pobacke so lange hin und her, bis ein halbwegs schmerzfreies Sitzen möglich war.

Die Katzen beäugten mich ungehalten. Joschi, der dicke Chefkater, strafte mich mit Missachtung. Trine, die Kleinste, maunzte kläglich. Sie vermittelte mir das Gefühl, dem Hungertod nahe zu sein.

»Es gibt was, wenn ich wiederkomme«, erklärte ich.

»Die sind süß.«

»Nicht alle.«

Der Motor röhrte wütend auf, weil ich zu spät einen Gang einlegte. Luisa schloss die Augen, drehte ihr Gesicht gen Sonne und genoss den Fahrtwind. Wir rumpelten über die mit Schlaglöchern übersäte Straße. Erst als wir den Platz mit den Müllcontainern erreichten, wurde der Belag besser. Mein gelber Bomber schnurrte zufrieden.

»Soll ich Sie an Ihrer Behausung absetzen?« fragte ich voller Hoffnung.

»Kann ich nicht mitkommen? Ich könnte Ihnen die Tüten zum Auto tragen.«

»Sehe ich so gebrechlich aus?«

»Nein, sicher nicht, ich wollte nur nett sein.«

»Na gut, der Vormittag ist eh versaut.«

»Oh, ich hoffe, das ist nicht allein meine Schuld.«

»Nee, Urheber waren die Mücken letzte Nacht. Ich hatte vergessen, das Fliegengitter rechtzeitig vors Fenster zu schieben.«

»Tomatenpflanzen.«

»Wie bitte?«

»Tomatenpflanzen aufs Fensterbrett. Das mögen die Viecher nicht.«

»Habe ich noch nie gehört.«

»Man lernt nicht aus«, erwiderte Luisa fröhlich.

Ich lenkte den Wagen auf den Parkplatz am *Samal*, meinem Lieblingsrestaurant. Über eine Treppe und einige Schleichwege gelangten wir auf den Markt, der sich in den Gassen von Calonge ausbreitete.

Von der Philosophie eines katalanischen Marktes

»Das ist echt urig hier, kaum Touris«, freute sich Luisa.

»Deshalb kaufe ich hier.«

»Ist gar nicht so weit bis zu meinem Zimmer, nur ein paar Straßen bergauf.«

»Was nimmt Ihnen die gute Marisol denn ab?«

»Zwanzig pro Nacht.«

»Mit Frühstück?«

»Nee, leider nicht.«

»Also wirklich, das ist kein Schnäppchen. Die kleinen Kemenaten kriegt die doch niemals vermietet. Ganz schön schrappig, die Dame.«

»Ach, ist schon gut, wenn ich mal ein bisschen was verdient habe, suche ich mir vielleicht was Besseres.«

»Ist ein ganz schöner Fußmarsch runter ans Meer, von Platja D'Aro ganz zu schweigen.«

»Ich weiß, aber ich wollte nicht unter freiem Himmel schlafen. Würde ich zwar gern, aber ich glaube, das ist in Spanien verboten.«

»Wir sind nicht mehr in den Sechzigern.«

»Die gute alte Flower-Power-Zeit.« Man hätte meinen können, Luisa selbst wäre in dieser Periode aufgewachsen, so bedeutungsschwanger klangen ihre Worte.

Ich steuerte zielstrebig auf den winzigen Verkaufsstand von Pepita Garrido zu. Das Alter der Bäuerin ließ sich unmöglich schätzen, irgendwo zwischen achtzig und hundertfünfzig. Wie immer ganz in schwarz gekleidet und hochgeschlossen, hockte das Persönchen von vielleicht vierzig Kilogramm auf einem dreibeinigen Schemel hinter ihren Körben mit Zucchini, Möhren, Auberginen, Kopfsalat und schrumpeligen Äpfeln.

»Ich wünsche Ihnen einen wunderschönen guten Morgen, Señora Garrido.«

Ein wohlwollendes Aufblitzen ihrer wachen Augen. Sie hob ihre von Altersflecken gesprenkelte Hand zum Gruß. »Señor Crawley.« Es klang ziemlich kratzig, etwa so wie *Krali*, aber mit viel Phantasie konnte man meinen Namen erahnen.

»Wie ich sehe, haben Sie wieder erlesene Waren anzubieten.«

»Pst.« Luisa zupfte am Ärmel meines weißen Hemdes. »Das Gemüse ist halb verwelkt und das Obst angefressen«, flüsterte sie mir ins Ohr. »Da sind jede Menge Würmer in den Äpfeln.«

»Wollen Sie wohl still sein! Das hat schon alles einen Sinn.«

»Aber dort drüben gibt es viel schöneres Obst.«

»Auf der Stelle geben Sie Ruhe!« befahl ich. Ihre Mundwinkel sanken nach unten, und ihre Augen wurden ganz groß, aber immerhin sagte sie nichts mehr. »Señora, ich weiß, es kommen noch viele Kunden, aber dennoch würde ich gern diese vier Salatköpfe nehmen. Wenn Sie dann noch so freundlich wären, jeweils ein Kilo Zucchini und Möhren für mich abzuwiegen.«

In meinem Rücken schnaufte Luisa ungläubig. Señora Garrido erhob sich würdevoll. Ihre knotigen Hände schaufelten geschickt das Gemüse und den Salat in Papiertüten.

»Ach ja.« Ich sah mich zu meinem Bücherfan um und schenkte Luisa ein diabolisches Grinsen. »Zwei Tomatenpflanzen nehme ich noch, und … ach herrje, ich wage kaum zu fragen: Kann ich alle Äpfel bekommen?«

»Für Sie will ich eine Ausnahme machen«, beschied Pepita großherzig. Sie lächelte zauberhaft. »Weil Sie ein so lieber Stammkunde sind. Ich werde die anderen Einkäufer auf nächste Woche vertrösten müssen.«

»Eine große Ehre, Señora Garrido. Ich danke Ihnen wirklich sehr. Ihre Äpfel haben ein einzigartiges Aroma.«

Die alte Bäuerin sah mich versonnen an, und für Sekunden war ihre verflossene Schönheit zu erahnen, die vollendeten Lippen, eine zierliche Nase und eine hohe Stirn. Eine stolze Königin.

Ich drückte Luisa schon einmal den Salat und die Tüte mit dem Gemüse in die Hand. Ihre Stirn legte sich in niedliche Waschbrettfalten. Sie schien mein höchst unlogisch erscheinendes Verhalten zu analysieren.

»Hier sind Ihre Äpfel.«

»Danke, das wird ein sicher vorzüglicher Kuchen.«

»Ah, ein Kuchen.« Pepita schmunzelte fein. »Mehr kann ich Ihnen leider nicht verkaufen, Señor Art.« Ich lächelte glücklich zurück. Mit dem halben Vornamen angesprochen zu werden, bedeutete eine große Ehre. »Sie wissen schon, wegen der Stammkundschaft.«

»Natürlich, Señora«, stimmte ich geflissentlich zu. »Was bin ich schuldig?«

Nun kam die große Abschlusszeremonie. Auf einem winzigen Fetzen Papier addierte die grauhaarige Dame mit einem Bleistiftstummel Zahlen auf. Ich spürte Luisas bohrende Blicke in meinem Rücken.

»Das macht zwei Euro und achtzig Cent, Señor Crawley.«

»O la la, Señora, aber das kann ja nicht sein.« Ich spielte die Rolle des entsetzten Einkäufers wie in einer drittklassigen Seifenoper. Ich hob die Hände gen Himmel. »Die Äpfel, Señora Garrido, Sie haben ganz offensichtlich vergessen, die Äpfel zu berechnen.«

»Ah, natürlich, wie dumm von mir.«

»Aber nicht doch. Bei dem Trubel kann das leicht passieren.«

»Sie sind sehr freundlich, Señor.«

Ich zog mein Portemonnaie aus der Hosentasche. Jetzt kam der kritische Augenblick. Ich reichte ihr einen Zwanzig-Euro-Schein.

»Ach, das ist aber ärgerlich, leider habe ich kein passendes Wechselgeld zur Hand.«

»Aber das macht doch nichts, Señora Garrido. Wenn es Ihnen recht ist, dann händigen Sie mir nächste Woche den ausstehenden Betrag aus.«

»Ich danke Ihnen für Ihr Vertrauen, Señor Art.«

»Aber das ist doch selbstverständlich.« Wir nickten einander zum Abschied zu. Der grummelnden Luisa übergab ich eine weitere Tüte mit Äpfeln. Was musste sie sich auch einmischen.

»Was war das denn?« fragte sie trocken, nachdem wir den Stand hinter uns gelassen hatten und die ansteigende Straße zum Kirchplatz in Angriff nahmen. »Sie haben gerade das gammeligste Obst und das schäbigste Gemüse des ganzen Markts aufgekauft.«

»Nicht ohne Grund«, gab ich, immer noch leicht verärgert, zurück.

»Wollen Sie mir das erklären?« Ein knurrendes Geräusch irritierte mich kurz. »Verzeihung, ich habe heute noch nichts gegessen.«

»Nicht klug.«

»Ich wollte Sie nicht verpassen.«

»Na, das ist Ihnen jedenfalls gelungen.«

»Was ist nun mit dem Zeug?«

Sie würde sowieso nicht lockerlassen, also warum nicht den Sachverhalt aufklären. »Señora Garrido ist mit achtundzwanzig Jahren Witwe geworden.«

»Oh, wie schrecklich, aber was hat das mit dem Gammelgemüse zu tun?«

»Kann ich jetzt ausreden oder kommt nach jedem Satz von mir eine Beileidsbekundung oder ein Kommentar?«

»Entschuldigung.«

»Und hören Sie auf, sich andauernd zu entschuldigen. Sie sind ja keine Hellseherin.« Ich wartete, aber das Mädchen blieb stumm. Keuchend schleppte sie das Gros meines Einkaufes. Unverzüglich bekam ich ein schlechtes Gewissen. Schon knurrte ihr Magen wieder. Ich seufzte resignierend und blies meine Wangen auf. »Die Katzen werden mir mein Gesicht zerkratzen.«

»Ich verstehe nicht.«

»Macht nix.« Ich schob Luisa und die drei Einkaufstüten in das Café, das einladend im Schatten gegenüber dem Amtssitz des Bürgermeisters auf Gäste wartete. Noch waren alle Tische frei.

Andres, der Besitzer, blinzelte aus noch nicht ganz wachen Augen, als wir uns an dem Tisch direkt neben der Eingangstür niederließen. Luisa wuchtete schnaubend Zucchini, Salat und Äpfel auf einen freien Stuhl.

»*¡Hola,* Arthur, bist spät dran heute!«

»*¡Hola,* Andres! Machst du bitte eine große Portion Schinken mit zwei Brateiern für diese junge Dame? Oder sind Sie etwa Vegetarierin?«

Luisa schüttelte den Kopf.

»Für deine Tochter?« fragte Andres Aguilar neugierig.

»Rede nicht so einen Blödsinn, Luisa ist … ein Fan aus England.«

Er kratzte nachdenklich seinen Dreitagebart. »So so, ein Fan.«

»Warum denn nicht? Dachtest du, in England liest niemand meine Bücher?« Ich wedelte ungehalten mit der Hand. »Nun aber los, das Kind hat Kohldampf.«

»Für dich einen *Verdejo* und ein Croissant mit Käse?«

»Wenn es nicht zu viel Mühe macht, der Herr.«

»Oh, kann ich bitte auch noch ein oder zwei Croissants zu den Eiern haben?« Luisa grinste mich verlegen an. »Wenn das okay ist.«

Ich zuckte nur mit der Schulter. »Du hast die junge Dame gehört, Patron.«

»Was ist das denn nun für eine Geschichte mit diesem Biomüll?«

Ich musste mich gewaltig konzentrieren, um den verloren gegangenen Faden wieder aufnehmen zu können. »Pepita

Garridos Mann, Jorge, starb bei einer Kundgebung gegen das Franco-Regime. Man muss wissen, dass der feine Herr General ein ausgemachter Diktator war, der unter anderem die Katalanen mächtig drangsalierte, bis hin zur Unterdrückung der eigenen Sprache, von Bräuchen und Lebensart ganz zu schweigen. Die Historiker gehen davon aus, dass in den fünfziger Jahren zwischen fünfzehn- und fünfzigtausend politische Gegner exekutiert wurden. Dazu gehörte ein reichliches Maß an Katalanen. Hinzu kommen die Kollateralschäden, die bei verbotenen Demonstrationen einfach abgeknallt wurden. Einer davon war Jorge Garrido.«

»Worum ging es bei der Kundgebung?«

»*Sardana,* ein katalanischer Volkstanz. Auch den hatte Franco verboten.« Ich war gut über das Ereignis informiert, weil ich die Archive in Girona besucht und die alten Zeitungsberichte gelesen hatte. »Der Irre hat eine seiner schwarzen Todesschwadronen ausgesandt, die ohne Vorwarnung die Tänzer niedergemäht haben, das war im Sommer 1951.«

Sie schaute mich verwundert an. »Die Tänzer? Es war nicht mal eine Demo?«

Andres brachte vorab schon die Croissants und zwei Gläser Weißwein.

»Nein, war es nicht, sie haben einfach nur getanzt, mehr haben sich die Menschen nicht zuschulden kommen lassen. Sie haben im Kreis getanzt, wie es bei der *Sardana* üblich ist, auf dem Platz vor der Kathedrale *Santa Maria.*«

»Das ist schrecklich.«

Ich nahm ein Glas und reichte es der verdutzten Studentin. »*Saludo,* auf die aufrechten Seelen.«

»Äh, vielleicht sollte ich jetzt keinen Alkohol zu mir nehmen, ich habe lange nichts mehr … Okay, kein Problem, den Blick kenne ich, einem Autor sollte man nichts abschlagen, auch wenn es erst kurz vor zehn ist. Ich sag mal *cheers.*«

Der fruchtige Weißwein harmonierte vorzüglich mit dem frischen Käsecroissant. Luisa verschlang ihre beiden Hörnchen in Rekordzeit.

»Man sagt, Pepita hätte sich nach dem Tod ihres Mannes für eine geraume Zeit in dem kleinen Bauernhaus verkrochen, dann sei sie, vorzeitig mit grauen Haaren gesegnet, durch die Tür gegangen, um ihr Leben wieder in die Hand zu nehmen.«

Luisa hing kauend an meinen Lippen.

»Seit mehr als fünfzig Jahren bestellt sie ihren kleinen Hof selbst, in letzter Zeit helfen die Nachbarn ein wenig. Jeden Donnerstagmorgen steht sie in aller Herrgottsfrühe auf und kommt mit einem kleinen Bollerwagen, den ihr Eselchen Fortuna zieht, den langen Weg aus dem Tal zum Markt herauf.«

Betroffen senkte Luisa ihren Blick. Sie schien sehr schnell verstanden zu haben. Das beeindruckte mich.

»Sie lebt von den Erträgen ihres Hofs«, vermutete sie hellsichtig. »Deshalb kaufen Sie das olle Zeug auf und geben ihr zwanzig Euro.«

Ich nickte zufrieden, das Mädchen war wirklich nicht dumm.

»Und das Wechselgeld werden Sie auch nicht einfordern.« Luisa sah mich warmherzig an. Sie war nicht im klassischen Sinne schön, strahlte aber eine umwerfende, ehrliche Herzlichkeit aus. »Ich finde das gut, sehr gut sogar.«

»Wir sind zu dritt«, gab ich bereitwillig Auskunft. »Man muss immer darauf achten, dass Pepitas Stolz und Würde gewahrt bleiben. Man kann ihr nicht einfach ein paar Scheine in die Hand drücken.«

»Deshalb die Show mit den Äpfeln und der Kohle.«

Andres servierte einen gewaltigen Teller mit frischem Tomatenbrot, Serrano-Schinken, Oliven, Paprika und zwei Blasen schlagenden Spiegeleiern.

»Hohe Mutter, das sieht ja phänomenal aus«, seufzte sie.

»Na dann: guten Appetit!« Andres machte keinerlei Anstalten, uns zu verlassen.

»Ist noch was?«

»Ich finde, sie ist dir wie aus dem Gesicht geschnitten, *el Escribar.*«

»Oh, schleich dich von dannen, Weinpanscher«, giftete ich schmunzelnd.

Dank der vorangegangenen Croissants konnte Luisa das Essen jetzt genießen. Ihr Weinglas war tatsächlich schneller leer als meines. »Gibt es denn keine staatliche Unterstützung, so was wie Sozialhilfe?«, fragte sie.

»Manche Menschen sind zu stolz, um diese Zuwendung anzunehmen. Pepita Garrido sieht sich als Großgrundbesitzerin, und das soll auch so bleiben.«

»Ich zahle Ihnen das Geld für das Frühstück zurück, sobald ich was verdient habe«, versprach Luisa, selig kauend.

»Ach.« Ich winkte ab. »Sie haben alle nur möglichen Ausgaben meiner Chronik gekauft.« Ich schüttelte lächelnd den Kopf. »Ist schon okay.«

»Danke auch.«

»Hm. Was wollten Sie denn fragen, da wir nun schon in so trauter Zweisamkeit zusammensitzen?«

»Eine ganze Menge. Ich hab's aufgeschrieben, aber jetzt nicht dabei.«

»Das heißt also, Sie werden mich noch einmal aufsuchen.«

»Wenn ich darf.« Luisa legte Messer und Gabel beiseite. Andres brachte zwei weitere Gläser *Verdejo*. »Oh bitte, Mister Crawley …«

»Ach, lassen wir den Mist, ich habe heute offensichtlich meinen generösen Tag. Wenn Sie möchten, dürfen Sie gern Arthur zu mir sagen, aber bei dem *Sie* bleiben wir.«

»Das ist … Wow …! Ich bin total platt, Wahnsinn.«

»Das Ei wird kalt.« Langsam trudelten die ersten Gäste auf einen Espresso oder Latte Macchiato ein. »Jetzt essen Sie in Ruhe auf, dann schleppen wir meine Beute in den Méhari, und anschließend fahre ich Sie hinauf zur *Villa Marisol.*«

»Aber meine Fragen …«

»Eins nach dem anderen, meine Katzen zetteln sonst eine Revolution an.«

»Entschuldigung.«

Auf zu neuen Ufern … oder auch nicht

Ich zog eine Schnute und zwirbelte zum x-ten Male die Enden meines Schnurrbartes. Vor mir gähnte mich ein leerer Bildschirm an, eine weiße Seite, ein jungfräuliches Word-Dokument. Rechts neben mir ein nicht minder ungenutzter Notizblock, dazu ein schwarzer Filzschreiber. Links ein Glas *Tempranillo.*

Meine Finger schwebten regungslos über der Tastatur.

Fast vier Jahre ohne eine neue Idee. Nichts, aber auch rein gar nichts spielte sich in meinem verdorrenden Gehirn ab. Nicht der Hauch einer Inspiration, keine Geistesblitze, keine Eingebung, nicht mal ansatzweise.

Was für ein Genre sollte ich beackern? Das sollte ich doch wohl wenigstens wissen. Erst liebäugelte ich mit einem Piratenroman, dann fand ich den Plan voll bescheuert. Wer liest denn heutzutage eine Freibeutergeschichte?

Ein Psychothriller? So was mit viel Blut, fiesen Killern, übelsten Machenschaften, zwischendurch ein bisschen Porno, das geht doch immer.

Liebe Güte … nein! Auf keinen Fall!

Die Dinger waren doch alle gleich. Je perverser und ekliger die Serienkiller und deren Foltermethoden, desto erfolgreicher das Buch. Außerdem hatten alle Agenten, Detektive und sonstigen Ordnungshüter einen Vollschaden. Normale Ermittler schienen es auf dem Markt gar nicht mehr zu geben. Säufer, Sexbesessene, Drogenabhängige, prügelnde Nervenbündel, korrupte Spitzel, von der Mafia bezahlt.

Das alles war ganz, ganz großer Bullshit.

Was lesen die Leute denn heutzutage auch für einen Müll?

»Versuch doch so was wie Shades of Grey«, schlug Audrey augenzwinkernd vor. »Diese Hausfrauenpornos kommen zurzeit gut an. Du lässt eine Domina einem süßen kleinen Studenten die Eier quetschen und ihn am Halsband herumkriechen.«

»Du hast sie ja nicht mehr alle!«

»War ein Scherz. Was Gesellschaftskritisches …? Große Politik, Verwicklungen, die Welt am Rand eines dritten Weltkrieges.«

»Ist nicht mein Ding. Die Nummer ist abgegriffen, dank Trump, Putin, Erdogan, Assad und dem Irren in Nordkorea wäre das ja nur eine langweilige Bestandsaufnahme der aktuellen weltpolitischen Lage. Kommt nicht infrage.«

»Dann mach was Historisches.«

»Ist doch genauso öde, das Thema ist durch, alles abgegrast, Wanderhuren, Hebammen, der Medicus, die Wikinger haben Wessex gefühlt schon tausendmal erobert.«

»Was ist mit den Schotten?« fragte Audrey stöhnend.

»Bitte nicht, die achttausend Seiten Highland-Saga meiner Kollegin Gabaldon sind nicht zu toppen. Außerdem hört sie nicht auf zu schreiben.«

»Herrje, dann schreib halt ein Kochbuch!«

Ich muss ziemlich belämmert aus der Wäsche geschaut haben.

»Capitan, ganz ehrlich … vier Jahre … du musst was liefern.«

Ich mochte es, wenn Audrey mich mit *Capitan* ansprach, denn so wurde die männliche Hauptfigur meiner Trilogie von seinen Leuten genannt. Gleichzeitig zeugte die Anrede von großem Respekt und Vertrauen.

»Überarbeite notfalls deinen Horrorroman aus den Achtzigern.«

»Der ist nicht fertig.«

»Dann schreib ihn doch einfach zu Ende. Der Plot ist nicht schlecht, die Sprache können wir ein wenig schleifen, aber die eigentliche Story ist ganz passabel.«

»Ich weiß aber kein Ende«, maulte ich.

»Lass den Scheißdämonen sterben, opfere eine Hauptfigur und fertig.«

»Das ist langweilig, das will kein Mensch lesen. Ich habe das Ding damals deshalb nicht zu einem Ende gebracht, weil mir keines eingefallen ist.«

»Himmel, dann nehmen wir deine Kurzgeschichten.«

»Das sind zu wenige.«

»Arthur.« Ihr Blick war jetzt der einer angepissten Oberschullehrerin. »Spätestens im Frühjahr müssen wir was von dir auf den Markt bringen. Das Weihnachtsgeschäft überbrücken wir mit der Luxusausgabe der Chroniken, aber dann ist Feierabend, der Vorschuss ist aufgebraucht, wir müssen was Neues liefern. Deine Leser lechzen danach.«

»Ja, vor allen Dingen unser Verleger.«

Ich versprach, den Sommer zu nutzen und produktiv zu sein.

Die Katzen lümmelten sich verbotenerweise auf dem Sofa. Ich war zu erschöpft für einen Kampf. Ich dachte an diesen merkwürdigen Vormittag, an meinen treuesten Fan aus Good Old England. Auf der Durchreiche zur Küche lagen Gemüse und Äpfel. Ich nahm einen kräftigen Schluck Rotwein und öffnete die Google-Suchmaske.

Ich tippte ein: Backrezept für einen Apfelkuchen.

Vielleicht sollte ich doch ein Kochbuch schreiben …

Hotel California

Am späten Nachmittag gab ich auf, wusste nicht so recht, ob ich stolz auf mich sein sollte oder doch nur beschämt. Ich hatte nach stundenlangen geistigen Verwerfungen einen Arbeitstitel ersonnen: Am Ende der Macht.

Boah, das klang gut, oder?

Gewichtig, gewaltig, vielversprechend … Allein über den Inhalt hatte ich mir noch keine wirklichen Gedanken gemacht, aber bitte … finden Sie erst mal einen Titel, das ist verflucht nicht einfach.

Ich rief Audrey an. Nach einer Weile des rauschenden Telefonschweigens fragte sie: »Und?«

»Wie … und?«, fragte ich zurück.

»Ja, was wird das denn, ein Krimi, wieder Fantasy, 'ne Beziehungskiste oder was?« Ich mochte mich irren, aber ihre Stimme klang nicht wirklich freundlich.

»Weiß ich noch nicht.«

»Dachte ich mir.« Ich hörte meine Agentin tief ein- und ausatmen. »Ruf mich erst wieder an, wenn du ein Exposé zu bieten hast.«

Gespräch beendet.

»Auweia, die war richtig sauer«, berichtete ich Joschi. Der Kater wandte sich demonstrativ ab. »Verräter.«

Ich beschloss in die Stadt zu fahren. Platja D'Aro warb damit, dreihundertfünfundsechzig Tage im Jahr geöffnet zu haben. Das ist nicht gelogen. In den Sommermonaten gibt es so etwas Antiquiertes wie Ladenschlusszeiten gar nicht. Es wird geshoppt, bis der Arzt kommt, beziehungsweise solange der Euro rollt, aber auch in den Wintermonaten bleibt Platja durchaus belebt.

»Ich nehme den Roller.« Trine wackelte erst mit dem linken Ohr, dann gähnte das graugescheckte Kätzchen herzhaft. Ihre

Schwester Manita drehte sich, um gekrault werden, auf den Rücken. »Später, Kleine.«

Meine Vespa Primavera 50 war weiß, mit kirschrotem Sitz. Ein echter Blickfang. Gemütlich zockelte ich den Berg hinunter, bog dann auf die Küstenstraße Richtung Platja ein.

Halb sieben, noch strömten die Tourihorden von den Campingplätzen und Hotels nur kleckerweise gen City. Die aus der Großstadt flüchtenden Barceloner waren erst ab Freitagabend zu erwarten. An der *Pizzeria Roma* bog ich rechts ab und parkte mein Schmuckstück auf dem Grund der Tierklinik. Dank meiner Katzen war ich dort Stammkunde.

Paco, der kleine mexikanische Kellner aus der *Cactus-Bar,* winkte schon von weitem. Nix los, noch zu früh. Ein paar verbrannte Engländer mit puterroten Birnen und glühenden Oberkörpern in Muskel-Shirts hatten sich um eine dreikommafünf Liter Bier-Zapfanlage versammelt und bestellten gerade *Nachos* zum *Cerveza.* An diesem Tag stieg das Achtelfinalspiel England gegen Island im Rahmen der Euro 2016.

»Guinness?« fragte Paco, die Gäste von der Insel argwöhnisch beäugend.

»Brandy.«

»*Muy bien.*« Paco war kein Freund großer Worte.

Die Engländer intonierten vorsorglich schon einmal *God Save The Queen.*

Der Brandy gelangte weich und warm in meinen Magen. »Wird 'ne lange Nacht, wenn die gewinnen.«

»Island.« Paco verzog geringschätzig sein Gesicht. »Wird wohl nicht zu verhindern sein. Hauptsache, die kotzen nicht wieder alles voll.«

Der Chef des Hauses traf ein, nicht minder skeptisch seine bislang einzigen zahlenden Gäste begutachtend. Sergio Montanes setzte sich zu mir, den Motorradhelm noch am Arm baumelnd. Parkplätze waren rar und teuer in der City. Wie ich war er ein

Zugereister, um genau zu sein ein Baske aus Lantarón, Provinz Álava. Der Nationalität nach ein Spanier, für die Katalanen aber nur ein *Extranjero*, ein Fremder.

»Was macht das Schreiben, geht's voran?«, wollte der schlanke Endvierziger wissen.

»Ja, heute ging's ganz gut«, log ich, ohne mit der Wimper zu zucken. Die Briten verlangten lauthals nach einem frischen Kühlstab für ihre Plörre.

»Prima, Esteva und ich freuen uns schon auf dein neues Buch, hoffentlich wird es zügig ins Spanische übersetzt.«

»*Si claro*, wird 'n Kracher.« Ich blinzelte leutselig. Wir waren so etwas wie Verbündete im fremden Land, *Extranjeros* halt.

»In der Kaschemme von Miguel gibt's heute Livemusik.« Paco reichte seinem Chef ein Ginger-Ale. »Mitten in der Woche.«

»Himmel, wahrscheinlich wieder drittklassigen Flamenco und billige Sangria«, vermutete ich grinsend.

»Keine Ahnung, Hauptsache der Krach kommt nicht bis zu uns rüber.« Miguels Taverne lag schräg gegenüber dem *Cactus*. »Das Schlimmste wäre dieser Kastrat mit seiner Eunuchenstimme.«

»Aiaiaiaiai, Caramba, Karacho, Muchachos«, jodelte ich halblaut. »Die Briten werden den Sound schon übertönen.«

»Wie auch immer … Die Arbeit ruft. Hau rein, Arthur, die Konkurrenz schläft nicht.«

Ich trank meinen Brandy aus und kehrte kurz im *Pa y Vi* ein, um bei Alicia Nuñez ein Würstchen im Blätterteig zu erstehen. Direkt neben ihrem schmalen, schlauchartigen Geschäft bereitete sich der Crêpe-Stand auf das Abendgeschäft vor. Die schlanke, immer gut gelaunte Alicia wirkte an diesem Abend reichlich erschöpft. Die Sommermonate verlangten oft einen vierzehnstündigen Einsatz, an den Wochenenden plus X, denn gerade die Katalanen liebten es, auch zu vorgerückter Stunde noch eine Kleinigkeit zu sich zu nehmen oder schnell noch die Fünf-Liter-Weinkanister aufzufüllen. Im hinteren Teil des Ladens lagerten sieben große Fässer, aus denen einheimischer Weiß-, Rosé- und Rotwein abgefüllt wurde.

»Geht es ihnen gut, Señora Nuñez«, fragte ich leise.

»Danke, es geht schon. Es war ein heißer und langer Tag.« Sie lächelte, aber die feinen Lachfältchen um ihre Augen verschwanden gleich wieder. In ihrem Rücken fiepte der Backofen und verlangte geleert zu werden. »Und er ist noch nicht zu Ende.«

Ich nickte mitfühlend. Sicher war es nicht einfach, mit einem cholerischen Trunkenbold von Ehemann zusammenleben zu müssen, der sich einen Dreck um das Geschäft kümmerte. Jeder der Einheimischen wusste es, aber wie sollte man helfen?

Eine Horde blonder Teenager stürmte in den Laden, vielleicht Schweden. Im Nu waren die Vorräte an fettigem Ölgebackenen verkauft.

»Ich komme morgen mit dem Wagen, um meine Weinvorräte aufzustocken«, versprach ich.

»Ich werde hier sein.« Wir sahen einander in die Augen. Da war eine stille Trauer, eine unterdrückte Sehnsucht nach Freiheit und einem anderen Leben in ihrem Blick. Ich versuchte, zum Abschied aufmunternd zu lächeln.

In Gedanken versunken nahm ich die nächste Stichstraße zum Meer. Die Promenade war schon gut gefüllt. Ich mümmelte an meinem Wurstbrötchen. Die Touris bummelten auf der Suche nach dem besten Menü-Schnäppchen Richtung Süden. Ich zog meine ausgetretenen Sisalschlappen aus und ging durch den grobkörnigen Sand bis zum Wasser. In der Abenddämmerung waren die Lichter des Hafens von Palamos schon gut zu erkennen. Die Hälfte des Terrains wurde von einer Dauerkirmes in Beschlag genommen. Einfach nur schrecklich. Wenigstens den Bereich, in dem die kleineren Fischerboote ankerten, hatte die Stadtverwaltung verschont.

Das Wasser schwappte herrlich kühl bis zu den Waden hinauf. Die Beachvolleyballer beendeten ihr Match – das Licht schwand schnell dahin. Die *Seafront* belebte sich zügig. Gerüche von gegrilltem Fleisch und Fisch, fröhliches Gelächter, Halbwüchsige verteilten Freikarten für die beiden ortsansässigen Diskotheken.

Ich setzte mich eine Weile auf eine Bank und sah einem jungen Vater zu, der tapfer versuchte, seinen etwa dreijährigen Wirbelwind müde zu spielen. Der Junge trug ein Barca-Trikot Nummer 10, Lionel Messi – wer denn auch sonst?

In stillen Stunden ertappte ich mich immer wieder dabei, in meine von mir geschaffene Fantasiewelt zu entfliehen. Anbanu, Welt der tausend Inseln. Am Ende der langen Geschichte ein friedlicher Ort. Ein wehmütiges Gefühl bemächtigte sich meiner. *Du musst was Neues schreiben, alter Mann, das kann doch noch nicht alles gewesen sein, was du draufhast.*

Beim oberen Ein-Euro-Shop, gegenüber dem unsäglichen Vergnügungspark, kehrte ich auf die Hauptstraße zurück. Ein endloser Wurm von Fahrzeugen schob sich behäbig durch Platja D'Aro. Im zentralen Teil der Stadt saßen die Gäste bei Paella und Schnitzel fast auf den Kühlern der Wagen. Kohlenmonoxid zum Dessert, *all inclusive.*

Im *Cactus* war die bombige Stimmung der Insulaner blankem Entsetzen gewichen. Die dreisten Isländer erzielten gerade das zwei zu eins. Paco grinste vergnügt zu mir herüber. Ich streckte den Daumen nach oben, derweil meine Landsleute schon nach einem Schuldigen suchten.

Ist doch ganz einfach, dachte ich belustigt. *Im Zweifelsfall entweder der Trainer oder der Schiedsrichter, oder aber beide.*

Ich nahm jetzt doch ein kleines Glas Guinness und weidete mich klammheimlich an den erstickten Grunzlauten aus dem Mutterland des Fußballs.

»Ach ja«, lallte ein bärtiger Hüne neben mir. Auf seinem viel zu engen T-Shirt prangte leuchtend die schottische Fahne. »Das Leben ist nun mal kein Ponyhof. Nun pfeif schon ab.«

Der Schiri tat uns den Gefallen. Great Britain versank in Wut und Selbstmitleid. Der Schotte und ich prosteten uns grinsend zu. Die englische Gesandtschaft verließ den heiligen Ort mit hängenden Schultern und weitestgehend sprachlos. Ein bemitleidenswerter Trauerzug, der hoffentlich nicht auf Rache sann.

Paco brachte meine Rechnung wie üblich in einem kleinen Bastkörbchen.

»*Hasta mañana.*« Er bedankte sich stumm für das Trinkgeld, Sergio hinter dem Tresen winkte zum Abschied. Halb elf. Zeit, mit dem Roller auf meinen Berg zu tuckern.

Aus der *Bar de Torro* drangen gezupfte Gitarrenklänge durch die geöffnete Tür nach draußen. Miguels Bar war unterirdisch angelegt, ein Souterrain, keine Fenster, nur eine bollernde Klimanlage und zweitklassige Beschallung.

Das Intro des Stückes kam mir irgendwie bekannt vor, trotzdem benötigte der alte Musikfreak ein paar Sekunden, um das Lied zu erkennen. Eindeutig, *Hotel California*, im Original von den *Eagles*. Siebziger Jahre, genau mein Ding. Ich blieb stehen. Jetzt musste eigentlich der Gesang einsetzen.

Eine getragene weibliche Stimme sang den Text in spanischer Sprache.

Ohne weiter nachzudenken ging ich die mit roten und blauen Lichtschläuchen dekorierte Treppe hinab in das Souterrain. Ein bunter, kitschiger Perlenvorhang trennte den eigentlichen Schankraum von der Treppe.

Luisa saß auf einem Barhocker, auf einer winzigen Bühne, von einem diffusen weißen Strahler beleuchtet, die langen blonden Haare frisch gewaschen, ein Strang geflochten und wie eine Krone um den Kopf gelegt. Die Bar war gut gefüllt. Miguel, ein recht schmieriger, zwielichtiger Zeitgenosse, dem man das eine oder andere illegale Geschäft nachsagte, wies mir, ob meines Erscheinens überrascht grinsend, einen Platz an der hintersten Ecke der Theke zu.

»Sieh an, *la Densa* in meiner bescheidenen Hütte, welch eine Ehre.«

»*El Autor*, Miguel, ich bin kein Dichter.«

»Ach, kommen Sie, Gedichte, Bücher, Romane, ist doch alles der gleiche Schund. Trägt nur zur Verblödung der Menschheit bei.«

»So? Dann danke ich schön.«

»Da wird nur unnütz Papier vergeudet. Ihr Schreiberlinge seid schuld an der Abholzung des Regenwaldes.«

»Aha, ich werde morgen als Buße einen Baum pflanzen. Sind Sie des Lesens denn überhaupt mächtig, Señor Vega?«

»Ah, immer einen Scherz auf den Lippen. Einen *Vino Tinto?*«

»Besser nicht, wer weiß, was Sie da zusammengepanscht haben. *Una cerveza por favor*«, wandte ich mich an den Barkeeper. Luisa wiederholte letztmalig den Refrain, dann spielte sie die Soli bis zum Ende virtuos. Da stimmte aber auch alles, bis auf die letzte Variation. Tosender Beifall erfüllte den stickigen Raum.

»Gut, nicht?«, soufflierte Miguel Vega zufrieden.

»Mehr als gut«, bekannte ich beeindruckt. Engländer, Skandinavier, Holländer, Deutsche und einige wenige Katalanen applaudierten.

»Nun spiele ich den letzten Song für heute Abend«, kündigte Luisa erhitzt an. »Ich hoffe, es hat euch allen gefallen und ihr empfehlt mich weiter. Mein Name ist Luisa Verbeek, und ich möchte mich mit einer Ballade aus den Siebzigern von euch verabschieden. Der Song heißt *Under One Roof* und dürfte den wenigsten bekannt sein. Es ist aber ein wirklich tolles Stück, ich liebe es sehr und ich hoffe, es gefällt euch. Vielen Dank und bis bald.«

Wow, ein eher untypisches Stück der Rubettes *zum Ende ihrer Karriere.* Ich orderte ein weiteres Bier und spitzte die Ohren. *Ein Song von einer erwachsen gewordenen Teenie-Band über eine schwule Liebe. Einfach nur wundervoll.*

Luisa legte so viel Mitgefühl und Wärme in die einzelnen Strophen, dass mir die Tränen in die Augen schossen. Das war wirklich allererste Sahne. Ich summte den Refrain leise mit.

»Ja, die Luft könnte besser sein«, brummte Miguel Vega, der mein Verhalten gänzlich missdeutete.

»Halten Sie doch einfach den Mund und hören Sie zu, Sie Kretin«, flüsterte ich halblaut. Er machte beleidigt auf dem Absatz kehrt.

Die tragische Geschichte endete mit dem Tod des verzweifelten Homosexuellen. Luisa wiederholte den Refrain zweimal. Zum Schluss verbeugte sich mein treuester englischer Fan und nahm sichtlich gerührt die Ovationen entgegen. Ich legte zehn Euro auf den Tresen und verließ Miguels anheimelndes Etablissement.

Unschlüssig setzte ich mich in den Außenbereich des Bistros vor die Minigolfanlage, die trotz der vorgerückten Stunde noch recht gut besucht war. Eine eiskalte Cola war jetzt angesagter als weiterer Alkohol, immerhin musste ich noch den Berg hinauf.

Es dauerte keine zehn Minuten, dann stürmte Luisa wutschnaubend aus Miguels Kaschemme. Sie überquerte den Zebrastreifen und erspähte mich im Halbdunkel.

»Mistress Verbeek.« Ich deutete auf einen leeren Korbstuhl an meinem kleinen Tisch.

»Oh, Arthur, ich bin … also ich bin wirklich …«

»Stinksauer?«

»Das ist noch gelinde ausgedrückt. Dieser elende Halsabschneider.«

»Mein ganz spezieller Freund Miguel Vega?«

»Genau.« Vorsichtig, fast zärtlich lehnte Luisa ihre Gitarre an den Stamm einer Palme. »Der hat mich total beschissen.«

»Lassen Sie mich raten. Er zahlt einen Hungerlohn.«

»Zehn Euro die Stunde.«

»Das ist eine absolute Frechheit«, erboste ich mich.

»Und nicht nur das. Er behauptet, ich hätte zu viele Pausen gemacht, also hat er mir von den dreißig Euro zehn abgezogen.«

Ich schüttelte den Kopf. »Das ist eine bodenlose Gemeinheit. Einen Wein?«

»Kann ich vielleicht einen Brandy bekommen?«

»Brandy? Sicher.«

»Danke. Jetzt kommt der Hammer. Sein aufdringlicher Kellner hat mir immer wieder ein Glas Wasser hingestellt, das ich natürlich auch getrunken habe. Singen Sie mal drei Stunden am Stück.«

»Besser nicht.«

»Für die fünf Wasser hat mir der Dreckskerl zwölf Euro fünfzig berechnet.«

»Was für ein Arsch.«

Sie freute sich über meine vulgäre Anteilnahme. »Also habe ich in den drei Stunden genau sieben Euro fünfzig verdient.«

»Das tut mir wirklich leid, Luisa, Sie haben eine Menge mehr verdient. Miguel ist einfach eine stadtbekannte Pestbeule, ein richtiger Abzocker. Ich weiß nicht, ob Sie das tröstet, aber ... Sie waren wundervoll. Ich bin absolut hingerissen. Sie haben jetzt auch einen großen Fan. Das war ganz großartig.«

»Sie waren da?« fragte Luisa verblüfft.

»Leider nur zu *Hotel California* und *Under One Roof.*«

»Ach, wie schön! Ich habe Sie gar nicht gesehen.«

»Darf ich Ihnen ein Kompliment machen, ohne dass Sie es womöglich falsch verstehen?«

»Klar, Sie sind doch mein Held.«

»Nein, nein, nicht doch.« Ich schüttelte vehement den Kopf. »Wie Sie das Stück von den Rubettes interpretiert haben ... Ganz ehrlich, das war fantastisch. Ich bin noch immer ganz verzückt. Einer Coverversion eigenes Leben einzuhauchen ist große Kunst. Bravo.«

»Sie kennen das Original?«

»Und ob, ich liebe es. Musikalisch bin ich ein Kind der Siebziger.« Wir stießen an. Luisa nahm einen großen Schluck und verdrehte kurz die Augen.

»Wow, das ist …«, ihre Mundwinkel gingen anerkennend nach unten, »verdammt guter Stoff.« Ich musste unwillkürlich lachen. »Sie sind nicht nur ein toller Schriftsteller, sondern auch ein Musikkenner.«

»Geht so, ich kann ein fürchterlicher Despot sein. Was mir nicht gefällt, mache ich gnadenlos nieder, da kenne ich kein Pardon.«

»Uiuiui, ich merke den Brandy.« Luisa atmete mehrmals tief durch. »Da werde ich nie wieder auftreten.«

»Haben Sie denn wenigstens heute Mittag was Anständiges gegessen?« Mir fiel ihre restliche Barschaft ein: ein Euro sechzig.

»Ein Baguette und ein Stückchen Käse.«

»Okay.« Ich sah auf mein Smartphone: 23.32. Ich schob ihr die kleine Speisenkarte herüber.

»Ich will nicht, dass Sie schon wieder bezahlen.«

»Es trifft keinen Armen.«

»Trotzdem, das ist nicht richtig.«

»Na gut, dann machen wir einen Deal.«

»Ja?«

»Sie spielen noch einmal *Under One Roof* für mich. Nicht hier und heute, sondern bei Gelegenheit. Ein Sonderauftritt nur für mich. Sie sind ja noch den ganzen Sommer hier.«

»Das ist viel zu wenig.«

»Ach was, vielleicht schneide ich den Song einfach mit. Wäre das okay? Ich besitze noch ein gutes altes Tonbandgerät und perfekte Mikros.«

Luisa strahlte mich an. »Klar, scheint Ihnen ja wirklich gefallen zu haben. Eine Live-Session, echt cool. Sie bekommen dann aber mehr als einen Song.«

»*Mui bien*, dann sind wir uns ja einig. Nun also? *Chicken Wings*?«

»Auf jeden Fall!«

»Kartoffelspalten mit Salsa Sauce dazu?«

»Unbedingt.«

»Und einen Salat.«

»Also, na ja, das kostet aber ’ne Menge.«

»Passt schon.«

»Dann müssen wir den Deal aber erweitern.«

»Hm?«

»Ich bin erst dreiundzwanzig. Ich fände es supertoll, wenn Sie mich duzen würden, also richtig. Ich bleibe natürlich, wie abgesprochen, bei dem *Sie* und Arthur.« Ein wenig ängstlich sah sie mich an. »Tut mir leid, ich bin manchmal etwas forsch.«

»Ja.« Ich zuckte mit den Schultern und nahm einen Schluck von meinem schwarzen Zuckerwasser. »Aber warum nicht? Sie sind nett und ein Fan. Wir sind beide Fans, ist doch ziemlich cool.«

»Wahnsinn.« Spontan sprang sie auf und drückte mir einen feuchten Kuss auf die Wange.

Das Mitternachtsmahl wurde serviert. Ich stahl Luisa ein paar Kartoffelecken. Es war noch immer herrlich warm. Eine wunderbare Atmosphäre. Die Stadt summte vor Energie, und ich fühlte mich lebendig wie schon lange nicht mehr.

»Wann hast du beschlossen, herzukommen – und woher wusstest du eigentlich, wo du mich finden kannst?«, fragte ich.

»Hab gegoogelt. Und als ich dann hier vor Ort war, einfach gefragt.«

»So, wen denn?«

»Die Kassiererin vom *Suma*.« Das war ein kleiner Supermarkt auf halbem Weg zwischen Sant Antoni de Calonge und den Urbanisationen.

»Was? Dort weiß man, wo ich wohne? Erstaunlich.«

»Sie sind bekannt wie ein bunter Hund, Arthur.«

»Scheint so.«

Luisa nagte jeden Hühnerflügel bis auf den Knochen ab. »So«, sagte sie zufrieden. »Jetzt bin ich gestärkt für den Rückweg.«

»Zu Fuß bis nach Calonge rauf? Da bist du locker zwei Stunden unterwegs.«

»Leider«, seufzte sie.

»Ich bin mit dem Roller, das wird mit der Gitarre nicht gehen.«

»Macht nix.«

»Ich sponsere dir ein Taxi.«

»Kommt nicht infrage.«

»Also schön, du Dickkopf. Kannst du die Gitarre irgendwie auf deinem Rücken festmachen?«

»Wird klappen«, bestätigte sie freudestrahlend.

Und wahrhaftig, es funktionierte. Ich fuhr einige Schleichwege, am noch immer geöffneten *Carrefour* vorbei, am Campingplatz entlang und erst bei den Tennisplätzen zurück auf die Zufahrtsstraße nach Calonge.

»Das ist ein bisschen wie Jack und Irina auf dem Weg zum Hausboot«, rief Luisa, beide Arme um meinen Oberkörper geschlungen, den Kopf seitlich an meine Schulter gelehnt, um den Wind zu genießen. »Eines meiner Lieblingskapitel. Die zwei ergänzen sich so großartig. Es ist eine bittersüße Liebesgeschichte. Wahnsinn, dass sie sich schon als Kind in ihn verliebt hat.«

»Wolltest du darüber mit mir sprechen?«

»Ja, darüber auch, unbedingt.«

Ich seufzte ergeben. Wenig später schleppte sich mein Roller die ansteigenden Straßen bis zur *Residencia Marisol* hinauf.

»Danke für alles«, verabschiedete sich Luisa. »Das war ein fantastischer Tag, viel schöner, als ich es mir jemals erträumt habe. Danke, danke, danke!«

»Schon gut, schon gut, du machst mich verlegen.« Ich drehte am Gaslenker. Der kleine Motor heulte willig auf. Wie albern, Imponiergehabe. »Hast du schon ein weiteres Engagement?«

»Nee, leider nicht.«

»Magst du in meiner Lieblingskneipe auftreten?«

Ihre blauen Augen leuchteten in den Nachthimmel. »Sehr gern.«

»Dann halte dich morgen so gegen fünf bereit. Ist das okay?«

»So was von.«

Meine Katzen empfingen mich mit tadelnden Blicken. Luzifer, mein schwarzer Kobold, schleppte dann zur Versöhnung eine Maus an.

Politik

Carles Gonzales Garcia ist der Bürgermeister von Sant Antoni und Calonge. Mit gerade einmal zehntausend Einwohnern ein überschaubarer Posten, aber die goldenen Zeiten waren dahin. Unglaublich viele Bauruinen zierten die Urbanisationen *Mas Pere* und *Mas Cabanes*. Die alte *Mas Ambros* war weitestgehend verschont geblieben, da dort kein Baugrund mehr zur Verfügung stand. Der Zusammenbruch des Bankensystems erzeugte weltweit einen Baustopp. Den Menschen ging das Geld aus, halb fertige Fincas, zum Teil schon von Unkraut überwuchert, zeugten von dem wirtschaftlichen Crash, der auch die Investoren und Häuslebauer in Ostspanien schwer getroffen hatte.

Gegen neun Uhr in der Frühe klingelte das Telefon. Die Sekretärin unseres Bürgermeisters bat um ein Gespräch mit dem selbigen. Ich willigte ein und betrat um kurz nach zehn das Amtszimmer.

»Señor Crawley, ich danke Ihnen, dass Sie so kurzfristig Zeit für mich finden.«

»Oh, das war kein Problem«, beschied ich jovial.

»Nun, ich will Sie nicht bei Ihrer schriftstellerischen Arbeit stören. Sie arbeiten sicher mit Hochdruck an einem neuen Werk.«

Tja, das hingegen war ein Problem.

»Um was geht es denn?« lenkte ich das Gespräch wieder in aktuelle Bahnen.

»Um unsere Kirche und die Burgruine.«

»Ich bin Protestant.«

»Das sind doch auch Menschen.« Er richtete sich zu voller Größe auf. Knapp einen Meter sechzig. Der drahtige Kommunale sah mich verschwörerisch an. »Im Besonderen geht es um den Platz hinter der Kirche.«

»Wo die *Sardana* stattfindet.«

»Ganz genau! Sie wissen schon, die alten Burgmauern aus dem dreizehnten Jahrhundert, wundervoll. *Castillo de Sessa* hat schon unsere Vorfahren vor den Seeräubern geschützt. Jetzt müssen wir die Burg schützen.«

»Was ist mit dem Platz?«

»Er gehört Gerard Reyes, dem Bauunternehmer. Die Kathedrale selbst und der Vorplatz sind im Besitz der Heiligen Katholischen Mutter Kirche.«

Sant Marti als Kathedrale zu bezeichnen war schon recht gewagt, aber dennoch …

»Die Burgmauern und Türme gehören der Provinzverwaltung, aber der eigentliche Platz, die freie Fläche, gehört Reyes.«

»Ich sehe das Problem noch nicht, *Alcalde.*«

»Die Chinesen, Señor Crawley.«

»Die Chinesen?«

»Ein chinesischer Investor hat Reyes ein Angebot unterbreitet. Ein zwölfstöckiges Luxushotel mit allem Drum und Dran.«

Da blieb mir tatsächlich die Luft weg. »Viel zu wenig Platz«, keuchte ich, ehrlich geschockt. »Da passt doch kein Hotel hin.«

»Leider besitzt Reyes auch die angrenzende Fläche unterhalb der Ruine.«

»Na und?« fragte ich einfältig.

»Die kann man aufschütten.«

Ich lachte befreit. »Aber da sind Wohnhäuser.«

»Die kann man platt machen.«

»Aber da wohnen Menschen.«

»Die kann man umsiedeln.«

»Scheiße, was ist das denn für ein Mist?«

Garcia nickte bekräftigend. Seine Sekretärin reichte Kaffee und *Ensemadas*. Das ölgebackene Zeug war Gift, schmeckte frisch aber verboten gut.

»Das macht den ganzen Ort kaputt«, echauffierte ich mich.

»Ich sehe, dass Sie den Ernst der Lage verstanden haben, Señor Crawley.«

»Sie müssen diesen Reyes zur Vernunft bringen.«

»Die Chinesen müssen eine Unsumme geboten haben. Ich habe bei Reyes schon alles versucht, sowohl Zuckerbrot als auch die neunschwänzige Peitsche. Er will das Geld, dieser gierige Sack.«

»Wahnsinn.«

»Allerdings.« Garcia mümmelte verdrossen an seiner fettigen Schnecke, dann wies sein Zeigefinger auf mich. »Jetzt kommen Sie ins Spiel.«

»Ich?«

»Sie sind ein weltbekannter Schriftsteller.«

»Wir wollen nicht übertreiben.« Der Kaffee war auch nach einem weiteren Schuss Milch noch fast schwarz. »Aber wie dem auch sei – wie kann ich helfen?«

»Es muss sich eine Bürgerinitiative gründen.«

»Das sollte kein Problem sein, oder?«

»Nein, aber es wäre gut, wenn auch ein bekanntes Gesicht, wie das Ihre, auf den Plakaten zu sehen wäre. Das macht was her, ein berühmter Autor, der sich hier niedergelassen hat, kämpft für den Erhalt des historischen Stadtkerns.«

»Ich bin ein *Extranjero*, Herr Bürgermeister. Nehmen Sie lieber einen echten Katalanen. Wie wäre es mit Pep Guardiola? Das haut rein, den kennt doch jeder.«

»Der marschiert schon in unserer Unabhängigkeitskampagne vorneweg. Die Nummer hier ist zu klein.«

»Aber ich schreibe ein neues Buch.«

»Das bestimmt wieder ein Bestseller wird. Umso besser.« Er strahlte über das ganze Gesicht. »Vielleicht fügen Sie ihrem neuen Werk eine kleine Widmung bei, oder noch besser, die Kirche, die Burg und der Platz kommen in der Geschichte vor.«

»Das neue Buch spielt im Weltraum«, log ich.

»Das macht doch nichts, dann landet das Raumschiff eben oben auf dem Platz, und die Außerirdischen nehmen an einer *Sardana* teil.«

Na bitte, da habe ich ja eine fulminante Idee für mein neues Buch. Ich schloss ergeben die Augen. »Die grünen Männchen vertreiben die gelben Chinesen.«

»Sehr gute Idee.«

»Das war ein Witz.«

»Aber damit sollten wir nicht scherzen, *el Escribar*«, schalt der Bürgermeister ernst.

»Okay, ich überlege mir was.«

Das kleine ölige Männchen lächelte befreit. »Bei Ihrer Fantasie, Arthur, mache ich mir keine Sorgen.«

Telefonterror

»Heute geht es auf keinen Fall«, verkündete Sergio, der Chef meiner geliebten *Cactus*-Bar.

»Warum nicht?« fragte ich enttäuscht.

»Arthur, heute Abend spielt Spanien gegen Italien.«

»Ach du je, das habe ich total verpennt, Sergio.«

»Macht ja nichts. Montag ist Pause bei der EM, da kann dein Protegé gerne auftreten. Ich habe gehört, sie kann *Hotel California* spielen und singt einen spanischen Text.«

»Sie ist toll.«

»Andres sagt, sie ist dir wie aus dem Gesicht geschnitten.«

»Dorftratsch, na toll.«

»Vielleicht …«

»Nein.«

»Bist du ganz sicher?«

»Oh ja.«

»Schon gut, sehen wir uns zum Spiel?«

»Auf jeden Fall.«

Ich hatte den Hörer kaum aufgelegt, da klingelte es erneut.

»Super, gleich ist der Tee kalt«, maulte ich unlustig. Ich sah auf das Display. Mein Verleger. Kurz erwog ich, einfach nicht an den Apparat zu gehen, letztendlich siegte die Vernunft. »Crawley.«

»Hallo, Arty«, flötete Mareike Müller, Vorzimmerdame unseres allmächtigen Patriarchen Herbert Wenger. »Wie geht es dir in der Fremde?«

»Einmalig, ich bin ein ganz neuer Mensch, das weißt du doch.«

»Kann ich dich im Herbst besuchen kommen? Ich habe noch eine Woche Urlaub.«

»Warum nicht, für dich habe ich doch immer ein Zimmer frei.« Das war nicht gelogen. Ich mochte die aufgeschlossene Mittvierzigerin wirklich gern.

»Du bist ein Schatz, darüber reden wir noch, jetzt will dich seine Heiligkeit sprechen.«

»Das hatte ich befürchtet.« Wenn der Obermokel des Ambrosia-Verlages persönlich am Rohr war, galt es wachsam zu sein. »Dann gib mir das Ekelpaket mal rüber.«

»Viel Erfolg.«

Es klackte und knackte in der Leitung, dann war Wengers brummender Bass nicht zu überhören. »Mister Crawley …«

»*El Patrón* …«

»Werden Sie mich in absehbarer Zeit glücklich machen?«

Puh, eine lupenreine Mafiastimme. *Siehst du den Betonmischer?* fragte diese Stimme. *Da werden neue Fundamente gegossen. Willst du ein Teil davon sein?*

»Ich habe schon mit Audrey gesprochen«, versuchte ich mich herauszuwinden.

»Das interessiert mich nicht die Bohne.«

»Ich bin dran, wird ’ne ganz heiße Kiste.«

»*Am Ende der Macht*, Arthur, wirklich?« Aha, also hatte auch er mit meiner Agentin gesprochen. »Allein der Titel ist schon Scheiße.«

»Finde ich nicht.«

»Was soll das werden?«

»Mein neues Buch.«

»Verkaufen Sie mich nicht für dumm. Wie weit sind Sie, und was für ein Genre soll das sein?«

Gute Frage. »Ich verstehe die Eile nicht.«

»Eile? Vier Jahre?« Das klang schon verdächtig nach Beton an den Füßen. »Auf dem Markt entsteht gerade ein prächtiges Vakuum. Ich gedenke dieses zu nutzen, Mister Crawley.«

»Was für ein Vakuum?«

»*Game of Thrones* ist durch die Fernsehserie buchmäßig ausgebremst. Selbst wenn der greise Knacker endlich zu Potte käme, werden die Verkaufszahlen und die Begeisterung sich in Grenzen halten. Was also liegt näher, als vom Autor der *Insel-Chroniken* etwas gänzlich Neues anzubieten?«

»Ich habe nie gesagt, dass ich wieder Fantasy schreiben werde«, wehrte ich mich.

Wengers Stimme wurde zu einem Grollen. »Aber schön wäre es, wenn Sie sich genau dazu durchringen könnten, Arthur.« Mein Vorname geriet zu einer Art intimen Liebeserklärung.

»Ich …«

»Sehen Sie, wir verstehen uns. Ostern, Arthur.«

»Ostern?«

»Bis zum Karfreitag wünsche ich ein durchstrukturiertes Exposé und ein fast fertiges Buch auf dem Tisch liegen zu haben. Das sind fast neun Monate. Manche Autoren schreiben in diesem Zeitraum gewaltige Epen.«

»Deshalb gibt es ja auch so viel Schund auf dem Büchermarkt.«

»Ruhen Sie sich nicht auf Ihren Lorbeeren aus, das ist ein freundschaftlicher Rat.«

Klack. Gespräch beendet.

Es klingelte schon wieder. Audrey.

»He, mein Großer, es tut mir leid, aber es könnte sein, dass dich dein Verleger anruft.« Ihre Stimme klang ein wenig hektisch.

»Danke für die Warnung, kommt zu spät.«

»Mist. Wieviel Zeit hat er dir gegeben?«

»Bis Karfreitag.«

»Das ist fair.«

»Was soll daran fair sein? Ich habe keinen Plan, nicht den geringsten.« Ich denke, meine Stimme klang schrill, womöglich leicht panisch.

»Ostern ist spät im nächsten Jahr. Arthur … fang einfach an.«

»Womit denn?« fragte ich kläglich. »Ich habe keine Idee.«

»Hunger kommt beim Essen, Ideen beim Schreiben.«

»Das ist Schwachsinn.« Schweigen. Ein statisches Rauschen im Äther. »Audrey …?«

»Soll ich rüberkommen?«

»Wo steckst du denn?«

»In Belgien an der Küste.«

»Was Ernstes?«

»Nee, ich denke nicht. Ich glaube, der Kerl ist ein verdammter Schaumschläger – und was noch schlimmer ist, ein notorischer Besserwisser.«

»Schieß ihn ab.«

Sie lachte verhalten. »Eifersüchtig?«

»Immer.«

»Also schön, mein Held. Ich werde sehen, wie sich das hier entwickelt. Ich komme spätestens im September, wenn es nicht mehr so heiß ist bei dir.«

»Versprochen?«

»Pfadfinderehrenwort.«

»Okay, mach's gut.«

Joschi stolzierte majestätisch über den Wohnzimmertisch. Die anderen vier Berserker waren außer Sicht. Der Earl Grey war kalt geworden. Ich schüttete ihn in den Ausguss und aktivierte den Wasserkocher erneut.

Es klingelte.

»Das gibt's doch nicht. Bin ich hier die Telefonzentrale von Calonge oder was?… Crawley«, bellte ich in den Hörer.

»Und?« Bürgermeister Gonzales Garcia.

»Was, und?«

»Ist Ihnen über Nacht schon etwas eingefallen?«

»Ich habe geschlafen!«

»Oh.« Das klang ziemlich enttäuscht. »Na, dann melde ich mich heute Abend nochmal.«

»Da spielt Spanien gegen Italien.«

»Ich mag keinen Fußball.«

»Aber Sie sind Spanier.«

»Katalane. Ich mag *Pelota.*«

Ich stöhnte entnervt. »Das ist bescheuert, das ist Squash für Arme, außerdem ist das Spiel baskischen Ursprungs.«

»Fußball kommt angeblich aus England.«

Ich gab auf. »Ich melde mich, wenn mir was einfällt.«

»Die Zeit drängt, *el Escribar.* Wir stehen mit dem Rücken zur Wand. Ganz Calonge zählt auf Ihre Unterstützung. *Bon dia.*«

Ich hasse es, wenn man mich unter Druck setzen will. Erschöpft ließ ich mich in die Couch fallen. Joschi ließ sich dazu herab, mitfühlend zu maunzen.

»Die spinnen alle, alter Freund. Ich brauche eine Inspiration, eigentlich mehrere.« Das Telefon klingelte schon wieder. »Ich schmeiße das Teil gegen die Wand«, kündigte ich großspurig an. Luzifer kam um die Ecke und schüttelte mitleidig den Kopf.

»Crawley.«

»Mister Crawley, hier spricht Marisol Varga, die Vermieterin Ihrer Nichte oder Tochter.«

»Ich habe keine Kinder.«

»Was auch immer, jedenfalls sind Sie die einzige Person, die ich ansprechen kann. Ist das junge Ding etwa Ihre Geliebte?«

»Heiliger *San Jorge,* natürlich nicht!«

»Die Namen von Heiligen benutzt man nicht wie ein Kaugummi«, wies mich die Pensionsbesitzerin streng zurecht. »Ihre … was auch immer, übt andauernd auf ihrer Gitarre.«

»Na und?«

»Das stört meine anderen Gäste.«

»Sie haben gar keine anderen Vermietungen.«

»Aber wenn ich welche hätte, dann würden sie sich gestört fühlen.«

»Warum sagen Sie nicht einfach, dass Sie die Musik nicht mögen.«

»Das Geklimper ist keine Musik.«

»Ja, muss ich mich denn am frühen Morgen schon betrinken?«

»Ich habe ihr verboten hier zu üben, *fácilmente!*«

»Hören Sie, Marisol! Hallo? Marisol …?«

Einfach aufgelegt …

Home sweet Home

Luisa saß wie ein Häufchen Elend auf den Stufen der *Caixa-Bank*. Ich musste den Méhari um die Ecke fahren und auf ebener Erde parken, da die Handbremse schon vor Urzeiten ihren Betrieb eingestellt hatte.

Mittagszeit, alle Geschäfte zu. Das öffentliche Leben kam zum Erliegen. Bis siebzehn Uhr passierte eigentlich nichts mehr. Gefühlt vierzig Grad im Schatten.

»He, was tust du denn hier?« fragte ich vorsichtig.

»Ich darf nicht mehr spielen. Diese schreckliche Frau hat mir verboten, in meinem Zimmer zu üben. Sie mag diese moderne Musik nicht.« Luisa lachte verächtlich. »Pah, das meiste ist aus den Siebzigern …«

»Du hättest es mit Julio Iglesias versuchen sollen«, versuchte ich zu scherzen. »Schmalz kommt bei solcherart Damen immer an.«

Sie lächelte tapfer. Sie trug gelbe *Espadrilles,* eine Jeans-Shorts und ein hellgrünes, einfaches Shirt.

»Leider klappt das heute Abend im *Cactus* nicht. Es ist Fußball, und Fußball macht alles platt.«

»Heute klappt eben nichts.«

»Ach, komm schon, Kopf hoch. Montag hast du garantiert einen Auftritt, da ist spielfrei.«

»Dankeschön.«

»Klar doch.«

»Was meinen Sie, ob ich heute noch eine andere Kneipe finde, in der ich auftreten kann?«

»Außer Miguels grässlicher *Torro-Bar?* Ganz ehrlich, ich fürchte nicht.«

»Habe ich mir schon gedacht. Was ist mit den Diskotheken?«

»Nee, eher nicht, du weißt doch, was da läuft. Die Charts rauf und runter, Elektropop, Bassdrums, was halt in solchen Schuppen gedudelt wird …«

»Scheißmusik.«

»Wohl gesprochen, aber wir müssen der Realität tapfer ins Auge sehen.«

»Dann laufe ich zum Strand runter und übe dort, oder ich setze mich in Platja in eine Ecke und hoffe auf ein paar Euro. Straßenmusikantin. Haben die *Beatles* nicht auch so angefangen?«

»Nee, eher die Kelly Family.«

»So? Na ja, die haben ihre Millionen schon gescheffelt.« Leicht taumelnd stand Luisa auf. »Puh, ist das heiß.«

»Hör mal, du kannst jetzt bei den Temperaturen nicht zum Strand laufen. Und in Platja herrschen strenge Regeln. Du brauchst eine Zulassung als Schaustellerin oder freischaffende Künstlerin.«

»So 'n Mist! Wo bekomme ich die?«

»Im *Cargo Civil,* das ist so eine Art Bürgerbüro, hat aber Freitagnachmittags zu.« Luisa war den Tränen nahe. Sie tat mir furchtbar leid. »Also, ich mache dir einen Vorschlag.«

»Ja?« Das klang wahrhaftig kläglicher als meine Trine in Höchstform.

»Wir holen jetzt deine Gitarre, du packst dir deinen Bikini ein und dann fahren wir rauf in meine Hütte. Auf dem Weg nehmen wir aus der Rotisserie *Pollos* mit. Du kannst bei mir üben, bis deine Finger bluten, ich werde es genießen. Zwischendurch kannst du mich zu den *Chroniken* löchern und in den Pool springen. Die Siesta allerdings werden wir einhalten.«

»Das klingt phantastisch.«

»Dann los, Mädchen von der *Tadpole Bridge,* ich zerfließe nämlich langsam.«

Kreuzverhör

Wir dösten erst einmal auf den bequemen Sonnenliegen. Man muss schließlich durchschnaufen, ehe der nächste Programmpunkt aufgerufen werden kann.

Endlich tauchte auch meine fünfte Katze auf, Karlo, ein bulliger gescheckter Löwe. Misstrauisch beäugte er den ungewohnten Gast. Luisa strahlte den eigenwilligen Einzelgänger an.

»Na, du bist aber ein Hübscher.« Sie klopfte einladend auf die Auflage. »Na komm, mach's dir gemütlich, du mit deinem dicken Fell in dieser Affenhitze.«

»Gib dir keine Mühe, Karlo ist da sehr wählerisch, wenn er jemanden nicht kennt …« Mit einem eleganten Satz landete das Katzentier auf der Liege. Sein beeindruckender Kopf rieb sich an Luisas Oberschenkel. »So weit zu diesem Thema, elender Verräter.«

»Wussten Sie von Anfang an, dass Jack und Irina keine Zukunft haben werden?«

Ich schrak aus meinen Gedanken auf. Luisa war in die Welt der *Insel-Chroniken* eingetaucht, in der am Ende die beiden Protagonisten ihre Liebe opfern müssen, um den Fortbestand der Welt zu sichern.

»Ja, das war vom ersten Augenblick an so konzipiert.«

»Aber das ist furchtbar traurig.« Luisa kraulte den dicken Karlo, der sich hingebungsvoll auf den Rücken gelegt hatte. »Sie hatten so wenig Zeit miteinander. Ich war total deprimiert, als sich Irina entscheiden musste. Ich habe bis zur letzten Zeile gehofft, es würde noch eine andere Lösung geben.«

»Warst du sauer auf den Autor?«, fragte ich gespannt.

»Ja und nein, es war bitter und süß zugleich, ich weiß nicht, wie ich mich entschieden hätte.«

»Eine interessante Frage.«

»Ich glaube, ich wäre nicht stark genug. Ich würde wohl bei meinem Liebsten bleiben, bei meinem Kind und meinem Mann.«

»Aber du warst in einem Zwiespalt.«

»Oh ja, hin- und hergerissen.«

»Prima, dann habe ich ja alles richtiggemacht.«

Luisa runzelte nachdenklich die Stirn. »Aber es ist trotzdem so was von ungerecht. Erst dauert es ewig lange, bis die zwei zueinander finden, dann werden sie in den Kriegswirren getrennt, kommen endlich wieder zusammen, zeugen eine Tochter, bestehen alle Prüfungen des Schicksals – und dennoch gönnen Sie dem Paar kein Happy End, Arthur.« Karlo schnurrte unverschämt laut. »Haben Sie nie mit dem Gedanken gespielt, Jack und Irina in eine gemeinsame Zukunft zu entlassen?«

»Nein, habe ich nicht, aber … es fiel mir unsagbar schwer, das Abschiedskapitel zu schreiben.«

»Als Jack an Bord ging und das Schiff den Hafen verließ, Irinas Gestalt auf den Klippen immer kleiner wurde, habe ich geweint.«

»Wirklich? Na, dann sind wir schon zu zweit.«

»Ganz schön harte Nummer.«

Wir schwiegen eine Weile. Die kleine Trine kam und kuschelte sich an meine Seite.

»Das Leben ist manchmal beschissen«, sagte Luisa irgendwann. »Ganz schön beschissen.«

»Es ist nur ein Buch.«

»Ja schon, aber so etwas kann jedem passieren.«

»Du meinst, dass man eine Entscheidung treffen muss, die dein ganzes zukünftiges Leben verändern kann?«

Luisa nickte verkniffen. Ich glaubte einen dunklen Schleier zu bemerken, der sich über ihr Gesicht legte.

»Warum sind Sie hierhergezogen, ich meine, klar, es ist ziemlich cool hier an der Costa Brava, aber Sie haben doch bestimmt Familie und Freunde zurückgelassen.«

Ich entkorkte einen leichten Rosé. »Ach, nicht wirklich. Ich habe nie geheiratet, keine Kinder gezeugt. Weißt du, wenn der Rummel losgeht, wenn man Erfolg hat und sich dein Buch verkauft, dann wird man herumgereicht, Lesungen sind noch das geringste Problem, obwohl auch die recht bald zu einer lästigen Routine verkommen. Schlimmer sind die Buchmessen, Signierstunden in Büchereien. Plötzlich tauchen Leute auf, die du seit Jahren nicht mehr gesehen hast, Menschen schwärmen von deinem Buch, obwohl du genau weißt, dass sie es gar nicht gelesen haben. Das frisst dich auf. Ich hasse diese ganze Publicity.«

»Falsche Freunde sind schlimm.«

»Ganz deiner Meinung, vertane Zeit.« Wir stießen an wie zwei Verbündete. »Man könnte das Kotzen kriegen.«

»Also sind Sie irgendwann … geflohen?«

»Ja, das trifft es genau. Flucht nach vorn.« Ich musste unwillkürlich lachen. »In den Süden.«

»Zu den Sklavenhändlerinnen aus Ihrem Buch.«

»Na ja, ich habe noch keine kennengelernt, obwohl Señora Marisol …«

»Könnte eine sein.« Luisas Schatten verflogen. Da waren wieder das umwerfende Lächeln, der unerschütterliche Optimismus und die unbändige Lebensfreude.

»Welches ist deine weibliche Lieblingsfigur?«

»Raten Sie«, bat Luisa schelmisch.

»Hm. Also … Ich überlege, welche Figur in einer Verfilmung am besten für dich geeignet wäre.« Ich nahm zur Unterstützung meiner Denkfähigkeit noch einen kräftigen Schluck von dem französischen *Cinsault.* Da war natürlich zu allererst die sanftmütige und doch so starke Irina, die sich hoffnungslos in ihren Ziehvater verliebt. Nein, das passte nicht. Dann Marun, die vielschichtige Drahtzieherin, Intrigantin. Sicher nicht die richtige Wahl. Die Ordensschwester Marina, die sich klammheimlich in die Braut des Protagonisten verliebt.

»Ziemlich schwierig, oder?«

»Ja, allerdings, gib mir noch eine Minute.«

»Ich habe nichts weiter vor heute.« Karlo trollte sich in Richtung Futterschüsseln, in denen aber nur ein Rest des wenig geliebten Trockenfutters vom Morgen vor sich hin muffelte. »Lassen Sie sich Zeit.«

Also schön, überlegen wir mal weiter. Ich taxierte Luisa. Was für ein Mensch war sie, abgesehen von einer zum Himmel schreienden Naivität und Begeisterungsfähigkeit? *Sie ist grundehrlich, gradlinig und wahrscheinlich treu bis in den Tod. Liebe Güte, wie theatralisch sich das anhört. Der Mann, der Luisa einmal zum Altar führt, kann sich glücklich schätzen.*

»Ich glaube, es ist eine Frau aus dem Süden.«

Luisa lachte begeistert. »Sie glauben, ich wäre eine gute Sklavenzüchterin?«

»Nein, das nicht. Aber eine Amazone womöglich.«

»Eine Kriegerin?« Sie zog einen Schmollmund. »Bin ich so leicht zu durchschauen?«

»Nicht unbedingt, aber ich denke, du stehst für deine Überzeugungen ein und für die Menschen, die dir etwas bedeuten. Dann möchte man sicher nicht dein Feind sein. Das alles passt perfekt zu einer Amazone. Wenn ich der Regisseur wäre, dann würde ich die Rolle der Julia mit dir besetzen.«

»Dann würde ich also Frauen lieben?«

»Die Figur ist so angelegt. So ist eben der Süden meiner Welt.«

»Mist, Sie haben mich wahrhaftig durchschaut.«

»Was findest du so faszinierend an der Kriegerin?«

»Sie weiß, was sie will. Julia gerät nie ins Grübeln, ihre Hingabe zu Levena, ihrer Herrin, ist bedingungslos, und obwohl ihre große Liebe einen Sklaven aus dem Norden bevorzugt, weicht sie nicht einen Augenblick von ihrem Weg ab.«

»Und wird letztendlich belohnt, nachdem der Sklave auf tragische Weise zu Tode kommt.«

»Ja, das haben Sie wirklich dramaturgisch gut gelöst.«

Die Flasche war geleert. Ich genoss die Unterhaltung mit dieser ungewöhnlichen jungen Frau wirklich sehr.

»Wie ist das überhaupt mit diesen Sklavenhändlerinnen? Müsste man nicht eigentlich ein negatives Bild von diesen hochnäsigen Frauen haben?«, fragte sie.

»Tja, müsste man, hatte ich aber nicht. Irgendwie schien es dort im Süden richtig zu sein, eine andere Kultur, seit Ewigkeiten eingeübt, und immerhin … die Sklaven werden ja recht gut behandelt.«

»Na ja, Sklave bleibt Sklave. Aber Sie haben recht, ich finde diese Frauen echt stark.«

Im Haus klingelte mal wieder das Telefon.

»Wollen Sie nicht rangehen?«, wunderte sich Luisa.

»Das kann nichts Gutes sein, außerdem sind wir mitten in der Siesta, da wird nicht telefoniert.«

»Aha, werde ich mir merken.«

Der säuselnde Ton verebbte.

»Na bitte, geht doch«, brummte ich zufrieden.

»Ich werde mir wohl einen Job suchen müssen, das hatte ich von Anfang an so geplant.«

»Sergio zahlt dir für deine Auftritte zwanzig Euro die Stunde, plus Essen und Getränke.«

»Wow, das ist echt nett, aber wohl eher die Ausnahme, weil Sie dort Stammgast sind.«

»Ach, na ja … Wir wollen das mal nicht überbewerten. Ich könnte dein Manager werden.«

»Danke, das ist wirklich supernett, aber sollten Sie nicht an Ihrem neuen Buch schreiben?«

»Tja, sollte ich wohl«, seufzte ich. »Momentan sind es ganz genau zwei gewichtige Probleme, die mir den Tag verhageln. Zum einen ist es der Nachfolger der Insel-Chroniken, der mir schlaflose Nächte beschert, zum anderen unser Bürgermeister.«

Aus … Aus, das Spiel ist aus!

Die Spanier verloren gegen den Erzfeind Italien mit null zu zwei und schieden sang- und klanglos aus. Der *Cactus* leerte sich nach dem Abpfiff sehr zügig. Italiener waren keine da, und die Katalanen besannen sich notgedrungen auf ihre formidablen Clubmannschaften, um so einer tiefen Depression zu entgehen.

»War nix«, analysierte Paco weltmännisch. »Der Del Bosque muss weg.« Spaniens Nationaltrainer trug also die Schuld am Versagen der Fußballmillionäre. Na bitte, das wäre geklärt.

Auf dem Hinweg hatte ich Luisa in die Geheimnisse der Fahrkunst eines Méhari eingeweiht, dementsprechend bestellte ich noch ein großes Guinness.

»Du solltest ausgehen«, schlug ich vor. »Ab in die Disco.«

»Ist nicht mein Ding.«

»Aber Fußball gucken mit einem sechzigjährigen Knacker?«

»Sie sind süß, Arthur.« Luisa lächelte. »Das ist echt lieb von Ihnen, aber ich will erst auf eigenen Beinen stehen, dann sehen wir weiter.«

»Erst die Arbeit, dann das Vergnügen?«

»Warum nicht. Außerdem bin ich doch Ihretwegen hier.«

»Ja, ich vergaß. Aber der Spruch ist blöd. Lieber das Leben genießen und die Feste feiern, wie sie fallen.«

»Der Spruch ist genauso blöd. Heute ist kein Fest, und durch den Tag am Pool habe ich sehr gut gelebt.«

Ich konnte mich eines gutmütigen Schmunzelns nicht erwehren. »Also schön, was fangen wir mit dem angebrochenen Abend an?«

»Es ist gleich schon elf.«

»Und Wochenende.«

»Ich kenne mich hier nicht aus. Was macht man denn Freitagabend um diese Zeit?«

»Oben im *Castell D'Aro* geht jetzt ein Jazzkonzert los. Wenn du den Mut hast, uns mit meiner Klapperkiste dort raufzubringen …«

Um drei Uhr setzte mich Luisa daheim ab. Die Katzen waren saumäßig wütend auf mich. Kein Abendbrot für notleidende Vierbeiner. Ich erlaubte Luisa, den Plastikbomber mitzunehmen. Bereits in einer Art Halbschlaf gefangen, öffnete ich zwei Frischfleischdosen und kippte die Brocken in fünf Schüsseln. Kurzzeitig erwog ich noch in den Pool zu springen, aber die Müdigkeit siegte.

Trine war als erste satt und nutzte schamlos den Vorsprung aus. Auf schnellen Pfoten huschte das Kätzchen in mein Schlafzimmer. Luzifer und Karlo wägten wankelmütig zwischen der Matratze und meiner Gesellschaft oder einer Fortsetzung des Festmahls ab. Letztlich setzte sich die Fressgier durch.

»Da sieht man wieder, wohin Futterneid führen kann«, dozierte ich neunmalklug. »Jetzt schläft die Bande halt draußen, und wir beide machen es uns gemütlich.«

Trine nickte zustimmend, jedenfalls kam es mir so vor.

Der Rettungsplan

Um kurz nach neun kam Luisa in meiner Plastikwanne mit einer Tüte Brot angeknattert. Ungewaschen und fern jedweder Möglichkeit, sinnvoll zu kommunizieren, stellte ich mich zuerst unter die eiskalte Außendusche und schwamm anschließend ein paar Bahnen im Pool. Kurzzeitig half die Schocktherapie dann auch.

»Ich habe über Ihr Problem mit dem Bürgermeister nachgedacht.«

»Wann das denn?«, wunderte ich mich.

»Na, heute Nacht.«

»Schläfst du gar nicht?«

»Nicht besonders, das Zimmer ist stickig, außerdem schlafe ich in letzter Zeit sowieso nicht gut.«

»Wie kommt's?«

»Keine Ahnung.«

Okay, das war gelogen. So gut kannte ich das Mädchen nach immerhin drei Tagen. Etwas schien Luisa zu bedrücken, das hatte ich am Vortag schon bemerkt.

Genüsslich schnabulierten wir die frischen Croissants, die sie mitgebracht hatte, ordentlich bestrichen mit Butter und Pfirsichmarmelade. Der Tee schmeckte seltsam fad auf meiner pelzigen Zunge. *Vielleicht hätte ich nach dem Guinness nicht mehr auf Rotwein umsteigen sollen, aber die Musik war gut und dann brechen halt so einige Dämme.*

»Also.« Ich versuchte mich zu konzentrieren. »Wie retten wir Calonge vor dem Imperialismus der Chinesen, wie begegnen wir der gelben Gefahr?«

»Alles hängt doch an diesem geldgierigen Bauunternehmer, nicht wahr? Wir müssen ihm richtig ans Bein pinkeln, ihn so unter Druck setzen, dass er keinen Bock mehr hat, an die Chinamänner zu verkaufen.«

»So weit, so gut.«

»Hat er Frau und Kinder?«

»Keine Entführungen«, verbat ich rigoros. Luisa lachte amüsiert. »Auch keine wilden Drohungen und Erpressungen.«

»*Convenido.*«

»Was dann?«

»Er wohnt ganz oben auf dem Gipfel der *Mas D'Oro.*« Luisa blinzelte mir listig zu. »Ich habe mir in der Touristik-Info eine Karte besorgt.«

»Du scheinst wirklich nicht geschlafen zu haben. Wie kann man am frühen Morgen nur so ekelhaft fit sein?«

»Reine Übung, alter Mann, oh, ich erflehe Ihre Vergebung, Eure Majestät.«

Unwillkürlich musste ich grinsen. Ich winkte huldvoll ab. »Nur weiter, Mistress Verbeek.«

»Die eigentliche Urbanisation liegt viel tiefer, oberhalb des gleichnamigen Restaurants, bis hinunter zur Straße nach La Bisbal.«

»Hm, ja, ist übrigens ganz gut, da können wir mal essen gehen.«

»Es führt nur eine Straße hinauf zur Villa Reyes, richtig?«

»*Correctamente.*«

»Und diese Straße ist Eigentum der Gemeinde Calonge.«

»*Si.*«

»Wer sollte den Stadtrat daran hindern, für dieses Wegstück eine Maut einzufordern?«

»Eine Maut ?«

Langsam kehrten meine Lebensgeister zurück.

»Oh ja, soll der reiche Reyes doch bezahlen für die Nutzung der Straße, schließlich müssen wir Normalsterblichen auf den Autobahnen auch ablöhnen. Sie wissen schon, Instandhaltung und so weiter.«

»Witzige Geschichte, aber das wird den guten Mann höchstens leicht erzürnen. Die paar Euro zahlt der aus seiner Portokasse.«

»Und wenn es mehr als ein paar Euro wären?«

»An welche Summe dachtest du denn?«

»Hundert pro Tag, macht dreitausend im Monat, macht sechsunddreißigtausend im Jahr.«

Ich kringelte mich auf meiner Liege. »Das ist verdammter Wucher.«

»Nee, das ist Politik.«

»Ich wäre zu gern dabei, wenn Reyes den Brief der Stadtverwaltung öffnet.«

»Ist bestimmt 'n Foto wert.« Luisa lächelte zufrieden. »Wird der Bürgermeister mitziehen?«

»Oh, ganz sicher, dem ist jede Lösung recht … Aber mal ganz nüchtern betrachtet – ist das nicht irgendwie sittenwidrig?«

»Kommt auf einen Versuch an, notfalls können wir ihn dann immer noch entführen oder ihm ein Ohr abschneiden.« Luisa nahm Anlauf und sprang kopfüber in den Pool. Prustend tauchte sie auf. »War 'n Witz.«

On Tour

»Also gut, Arthur, ich werde der jungen Dame eine Chance geben.«

Mareike Jannike, die holländische Besitzerin des *Friends*, zuvorkommend wie immer. Ich fragte mich, wie die Mittvierzigerin mit den braunen Locken dieses irre Niveau tagein tagaus halten konnte, insbesondere jetzt in der Hochsaison, wenn der Laden an der Promenade auf Hochtouren brummte.

»Du siehst gut aus, Luisa, gehst glatt als meine Landsfrau durch.«

»Zur Hälfte jedenfalls.«

»Okay, dann sagen wir mal, ab sieben Uhr.«

»Geht klar.«

»Was spielst du denn?«

»Was wollen Sie haben?«

»Nichts Fetziges, abends ist die Hütte voll, da ist es schon laut genug.«

»Vielleicht erst ohne Gesang?«

»Gute Idee, Luisa, so machen wir das«, stimmte Mareike aufgeräumt zu. »Wenn es etwas ruhiger wird, dann ein bisschen Cat Stevens, Gordon Lightfoot, Ed Sheeran oder James Blunt. In diese Richtung.«

»*No hay problema.*«

»Na, wunderbar, dann sind wir uns ja einig.«

»Wir müssen noch über die Gage sprechen«, erinnerte ich dezent.

Mareike lächelte. »Ich vergaß deinen Manager. Was bekommst du denn sonst?«

»Ach …«

»Dreißig die Stunde«, beeilte ich mich einzuwerfen, ehe sich Luisa unter Wert verkaufen konnte. Mareikes Stirn überwölkte sich leicht. »Aber weil es das erste Mal bei dir ist, fünfundzwanzig.«

»Dafür muss ich 'ne Menge Fritten, Frikandellen und Bamiballen verkaufen, werter Herr Autor.«

»Kunst hat ihren Preis.«

»Ich will ein handsigniertes Exemplar deines neuen Buches mit einer ausgiebigen Widmung.«

»*Mi palabra de honor.*«

»Fein, dein Ehrenwort genügt mir. Wann kommt es denn endlich raus?«

»Ich hoffe, dass ich im Frühjahr fertig bin.«

Wir trollten uns. Im *Dinos* feierten wir das Engagement mit einem mächtigen Erdbeerbecher. Luisa beobachtete mich über den Rand der Eiskreation hinweg, ein wenig nachdenklich, wie es schien.

»Warum tun Sie das für mich, Arthur, warum sind Sie so nett zu mir?«

»Du bist ein Fan meiner Insel-Chroniken, das finde ich klasse, ich bin ein Anhänger deiner Musik, also dein treuester Fan.«

»Sie haben mich erst einmal spielen hören.«

»Aber das war fantastisch.« Ich bestellte noch zwei Espresso. »Hast du dich schon mal an einer Eigenkomposition versucht?«

Verlegen drehte sie den Kopf zur Seite. »Ja, aber ich find's nicht gut genug.«

»Darf ich's mal hören?« Sie sah mich offen an. Angst und Verletzlichkeit in den Augen. »Entschuldige, ich wollte nicht …«

»Vielleicht später einmal. Wenn wir uns besser kennen, falls … falls Sie das überhaupt in Erwägung ziehen.«

»Was denn?«

Manchmal sind Männer recht einfältig.

»Na ja, ich tauche einfach hier auf, stehle Ihre Zeit, Ihr Geld.«

»Aber so ist es ja gar nicht. Ich bin wirklich gern mit dir zusammen. Du bist ein tolles Mädchen.«

»Ach, Sie kennen mich ja nicht wirklich.« Da war er wieder, dieser Schatten, der sich überfallartig auf ihr Gemüt legte. Sie sah ganz verloren aus. »Wenn Sie wüssten …«

»Autoren unterliegen der Schweigepflicht.«

»So wie Ärzte und Priester?« Sie konnte schon wieder lächeln. »Na dann.«

Eine Polizeisirene schnitt durch die vormittägliche Ruhe. Luisa zuckte erschrocken zusammen.

»*Policia Municipal*«, erklärte ich kopfschüttelnd. »Das sind alles Aufschneider. Werfen die Sirenen an, nur damit sie schneller durch Platja kommen und Eindruck bei den Mädels schinden. Die echten harten Cops, das sind die von der *Guardia Civil*, vor denen muss man sich in Acht nehmen.«

»Aha. Können wir gehen?«

»Sicher.«

»Darf ich Ihnen für das Eis und alles andere ein paar Stücke aus dem *Altamira-Album* von Mark Knopfler vorspielen?«

»Sehr, sehr gern.«

Ku-Klux-Clan

»¡*Hola*, Javier!«

»Ah, Arthur, gut, dass ich dich treffe.«

Ich packte meine Einkäufe in einen leeren Karton. Im *Suma* war am späten Nachmittag die Hölle los. *Sábado*. Halb Barcelona schien an diesem heißen Wochenende an die Küste gepilgert zu sein, um der Enge der Großstadt zu entgehen. Ein phänomenales Stimmengewirr flirrte durch den kleinen *Supermercado*. Vor der Fleischtheke hatte sich eine Warteschlange gebildet, aber es kam keinerlei Unmut oder Unruhe auf. Man traf alte Bekannte, es wurde geschwatzt, gelacht und ernsthaft palavert.

»Warst du heute schon in Platja?«

Ich schüttelte den Kopf. Nach Luisas erfolgreichem Auftritt im *Friends* am Vorabend musste ich erst einmal ausschlafen. Mareike hatte meine Nachwuchskünstlerin direkt für die nächsten beiden Tage gebucht. Javier Esteban, seines Zeichens Patron meines Lieblingsrestaurants *Samal* und Anhänger von Real Madrid, was ihn natürlich wieder ein wenig abqualifizierte, machte eine betretene Miene.

»Was ist los, du verirrter Fußballnarr?«, neckte ich.

»Ich war heute Morgen im *Pa y Vi,* Nachschub einkaufen, der Rioja ist fast alle.«

»Eine schreckliche Vorstellung.«

»Alicia hat eine geschwollene linke Gesichtshälfte und den rechten Arm ganz blau.«

Weißglühende Wut kochte in mir hoch. »Sie hätte diesen Dreckskerl Victor niemals heiraten dürfen.«

»Was können wir tun?« Javier fuhr mit beiden Händen durch seinen ergrauten Igelhaarschnitt. »Sag es mir, Arthur, da muss doch was passieren!«

»Alicia wird das Schwein nicht anzeigen.«

»Wahrscheinlich hast du recht.«

»Nicht genug, dass er ihr hart erarbeitetes Geld versäuft und verhurt ...«

»Irgendwann wird er sie totschlagen.«

Ratlos sahen wir uns an. Es musste einfach etwas getan werden, nur ... was tun, solange die Betroffene eisern schwieg?

»Hast du irgendeine Idee?« fragte Javier.

»Keine, die uns nicht eine Gefängnisstrafe einbringt.«

»*Santa mierda ...*«

»Du hast drei Kinder, Javier, du bist raus. Ich könnte zur Not auch im Knast weiter Bücher schreiben.«

»Aber Alicia ist eine gute Freundin, und du bist ein Schreiber, kein Killer.«

»Wenn sich das Arschloch doch einfach zu Tode saufen würde ...« Wir trabten gemächlich zu meinem Méhari.

»Wie lange willst du diese Schüssel eigentlich noch fahren?«

»Bis sie auseinanderfällt. Wir haben eine heimliche Wette laufen.«

»Wer von euch beiden länger durchhält?«

»Genau.«

Er taxierte mich mit ironischem Grinsen. »Ich weiß gar nicht, auf wen ich wetten sollte.«

»Du bist eben ein echter Freund.«

»Was macht dein neues Buch?«

»Nix.« Wir hatten uns irgendwann im Laufe einer durchzechten Nacht geschworen, immer die Wahrheit zu sagen. »Ich bin da oben so leer wie deine Weinschläuche.«

»Das riecht nach Ärger.«

»Oh ja, der hat schon begonnen.«

»Schreib doch was über einen perfekten Mord«, schlug er vor. Ich sah ihn erstaunt an. »War nur ein Scherz, so was gibt es heutzutage wohl nicht mehr.«

»Wer weiß«, brummte ich. »Wer weiß …«

»Wir sollten Sergio hinzuziehen, was meinst du?«

»Wegen Alicia.« Ich nickte. »Gute Idee. Morgen zur vorgezogenen Siesta bei mir.«

»Ich muss erst in die Kirche, aber dann komme ich. Wir müssen was machen, *el Escribar,* unbedingt.«

Ich kletterte in meine Plastikwanne. »Ach, ehe ich es vergesse: Wie wäre es mal wieder mit Livemusik in deiner Kaschemme?«

»Ach, ich dachte schon, du würdest mich nie fragen.«

»Hm?«

»Na, diese blonde Gitarrenspielerin, die dir wie aus dem Gesicht geschnitten sein soll und urplötzlich hier auftauchte … Luisa heißt sie, oder? Soll ja richtig gut sein. Sie ist nicht etwa deine …«

»Nein«, seufzte ich. »Sie ist nicht meine Tochter und auch nicht meine Geliebte, aber wenn die Story weiter die Runde macht, werde ich sie wohl adoptieren müssen.«

»Wie auch immer … am Donnerstag kann sie bei mir auftreten.«

»Das passt gut, dreißig Tacken die Stunde.«

»He, das ist nicht Joan Baez.«

»Nein, sie ist besser.«

»Fünfundzwanzig.«

»Abgemacht.«

Funktioniert eigentlich immer, der Trick.

Ein unverhofftes Date

Ich schrieb zwei Tage und zwei Nächte wie ein Besessener, nur unterbrochen von meinen abendlichen Besuchen im *Friends,* um Luisa spielen zu hören. Am Montagabend dann der Auftritt im *Cactus,* wieder ein Bombenerfolg. Unzählige Passanten ließen sich von ihrer bezaubernden Stimme anlocken und ließen reichlich Kohle in Sergios Kneipe.

»Erste Sahne«, meinte Paco anerkennend. Das war so etwas wie ein verbaler Ritterschlag aus dem Munde des wortkargen Mexikaners. »Der Trump will 'ne Mauer bauen«, bemerkte er, kurz bevor ich die Straßenseite wechselte.

»Der ist eben hohl.«

Mein kurzer Besuch im *Pa y Vi* war weniger ermutigend. Javier hatte nicht übertrieben. Alicias Gesicht hatte eine grünblaue Färbung angenommen.

»Stellen Sie sich vor, Señor Crawley, ich habe einfach die offene Tür im Küchenschrank übersehen und bin dagegengelaufen.«

»Ja«, erwiderte ich artig. »Passiert mir auch schon mal, wenn man mit den Gedanken woanders ist.« Sie wusste natürlich, dass ich es wusste, und ich wusste, dass ich es so nehmen musste, wie sie es darstellte. Ich war schon an der Tür, als sie mir hinterherrief. Das hatte Alicia Nuñez noch nie zuvor gewagt.

»Am nächsten Samstag ist oben in Calonge eine große *Fiesta Mayor.*« Ich blieb wie angewurzelt stehen und drehte mich langsam um. »Es beginnt um halb elf … habe ich gelesen.«

»Es ist immer eine wundervolle Atmosphäre im Schatten der alten Burg«, kommentierte ich vorsichtig.

»Werden Sie vielleicht auch anwesend sein?« Ihre Stimme klang unsicher und zerbrechlich. »Sie sind nun schon so viele Jahre mein Stammkunde …«

»Ich werde da sein.«

»Womöglich darf ich Sie auf ein Glas einladen?«

»Werden Sie nicht in Begleitung erscheinen?«

»Nein, gewiss nicht, mein Mann ist … geschäftlich im Süden unterwegs.« Ihre Hände kneteten verlegen einen Notizblock, auf dem sie die Preise für die Weineinkäufe per Hand zu addieren pflegte. »Neuer Wein, Sie wissen schon.«

»Ja, das ist wichtig. Ich würde den Abend sehr gern mit Ihnen verbringen. Darf ich Sie abholen?«

»Nein, nein, das geht nicht, was sollen die Leute denken?«

Ich nickte. Das Haus der Familie Nuñez lag in den Randgebieten von Platja D'Aro. Alicia kam entweder mit dem Rad oder einem Roller in ihr Geschäft.

»Natürlich, das verstehe ich.«

»Dann also … vielleicht bis Samstag, Señor Crawley.«

Ich versuchte, aufmunternd zu lächeln. »Ich freue mich schon sehr.«

Workaholic

»Liebe Güte, was ist das denn für eine Räuberpistole«, ächzte Audrey. Wir waren per Skype verbunden, also konnten wir uns endlich einmal wiedersehen. »Wann hast du das denn zusammengeschustert?«

»In nur zwei Tagen«, verkündete ich stolz. »Was sagst du?«

»Das ist wirklich unglaublicher Müll, den du dir da zusammengestammelt hast. Die Charaktere sind sinnfreie Abziehbilder, die Dialoge schwülstig, und der Plot taugt nicht einmal für eine zwanzigminütige Seifenoper.«

»Du weißt schon, dass ich dich hören kann.«

»Na sicher, also hör gut zu. Dein rachedurstiger Held, der wie ein Django für Arme durch die Geschichte eiert, ist vollkommen blutleer. Die von ihrem Mann schändlich missbrauchte, fast engelsgleiche Protagonistin stellst du absolut unglaubwürdig dar. Der absolute Tiefpunkt der Story ist aber der Mord des heimlichen Verehrers an dem fiesen Ehemann. Das ist gequirlte Kacke.«

Ich stöhnte ob der harschen Kritik.

»Ein Duell? Ganz ehrlich, ein Duell auf Leben und Tod? Das reicht nicht mal für einen Groschenroman. Was ist nur los mit dir, Arthur?« Im Hintergrund wackelte ein nackter Männerhintern durchs Bild. Audrey war offensichtlich noch in Belgien und hatte den Kerl noch nicht abserviert.

»Ich wollte mal was anderes schreiben.«

»Ja, das ist dir wahrhaftig gelungen. Wenn wir das veröffentlichen, sind wir beide im Arsch.«

»Musst du denn so hart sein?«, jammerte ich. »Wenigstens habe ich mal wieder was zu Papier gebracht.«

Audrey Parker schnaufte resignierend durch. »Pass auf, Crawley, du weißt, ich liebe dich, aber diesen Schund lassen wir sofort verschwinden, bevor irgendwelche Paparazzi womöglich Wind davon bekommen, okay? Alle Ausdrucke vernichten, alle Dateien sofort löschen – und zwar auch die aus dem Papierkorb, *entendido*?«

»Ja, ich habe verstanden, Lady Audrey. Ich bitte demütig um Bestrafung.«

»Eine Woche kein Rotwein!«

»Oh bitte, alles, nur das nicht.«

Sie konnte zumindest schon wieder schmunzeln.

»Über deine Bestrafung verhandeln wir, wenn ich im Herbst nach Calonge komme. Jetzt mal ganz ehrlich, Arthur. Das ist Mist, was du da produziert hast, das kannst du eine Million Mal besser.«

»Ich danke dir für deine ehrliche Kritik.«

»Dazu hast du mich doch.« Audrey hauchte mir einen Handkuss über den Äther. »Und jetzt besinne dich auf dein großes Talent, zeig mir, was du draufhast, Hemingway.«

»Ist nicht leicht, ohne eine wirkliche Idee.«

»Willst du nicht doch versuchen, *Die Fabrik* zu überarbeiten? So kommst du vielleicht wieder in einen Workflow. So ein bodenständiger Horror kommt bestimmt gut. Deine Fans werden es lieben. Die Charaktere sind wirklich gut gelungen.«

»Ich kann's versuchen«, beschied ich kläglich. »Aber das Ding ist fast dreißig Jahre alt, da kann ich praktisch von vorne anfangen.«

»Aber der Plot ist genial, du hättest ein Gerüst.« Audrey hatte wirklich jede Zeile gelesen, die ich jemals produziert hatte. »Nun schau nicht so verzweifelt aus der Wäsche, sonst nehme ich den nächsten Flieger.«

»Hm.«

»Du weißt, dass ich immer für dich da bin.« Das war ernst gemeint. Unsere Beziehung war eine rein geschäftliche, aber doch wieder mehr, irgendwie schwer zu beschreiben. Es war nie etwas zwischen uns gelaufen, nur knisterte da immer eine gewisse Spannung, wenn wir länger zusammen waren.

»Weiß ich.«

»Na gut, mein Großer, dann harre ich der Dinge, die du mir als Nächstes auftischen wirst. Einen Vorteil hat die Sache jedenfalls. Schlechter geht nicht mehr.«

Wir lachten zum Abschied gemeinsam.

Jagdszenen

»Javier ist total begeistert von dir. Das war echt große Klasse. Am meisten beeindruckt hat ihn, dass du auf Zuruf Songs spielen konntest.«

»War nur Glück. Ich kannte zufällig *Streets of London* und *Tears in Heaven.*«

»Sei nicht immer so bescheiden, Mädchen, du bist phänomenal.«

Luzifer jagte einer Maus am Rand des Pools hinterher, patschte in eine Pfütze und verlor das Objekt seiner Begierde aus den Augen. Wütend maunzte er lauthals ob seines Versagens.

»Ich habe schon fast echt was verdient. Das verdanke ich nur Ihnen.«

»Ach was, Klasse setzt sich halt durch, du hättest es auch allein geschafft … vielleicht nicht ganz so zügig.« Ein bisschen Ruhm sollte schon an mir kleben bleiben.

»Ich würde Sie gern zum Essen einladen, Arthur.«

»Das ist zwar nicht nötig, ich freue mich aber dennoch.«

»Morgen habe ich keinen Auftritt.«

»Hört sich gut an.«

»Danke nochmal, dass ich hier üben darf.«

»Wohin möchtest du mich ausführen?«

»Ich weiß nicht.« Luisa zuckte mit den Schultern. »Ich kenne mich ja nicht wirklich aus hier.«

»Wenn du frei hast, fahren wir über Land, dann müssen wir ja nicht zu einer bestimmten Zeit wieder hier sein.«

»Das hört sich gut an. Abgemacht.«

»Fein, jetzt muss ich ins Stadthaus, ein gewisser Gerard Reyes hat sich beim Bürgermeister angesagt.«

»Wow, und das zur Siesta.«

»Wird lustig. Hoffe ich.«

Gerard Reyes war ein Baum von einem Mann, markante Gesichtszüge, braungebrannt, athletisch, die Haare so kurz, dass man fast von einer Glatze sprechen konnte. Ein GI-Schnitt. Dagegen wirkte mein kleiner Bürgermeister noch winziger als sonst, allein sein würdevolles Auftreten verlieh Carles Gonzales Garcia ein gewisses Flair und einen Hauch von Autorität.

Reyes wedelte mit einem offiziellen Schreiben der Stadtverwaltung durch die klimatisierte Amtsstube. »Das hier …«, sein Zeigefinger tippte anklagend auf den Briefkopf, »soll wohl ein schlechter Scherz sein.«

»Mitnichten, Señor Reyes.«

»Was sind wir denn auf einmal so förmlich, Carles?« Reyes drückte dem Bürgermeister den Brief in die Hand. »Den Wisch kannst du dir sonst wo hinschieben! Ich zahle doch nicht dreitausend Euro im Monat, nur damit ich zu meiner Finca hinauffahren kann!«

»Dreitausendeinhundert in den Monaten Januar, März, Mai, Juli und August sowie Oktober und Dezember, um genau zu sein.«

»Was soll der Scheiß, und was macht dieser Schmierfink eigentlich hier?«

»Ich muss doch sehr bitten«, erwiderte Garcia förmlich. »Señor Crawley ist ein weltberühmter Autor, ein ehrenwertes Mitglied unserer Gemeinde und neuerdings Berater der *Comunidad.*«

»Wer liest denn so dicke Bücher, das ist ja reine Zeitverschwendung. Schade um das schöne Papier, damit könnte man jede Menge Klorollen produzieren.«

»Wenn ich etwas einflechten darf«, meldete ich mich gelassen zu Wort. »Geldgierige Immobilienhaie gehören nicht zu meiner Zielgruppe.«

»Ich werde nicht zahlen, so viel steht jedenfalls fest.«

»Das bleibt Ihnen überlassen«, kanzelte Garcia den Baulöwen von oben, nun, sagen wir besser: von unten ab, denn Reyes brachte es auf ein Gardemaß von knapp zwei Metern. »Wenn Sie nicht zahlen, wird erstens die Zufahrtsstraße gesperrt und zweitens ein Bußgeld verhängt.«

»Einhundert Euro pro Tag Zahlungsverzug«, assistierte ich meinem Bürgermeister. Innerlich war mir die Szene ein Fest.

»Ungeheuerlich!«

»Und doch nicht zu ändern.« Garcia zog sich hinter seinen ausladenden Schreibtisch zurück. »Du musst zahlen, Gerard, oder …«

»Oder was?«, fauchte der Bauunternehmer.

»Du überdenkst den Verkauf des Burgplateaus.«

»Ah, jetzt ist die Katze aus dem Sack. Das ist schlichtweg Erpressung, aber das kannst du mit mir nicht machen. Ich werde mich an meine Parteigänger im Stadtrat wenden.«

»Der Beschluss war einstimmig.«

»Das glaube ich nicht.«

»Ich zeige dir gerne das Protokoll. Sogar deine königstreuen Speichellecker und die Kommunisten haben den Sanktionen zugestimmt.«

Reyes Physiognomie versteinerte. »Ich werde nicht zahlen.«

»Die Summe ist übrigens für ein Jahr im Voraus zu entrichten.«

»Du spinnst ja.«

»Das macht insgesamt sechsunddreißigtausend Euro, zahlbar innerhalb fünf Werktagen.«

»Und wenn ich nicht berappe, was machst du dann, kleiner Wicht?«

»Der Inhaftierungs-Ableistungs-Tagessatz für zahlungsunfähige Schuldner in der Strafvollzugsanstalt von Girona beträgt aktuell fünfundvierzig Euro. Daraus errechnet sich für die nicht gezahlte Maut eine Haftzeit von achthundertelf Tagen.«

»Ich sage nichts mehr ohne meinen Anwalt.«

»Der Bescheid ist rechtskräftig und kann nicht angefochten werden.«

Reyes wies auf mich. »Da steckt doch dieser fiese Schreiberling dahinter. Ein Zugereister, noch dazu ein Protestant, wie schändlich.«

»Diese Protestanten sind gar nicht so übel, wie immer behauptet wird. Wie auch immer, Gerard – zahlen, Knast oder das Grundstück an der Burg unter Denkmalschutz stellen.«

»Ich werde ein Vielfaches mit dem Verkauf verdienen.«

»Leider werden auch die Gebühren für deine Zufahrtsstraße kontinuierlich steigen.« Garcia betrachtete ausgiebig seine gepflegten Fingernägel. »Auch die Personalkosten für die drei Mautwächter werden wir dir leider in Rechnung stellen müssen.«

»Wie bitte?«, keuchte Reyes.

»Gewiss, es ist nur der einfache öffentliche Dienst, das heißt ergo dreimal achtundzwanzigtausend Euro, eher etwas mehr, wegen des Schichtdienstes am Schlagbaum.« Reyes verschlug es die Sprache. »Mit knapp hunderttausend im Jahr bist du dabei.«

»Sehen Sie es mal so«, erläuterte ich jovial. »Sie bieten drei arbeitslosen Bürgern unserer Gemeinde eine neue Jobchance.«

»Bringen wir es auf den Punkt, Gerard. Entweder du überweist für das nächste Jahr 136.000 Euro auf das Stadtkonto, oder ich muss dir die *Guardia Civil* auf den Hals hetzen.«

»Das ist …«

»So, du kannst nun gehen«, entschied Carles Gonzales Garcia. »Ich erwarte deine Entscheidung bis Montag, zwölf Uhr.«

Der Sonne entgegen

»Der Name Pals stammt aus dem lateinischen *palus* und bedeutet Sumpfgebiet. Das war es wohl vor etlichen Jahrhunderten mal, jetzt wird hier tatsächlich noch Reis angebaut. Ich weiß nur nicht, ob das eine Touri-Attraktion sein soll oder wirklich Sinn macht.«

»Sieht aus der Ferne toll aus. Das ganze Dorf auf einem Hügel.« Luisa war regelrecht begeistert. »Ist bestimmt schon alt.«

»Die *Vila Vela,* also die Altstadt, steht schon seit geraumer Zeit unter Denkmalschutz. Das wird dir gefallen.«

Wir parkten neben dem Busbahnhof, der erfreulicherweise nur mit drei Luxuslinern belegt war.

»Der Ort und die Burg stammen aus dem neunten Jahrhundert. Der Sage nach entstand damals auch diese Flagge, *La Senyera.* Der König tunkte nach einer siegreichen Schlacht vier Finger in die Wunde des Grafen von Barcelona und strich damit über seinen goldenen Schild. So sollen die vier roten Streifen auf dem gelben Grund entstanden sein.«

Wir schlenderten durch die malerischen Gassen weiter den Hügel hinauf. Luisa verschwand immer wieder in den zahlreichen kleinen Geschäften, die Schmuck, Kleidung und Keramik feilboten. »Das ist *Sant Pere.*« Automatisch senkte ich meine Stimme. »Viele Katalanen der Umgebung heiraten hier. Es ist ein besonderer Ort.«

»Das spürt man.«

Nur ein buntes Kirchenfenster über dem Altar, das den Schutzpatron und Drachentöter *Sant Jordi* zeigte, und zwei winzige, einfach verglaste Fensterchen in der Ostwand spendeten spärliches Licht. »Wird sonst im Sommer zu heiß«, erklärte ich. »*Sant Jordi* ist der Schutzpatron Kataloniens und auch mein ganz persönlicher Favorit unter den unzähligen Heiligen.«

»Warum ausgerechnet dieser kriegerische Typ?«

»Weil sein Geburtstag, der dreiundzwanzigste April, ein Festtag zu seinen Ehren ist, aber auch der Tag der Liebenden und der Tag des Buches.«

»Wie schön, diese Kombination gefällt mir. Wer Bücher liebt, ist doch meistens ein netter Mensch.«

»Gilt das auch für Schriftsteller?«

»Da bin ich ganz sicher.«

»An diesem Tag verschenken die Katalanen Rosen und Bücher.« Ich zog meinen Fan in die westliche Seitenkapelle. In einem Glasschrein befand sich eine Replik der Schwarzen Madonna von Montserrat. »*La Moreneta* nennen sie ihre Schutzheilige, die kleine Braune.«

»Wo befindet sich das Original?« Luisa schien Feuer und Flamme, etwas über die katalanische Kultur zu erfahren.

»Im Bergkloster von Montserrat.«

»Ist das weit weg?«

»Nun ja, weit ist relativ, gut einhundertdreißig Kilometer.« Wir setzten uns auf eine Holzbank und betrachteten schweigend die etwa einen Meter große, bis auf Gesicht und Hände ganz in Gold gefasste Madonna, die, auf einem Thron sitzend, das Jesuskind auf ihrem Schoß hielt.

Luisa legte ihren Kopf schief. »Sie sehen uns nicht an, oder?«

»Du hast recht. Der Blick geht in die Ferne, nicht zum Betrachter. Ist mir noch gar nicht aufgefallen.«

»Das Kind ist mindestens sieben oder acht Jahre alt, der Gesichtsausdruck wirkt fast erwachsen. Beide tragen eine Krone.« Sie verengte ihre Augen zu schmalen Schlitzen. »Was hat der Junge da in der linken Hand?«

»Ich habe mal gelesen, dass es ein Pinienzapfen sein soll.«

»Ist das ein Symbol?«

»In Verknüpfung mit dem Lebensbaum aus dem Paradies ist es wohl ein Zeichen für Fruchtbarkeit und Unsterblichkeit. Die

Kugel, die die Madonna in der Hand hält, steht für das ganze Universum. Der Legende nach wurde die erste Marienfigur um achthundertachtzig von Schäferjungen in einer Höhle in den Bergen gefunden.«

»Geschichte kann ganz schön spannend sein.« Luisa erhob sich von der harten Bank, warf einen Euro in einen Opferstock und entzündete eine Kerze.

»Für wen ist die?«, fragte ich sanft.

Es dauerte eine Weile, ehe sie antwortete. »Für all die Menschen, denen ich Unrecht angetan habe.«

»Das klingt ungewöhnlich ernst.«

Luisas Blick hing gebannt an der Statue. »Wieso sind die Gesichter und die Hände schwarz?«

»Da streiten sich die Gelehrten. Manche Historiker behaupten, die hellen Flächen wären im Laufe der Jahrhunderte durch den Rauch der Kerzen geschwärzt worden, andere wiederum gehen davon aus, dass die Färbung vom Künstler beabsichtigt war. Bei Kreuzzügen soll es sehr beliebt gewesen sein, eine Schwarze Madonna mitzuführen.«

»Kreuzzüge ... Unvorstellbar.«

»Warum? Was geht denn heute ab? Ich sage nur Islamischer Staat ... Ist auch eine Art von Kreuzzug, nur sehr viel perfider. Damals konnte man die Feinde eindeutig identifizieren, heute leben sie oft unerkannt unter uns.«

Auf dem Weg zurück erstanden wir ein Stangeneis und ein Baguette. »Magst du fahren?«, fragte ich faul. »Runter zum Meer, wir suchen uns eine schattige Bar und verdösen dort die Siesta.«

»Guter Plan.«

Schattensprung

Im Schatten einiger Palmen lümmelten wir uns auf leidlich bequemen Stühlen in einer Strandbar. *Miami Beach.* Blöder Name für eine Bar in Katalonien, aber die Tapas waren echt gut. Oliven, kleine getoastete Baguettescheiben mit Anchovis und frischen Tomaten, dazu ein kleines San Miguel.

»Sie haben in den Büchern immer wieder betont, wie wichtig es ist, sich Momente zu schaffen, an die man sich erinnern wird, wenn man alt ist.«

Ich nickte zustimmend. »Ich weiß, wovon ich rede.«

»Gerade … dort oben in Pals, das war so ein Moment.« Der Wind kam frisch und salzig von der See. »Ich bin sehr glücklich heute, so glücklich, wie ich es seit langer Zeit nicht mehr gewesen bin.«

»Das freut mich sehr, Luisa.«

»Das alles hier ist einfach unglaublich.«

»Dennoch klingt das ein wenig befremdlich. So wie du das gesagt hast, müsste man denken, dass es bislang nicht allzu viele glückliche Augenblicke gab in deinem Leben.« Ich betrachtete ihr Mienenspiel aufmerksam. Anscheinend hatte ich einen wunden Punkt getroffen. »Du hast bestimmt Freunde zurückgelassen.« Sie schloss kurz die Augen und schüttelte kaum merklich den Kopf. »Du hast … *deinen* Freund verlassen?« Die lockere, heitere Stimmung war dahin. Luisas Hände verkrampften sich zu Fäusten. »Okay, das tut mir echt leid, ich wollte keinesfalls in deine Privatsphäre eindringen, das steht mir gar nicht zu, wir kennen uns erst seit ein paar Tagen.«

»Der Typ, mit dem ich daheim zusammen war, ist ein riesiges Mega-Macho-Arschloch, ein Stück Dreck, wie es im Buche steht.«

»Du musst nicht …«

»Will ich aber«, widersprach sie aufgewühlt. »Ich muss diesen Ballast einfach mal aussprechen.«

»Nur zu.« Ich winkte dem gelangweilten Kellner und bestellte eine leichte helle Sangria, deren Früchte vorab nicht in Brandy eingelegt sind, sondern frisch in die Karaffe gegeben werden. Das Ganze wird mit trockenem *Cava* aufgefüllt.

»Ich weiß nicht recht, wie ich anfangen soll.«

»Lass dir Zeit, der Tag gehört uns.«

Luisa lächelte dankbar. »Steve, er heißt Steve Ford, ist fünf Jahre älter als ich.« Wir tranken einen Schluck. Luisa verzog anerkennend das Gesicht. »Wow, echt lecker! Er sprach mich auf dem Campus an, und ich war hin und weg. Blond, ein Ruderer, Mädchenschwarm, ich konnte es kaum fassen. Der Star der Sportfakultät. Meine Freundinnen warnten mich, aber wer will schon solch neidisches Gestammel hören, wenn man den Haupttreffer landen kann.« Luisa betrachtete die feinen Perlen, die in ihrem beschlagenen Glas aufstiegen. »*Der will dich nur in die Kiste kriegen, danach bist du abgeschrieben*, war der Grundtenor.«

»Lass mich raten. Deine Mädels behielten recht.«

»Aber so was von … Es ging genau einen Monat gut. Und klar, in kürzester Zeit hatte er mich ins Bett bekommen, aber es war trotzdem der Himmel auf Erden. Sehr schnell war wohl der Reiz des Neuen bei ihm vorbei, wir sahen uns immer seltener, eigentlich nur noch, wenn er was von mir wollte.« Sie trank ihr Glas in einem Zug aus.

»Du hast weiter mitgespielt.«

»Ja, habe ich. Ich redete mir ein: *He, du musst ihn nur genug lieben, dann wird alles gut.* Scheiße, nichts wurde gut, im Gegenteil, es wurde immer schlimmer. Ich musste immer für ihn parat sein, egal zu welchen Tages- und Nachtzeiten der feine Herr Bock auf mich hatte. Ich vernachlässigte meine Freunde, die sich nach und nach zurückzogen.«

»Du warst ihm hörig.«

»Ja, das war ich wohl, hörig, blind und unsagbar dumm.«

»Wie lange hast du das ertragen?«

»Fast zwei Jahre. Ich war total gestört. Wenn Steve mich einmal anlächelte, waren alle Erniedrigungen verziehen. Ich bildete mir ein, ohne ihn nicht leben zu können. Er hat in meinem Beisein mit anderen Frauen rumgemacht, kam und ging, wie er wollte.«

»Diese Art von Abhängigkeit ist fatal. Man ist gefangen in einer engen eindimensionalen Welt, baut Mauern um sich herum, damit man sich nicht vor dem Rest der Welt erklären muss. Es ist lange her, aber ich kenne das Gefühl.«

»Wirklich?« Luisa sah mich mit feuchten Augen an.

»Oft ist es mit der ersten großen Liebe so, zumindest war es bei mir der Fall. Ich wollte einfach nicht wahrhaben, dass es vorbei war. Sie hatte einen neuen Kerl, jeder wusste es, aber ich habe mich komplett zum Affen gemacht, habe sie heimlich verfolgt, gebettelt, sie möge bei mir bleiben, jede Würde fahren lassen.«

»Und … wie sind Sie letztendlich darüber hinweggekommen?«

»Gute Freunde, Alkohol, viel zu schnell in eine neue Beziehung geflüchtet, dann irgendwann einen Schlussstrich gezogen. Du weißt schon, die Nummer mit der Zeit, die angeblich alle Wunden heilt.« Ich lächelte Luisa aufmunternd an. »Aber du warst noch nicht fertig. Wann und wie hast du es beenden können?«

»Es war vor knapp drei Wochen.«

Oha, dachte ich. *Das dicke Ende kommt zum Schluss.*

»Steve kam unerwartet vorbei, war unglaublich nett und zuvorkommend, lud mich zum Essen ein, das hatte er seit Ewigkeiten nicht mehr getan. Wie gesagt, er kam eigentlich nur noch, wenn er mich vögeln wollte. Ich sollte mir was Heißes anziehen, verlangte er augenzwinkernd. Wir gingen zum Italiener. Ich war so happy. Wir saßen kaum am Tisch, als ein Freund von ihm dazu kam. Ich dachte mir noch immer nichts dabei. Erst als dieser Typ mich von oben bis unten mit den Augen auszog, wurde mir mulmig.«

Luisas Hände zitterten. Ich legte behutsam eine Hand auf ihren Unterarm. »Du musst nicht weiterreden, den Rest kann ich mir zusammenreimen, ich bin schließlich Schriftsteller.«

»Nein, ich muss das loswerden. Außerdem glaube ich nicht, dass Ihre Fantasie da ausreicht. Erst dachte ich, er wollte mich zu einem Dreier überreden, was ich auf keinen Fall gemacht hätte, aber es kam noch heftiger. *Ich will, dass du mit meinem guten Kumpel Eddi schläfst, Zuckerpuppe. Na, wie wäre das? Danach bin ich auch einen ganzen Tag lang nur für dich da, versprochen. Wir können was Schönes machen, vielleicht ins Kino gehen.* Ich war entsetzt und wollte gehen. *Nun stell dich nicht so an, Hase, das ist doch das Einzige, was du wirklich gut kannst, die Beine breitmachen und deinen J.-Lo.-Arsch hinhalten.*«

Dicke Tränen kullerten über Luisas Wangen.

»*Was denkst du denn, warum ich dich überhaupt noch ertrage?*, hat er gesagt. Der Haufen Scheiße drehte jetzt so richtig auf. *Du bist nicht hübsch, du bist nicht lustig, du bist spießig, dumm und unfassbar langweilig. Das einzig Brauchbare sind deine Titten und dein Arsch, also stell dich jetzt nicht so an.*«

»Was für ein Dreckskerl!«, stieß ich hervor. Luisa mochte mich vor lauter Scham nicht ansehen.

»*Was ist jetzt, ich habe schließlich schon bezahlt*, maulte sein Kumpel.«

»Nicht zu fassen, er wollte dich für Kohle …«

»Können Sie mich mal in den Arm nehmen?« Wortlos standen wir beide auf. Beschützend legte ich beide Arme um das schluchzende Menschenkind. »Ich wusste nicht mehr, was ich tun sollte. An dem Tag lief ich einfach davon, aber Steve tauchte immer wieder bei mir zuhause auf und drohte mir, er würde mich schlagen und unser Haus anzünden. Meine Eltern sind ja andauernd auf Reisen, es ist niemand da, nur ich.«

»Polizei?«

»Die hätten mir nicht geglaubt. Steve ist total beliebt im Dorf, Sie glauben nicht, wie überzeugend der Kerl lügen kann. Er hat überall seine Kumpel, bei der Polizei, der Feuerwehr, im Ruderclub …« Luisa machte keinerlei Anstalten, sich aus meiner Schutzzone zu entfernen. »Da habe ich Zuflucht gesucht in Anbanu, in der Welt, die Sie erschaffen haben. Die Kapitel, die im Süden spielen, kann ich fast auswendig. In meinen Träumen wurde ich zu Julia, zur furchtlosen Amazone, im Norden zu Prinzessin Shoushila, die ihren ekligen Ehemann kaltblütig abknallt, um wieder frei zu sein.«

Behutsam dirigierte ich sie auf ihren Stuhl zurück.

»Danke, das habe ich jetzt gebraucht.«

»Es war mir ein Vergnügen.« Ich füllte unsere Gläser erneut und fragte mich insgeheim, wer von uns beiden gleich den Méhari noch fahren konnte.

»Der letzte Abend, bevor ich abgehauen bin, war ein einziger Alptraum. Ich kam aus der Uni nach Hause, und noch ehe ich unser Haus betreten konnte, hatte Steve mich von hinten gepackt. Sein Arm drückte mir die Luft ab, dann stieß er mich ins Haus. Er schlug mir ins Gesicht und trat mir in den Bauch. Ich solle ab jetzt für ihn anschaffen gehen, sonst würde er mich windelweich prügeln, und ich solle mir keine Hoffnungen machen, er würde immer ein Alibi haben.«

»Mieses Schwein.«

»Er gab mir vierundzwanzig Stunden, dann sollte ich die erste Adresse eines guten Freundes bekommen. Noch in derselben Nacht packte ich meine Sachen und meine Insel-Trilogie, kratzte alles verfügbare Geld zusammen und fuhr mit dem Nachtbus nach Oxford, dann mit dem Zug weiter nach Dover. Ich nahm die Fähre nach Calais, war vollkommen von Panik durchdrungen. Ich wusste nur eines: Ich muss weg, weit weg, irgendwohin, wo er mich nicht finden kann. Ich dachte an die Arche, mit denen die letzten freien Menschen in Band Eins in den Süden flüchten, und erinnerte mich daran, gelesen zu haben, dass Sie seit geraumer Zeit hier im Osten Spaniens leben. Arthur Crawley. Ich dachte, wer solche Bücher schreibt, kann kein schlechter Mensch sein. Plötzlich hatte ich ein Ziel vor Augen. Absolut bescheuert, oder? In Calais bestieg ich einen Fernreisebus nach Barcelona.« Luisa lachte schwer schluckend. »In Girona bin ich ausgestiegen und per Anhalter bis nach Sant Antoni gelangt, im Supermarkt bekam ich Ihre Adresse, war allerdings so müde, dass ich meine restlichen Kröten für ein Taxi den Berg hinauf ausgegeben habe.«

Ich reichte ihr ein Papiertaschentuch. Schwer atmend, aber doch sichtlich erleichtert, wischte sie die Tränen aus ihrem Gesicht.

»Jetzt kennen Sie meine Geschichte. Ist nicht gerade toll, oder?«

»Was für ein anmaßender, dummer Verbrecher. Du bist ein so wunderbarer Mensch, lass dich nicht von einem Idioten runtermachen.«

»Aber …«

»Du bist eine wunderschöne junge Frau, Luisa, und wenn ich dreißig Jahre jünger wäre, dann würde ich dir den Hof machen.«

»Ach, das sagen Sie doch nur, um mich aufzumuntern.«

»Nein, das ist die Wahrheit. Du bist ein Mensch, der von innen heraus leuchtet, du hast ein bezauberndes Lächeln und ehrliche, verständnisvolle Augen, was heutzutage äußerst selten ist. Du siehst in den Menschen erst einmal das Gute, du hast einen wachen Verstand, was du nicht zuletzt durch den großartigen Plan mit der Maut unter Beweis gestellt hast, und du bist eine fantastische Musikerin. Du hast wahrlich etwas Besseres verdient als einen schmutzigen Zuhälter, der sich hinter einer Biedermannmaske verbirgt.«

Erst runzelte sie die Stirn, dann atmete sie tief durch, schniefte und lächelte befreit.

»Wer das nicht sehen kann, ist ein ausgemachter Torfkopf und sollte dir gestohlen bleiben.«

»Oh, mein Gott, ich bin so froh, dass ich hergekommen bin. Sie sind ein echter Schatz, Arthur, ganz ehrlich.«

»Ach was, ich profitiere von meiner Lebenserfahrung, das ist alles, aber um zu sehen, was für ein wunderbarer Mensch du bist, bedarf es nicht viel.« Wir stießen an. Luisa hatte bereits wieder ihr fröhliches Leuchten in den Augen. »Wie geht es weiter? Wissen deine Eltern Bescheid?«

»So halb.«

»Halb heißt meistens gar nicht.«

»Also schön. Sie denken, ich sei mit meiner Freundin Pam und ihren Eltern in deren Cottage in Whiterocks, in Irland.«

»Du könntest ihnen einfach die Wahrheit sagen.«

»Ja, das mache ich, aber … nicht das mit Steve, bitte, Arthur, das müssen Sie mir versprechen, das darf niemand erfahren. Ich will kein Mitleid, ich will versuchen, mein Leben allein in den Griff zu kriegen.«

Ich nickte zustimmend. »Kein Problem, aber was machst du, wenn deine Zeit hier vorüber ist? Du kannst dich nicht ewig verstecken.«

»Weiß ich echt noch nicht. Im Moment genieße ich einfach die wundervollen Tage.«

»Gut, dann sollten wir es zunächst dabei belassen, das war sicher schwer genug für dich, den ganzen Mist noch einmal aufleben zu lassen.«

Wir bestellten noch eine Runde Nachos mit extra scharfer Chilisauce, um den gestiegenen Alkoholpegel zu bekämpfen.

Date oder doch nicht ...

Wieder daheim fragte ich Luisa »Kommst du noch nach?«, als sie sich gerade anschickte, mit meinem Roller nach Platja herunter zu fahren. An diesem Abend gastierte sie mal wieder im *Friends.*

»Kommt darauf an, wie viele Zugaben gewünscht werden.« Sie betrachtete mich eingehend. »Irgendwas ist heute mit Ihnen los, Arthur, Sie sind zappelig wie ein Silberfisch.«

»Ach, das bildest du dir ein.«

»Oh nein, ganz sicher nicht.« Provozierend verstellte sie mir den Weg in mein Schlafzimmer. »Also, heraus damit – wer ist es?« fragte sie strahlend gradlinig. Luzifer beäugte die Szene argwöhnisch.

»Es ist schwierig.«

»Danach habe ich nicht gefragt.«

»Ich weiß auch gar nicht, ob sie wirklich kommt.«

»Arthur ...!«

»Es ist Alicia Nuñez.«

»Die Bäckerin vom *Pa y Vi?* Aber ... ist sie nicht verheiratet? Paco hat mir mal sowas angedeutet. Der Kerl muss ein ziemliches Arschloch sein.«

»Ich sagte ja, dass es kompliziert ist.«

»Okay, es steht mir nicht zu, Sie in irgendeiner Form zu hinterfragen, Arthur, aber kann das nicht furchtbaren Ärger geben? Ich meine, die sind doch hier alle erzkatholisch, und dann ein Date mit Alicia?«

»Ja, das ist heikel. Es ist ja auch kein richtiges Date.«

»Nicht?«

»Na ja, eigentlich doch, hoffe ich zumindest, aber ehrlich gesagt, kann ich mir das kaum vorstellen. Ich weiß wirklich nicht, was das werden soll. Die Karre ist total verfahren.« Ich suchte verlegen Blickkontakt zu meinem Kater, der mich allerdings schändlich im Stich ließ. »Neulich hat der Mistkerl sie geschlagen.«

»Ach du Scheiße, das kommt mir verdammt bekannt vor. Passen Sie bloß auf, worauf Sie sich da einlassen. Wo steckt denn der Angetraute?«

»Irgendwo im Süden auf Sauftour, Alicias hart erarbeitete Kröten verjubeln.«

»Das ist hier ein Dorf, das ist Ihnen schon klar, oder? Neuigkeiten verbreiten sich hier schneller als ein Buschfeuer.«

»Aber was soll ich denn machen? Sie hat mich gefragt, ob ich auch da wäre, und, bei unserer Hohen Mutter, es geht ja nur um ein gemeinsames Glas Wein.«

»Bei Musik und Kerzenschein.« Luisa grinste unverschämt. »Sie haben übrigens schon wieder die Hohe Mutter aus Ihrem Buch beschworen und nicht etwa den Herrn im Himmel. Seien Sie vorsichtig, Arthur, sonst landen Sie womöglich noch auf dem Scheiterhaufen.«

»Ein passendes Ende für einen Schriftsteller, dem nichts mehr einfallen will, findest du nicht?«

»Irgendwann wird der Knoten platzen.«

»Hm.«

»Na dann, viel Spaß heute Abend.«

Sie küsste mich auf beide Wangen, das hatten wir uns nach unserem Ausflug zur Begrüßung und Verabschiedung angewöhnt. In drei Tagen hatte sie Geburtstag. Zufällig war mein Blick auf ihren Reisepass gefallen, den sie jüngst hier vergessen hatte. Ich grübelte schon eine Weile, aber noch wollte mir kein rechtes Geschenk einfallen.

»Dir ein gutes Konzert.«

»Konzert …«, wiederholte sie sehnsüchtig. »Das wäre mal ein Ding, auf einer richtigen Bühne aufzutreten.«

Sardana

Die *Sardana* ist ein katalanischer Volkstanz, ein Symbol der Einheit, der Volksidentität und des unbeugsamen katalanischen Stolzes. Überall in der Umgebung von Barcelona kann man auf das eigenartige, zutiefst fesselnde Schauspiel dieses Tanzes stoßen. Überall dort, wo Menschen sich im Kreis drehen, sich an den Händen halten, dann ihre Arme hochheben und gleichzeitig sehr kleine, präzise Schritte tanzen, langsam, immer im Kreis, während andere hinzukommen, um den Kreis größer zu machen oder einen neuen zu eröffnen.

Die Tänzer folgen einem Tanzleiter, der die Bewegungen anführt. Wer in Katalonien etwas auf sich hält, schickt seine Kinder bereits im Vorschulalter in *Sardana*-Schulen.

Gegen zweiundzwanzig Uhr waren ganz Calonge und Sant Antoni versammelt, um die *Sardana* zu feiern. Immer wieder sah ich verstohlen auf den Weg, der hinauf zur Burgruine führte, aber Alicia Nuñez konnte ich nicht erspähen.

Nachdem sich die meisten Anwohner mit *Pinchos* und *Botifarras* gestärkt hatten, bezogen die Musiker der *Cobla* langsam Stellung auf dem kleinen Podium, das sich an die Reste der Burgmauer anlehnte. Ich beschloss die Cola-Zero-Session zu beenden und erstand an der Bierbude ein eisgekühltes *Estrella Galicia* mit immerhin 5,5 Umdrehungen. Köstlich.

Ich suchte mir einen Platz auf einer der Bänke. Außerhalb der verschiedenen Lichtkegel konnte ich das Geschehen großräumig überblicken.

Sie wird nicht kommen, das ist doch klar. Viel zu gefährlich, die Leute könnten reden. Zeit, die du nutzen kannst, um mit dir selbst erst einmal ins Reine zu kommen. Was soll das Ganze eigentlich?

Alicia Nuñez. Was sah ich in dieser Frau? Eine späte Liebe? Ich war Zeit meines Lebens ein Einzelgänger gewesen. Gewiss, es gab ausreichend Frauen, die mich durch die Dekaden begleitet hatten, mal über einen längeren Zeitraum, mal nur ein paar Tage. Der Rekord lag bei etwas über drei Jahren.

Aber da war etwas in Alicias Blick, in ihren sanften braunen Augen, das ein gewisses Kribbeln auslöste, doch selbstverständlich verbot sich jedweder private Kontakt. *El Extranjero* und eine verheiratete Katalanin – eine schier undenkbare Verbindung.

Die *Flabiol* erklang, begleitet von leisem Trommeln. Das Orchester spielte eine fröhliche Einleitung. Die ersten Einwohner gingen erhobenen Hauptes und gemessenen Schrittes in Richtung Platzmitte. Schon bildeten sich zwei Kreise, vornehmlich ältere Herrschaften. Traditionell warfen die Katalanen eigentlich ihre überschüssige Kleidung in die Mitte des Kreises, aber angesichts der staubigen Erde hatte man wohl darauf verzichtet.

Ich seufzte tiefenentspannt. Was hatte ich mir nicht alles ausgemalt …

Aber so sind Schriftsteller wohl gestrickt, immer das Außergewöhnliche anstreben, die Magie des Augenblicks beschwören, einfach nur ein Glas Wein trinken schien zu profan zu sein.

Luna Moreno, die Leiterin der *Sardana*-Schule in Girona, und ihre Klasse Halbwüchsiger erschienen. Die Augen der stolzen Eltern leuchteten auf. Der *Meyor* der *Cobla* reagierte prompt und forcierte das Tempo. Die Oldies hielten prima mit. Bald saßen nur noch die Gehbehinderten, ich und ein paar verirrte Touris, der Rest tanzte ausgelassen, mal langsamer zum Luftholen, mal ekstatisch, aber immer hochkonzentriert. Es ist kaum möglich, die glücklichen Gesichter zu beschreiben, aber die Botschaft der wirbelnden Füße und hoch erhobenen Hände war eindeutig: Dieses Volk bekommt niemand klein.

Meine Füße vermochten zwar den Takt nachzuvollziehen, aber die komplizierte und doch so elegante Schrittfolge blieb mir ein Mysterium.

»*Buenas noches,* Señor Crawley.«

Ich schreckte aus meinen Gedanken auf. Von mir unbemerkt war Alicia Nuñez in meinem Rücken aufgetaucht. Sie musste die Treppe vom Parkplatz am *Samal* benutzt haben und nicht den Weg durch den Ort. Überrascht und hocherfreut stand ich auf und reichte ihr die Hand.

»Wie schön, Sie zu sehen, Alicia, ich hatte schon nicht mehr darauf zu hoffen gewagt.«

»Ich hatte es versprochen.« Sie trug ein einfaches, bis über die Knie reichendes beiges Trägerkleid, das ihre schlanke Figur vorzüglich betonte, dazu weiße Leinenturnschuhe. Über den Schultern einen dunkelroten Schal, die lockigen schwarzen Haare zu einem Pferdeschwanz gebündelt. Hinreißend.

Zu meinem Erstaunen hielt ich noch immer ihre Hand. Unvermittelt fühlte ich meine Ohren rot werden.

»Wollen wir uns setzen? Dort an der Mauer ist noch ein kleiner Tisch frei«, schlug ich mit belegter Stimme vor. Ich beschloss, mich nicht weiter wie ein Pennäler zu benehmen. Dies würde eine einmalige, sich niemals wiederholende Audienz sein, warum also nervös herumdaddeln? Die *Cobla* setzte zum furiosen Finale an. Das ganze Dorf tanzte und hüpfte ausgelassen.

»Sie würden gern mittanzen, nicht wahr?«

»Ich habe lange keine *Sardana* mehr getanzt.« Ihre Stimme klang sanft und melancholisch. »Mein Mann ist kein Tänzer.«

Nein, aber ein Schläger und ein Säufer.

»Leider wird mir diese Gunst wohl für immer verwehrt bleiben. Das ist einfach zu kompliziert für einen Nicht-Katalanen«, sagte ich. Alicia lächelte verstehend. »Was darf ich Ihnen bringen?«

»Ach, Señor Crawley …«

»Bitte«, unterbrach ich sie kühn. »Es wäre mir eine große Ehre, wenn Sie mich auch mit meinem Vornamen ansprächen. Unsensibel, wie ich manchmal bin, habe ich mir diese Freiheit Ihnen gegenüber einfach herausgenommen. Ich bitte nachträglich um Absolution.«

»Ihnen sei vergeben … Arthur.« Sie lächelte fein. »Aber ich wollte Sie doch einladen.«

»Sie dürfen die nächste Runde bezahlen«, entschied ich burschikos. Ihr Lächeln wurde breiter. »Bier, Wein oder einen Brandy?«

»Bier, wenn es Ihnen nichts ausmacht.«

»Bin sofort zurück, laufen Sie mir ja nicht weg.«

»Das habe ich nicht vor.«

Diesmal nahm ich die angebotenen Plastikbecher. Immer noch besser, als aus der Dose zu trinken. Es gelang mir sogar, ein wenig Schaum zu produzieren.

»Auf Ihr Wohl, Alicia.«

Sie trank den Becher in einem Zug leer, wischte den Schaum auf ihren Lippen mit dem Handrücken weg. Die *Sardana* war beendet. Die Tänzer spendeten reichlich Beifall. Dann wurden die Schüler und Schülerinnen für ihre Tanzkünste geehrt und erhielten aus der Hand ihrer Lehrerin einen breiten schwarzen Gürtel, den sie stolz wie eine Schärpe, quer über den Oberkörper drapiert, zur Schau trugen.

Die *Flabiol* ertönte, die Trommel schlug an. Das Fest nahm seinen Lauf.

»Was hat Sie in diesen Winkel der Welt verschlagen, Arthur?«

»Das ist eine gute Frage. Vor etwas mehr als dreißig Jahren kam ich mit einem Studienkollegen hierher. Was soll ich sagen?« Ich breitete hilflos meine Arme aus. »Es war Liebe auf den ersten Blick.«

»Eine Frau?«

Ich musste lachen. »Nein, keine Frau – die Landschaft, die Menschen, die Gelassenheit, die Sonne, das Meer. Vielleicht das Gefühl, im falschen Land geboren worden zu sein. Ich weiß, das klingt ziemlich einfältig und kitschig, aber seit diesem ersten Besuch zog es mich immer wieder hierher, in das Land, in dem Zitronen und Orangen blühen.« Ihre braunen Augen beobachteten mich aufmerksam, aber da war kein unangenehmes Sezieren, nur wohlwollendes Erkennen. »Als ich dann ein paar Euro mehr verdient habe, kaufte ich das Haus oben in der *Mas Pere*. Tja, und da lebe ich nun seit fast fünf Jahren.«

»Ist es schön, Ihr Haus?«

»Na ja, ich find's schon gut. Es hat drei Schlafzimmer, drei Bäder, eine gut eingerichtete Küche, eine Bibliothek, ein Musikzimmer, WLAN, einen Pool, eine Sommerküche und derzeit fünf Katzen.«

»Ich liebe Katzen«, bekannte Alicia. »Sie sind so viel freier und selbstständiger als Hunde und sie haben ihren eigenen Willen. Das ist mehr, als manche Menschen von sich behaupten können.«

»Wohl wahr. Versuchen Sie mal eine Katze dazu zu bewegen, ein Stöckchen zu apportieren. Mein Luzifer würde sich vor Lachen kringeln.«

Alicia hielt mir den Becher hin und ich schenkte nach. »Jetzt bin ich an der Reihe.« Keine Minute später kehrte sie mit zwei unanständig großzügig gefüllten Schwenkern Brandy zurück.

»Uiuiui, schwere Geschütze«, versuchte ich zu scherzen.

»*Sobre la libertad,* Arthur.«

»Auf die Freiheit, Alicia.«

Nach einem gewaltigen Schluck schloss sie ihre Augen und atmete tief durch. »Deshalb haben die Helden Ihres Buches bis zum bitteren Ende gekämpft. Weil es um das höchste Gut auf Erden ging, die Freiheit.«

»Das ist wahr, Alicia. Ich bin sehr stolz darauf, dass Sie meine Schwarte gelesen haben.«

»Bücher sind Kino für den Kopf, so sagt man doch. Für mich ist es ein Weg, dem Alltag zu entfliehen, Abenteuer zu erleben, frei zu sein im Denken, im Leben und in der Liebe.« Wieder führte sie das Glas mit dem dunkelbraunen Brandy zum Mund. »Ihre Bücher sind großes Kino, Cinemascope.«

»Welche Frau in meiner Geschichte hat Ihnen am meisten imponiert? Oder stellen wir die Frage anders: Welche Figur kommt Ihnen am nächsten?«

»Beeindruckt haben mich die Schattenfrauen Xeni und Alice. Sie haben ihr Leben lang immer am Rande des Existenzminimums gelebt und waren doch zufrieden, fröhlich und tapfer.«

»Sie beziehen ihre Kraft aus der Liebe, die sie füreinander empfinden.«

»Merkwürdig, wie selbstverständlich diese gleichgeschlechtlichen Bindungen in Ihren Büchern sind.«

»Aber so sollte es doch auch sein.«

»Nicht, wenn Sie hier aufgewachsen wären.«

Tosender Applaus beendete die zweite, deutlich kürzere Komposition. Die Einheimischen stürzten sich erhitzt auf ihre Getränke. Die Absolventen wurden immer wieder zu Fotos genötigt. So konzentriert die Menschen auf die Musik und die Schrittfolgen während der *Sardana* gewesen waren, so ausgelassen und laut kam der Platz jetzt daher.

Alicia grüßte unzählige Bekannte. Niemand schien Anstoß daran zu nehmen, dass sie mit einem Fremden allein zusammensaß, aber der Schein mochte trügen.

»Einmal im Leben auf eine große Fahrt gehen … Was für ein verlockender Traum.« Sie schien weit weg zu sein.

Ich hatte mir fest vorgenommen, ihre häusliche Situation nicht anzusprechen, schon aus Angst davor, dass sie sich sofort abschotten und womöglich gleich gehen würde, aber irgendwie konnte ich dann doch nicht über meinen Schatten springen. Zu sehr hatte mich auch die Beichte Luisas mitgenommen, die vor ihrem Peiniger geflohen war. Eine ähnliche Situation, nur war mein junger Fan von der Insel, trotz der latenten Hörigkeit, deutlich emanzipierter.

»Alicia … Unsere Welt ist nicht fest zementiert, letztendlich ist sie nur ein Produkt unserer eigenen Entscheidungen.« Alarmiert sah sie mich an. »Man kann alles ändern, wenn man nur will. Nichts ist für die Ewigkeit konstruiert.«

»Nicht alles, Arthur Crawley, man kann nicht alles zurechtbiegen. Nicht hier in diesem erzkonservativen Katalonien.«

»Der Mistkerl hat Sie geschlagen«, presste ich hervor.

»Nicht, bitte.« Sie nahm meine Hand. Eine Geste, die ich ihr gar nicht zugetraut hatte.

»Ich besorge Ihnen einen Anwalt.«

Sie lächelte resignierend. »Zerstören Sie nicht diesen wundervollen Abend, Arthur. Ich hatte seit Jahren keinen solchen Moment mehr. Bitte …« Ihr Gesichtsausdruck war ein bewegendes Flehen.

»Okay, schon gut, ich habe verstanden. Lassen Sie mich nur noch eines sagen, Alicia. Sie müssen auch gar nicht antworten.«

»Ja, bitte?«

»Wenn der Tag kommen sollte, an dem es nicht mehr weitergeht …, dann vertrauen Sie auf meine Hilfe, kommen Sie zu mir, rufen mich an, trommeln oder geben Rauchzeichen. Ich werde da sein, ich werde Sie befreien und beschützen, komme, was wolle.«

»Gott, Arthur, ich weiß gar nicht, was ich sagen soll.«

»Sie müssen nichts sagen, sich nur an meine ernst gemeinten Worte erinnern.«

»Danke, das bedeutet mir unendlich viel.«

Magen und Herz krampften sich unisono zusammen. Jetzt nahm ich einen kräftigen Schluck. Der nach Honig und Sherry schmeckende Brandy breitete sich wohlig in Magen und Seele aus und löste jede Verkrampfung. Die *Cobla* läutete die dritte Runde ein. Schon war der Platz, den der geldgierige Gerard Reyes schändlich an die Chinesen verhökern wollte, wieder mit Tänzern jeden Alters gefüllt.

»Arthur …«

»Alicia?«

»Können Sie mich von hier fortbringen?«

»Wohin Sie wollen, ich besitze immerhin ein Cabrio.«

Sie lachte herzlich. »Sie meinen Ihre gelbe Bananenkiste mit vier Rädern.«

»Ein Oldtimer.«

»Jetzt, sofort? Geht das?«

»Natürlich.«

Wir standen gleichzeitig auf. Alicia hakte sich bei mir ein. Ein ungeheuerlicher Vorgang für eine verheiratete, katholische Katalanin.

»Das … ähem, wenn die Leute …«

»Ist mir egal. Können wir bitte gehen?«

Wir trollten uns durch die spärlich oder gar nicht beleuchteten Gassen von Calonge. Bis zu meinem Wagen war es nicht weit. Die Musik tönte laut durch das Dorf und über den Parkplatz. Aus dem *Samal* wankten die letzten Gäste. Ich wollte nicht, dass uns irgendjemand sah, also ließ ich sofort den Motor an und lenkte das Gefährt auf die Hauptstraße.

Nebelmond

»Wohin möchten Sie fahren, Alicia?«

»Ganz egal, ich möchte nur den Wind auf meiner Haut spüren und mir vorstellen, in ein besseres Leben zu fliehen.«

»Ich kenne eine winzige kleine Bucht in Palafrugell.«

»*La bahia de los amantes?*«

»Die Bucht der Liebenden? Heißt die etwa so?« Leichte Panik überfiel mich. »Aber nein, das wusste ich nicht, ich wollte keinesfalls anzüglich sein. Wir fahren woanders hin.«

»Aber warum denn?«

»Nun ja, Sie könnten das falsch verstehen, und das möchte ich auf keinen Fall.«

»Mögen Sie mich denn gar nicht?«

»Was? Aber … aber natürlich mag ich Sie, Alicia, mehr als ich Ihnen zu gestehen wage.«

»Ja.« Sie schloss die Augen und genoss den Nachtwind. »Das hatte ich befürchtet.«

Der Méhari verfügte immerhin über ein Radio. Ich fummelte an dem Regler, bis ich einen Sender gefunden hatte, der vierundzwanzig Stunden am Tag Oldies über den Äther schickte. Elvis schmalzte gerade *Are You Lonesome Tonight.*

»Das ist schön«, flüsterte Alicia. »Victor mag keine englische Musik, eigentlich mag er überhaupt keine Musik.« Dann, nach einer Weile: »Ich sollte nicht hier mit Ihnen allein sein.«

»Warum haben Sie dennoch diesen Schritt gewagt?« fragte ich mit klopfendem Herzen.

»Vielleicht mag ich Sie ja auch?« Alicia wandte ihr Gesicht zu mir. »Sie sind frei. Ich wollte dieses Gefühl für ein paar Stunden mit Ihnen teilen.«

»Das täuscht, ich habe auch meine Verpflichtungen.«

»Ich würde liebend gerne tauschen.«

»Ist denn eine Trennung wirklich undenkbar?«

»Ich wäre eine *Proscrito,* eine Ausgestoßene, schlimmer noch, eine *Paria.*«

»Aber alle sehen doch, wie übel Ihr Mann Ihnen mitspielt, jeder in Platja weiß, dass Victor ein stinkfauler Säufer ist, jeder, der Augen im Kopf hat, konnte sehen, dass er Sie geschlagen hat. Ich verstehe das nicht, Alicia, wie können diese Menschen, die doch auch Freunde oder zumindest gute Bekannte sind, Sie verurteilen, wenn Sie sich aus diesem Gefängnis befreien?«

Sie lachte tonlos. »Sehen Sie, Arthur, Sie sind halt doch ein *Extranjero.* Glauben Sie etwa, auch nur eine einzige Freundin oder ein einziger Freund hätte mir Hilfe angeboten, so wie Sie? Das Thema ist tabu, das Maximale, was ich erwarten darf, sind mitleidsvolle Blicke.«

»Das ist, mit Verlaub, ziemliche Scheiße.«

»Wenn wenigstens jemand so mutig wäre, sich Victor einmal zur Brust zu nehmen, aber auch das geschieht nicht. Die Familie ist heilig, Arthur, da macht man sich seine Gedanken … und schweigt.«

»Auch wenn der eine Teil sich langsam zu einem Monster entwickelt?«, fragte ich empört. »Da kann man doch nicht einfach wegsehen! Ich denke, ihr Katalanen seid so überaus stolz und edelmütig?«

»Das verstehen Sie wirklich nicht, aber das macht nichts. Niemand würde sich in die privaten Angelegenheiten von Freunden und Bekannten einmischen, nicht einmal in einem Fall wie dem meinen.«

»Aber Victor hat Sie geschlagen! Wie können Ihre Nachbarn damit leben?«

»Das Weib sei des Mannes Untertan. Sie würden es verdrängen und dann Victor natürlich als Parasit behandeln. Wir sind so erzogen worden, Arthur, in meiner Generation noch alle. Unsere Kirche ist jeden Sonntag proppenvoll.«

»Schrecklich.«

Sie lehnte ihren Kopf sacht an meine Schulter. Ein heftiges Prickeln durchflutete meinen Körper. Elvis wurde von Terry Jacks abgelöst, *Seasons In The Sun.* Eine zeitlos geniale Adaption Jacques Brels.

Mitternacht. Kurznachrichten. Ich war sauer, weil das Stück ausgeblendet wurde. Ein milchiger Schleier legte sich über das nächtliche Firmament.

»Ein Nebelmond.« Alicia sah verträumt in den Nachthimmel. »Ich habe mal ein Buch gelesen, in dem sich die Menschen nur lieben durften, wenn Wolken die Augen des Mondes verhüllten.«

»Hört sich spannend an.«

»Es ging so. Die Helden waren farblos und dumm. Die Männer wetteiferten darum, wer den Drachen töten darf, und die Frauen sahen nur auf die Muskeln und Hintern der Helden.«

»Okay, das ist eine überschaubare Story«, gab ich schmunzelnd zu. »Da haben wir ja richtig Glück, dass sich der Mond verhüllt hat.«

»Sie sollten nichts von mir erwarten, Arthur.«

»Das tue ich nicht.«

»Dann ist es gut.« Wir erreichten die Straße oberhalb der Bucht. Vorsichtig gingen wir die ausgetretenen Stufen hinunter in die *Bahia de los amantes.* Kurz bevor wir unten angelangt waren, rammte ich mir einen Splitter von dem wackeligen Holzgeländer in den linken Handballen. Ich fluchte wie ein Rohrspatz. Alicia lachte ob meines Repertoires an unflätigen Bemerkungen.

»Jetzt ahne ich langsam, warum Sie Schriftsteller geworden sind. Kommen Sie, wir wollen sehen, ob ich das Malheur beheben kann.« Sie zog mich über den schmalen Strand bis in die Ufernähe. Wir entledigten uns unserer Schuhe und standen mit den Füßen in der sanften Dünung.

»Zeigen Sie mal her.« Sie begutachtete meine Hand. »Ah, das kann sich entzünden. Sind Sie ein tapferer Krieger, Arthur, so wie Jack Dawson in Ihrem Buch?«

»Wenn es um die Menschen geht, die mir etwas bedeuten …«

Ohne Vorwarnung presste sie ihren Mund auf meine Handfläche und saugte die Stelle aus, an der der Splitter eingedrungen war. Mehrfach wiederholte sie den Vorgang, spuckte Blut, Speichel und dann endlich auch den Splitter aus. Ich hielt unwillkürlich die Luft an und versteifte mich ein wenig.

»So, das war's, jetzt baden wir die Hand in Salzwasser, und alles ist gut.«

»Danke, das war toll.«

Wir knieten im Sand, das erfrischende Meerwasser umspülte unsere Knie.

»Ihr Kleid wird nass.«

»Wenn sich doch alle Probleme so leicht lösen ließen.« Ich konnte ihr wehmütiges Lächeln nur erahnen. »Ihr Blut ist köstlich«, sagte sie mit rauer Stimme. »Kann ich mehr haben?« Ihre Augen blitzten dämonisch. »Ich habe Appetit bekommen.«

»Wie bitte?«, stammelte ich verdattert.

Sie ließ sich lachend auf den Rücken fallen. »Schade, dass ich keinen Fotoapparat zur Hand habe. Sie hätten Ihr Gesicht sehen sollen.«

»Puh, ganz schön reingefallen. Ich dachte schon, Sie wären womöglich ein Vampir oder ein Werwolf.«

»Vielleicht sollte ich einer sein, dann ginge es mir besser.«

Wir rutschten so weit zurück, dass nur unsere Füße vom Wasser umspült wurden. Sanken schweigend auf den Rücken, unsere Köpfe ruhten im Sand.

»Arthur … Sie beschreiben in den Chroniken ganz oft, wie Irina ihren Kopf in Jacks Halsbeuge legt, das ist wohl ihr Lieblingsplatz.« Es fiel Alicia anscheinend nicht leicht weiterzureden. »Ich habe mich gefragt, wie sich das wohl anfühlen mag.«

»Warum finden Sie es nicht heraus?« Ich hob einladend den rechten Arm. Scheu wie eine geprügelte Katze näherte sich Alicia Nuñez. »Noch etwas näher … mit dem ganzen Körper.«

»Das ist nah genug.«

»Niemals, so bekommen Sie nur einen steifen Nacken.«

»Das war doch keine so gute Idee.«

»Unsinn.« Ich legte forsch den rechten Arm um ihre Schultern und zog sie näher zu mir. »Jetzt den Kopf hierher, nur Mut. Nun drehen Sie sich halb auf die Seite – noch näher zu mir, gut so.« Ihr Körper versteifte sich. »Jetzt legen Sie Ihr rechtes Bein noch auf meines. Okay, fast perfekt, fehlt nur noch Ihr Arm.«

»Mein Arm?«

»Der ist doch im Weg, also legen Sie ihn quer über meine Brust.«

»*¡Madre mia!*«

»Ist es gut so?«

»Sagen Sie es mir.«

»Sie sind steif wie ein Eiszapfen. Alicia. Sie können mir vertrauen, ich werde Sie nicht unsittlich berühren oder irgendwelche verrückten Dinge tun.«

»*Es bueno.*«

»Schließen Sie die Augen, hören Sie auf meinen Herzschlag, auf die Stimme des Meeres, auf den Pulsschlag unserer Erde, entspannen Sie sich. Sie sind sicher bei mir, genießen Sie den Augenblick, so wie ich es tue.«

»Wirklich?«

»Natürlich, was denken Sie denn? In diesem Moment hier mit Ihnen im warmen Sand liegen zu dürfen, ist wundervoll. Aber jetzt genug gegrübelt, machen Sie es sich mal richtig gemütlich.« Langsam löste sich ihre Anspannung. Ich spürte, wie ihr Körper schwerer wurde, wie sie sich fallen ließ, sich sogar ein wenig ankuschelte.

»Können wir eine Weile so liegen bleiben?«

»Solange Sie wollen, Alicia, ich habe heute nichts mehr vor.«

Das alles war total irre, fast unwirklich, aber dennoch … Ich spürte ihren Arm warm auf meiner Brust liegen, die Hand auf meinem Herzen, ihr nach Mandeln duftendes Haar unter meinem Kinn.

»Dieses Mädchen …«

»Luisa.«

»Wer ist sie?«

»Ein Fan aus England.«

»Sie ist verliebt in Sie?«

Ich lachte trocken. »Nein, sicher nicht.«

»Man redet über Sie beide.«

»Kaum zu glauben. Was wird denn getuschelt?«

»Na, die einen sagen, sie sei Ihre … Geliebte …«

»Sie ist dreiundzwanzig, ich bin zweiundsechzig. Wahrscheinlich sollte ich mich geschmeichelt fühlen, dass man mir so etwas zutraut«, seufzte ich. »Oder die meisten werden denken, es geht nur ums Geld. Und was sagt der Rest?«

»Dass sie wohl Ihre uneheliche Tochter ist.«
»Ja, das habe ich schon mal gehört. Beides ist Quatsch.«
»Oh, nun ja, die Leute reden halt gern.«
»Ja, das scheint mir auch so.«
»Ab Morgen werden sie wohl ein neues Thema haben.«
»Uns beide«, vermutete ich seufzend.
»Ja, das ist zu befürchten.«
Irgendwann schliefen wir ein.

Gegen fünf weckte uns der erwachende Julitag mit einer blutrot aufgehenden Sonne. Während der ganzen Rückfahrt sprachen wir kein Wort. Wir genossen die Gegenwart des anderen, wohl wissend, dass diese traute Zweisamkeit in wenigen Minuten enden würde. Ich brachte Alicia direkt in das noch dösende Platja zu ihrem Laden, geleitete sie noch bis zum Hintereingang.

»Danke für diese wunderbare Nacht, Arthur. Bis bald.«

Mir saß ein beträchtlicher Kloß im Hals. »Alicia … Werden wir das wiederholen können?«

Ihr Blick ging – wie würde es Captain Kirk ausdrücken – in unendliche Weiten. Traurig schüttelte sie den Kopf. »Nein, ich denke nicht.«

»Das kann ich nicht akzeptieren«, widersprach ich hilflos.

»Das müssen Sie aber, Arthur. Wir müssen alle unseren Platz, den wir irgendwann im Leben gewählt haben, einnehmen.«

»Und Ihrer ist an der Seite von Victor Nuñez?«

»Das war einst meine freiwillige Entscheidung.«

»Aber sie entpuppt sich zunehmend als Fehler.«

»Mag sein, aber das ist mein Problem.« Ich spürte sehr deutlich, dass keine weiteren Einlassungen irgendetwas in ihr bewirken konnten.

»Okay.« Total durcheinander machte ich mich auf, den kleinen Hinterhof zu verlassen.

»Arthur …« Ich sah, wie es in ihr arbeitete, wie ihr anerzogener Verhaltenskodex ein heftiges Gefecht mit ihrem Herzen ausfocht. »Würden Sie mich gern … küssen?« Wir sahen einander in die Augen. Ihr Mund formulierte ein lautloses Gebet, womöglich eine Beschwörung, wer weiß das schon? Ich machte wieder einen Schritt auf sie zu.

»Das würde ich gern, aber ich tue es nicht.«

»Nein?«, hauchte sie enttäuscht.

»Es würde alles nur noch schlimmer machen. Wenn der Tag kommen sollte, an dem Sie Mut fassen und ihn verlassen, werde ich Sie küssen, bis Ihnen schwindelig wird. Das sind eine Drohung und ein Versprechen zugleich. Ich werde auf Sie warten, Alicia, wie lange es auch dauern mag.«

»Das dürfen Sie nicht!«

»Das können Sie mir nicht verbieten.«

Ich umarmte Alicia eine kleine Unendlichkeit lang und schlich dann wie ein geprügelter Hund vom Hof.

Katzenjammer

Nero, das elendige Katzenmonster aus dem Haus der Schweizer unterhalb meiner Hazienda, hatte über Nacht zugeschlagen. Manita und Trine hatte er ordentlich verprügelt. Ich sah es sofort, als ich in den Wendehammer einbog. Die gesamte maunzende Belegschaft war aufmarschiert. Am Pool angekommen, zeugten Blutflecken von der nächtlichen Schlacht.

»Was seid ihr nur für Luschen!«, schimpfte ich mit Joschi und Luzifer. »Könnt nicht mal eure Frauen verteidigen? Karlo ist noch zu klein und zu fett, aber ihr beiden Brocken seid echte Weicheier.«

Die beiden Kätzchen hatten richtig tiefe Schrammen, Trines linkes Ohr war halb abgerissen. Das musste genäht werden, und zwar so schnell wie möglich. Ich verteilte Extrarationen für die Mädels und Karlo. Joschi und Luzifer strichen verlegen um die verletzten Bandenmitglieder.

»Jetzt braucht ihr auch keine dicke Welle mehr zu machen, ihr Versager.« Ehrlich, ich war total sauer auf die beiden aufgeblasenen Angeber.

Die beiden Kleinen und ich waren dann auch die ersten Patienten im *Hospital de Animales.*

Flores Rubio betrachtete sie mitfühlend. »War das wieder dieser Schweizer Knochenbrecher?« Ich nickte gefasst. »Blödes Vieh.« Ich nickte vehement. »Sie müssen aufpassen, Señor Crawley.«

»Ich kann mich nicht den ganzen Tag um die Katzen kümmern.«

»Ich meinte nicht die Katzen, sondern Sie.« Die Tierärztin schenkte mir ein mitleidiges Lächeln und eine hochgezogene Augenbraue. »Sie wissen schon. Sie und Alicia Nuñez.«

»Das glaube ich doch jetzt nicht.«

»Sollten Sie aber. Wenn Victor erfährt, dass Sie mit seiner Frau zusammen waren, gibt es jede Menge Ärger.«

»Für wen?«

»Für Sie beide, aber hauptsächlich natürlich für Alicia.«

»Es ist nichts Anstößiges geschehen«, verteidigte ich mich.

»Das ist unerheblich.«

»Sind Sie eine Freundin, Flores?«, fragte ich verärgert.

»Eine gute Bekannte.«

»Und warum unternehmen Sie dann nichts, wenn ich fragen darf? Neulich hat das Arschloch Alicia geschlagen.«

»Er ist ihr Ehemann.«

»Was ist das denn für eine Erklärung?«, fragte ich entgeistert.

»Das verstehen Sie nicht.«

»Klar, ich bin ja nur ein blöder zugereister Touri.«

»Nun seien Sie doch nicht so giftig.«

»Ich kann nicht einfach zusehen, wie ein Mensch systematisch zugrunde gerichtet wird.« Ich legte die noch unter der Betäubung stehende Trine zurück in den Korb. »Welche Chance hat Alicia denn, aus diesem Wahnsinn zu entfliehen?«

»Gar keine. Es gilt: Bis dass der Tod euch scheidet.«

»Prima, das ist ja toll geregelt.«

»Passen Sie auf, dass die genähten Stellen nicht wieder aufgerissen werden.«

»Ich werde dieses Schweizer Mistvieh ersäufen.«

»Sie machen mich arbeitslos.« Flores sah mich durchdringend an. »Es ist nicht nur Ihr übersteigerter Gerechtigkeitssinn, nicht wahr?«

»Wer weiß.« Ich sah durchschaut zu Boden. »Kann ich was tun?«

»Beten.«

»Ich bin Protestant.«

»Herrje, auch das noch«, stöhnte die Ärztin.

Schachmatt

Bürgermeister Garcia war vollkommen aus dem Häuschen. Noch ehe ich meinen wöchentlichen Auftritt bei Pepita Garrido beendet hatte, erreichte mich einer seiner Praktikanten. So sah ich mich genötigt, mit zwei schweren Tüten voller Kartoffeln und Auberginen ins Rathaus zu marschieren.

Unser Stehaufmännchen kam mir freudestrahlend entgegen und schüttelte mir ununterbrochen die Hände. »Er hat mir die Freundschaft gekündigt, aber er verkauft uns den Platz von den Burgmauern bis zur Eingrenzung, praktisch das ganze Plateau. Unser Plan hat tatsächlich funktioniert.«

»Zu einem anständigen Preis?«

»10.000.«

»10.000? Türkische Lira oder was?«

»Euro natürlich.«

»Das ist viel zu teuer.«

»Er muss sein Gesicht waren, Señor Crawley. Das verstehen Sie nicht.« Himmel, diesen Spruch bekam ich in den letzten Tagen dauernd um die Ohren gehauen. »Jetzt kann Gerard immerhin behaupten, er hätte uns mächtig übers Ohr gehauen.«

»Was ja auch stimmt«, brummte ich genervt.

»Arthur, wir haben mehr erreicht, als ich jemals für möglich gehalten habe. Kein Hotel, sondern weiter unsere wundervolle *Sardana.*« Garcia zog mich in seine Amtsstube und goss Brandy in zwei dicke Kristallschwenker. »Sie waren am Samstag ja nicht so sehr lange auf der *Fiesta Meyor.*«

»Das sagt wer?«

»Ach, das ist doch egal.« Das Männchen beäugte mich, als würde es mich zum ersten Male sehen. »Darf ich Ihnen einen gut gemeinten Rat geben?«

»Lassen Sie mich raten – ich soll mich von Alicia Nuñez fernhalten.«

»Ich versuche nur, diese Frau zu schützen.«

»Das ist ja eine Lachnummer. Da anscheinend die gesamte Bevölkerung von Calonge, Sant Antoni und Platja weiß, dass wir beide uns getroffen haben, wird es ihr feiner Ehemann ja recht bald auch erfahren.«

»Keineswegs! Niemand wird es Victor Nuñez zutragen.«

»Sie erlauben, dass ich daran zweifele.«

»Das ist das Mindeste, was wir tun können, um Alicia beizustehen.«

»Mir kommen die Tränen.«

»Das verstehen Sie nun einmal nicht.«

»Diesen beschissenen Satz kann ich nicht mehr hören!«

»Nun, ich habe Ihnen gesagt, was zu sagen war, und ich danke Ihnen noch einmal ausdrücklich für Ihren formidablen Plan, mit dem wir Gerard Reyes überlisten konnten. Calonge steht in Ihrer Schuld, mein Freund.«

»Dann tun Sie endlich etwas für Alicia.«

»Das steht leider nicht in meiner Macht.«

Happy Hour

Ich begann damit, den Schinken aus den achtziger Jahren zu überarbeiten. *Die Fabrik.* Ein Thriller in Anlehnung an Stephen Kings *Es.* In die Jahre gekommene Jugendfreunde treffen sich in ihrem Heimatort zu einer Wiedersehensparty und müssen erkennen, dass in der Fabrik vor den Toren des Dorfes mysteriöse Dinge vor sich gehen. Menschen verschwinden oder tauchen ohne Gedächtnis als sabbernde Idioten wieder auf. Die Sechserbande, vier Jungs, zwei Mädchen, beschließt, der Sache auf den Grund zu gehen.

Gute Charaktere, solide Story mit einigen Highlights, eine auflebende Lovestory, aber kein vernünftiges Ende. Schon vor dreißig Jahren war mir nichts eingefallen, was meinen Ansprüchen genügt hätte. He, das ist doch öde, wenn im Showdown der Böse einfach besiegt wird, und alle reiten in den Sonnenuntergang. Bewaffnet mit Weihwasser und Kruzifixen in die Fabrik einmarschieren, um die Dämonen oder was auch immer plattzuhauen oder in die Hölle zurückzuschicken … also wirklich, langweilig hoch zehn.

Dennoch, Audrey hatte nicht unrecht, ich kam langsam wieder in einen Schreibmodus. Immerhin musste ich die ganzen achthundert mit einer elektrischen Schreibmaschine getippten Seiten EDV-mäßig aufbereiten, also konnte ich auch gleich

Hand, beziehungsweise Geist, anlegen und den Sermon runderneuern.

Ich hörte das leise Brummen meines Vespa-Rollers und drohte Manita und Trine mit ausgestrecktem Zeigefinger. »Ihr zwei Hübschen habt Hausarrest.« Die Wunden begannen gerade erst zu verheilen. »Schön, dich zu sehen«, begrüßte ich Luisa gut gelaunt. »Wie war dein Konzert gestern Abend?«

»Echt beschissen.«

»Warum das? Komm rein, ich mache uns einen Latte Macchiato.«

»Da war eine Horde Deutscher im *Cactus*. Eine ganze Kolonne, wahrscheinlich von einem der Campingplätze. Total aufmüpfig und arrogant. Sprachen mit Paco wie mit einem Kleinkind. *Du kleiner Kellner du, bringst du dem Papi mal ein Bier?*«

»Was geschah dann?«

»Sergio, Paco und Ramon haben die Herrschaften höflich gebeten, das Lokal zu verlassen. Was machen die Idioten? Schmeißen mit ihren Biergläsern. Die bescheuerten Tussen haben ihre Stecher noch ordentlich heiß gemacht.«

»Ach, du liebe Güte. Jemand verletzt?«

»Nur ein paar von den Randale-Brüdern. In Null-komma-nix waren alle Ladenbesitzer und Kellner aus dem Umkreis da und haben die Bande überwältigt und in Schach gehalten, bis die Polizei kam. Sogar die Inder aus dem Shop mit den nachgemachten Fußball-Trikots waren am Start und die Döner Kebab-Gang von schräg gegenüber.«

»Tja, das ist die gute Seite der Eingeborenen«, stöhnte ich. »Ein verflucht ambitionierter Zusammenhalt.«

Seit unserer magischen Nacht hatte ich Alicia nicht mehr gesehen. Noch war ich unschlüssig. Was sollte ich tun? Mich fernhalten und hoffen, dass ihr Schlägertyp sich im Griff hatte? Ich schob die düsteren Gedanken beiseite. »Ich hoffe, du hast für morgen noch nichts geplant.«

»Morgen?« Luisa tat überrascht. »Was ist denn morgen?«

»Ach, komm schon, ich habe deinen Ausweis gesehen. Ich möchte dich gern einladen, schließlich wird man nur einmal vierundzwanzig.«

»Das ist lieb, Arthur.«

»Du kannst dir die Location aussuchen.«

»Wirklich? Dann ... möchte ich hier feiern.«

»Hier?«, wunderte ich mich.

»Grillen und dann eine Poolparty.«

»Mit mir und den Katzen?«

»Vielleicht können wir ein paar Leute einladen.«

»Klar, an wen dachtest du?«

»Na, an Sergio, Paco, Ramon und Esteva, an Mareike und Sven.«

»Sven?«

»Kellner im *Friends.*« Also, das ging ihr aber viel zu glatt von den Lippen. Ich blinzelte vergnügt. Sven hieß also der Glückliche. »Dann noch Javier, Catalina und seine drei Töchter, Sonia ist fast so alt wie ich.«

»Aber die Zwillinge Manu und Maria sind echte Nervensägen ...«

»Och, kommen Sie, es wäre schön, ein paar junge Leute um sich zu haben.«

»Hm, nun ja, versprochen ist versprochen, aber sei nicht traurig, wenn die meisten nicht kommen können. Wir sind fast in der Hochsaison angekommen. Sergio kann den *Cactus* unmöglich zumachen, das gleiche gilt für Mareike, wobei ... Sie hat eigentlich genug erfahrenes Personal. Das *Samal* hat jedenfalls morgen Ruhetag.«

»Ist doch schon mal was.«

»Na schön, dann lass uns heute einkaufen gehen.«

»Prima, ich habe schon was gespart, das können wir investieren.«

»Du würdest noch dein letztes Hemd verschenken«, stellte ich gerührt fest.

»Macht doch Spaß, anderen eine Freude zu bereiten.«

Spontan nahm ich Luisa in den Arm und gab ihr einen Kuss auf die Stirn.

»Wow, wofür war das denn?«

»Einfach nur so.«

Shopping Queen

»Die Nackenkoteletts sehen gut aus, die eingelegten Fleischspieße auch.« Luisa war voll in ihrem Element. Fachmännisch dirigierte sie den Metzger im *Suma* von einer Auslage zur nächsten. »Hühnchen, was ist mit Hühnchen, mögen die Leute das? Hühner sind cool.«

»Tote auch?« Ich grinste. »Aber kaufst du nicht viel zu viel?«

»Stellen Sie sich nur vor, unsere Gäste verspüren noch Hunger, und wir sind blank. Das wäre doch peinlich.«

»Okay, dann also noch die Curry-Hühnerteile.«

»Gut, was ist mit den Schnitzeln?«

»Zu trocken.«

»Lamm?«

»Luisa … wir wollten doch auch noch Fisch kaufen.«

»Ach ja, gut.«

Gehorsam schob ich unseren Wagen herüber zur Fischtheke.

»Du …?«

»Ja, was kann ich für Euch tun, mein *Capitan*?« Luisa benutzte den Titel Jack Dawsons. Ihr Lächeln war wirklich umwerfend.

»Ich dachte, du könntest womöglich noch jemanden einladen.«

»Klar, kann ich, ich wüsste nur nicht wen. Den Bürgermeister?«

»Nein, nein, bloß nicht.«

»Wen dann?«

»Na, du holst dir doch im *Pa y Vi* auch des Öfteren ein Baguette oder ein Croissant.«

»Ach …« Sie lächelte über das ganze Gesicht. »Ich werde Alicia fragen.«

»Langsam, Kleines, so einfach ist das nicht. Wir müssten erst herausfinden, ob ihr Mann wieder da ist, dann geht es auf keinen Fall.«

»Aha.« Sie nickte nachdenklich. »Wie können wir das klären?«

»Sergio wird es wissen.«

»Alles klar, ich werde das regeln.«

Ein Euro für ein neues Leben

Neue Ufer

»Wie läuft es?«, fragte Audrey, leicht skeptisch, wie mir schien.

»Es geht voran. Ich habe zwar immer noch kein Ende im Sinn, bin aber guter Dinge. Wenn alle Stricke reißen, gibt es halt einen klassischen Showdown. Ich opfere zur Not ein paar Protagonisten, das kommt immer gut.«

»Wirst du das bist Ostern hinbekommen?«

»Höre ich da leichte Zweifel?«

Trine sprang auf den Schreibtisch und drängte sich ins Bild.

»Süß, die Kleine.«

»Ja, und das Ohr ist auch wieder angewachsen. Sie wird mal einen hübschen Kerl abbekommen. Apropos, wie schaut's denn aus mit Mister Knackarsch?«

»Abgeschossen, einfach zu dumm, der hatte echt nix drauf, war der festen Überzeugung, Donald Trump wäre nicht der Präsident der Vereinigten Staaten, sondern eine Figur aus einem Marvel Comic.«

»Womöglich hat er recht. Vielleicht leben wir in einer Parallelwelt.«

Audrey lachte herzlich. »Ja, manchmal kommt es einem so vor.« Sie verbannte eine Haarsträhne hinter ihr linkes Ohr. »Ich bin wohl nicht für längerfristige Beziehungen geschaffen.«

»Papperlapapp, es muss nur der Richtige kommen.«

»Sagt der sechzigjährige glückliche Single«, spottete meine Agentin.

»Morgen schmeißen Luisa und ich hier eine Party.« Ich hatte Audrey von meinem größten Fan berichtet, allerdings nur die vordergründige Story, nichts von ihrer unglücklichen Beziehung zu ihrem Möchtegernzuhälter. Das Thema Alicia Nuñez hatte ich bislang ebenfalls tunlichst vermieden.

»Schön, freut mich, Hauptsache, du vergisst das Schreiben nicht.«

»Keine Bange, wenn die Wintermonate kommen, habe ich viel Zeit.«

»Arthur …«

»Ich bleibe dran, Audrey, versprochen. Das Ding wird bis Ostern fertig.«

»Ich kann also Wenger reinen Gewissens beruhigen?«

»Kannst du.« Frechdachs Karlo drängte sich auch noch ins Bild. »Wo steckst du eigentlich?«

»Bielefeld.«

»Himmel, am Arsch der Welt. Was ist ’n da los?«

»Sommerbuchmesse, findet zum ersten Mal statt, nur leichte Kost, Krimis und Schmalz, mal sehen, was die Konkurrenz so treibt.«

»Okay, sag mal, kennst du vielleicht ein paar Leute in der Musikbranche?«

Audrey lächelte maliziös. »Ist sie so gut?«

»Kann schon sein. Ich habe noch nichts Eigenes von Luisa gehört, aber die Coverversionen sind vielversprechend. Ich frage auch nur rein prophylaktisch.«

»Lügner, aber egal, ich werde mich mal ein bisschen umhören … rein prophylaktisch natürlich.«

»Du bist die Beste.«

»Das geht runter wie Öl.«

»Warum verlegst du deinen Lebensmittelpunkt nicht hierher?«

Sie lachte herzhaft, was durch die Laptop-Lautsprecher ein wenig gruselig rüberkam. Die Katzen machten einen Buckel. »Bietest du mir Asyl an, alter Mann?«

»Warum nicht, der Flughafen in Girona ist nicht weit.«

»Wie wäre das mit Bekanntschaften? Rein theoretisch. Kann ich die in dein Haus abschleppen und dort vernaschen?«

»Okay, die Idee war semioptimal«, musste ich zugeben. »Vielleicht solltest du einfach mal versuchen, eine Weile ohne einen Kerl auszukommen. Bleibt es denn bei Ende September?«

»Auf jeden Fall.«

»Ich freue mich schon.«

»Sieh zu, dass du gut über den Sommer kommst. Hoffentlich bleibt ihr von Waldbränden verschont. Mach's gut, Großer. Ich melde mich.«

Happy Birthday, Luisa

»Muchas felicidades*, Luisa.«

»*Le doi las gracias a mi Señor.*« Luisa fiel mir um den Hals.

»Langsam, Fräulein, du erdrückst mich ja.«

»Ach, ich bin so froh, heute hier zu sein. Bestimmt regnet es in Oxfordshire. Dort wäre ich ganz allein gewesen.«

»Deine Eltern?«

»Haben eine SMS aus Chicago geschickt, irgendein Kongress, ist mir auch egal.«

Sie trug an diesem Morgen Shorts in mint und ein schlichtes weißes T-Shirt, die blonden Haare noch unsortiert zu einem Nest zusammengesteckt. Ich zauberte einen Strauß gelber Rosen aus der Sommerküche hervor.

»Wow, danke, sind die schön!«, freute sich Luisa.

»Mögen dir die Götter immer gewogen sein.«

»Sie meinen, ich könnte eine der dreizehn neuen Wächterinnen sein, wie in den Insel-Chroniken?«

»Die mentale Stärke dazu hättest du sicher, aber würdest du auf das normale weltliche Leben verzichten, um für den Rest deiner Tage auf einer unzugänglichen Insel über Wohl und Wehe der Menschen zu wachen?«

»Käme darauf an, wer die anderen zwölf sind.«

»Gute, wenn auch eine diplomatische Antwort.« Luzifer schnupperte an den Rosen. Nichts Fressbares, also uninteressant. »Mach das Päckchen auf.«

»Ein Geschenk?« Das Kästchen hatte die Größe einer Zigarettenpackung. Ich war gespannt darauf, wie Luisa reagieren würde. Mit fliegenden Fingern entfernte sie das Geschenkpapier und hob den Deckel ab. Staunend nahm sie einen Anhänger des FC Barcelona mit zwei Schlüsseln in die Hand. Ein wenig hilflos sah sie mich an. »Schlüssel …?«

»Sieht so aus, oder?«

»Aber …« Auf ihrem Gesicht erschien ein fulminantes Leuchten. Ohne ein Wort rannte sie vom Pool hinauf zur Eingangstür. »Ha, passt!« rief sie.

»Siehst du, Luzifer«, dozierte ich weise. »Sie ist echt schlau.« Der Kater gähnte desinteressiert.

Schon kam der Wirbelwind die Stufen wieder herabgeflitzt. »Aber was hat das zu bedeuten?«

»Es ist nur ein Angebot, du musst es nicht annehmen. Wenn du magst, kannst du bis zu deiner Heimreise Señora Marisols stickigen, musikfeindlichen Frauenknast verlassen.«

»Ehrlich? Wow, das ist … phantastisch, total irre.«

»Du wirst die Katzen füttern.«

»Okay.«

»Und den Garten pflegen.«

»Ich habe einen grünen Daumen!«

»Ein Zimmer und ein Bad sind dein Reich, gilt auch fürs Saubermachen.«

»Ich mache das ganze Haus sauber.«

»Immer langsam, das musst du gar nicht. Es kommen noch zwei Bedingungen, vielleicht willst du dann gar nicht mehr hier wohnen.«

»Klar, nur zu.«

»Donnerstags kommst du mit zum Markt …«

»Sehr gerne. Toll, diese herrliche Atmosphäre. Es wird mir ein Fest sein.«

»Und als Letztes …«, ich machte eine Kunstpause und sah in ihre blauen Augen, »möchte ich etwas von deinen eigenen Kompositionen hören, möglichst alles, was du jemals geschrieben hast.«

»Wirklich? Aber wenn es nicht gut ist?«

»Erstens glaube ich das nicht, und zweitens ist mir das vollkommen wurscht, ich bin nur total neugierig.«

»Okay, aber Sie dürfen nicht lachen, wenn das zu simpel ist. Ich habe noch Probleme mit den Texten.«

»Viele Welthits verfügen über einen bekackten Text. Ich denke da an *World* von den Bee Gees. Da hat doch einer der Brüder Gibb herausgefunden, dass die Welt rund ist …« Wir schenkten uns ein glückliches Lächeln. »Es wird nicht gelacht, nur hart gearbeitet. Wozu kennst du denn einen Schriftsteller? Vielleicht kann ich dir mit den Songtexten helfen.«

»Hört sich cool an.«

»Du trittst mir in den Hintern, wenn ich mit dem Schreiben nicht vorankomme oder faul auf der Liege döse, und ich mache dasselbe mit dir, wenn du nicht an deiner Musik arbeitest. Also … Deal?«

»Hohe Mutter, natürlich! Oh je, ich bin total überdreht. Deal! Das ist einer der schönsten Tage meines Lebens.« Ich schmunzelte zufrieden. »Danke, danke.«

Sie wollte mir schon wieder um den Hals fallen, aber ich wehrte sie ab. »Moment, Señorita, wir sind noch nicht fertig. Da ist noch ein Umschlag.«

»Aber nicht noch ein Geschenk. Dass ich hier wohnen darf, ist wirklich so unglaublich … das reicht.«

»Es ist kein richtiges Geschenk, wenn überhaupt, dann nur ein halbes.«

Sie öffnete das Kuvert. »Aber das ist ja der Megahammer, zwei Karten für ein Konzert von Arlo Gibbins! Der ist eine Legende unter den Songwritern, obwohl er eigentlich gar nicht singen kann und nahe der Vergreisung ist.«

»Ich hoffe, du nimmst mich mit.«

»Natürlich, ich freue mich jetzt schon darauf.«

»*Cap Roig* ist ein botanischer Garten, die Bühne liegt direkt auf einer Klippe über dem Meer, ein absoluter Traum, nur knapp zweitausend Plätze.«

»Wahnsinn.« Luisa sah betreten auf ihre nackten Füße. »Ich kann gar nicht fassen, dass Sie das alles für mich tun, Arthur. Womit habe ich das verdient? Ich bin nur eine Streunerin, die sich in einen Traum geflüchtet hat.«

»Warum sollen Träume nicht mal in Erfüllung gehen?« Wir setzten uns an den Beckenrand und ließen die Füße im Wasser baumeln. »Du bist für mich wie eine Tochter, die ich nie hatte und nun unerwartet vom Himmel gefallen ist.«

»Sie haben sich Kinder gewünscht?«

»Ja, habe ich, aber … ist nicht der Hit ohne die richtige Partnerin.«

»Ich wäre stolz darauf, wenn Sie mein Vater wären.«

»Ach, komm, sag doch sowas nicht, du hast doch Eltern.«

»Die nie da sind, wenn man sie braucht. Ich weiß gar nicht, warum sie mich bekommen haben. War bestimmt ein Unfall. Ich hatte eine engere Beziehung zu meinem Kindermädchen Nuria als zu meiner Mutter. Ich war schon ganz früh im Kinderhort. Abgeholt hat mich immer Nuria. Sie hat das Essen gemacht, mich zu Bett gebracht, mir Geschichten vorgelesen.«

Ich legte mitfühlend einen Arm um ihre Schultern.

»Das ist ziemlich dumm von deinen Eltern, sie wissen gar nicht, was sie verpasst haben.«

»Sehen Sie.« Luisa sah mich traurig an, ihre Mundwinkel zuckten verdächtig. »Das hat mein Vater in vierundzwanzig Jahren noch nicht ein einziges Mal zustande gebracht.«

»Was denn?«

»Seine Tochter mal in den Arm zu nehmen.«

»Gibt's doch nicht.«

»Tja, gibt es leider doch.«

»Was treiben deine Eltern denn?«

»Vater ist Neurochirurg, Mutter hantiert mit Millionen im Börsengeschäft. Da muss man am Ball bleiben, wenn man Karriere machen will.«

»Auf die Gefahr hin, mich zu wiederholen: wie dumm.«

Luisa lachte hell und strahlte mich an.

»Aber wir sind noch nicht ganz fertig.«

»Wird das ein Geschenkemarathon?«, fragte sie belustigt.

»Nicht wirklich, aber sieh dir die Konzertkarten mal genau an.«

»Ja, okay. Gut, das Foto vom Arlo könnte auch Werbung für *Walking Dead* sein, aber sonst finde ich nichts Besonderes an dem Werk.«

Ich tippte auf den kleinen Zusatz unter dem Namen des großen Meisters.

»*Special Guest.*« Luisa zuckte mit den Schultern. »Ist üblich, oder?«

»Ja schon, war aber eigentlich nicht vorgesehen. Man hat den Maestro jedoch überzeugen können.«

»Schön, wer hat denn die Ehre?«

»Rate mal.«

»Keine Ahnung.«

»Falsche Antwort, noch ein Versuch.«

»Nein!« Die Erkenntnis sickerte tröpfchenweise durch Luisas Verstand. »Nein«, wiederholte sie atemlos. »Nein! Das … kann ich nicht.«

»Ich erinnere mich an einen Wunsch einer jungen Dame, die sich genau das gewünscht hat: mal auf einer richtigen Bühne aufzutreten.«

»Mann, Sie sind ja total irre. Arthur, das ist nicht Ihr Ernst.«

»Du hast drei Songs plus eine Zugabe, wie bei *Night oft the Proms.*« Ich schubste Luisa ins Wasser und sprang direkt hinterher. Prustend tauchte sie auf. »Deshalb will ich deine Lieder hören. Wir werden die besten Songs aussuchen und du wirst üben, bis du blutige Finger hast.«

Sie wusste offensichtlich nicht, ob sie lachen oder weinen sollte. »Das ist echt kein Scherz, oder?«

»Würde ich mir nie erlauben.« Ich paddelte bequem auf dem Rücken quer durch meinen Pool. Die Katzen saßen aufgereiht auf der Mauer und hielten Wache. »Wir haben fünf Wochen Zeit, Milady, das sollte reichen. Das Konzert ist am 25. August.«

»Aber wir müssen die Location sehen, die Bühne, die Akustik, das Licht.«

»Drei Tage vorher gehört das Kolosseum uns … Na ja, zwischendurch auch Gibbins, aber der braucht so gut wie keine Proben, habe ich mir sagen lassen.«

»Oh … mein … Gott!« Luisa spritzte mir eine Ladung Wasser ins Gesicht. »Ich fühlte mich gut wie seit Ewigkeiten nicht mehr.

»Haben wir immer noch einen Deal?«

»Und ob.« Für lange Augenblicke sahen wir einander nur an. In diesen Momenten entwickelte sich eine tiefe Zuneigung und grenzenloses Vertrauen. Es waren keine Worte nötig, wir lagen auf einer Wellenlinie.

»Das ist kein Traum, oder?«

»Nein.« Ich schüttelte den Kopf und schloss kurz meine Augen. »Ich werde vor Stolz platzen, wenn ich dich auf der Bühne sehe.«

»Ich …«

»Wir beenden jetzt dieses alberne, antiquierte *Sie.*«

»Sie wollen mich zu Ihrer eingeschworenen Schwester erheben? So wie es Vertraute in Ihrem Buch tun?«

»Es wäre mir eine große Ehre, Luisa Verbeek.«

»Bin ich dafür nicht viel zu jung?«

»Vertrauen und Zuneigung sind keine Frage des Alters.«

»Ich weiß nicht, ob ich das sein kann. Eine Vertraute, das ist ein großes Ding. Ich komme ja mit meinem eigenen Leben kaum klar.«

»Darum kümmern wir uns später.«

»Was muss ich tun?«

Ich schüttelte den Kopf. »Tun? Gar nichts.«

»Dieser Bund muss besiegelt werden, so steht es geschrieben – und zwar von Ihrer Hand.«

»Wir sind nicht auf Tamariu, Luisa.«

»Nein, aber das wäre ich gern.« Ihre blauen Augen versprühten ein intensives Feuer. »Eine Wasserwelt mit tausenden von Inseln. Ein weißes, majestätisches Schiff. Schließen Sie die Augen, Arthur.«

»Also …«

»Jetzt müssen Sie mal tun, was ich sage, sonst wird das nichts mit der Seelenverwandtschaft.«

Gehorsam klappte ich meine Lider herunter. Ich spürte ihre Hand in meinem Nacken, dann, für einen kurzen Moment, ihre vollen Lippen auf meinem Mund.

Luisa stieß sich vom Beckenrand ab, tauchte unter und durchquerte den Pool, machte an der Stirnwand kehrt, glitt elegant wie ein Delphin zurück zu den Stufen, auf denen ich mich, recht konsterniert, niedergelassen hatte.

»Du siehst ein wenig mitgenommen aus«, spottete sie gutmütig. »Lange keine Frau mehr geküsst, oder?«

»Jedenfalls keine, die fast vierzig Jahre jünger ist als ich.«

»Nun sind wir für den Rest unseres Lebens verbunden«, verkündete sie aufgekratzt.

»Die Troubadourin und der Geschichtenerzähler.« Ich blies mir einen Wassertropfen von der Nasenspitze. »Irgendwie gefällt mir das.«

»Victor kommt übrigens erst am Wochenende zurück«, berichtete Luisa. »Frühestens Freitag. Ich habe gestern Abend schon mit Alicia gesprochen.«

»Und?«, fragte ich hoffnungsvoll.

»Sie will es sich noch überlegen, aber wenn ich wetten müsste, würde ich darauf setzen, dass sie kommt.«

Ein erster Schatten

Luisa war eifrig damit beschäftigt, Fackeln rund um den Pool zu verteilen. Ich hatte meine alte Anlage in der Sommerküche installiert. Eric Clapton beglückte uns mit seinem *MTV-Unplugged*-Album.

»Du siehst toll aus. Woher ist das Kleid?«

»Aus Calonge, Natura, echte Baumwolle, ganz leicht.«

»Dass es sowas heutzutage überhaupt noch gibt.«

»Alles eine Frage der Kohle.« Sie lächelte entwaffnend. »Jetzt bin ich zwar wieder vollkommen pleite, aber total glücklich.«

»Und das wiederum ist unbezahlbar.«

Gemeinsam zogen wir bunt gemusterte Decken über die Tische, die uns Javier geliehen hatte. Das weiße Kleid schien mir eher altmodisch geschnitten, aber wer war ich schon, um das beurteilen zu können. Es war glatt, sehr figurbetont, ärmellos mit

Spaghettiträgern, und endete deutlich über den Knien, wirkte aber keineswegs zu kurz. Nun, das lag wohl an Luisa.

»Nervös?«, fragte sie mich.

»Wie kommst du darauf?«

»Du polierst jetzt seit zirka fünf Minuten dasselbe Glas.«

»Wirklich? Hm. Ertappt. Wer wird denn im Laden stehen? Vielleicht kommt sie erst sehr spät oder gar nicht.«

»Irina hat auch nicht aufgegeben«, erinnerte Luisa mich an die tragische Liebesgeschichte in meinen Chroniken. »Sie ist ans andere Ende der Welt gereist, um zu ihrem Liebsten zurückzufinden.«

»Was letztendlich in einer Katastrophe endete«, gab ich zu bedenken.

»Aber sie hatten eine fantastische Zeit, sich geliebt, ihre Tochter gezeugt.«

»Um sich dann für das Wohl der Allgemeinheit zu opfern.«

»He, *Capitan* – *du* hast das Buch geschrieben, *du* warst der allmächtige Lenker des Geschehens. Es musste nicht so enden. Ein bisschen zu spät, um jetzt zu meckern.«

»Wohl gesprochen.«

Den großen Außengrill hatte ich seit Ewigkeiten nicht mehr genutzt, aber dank Luisas Einsatz glänzten Rost und Besteck makellos.

»Wer ist dieser Sven?«

»Kellner im *Friends*, ein Holländer, der den Sommer hier verbringt.«

»Ein netter Kerl?«

»Oh, hör zu, Arthur. Nimm ihn unter die Lupe, okay, aber verschreck ihn mir nicht total. Er ist ganz niedlich.«

»Na, hoffentlich.«

»Besser wäre es für ihn, oder?« Ein schelmisches Lächeln. »Sonst bekommt er es mit dir zu tun, habe ich recht?«

»Oh, ja, *Lady Of The Dawn*.«

»Von Mike Batt, aus den Achtzigern.«

»Verdammt, du kennst dich in dieser Zeit wirklich gut aus.«

»Das ist süß. Noch nie hat sich ein Mensch so für mich interessiert.«

Ein seltsam schmerzhafter Gedanke traf mich. »Du wirst mir fehlen, wenn du gehst.« Wir sahen einander an. Ein trauriges, schwermütiges Schweigen legte sich über das Haus.

»Ist noch lange hin bis Anfang Oktober«, sagte Luisa mit belegter Stimme.

»Eine kleine Ewigkeit.«

»So muss sich Marun gefühlt haben. Sie wusste ja, dass ihre große Liebe sie verlassen würde, wenn ihr Sohn den achtzehnten Sonnenumlauf vollendet.«

»War das zu viel? Hättest du dir ein Happy End gewünscht?«

»Nein, das hätte nicht gepasst. So, wie du Jack angelegt hast, musstest du den ruhelosen Geist ein letztes Mal auf die See hinausjagen. Man empfindet nur großes Mitgefühl für die zurückgelassene Mutter und seinen Sohn.«

»Seltsam, wie schnell man sich an einen Menschen gewöhnen kann.«

»Du meinst mich?«

»Klar.«

»Vielleicht gehen wir nur ein ganz kleines Stück unseres Lebensweges zusammen, aber dieser Abschnitt ist jetzt schon großartig. Übrigens, fangen wir morgen an zu üben?« Luisa tippte mit einer Gabel auf meine Brust. »Und wehe dir, wenn du mich verhätschelst.«

»Du wirst noch fluchen, Kleines, und dir wünschen, du hättest diesen Deal niemals gemacht. Wie viele Eigenkompositionen hast du denn auf Lager?«

»Dreizehn.«

Die absolut magische Zahl in meiner Trilogie. Ich schüttelte sanft den Kopf. »Sicher, was denn auch sonst …«

»Haben wir genug *Cerveza,* sonst fahre ich noch mal runter.«

»Mehr als genug, es ist alles fertig, *mi pequeña.* Die Holzkohle schlummert im Grill, Bier, Weißwein und Rosé sind kaltgestellt, Fleisch und Fisch, um halb Calonge satt zu bekommen, liegen im Kühlschrank ...«

»Irgendwie bin ich nervös. Blöd, oder?«

»Ach was, voll normal. Komm, wir setzen uns auf die Terrasse, dann können wir sehen, wenn deine Gäste den Berg raufkommen.«

Ich legte eine selbst zusammengemixte CD vom Boss ein. Bruce Springsteen sang *The River*, großartig. Wie immer trällerte ich leise mit.

Als erstes trafen Javier, Catalina und ihre drei Töchter ein. Luisa bekam eine wunderschöne Orchidee und einen mp3-Player geschenkt. Die Zwillinge warteten ein Anstandsviertelstündchen, ehe sie den Pool eroberten. Die Katzen trollten sich in Erwartung unangekündigter Wasserspiele. Nur wenig später erreichten Sergio und Esteva Montanes meine Finca. Die Besitzer meiner Lieblingsbar kümmerten sich auch sofort um die kleine Hausschenke.

»Ihr kommt wohl aus eurer Haut nicht raus«, schimpfte ich. »Warum lasst ihr euch nicht mal selbst bedienen?«

»Und wie willst du das bewerkstelligen?«, stellte Esteva die Gegenfrage, beide Hände auf die Hüften gestützt. Wie üblich trug sie ihre lindgrüne Schlägermütze, aus der ein blonder Zopf bis zwischen die Schulterblätter hinabfiel. »Machst du gleichzeitig den Grillmaster und den *Camarero?*«

Ich schwieg betroffen.

Die Delegation aus dem *Friends* traf ein, Paco mit Ramon im Schlepptau, der auch seine Frau Juana und Töchterchen Solana im Maxi-Cosi mitbrachte. Das war einfach so üblich, Einladungen wurden nie nur für ein Familienmitglied ausgesprochen, sie galten automatisch immer für den ganzen Clan. Zunächst einmal begutachtete ich Luisas Favoriten aus dem Land der Windmühlen. Der Bursche sah verdammt gut aus und bewegte sich in der gehobenen Gesellschaft der Barbesitzer mit einer erstaunlichen Selbstsicherheit. Die blonden Haare und sein durchtrainierter Körper erhielten von mir das Prädikat Rettungsschwimmer. Ein durchaus vorzeigbares Kerlchen. Ich blinzelte Luisa anerkennend zu.

Ich warf den Grill an, um mich abzulenken. Luisa bekam professionelle Kopfhörer und Lautsprecher für den Player und einen Gutschein, um ihre Gitarre neu besaiten zu lassen.

Ich spitzte meine Ohren, konnte aber kein weiteres Motorengeräusch oder knirschende Reifen wahrnehmen. Sergio versorgte mich mit einem *San Miguel.*

»Hast du was von Alicia gehört?«, fragte ich möglichst beiläufig, während ich die *Chipolatas,* köstliche Kalbsbratwürstchen, wendete.

»Du spielst ein gefährliches Spiel, Amigo.«

»Warum? Ich denke, der Kotzbrocken kommt erst am Wochenende zurück? Heute haben wir Mittwoch.« Joschi hatte seine Zurückhaltung aufgegeben und versuchte, von den Gästen einen Brocken Fleisch oder Wurst zu schnorren. »Wer schmeißt denn eigentlich den *Cactus*?«

»Arios und Manuel. War bis jetzt ein ruhiger Tag. Ab dem kommenden Wochenende wird's heftig, wenn die Frenchies und die restlichen *Alemán* Ferien bekommen. Ich bin auf Abruf.« Sergio deutete auf sein Smartphone. »Wenn die Jungs Hilfe benötigen, muss ich los.«

»Okay, toll, dass ihr gekommen seid.«

»Wir mögen die Kleine wirklich gern.« Er grinste unverschämt. »Dich natürlich auch, *el Escribar.* Was macht dein neues Werk eigentlich?«

»Ach, es hätte ein so schöner Abend werden können.«

»Wir müssen alle hart arbeiten, Arthur.«

»Hast ja recht.« Es zischte laut, als die Haut der Kräuterwürstchen platzte. Ein verführerischer Duft wehte über den Pool. »Kennst du diesen Sven?«

»Nee, woher denn, der arbeitet bei der Konkurrenz.«

»Ach, komm schon, Mareike und du … ihr kommt euch doch gar nicht in die Quere. Sie beherrscht die *Seafront* und du die City.«

Luisa unterhielt sich angeregt mit Sonia und Sven, die Zwillinge probierten derweil, wer länger den Atem unter Wasser anhalten konnte, der Rest unserer Gäste saß ausgelassen schwadronierend um den Tisch herum. Die Lichterketten und die Kerzen verbreiteten eine anheimelnde Atmosphäre. Im Hintergrund lief das Live-Album von Maná. Alles war perfekt. Nur … leider nicht alles.

Die Zwillinge wollten ihre Würstchen im Pool verzehren, was ich natürlich nicht erlauben konnte. Maulend und tropfend setzten sie sich an den reichlich gedeckten Tisch.

Javier brachte einen Toast aus. »Auf Luisa, die uns in diesem Sommer mit ihrer Musik verzaubert.«

Luisa lief rot an und trank ihr Glas Rosé in einem Zug aus. Sie sandte mir ein lautloses *Dankeschön* über den Tisch, was ich mit einem geblinzelten *Für dich doch immer* beantwortete.

Die Sonne ging unter. Halb zehn. Ich entzündete eine Galerie Gartenfackeln. Aus dem Schweizer Haus, welches mal wieder einer Baustelle glich, tönten schreckliche Klänge den Berg hinauf. Irgendeine gefühlsduselige Volksmusik. Ich schnappte einige Gesangsfetzen auf. Da war von einem treuen Postillion die Rede, der bei Wind und Wetter seine Briefe austrug, bis das tapfere Bürschlein eines Tages erfroren gefunden wurde, den letzten Brief an sein Herz gepresst.

»Lieber Himmel, Karlo, sei froh, dass du diesen Mist nicht verstehst«, tröstete ich meinen viel zu fetten Jungkater. »Was meinst du, wird sie noch kommen?« Ich bestach den Kleinen mit einem Stück Wurst.

DÄMONEN

Gegen halb elf klingelte Sergios Handy. Wider Erwarten war es doch noch richtig voll geworden im *Cactus,* Arios und Manuel benötigten Hilfe. Sergio und Paco machten sich auf den Weg.

»Immer auf die kleinen Mexikaner«, schimpfte Paco grinsend. Javier und Mareike verabschiedeten sich ebenfalls. »Ist besser, wenn wir mal nach dem Rechten sehen«, murmelte Javier gähnend. So viel Ruhe war der eingefleischte Real-Fan nicht gewohnt.

»Ihr könnt ja wiederkommen«, bot ich an.

Die drei Bar- und Restaurantbesitzer machten sich auf den Weg, nicht ohne sich überschwänglich bei Luisa zu bedanken. Eine Stunde später verließen auch Ramon mit seiner Kleinfamilie und Catalina mit ihren Zwillingen die Party. Es blieben die drei Teenager, Esteva und ich.

»Ein schöner Abend, Arthur. Ich genieße es, mal nicht im *Cactus* sein zu müssen. Es ist herrlich ruhig hier oben, du bist zu beneiden.« Sie lachte herzlich. »Bis auf diesen grässlichen Lärm von den Nachbarn dort unten.«

»Schweizer.«

»Oh, wie schrecklich, ich dachte, die hätten ihre Fincas alle verkauft, aus Angst vor den Russen.«

»Die nicht, das sind Hardcore-Schweizer, geizig, arrogant und absolut nervig. Halten sich für was Besseres, dabei kassieren sie nur alle Vorteile ein, die das Leben hier mit sich bringt, rümpfen aber die Nase über die ungebildeten Einheimischen: *Was wäre Spanien doch für ein schönes Land ohne Spanier.*«

Esteva lachte erneut. »Die scheinst du gefressen zu haben.«

»Köbi und Gritli Häberli.«

»Das klingt lustig.«

»Ist es aber nicht. Eigentlich hatten sie geplant, die Hütte zu verhökern, um in die Zivilisation zurückzukehren.«

»Zurück in die Schweiz?«

»Nee, da ist es ihnen doch zu teuer. Diese blöden Abzocker wollten in den Breisgau auswandern, weil die Lebenshaltungskosten in Deutschland deutlich niedriger sind als in ihrem Heimatland, aber jetzt gehen sie doch nicht.«

»Warum nicht?«

»Sie haben Angst vor den Sozis. Eventuell könnten die den neuen Kanzler stellen, und dann befürchten sie Schlimmes, also beuten sie lieber weiter die Katalanen aus. Weißt du, was sie ihrem Gärtner in der Stunde zahlen?« Esteva schüttelte den Kopf. »Drei Euro.«

»Das ist ein Witz.«

»Leider nicht. Ich habe ihn abgeworben.« Ein diabolisches Grinsen konnte ich mir nicht verkneifen. »Sie wissen es aber noch nicht. Morgen müsste Adrián eigentlich dort unten im Einsatz sein, wird er aber nicht.«

Sie legte mir eine Hand auf den Arm. »Da werden Gritli und Köbi aber dumm aus der Wäsche schauen.« Wir kicherten albern. Ich öffnete eine neue Flasche *Monastrell*.

»Der ist gut«, murmelte Esteva anerkennend. »Wie viel?«

»Sechs Euro, bei Feinkost Aldi.«

»Schade, zu teuer für die Kneipe. «

»Wie läuft's denn?«

»Tja, wird eng, wir müssten neue Sitzmöbel kaufen. Die Couchen zur Straße hin sind halbwegs durchgesessen und die meisten Stühle haben einen Knacks.«

»Die Konkurrenz schläft nicht«, vermutete ich.

»Außerdem wird der Sky-Anschluss immer teurer.«

»Das ist echt eine Sauerei, aber ohne Fußball könnt ihr den Laden dichtmachen.«

»So ist es. Die Wintermonate ohne Touris sind hart. Jeden Tag geöffnet, Paco und Ramon wollen wir auch das ganze Jahr über halten, die gehören fast zur Familie.«

»Da seid ihr eine Ausnahme. Die meisten entlassen ihre Saisonkräfte Ende Oktober.«

»Das machen wir nicht, die beiden leben hier, Ramon mit der Kleinen … Kommt gar nicht infrage.«

»Ich lass mir was einfallen.«

Esteva lächelte mich dankbar an. »Schreib dein neues Buch fertig und mach im Winter Lesungen bei uns. Du hast jede Menge Fans in der Region.«

»Ach, mein Spanisch ist nicht gut genug, und Katalanisch kann ich gar nicht.«

Ich hörte ein Motorengeräusch und stand sofort unter Strom.

»Was ist das mit dir und Alicia, Arthur?«

»Gar nichts.«

»Du bist ein lausiger Lügner, aber ich hoffe, du akzeptierst die Spielregeln.«

»Werde ich wohl oder übel müssen.«

»Wir sind schon eine Bande von Verschwörern«, meinte sie nachdenklich.

»Wie meinst du das?«

Das Geräusch kam näher. *Könnte tatsächlich ein Roller sein.*

»Na, mein Mann kommt aus dem Baskenland, Javier ist ein königstreuer Kastellan, Mareike ist Holländerin und du bist … was eigentlich?«

»Ein britischer Weltbürger.«

»Wie dem auch sei, wir sind alle keine Einheimischen, sondern *inmigrante.*«

»Aber wir lieben Land und Leute.«

»Und deshalb werden wir auch toleriert und geachtet.«

Die grobkörnige Asche im Wendehammer knirschte. Röchelnd verklangen Motorengeräusche. Alicia trug noch ihr übliches schlichtes Kleid aus dem Laden, dunkelblau, darüber eine beige Strickjacke. Vorsichtig balancierte sie eine kleine Torte die Stufen zum Pool hinunter.

»Wow, eine echte Geburtstagstorte«, freute sich Luisa. Mein junger Fan schien mir ein wenig angeheitert zu sein. Stürmisch drückte sie Alicia Begrüßungsküsse auf die Wangen.

»Na, geh schon«, forderte mich Esteva schmunzelnd auf.

»*Bienvenida*, Alicia.«

»Die schneiden wir jetzt sofort an.« Luisa trollte sich mit ihrer Torte Richtung Sommerküche, begleitet von begeisterten Zurufen Sonias und Svens.

»*Buenas noches*, Arthur. Hallo, Esteva. «Alicia winkte der Gastronomin zu.

»Ich dachte schon, Sie würden nicht kommen«, sagte ich.

»Ich habe den Laden gegen elf Uhr geschlossen, eher ging es leider nicht, Carmina ist wirklich eine unzuverlässige Aushilfe.«

»Egal, jetzt sind Sie hier, und nur das zählt. Was darf ich Ihnen anbieten?«

»Fleisch und Wein?«

»Kommt sofort.« Sie begleitete mich zum Grill, ein stilles, warmes Leuchten im Gesicht. Ich fühlte mich großartig. Die Nacht war sternenklar.

»Die Torte schmeckt großartig«, rief Sonia aus der halboffenen Küche. »Der Cava passt vorzüglich zu den Himbeeren und der Sahne.«

Alicia lächelte. Die Teenies waren dabei, sich systematisch abzufüllen.

»Ich werde euch jetzt verlassen. Gleich Mitternacht. Rufst du mir bitte ein Taxi, Arthur?«, bat Esteva.

»Du musst nicht gehen«, beeilte sich Alicia zu versichern.

»Weiß ich, aber ich bin echt fertig. Das war heute der erste ruhige Tag ohne *Cactus* nach drei Monaten. Sergio ist noch runtergefahren. Ich nutze die Lücke und schlafe schon mal vor.«

Wir nickten verständnisvoll. Ich wollte gerade zum Handy greifen, als ein weiterer Wagen vorfuhr.

»Erwartest du noch Gäste?«, fragte Esteva stirnrunzelnd.

»Eigentlich nicht. Ich will mal nicht hoffen, dass die Eidgenossen die Polizei gerufen haben, weil wir laut und ausschweifend feiern.«

Es war keinesfalls die *Policia Municipal*, sondern … Victor Nuñez.

Um Haaresbreite

»Hier steckst du also.«

Nuñez' Stimme hatte einen gefährlich aggressiven Unterton. Alicias Ehemann trug eine hochmoderne Jeans, in die irgendwelche besoffenen Modeschöpfer Löcher und Schlitze eingelassen hatten. Der letzte Schrei für Kids in Luisas Alter, aber nicht unbedingt für einen Mittvierziger.

»Victor …« Alicias Stimme schwankte verdächtig.

»Ist ja toll, kaum ist man ein paar Tage weg, da tanzen die Mäuse auf den Tischen.« Victors Füße steckten in bunten Flipflops, sein blasser Oberkörper wurde leidlich von einem weißen Rippenshirt bedeckt.

»Es ist nicht …«

»Halt die Klappe!«

»Señor Nuñez …«

»Schnauze, Schmierfink«, herrschte er mich an. »Was glaubst du eigentlich, wer du bist?«

»Victor, bitte, lass uns einfach gehen.«

»Erst will ich wissen, was hier los ist!« Luzifer sprang erschrocken von der Mauer und verschwand im Gebüsch. Ich fragte mich, woher Victor Nuñez wusste, wo sich seine Frau aufhielt, aber das war jetzt nebensächlich. »Ist das da dein Weinglas?«

Die Stimme bekam einen unangenehmen Klirrfaktor.

»Ich kann das erklären«, versprach Alicia kleinlaut.

Ich machte erbost einen Schritt nach vorn. Esteva nahm meine Hand und presste sie schmerzhaft. Ich war kurz davor durchzudrehen.

»Na, da bin ich aber gespannt.« Er umrundete den Pool wie ein Cowboy, der gleich seinen Colt ziehen wird. Unfasslich albernes Machogehabe, dennoch sah ich Alicia zittern.

»Aber das ist doch ganz einfach.« Luisas fröhliche Stimme. »Sie sind der Mann dieser fantastischen Bäckerin?«

»Hä?«, machte Victor irritiert.

»Wollen Sie auch ein Stück? Ich habe heute Geburtstag, und Ihre Frau hat diese herrliche Torte gebacken und gerade ausgeliefert.«

»Torte?«

Luisa hatte dem Streitwilligen gehörig den Wind aus den Segeln genommen. Sie war einfach fantastisch. »Klar, Torte … Geburtstag, hallo?« Völlig unverfroren tippte sie Victor Nuñez gegen die Stirn. Alicias und meine Atmung setzten kurzfristig aus. »Jemand zuhause im Oberstübchen?« Kopfschüttelnd drehte sie sich zu Alicia um und drückte ihr einen Zwanzig-Euroschein in die Hand. »Vielen, vielen Dank, Alicia, dass Sie meine Torte noch so spät am Abend ausgeliefert haben.« Wieder zu Victor gewandt: »Da hat man sich doch ein kleines Schlückchen Rotwein verdient, oder nicht, Señor Nuñez?«

Mürrisch verzog er die Mundwinkel nach unten.

»Was ist jetzt? Auch ein Stück?«

»Ich hasse Kuchen.«

»Na, dann eben nicht. Sie können jetzt gehen, Señor Nuñez, wir wollen noch ein bisschen feiern, und irgendwie verderben Sie uns die Stimmung.«

Hohe Mutter, übertreib es nicht! Das Atmen fiel uns allen durchaus schwer. Woher nahm das Mädchen nur diese unglaubliche Coolness?

»Wir gehen!«, verkündete Victor herrisch.

»Ich bin mit dem Roller.«

»Na und, du fährst vor mir her.«

»Gut.« Wir sahen einander kurz in die Augen. »Ich danke Ihnen für die Erfrischung, Señor Crawley.«

»Aber das ist doch selbstverständlich.« Scheiße, was Besseres fiel mir nicht ein. »Kommen Sie gut nach Hause.«

»Schriftsteller«, spie Nuñez verächtlich aus. »Konnten Sie nichts Vernünftiges lernen?«

Mein Puls überschritt erneut die zulässigen Höchstwerte.

Wieder packte Esteva ordentlich zu. »Wirfst du den Grill nochmal an?«, lenkte sie mich ab. »Ich glaube, wir können alle noch einen Mitternachtssnack vertragen.«

Victor packte Alicia am Oberarm und zog sie grob zu sich, dann griff er ihren Schopf, bog ihren Kopf zurück und presste seinen Mund auf Alicias Lippen, während seine linke Hand unter ihr Kleid fuhr.

»Ich bringe ihn um«, zischte ich, außer mir vor Wut, und riss mich von Esteva los.

»He, haben Sie kein Zuhause? Hier sind Jugendliche anwesend.« Luisa stellte sich schnell zwischen das erbarmungswürdige Paar und mich. »Jetzt aber hopphopp, mein Lieber, das ist mein Geburtstag, und den sollten Sie nicht versauen.«

Victor ließ von Alicia ab und grinste Luisa abschätzend an. »Kannst gerne vorbeischauen, wenn dir langweilig wird, Blondie.«

»Das sollten Sie sich vielleicht nicht wünschen …«, erwiderte Luisa eiskalt.

Victor verzog, sichtlich beeindruckt, hämisch das Gesicht. »Komm schon, Weib, wir sind hier nicht erwünscht.« Er schob seine Frau vor sich her. Alicia wagte es nicht, einen letzten Blick zurückzuwerfen.

»Oh Gott, was für ein Tier«, stammelte Sonia, Javiers älteste Tochter.

»Das hast du großartig gemacht, Luisa«, lobte Esteva betreten.

Vollkommen deprimiert sackte ich auf einer meiner Sonnenliegen zusammen. »Du hast Alicia und uns alle gerettet. Victor ist ein verdammt jähzorniger Typ.«

»Arme Alicia, wird er die Story schlucken?«, fragte Luisa.

»Ich denke schon. Wie alle Megamachos ist Victor im Grunde strohdumm.« Sonia und Luisa mussten unwillkürlich lachen. Mir war eher nach Heulen zumute. »Ekelhafter Dreckskerl«, stieß ich verbittert hervor.

»Du musst dich beherrschen«, verlangte Esteva. »Ich kann mir gut vorstellen, wie schwer das ist, tatenlos mitansehen zu müssen, wie so ein Kotzbrocken einfach einen Menschen benutzt, den man sehr gern hat.«

Ich grunzte zustimmend.

»Gibt es hier eigentlich auch mal Hochprozentiges?«

»Brandy und Whiskey«, erklärte ich einsilbig.

»Dann her damit.« Die ausgelassene Stimmung war dahin. Wir saßen nachdenklich um den gemauerten Grill herum, der noch immer eine ordentliche Wärme abgab.

»Wird er sie wieder schlagen?«, fragte ich tonlos.

»Vielleicht nicht heute, aber ja, ich befürchte es.«

»Esteva, würdest du dir das gefallen lassen?«

Sergios Frau sah mich durchdringend an. »Nein.«

»Na bitte, was würdest du tun? Was können wir Alicia raten, wie können wir ihr helfen?«

Die drei Kids beobachteten uns aufmerksam.

»Helfen? Geht kaum, höchstens durch Anteilnahme und aufmunternde Gesten. Raten? Keine Ahnung, vielleicht kann sie es Victor schmackhaft machen, öfter weg zu sein, möglichst weit weg … Und etwas tun? Diese Frage kann ich dir wenigstens leicht beantworten.«

»Tatsächlich?«

»Wenn Sergio so mit mir umspringen würde, gäbe es nur eine Lösung: *matarlo.*« Esteva fuhr mit der flachen Hand über ihre Kehle. Das war ziemlich eindeutig.

Wir machten uns nicht die Mühe, weitere Gläser zu beschmutzen. Der *Glen Morangie* ging von Hand zu Hand.

Hollywood

Der nächste Morgen, oder sagen wir lieber Mittag, war schwierig, das Aufwachen eine Qual, und atmen müssen ein gewagtes Abenteuer. Ein schlimmer Kater.

Esteva war dann doch irgendwann noch von Sergio abgeholt worden. Sonia, Sven und Luisa schliefen selig im Freien. Irgendwie musste ich es wohl ins Bett geschafft haben. Das Handy summte, gleichzeitig blinkte und fiepte der Laptop.

»Ja?« Tatsächlich, es war mir gelungen die entsprechende Taste zu finden.

»Warum gehst du nicht ans Telefon?« Audrey.

»Weil ich tot bin.«

»Tote lallen nicht.«

»Ich bin nur noch ein Zombie.«

»Lass sehen.«

»Hä?«

»Geh an den Laptop, damit ich dich sehen kann.«

»Laufen wird schwierig.«

»Dann robbst du halt.«

»Scheiße, hat das nicht Zeit bis übermorgen?«

»Nein.« Oha, ich kannte diesen Ton meiner Agentin. Also, besser Zähne zusammenbeißen. Mit leichten Schwindelgefühlen erreichte ich das Kommunikationsgerät. Skype sprang an.

»Die Todgeweihten grüßen mich«, lachte Audrey in die Kamera, bestens gelaunt und ekelhaft frisch. »Geile Party, oder was?«

»Ich möchte jetzt so wenig wie möglich sprechen. Audrey, bitte sei gnädig.«

»Ich fliege morgen nach New York.«

»Wie schön für dich.«

»Eventuell schön für uns beide, Großer. HBO hat wegen der Filmrechte angefragt, sie suchen wohl einen Nachfolger für *Game of Thrones*.«

»Irre.«

»Total. Ich werde eisenhart verhandeln.« Ich streckte beide erhobenen Daumen in Richtung Kameralinse, verlor bei dieser Aktion allerdings kurzzeitig das Gleichgewicht und kippte vom Hocker. »Arthur?«

Mir wurde schlecht. Whiskey und Rotwein sind eindeutig keine gelungene Mischung. Nur mühsam gelang es mir, die Beherrschung zu wahren.

»Gibst du mir freie Hand?«

»Was?«

»Für die Verhandlungen, Arty, bitte, reiß dich nur für eine Minute zusammen.«

»Ich gebe ja schon mein Bestes.«

»Ich melde mich, sobald ich was Genaueres weiß.«

»Klingt gut.«

»Eventuell musst du nachkommen.«

»Ich reise nicht in die Staaten, solange Trump Präsident ist.«

»Das ist Blödsinn.«

»Man muss Zeichen setzen. Wahrscheinlich sage ich was Falsches, werde verhaftet und lande auf dem elektrischen Stuhl.«

»Leg dich wieder hin und vergiss das Schreiben nicht.«

»Schreiben? Guter Tipp.«

Audrey Parker schüttelte nur ihren blonden Kopf, was bei mir zu erneuten Schwindelgefühlen führte.

»Na gut, ich bekomme das schon hin.« Ich schloss kurz die Augen. »Audrey …«

»Mein Held?« Also, Mitgefühl war da nicht in ihrer Stimme.

»Haben wir noch Geld?«

»Was?« Sie lachte irritiert. »Klar hast du Geld.«

»Was kostet heutzutage ein zuverlässiger Auftragskiller?«

»Arthur …?«

»Ja?«

»Geh ins Bett.«

Auferstehung

Ich erwachte, als es in meinem Pool mächtig platschte. Meine Zunge war pelzig und auf das doppelte des üblichen Volumens angeschwollen, die Augenlider klappten immer wieder herunter. Auf wackeligen Beinen schleppte ich mich auf die Terrasse. Luisa tauchte gerade aus den Fluten auf. Vor der Haustür veranstaltete meine hungrige Katzenhorde ein Höllenspektakel.

»Luisa!«

»Guten Morgen, Arthur.«

»Würdest du bitte die Katzen füttern, ich fühle mich ein wenig unpässlich.«

»Geht klar.« Sie stemmte sich elegant aus dem Wasser.

»Du … du bist nackt.«

»Nur kurz, ich war zu faul, mir meinen Bikini zu holen. Bin direkt nach dem Aufwachen ins Wasser gesprungen. Herrlich, solltest du auch versuchen.«

»Wo ist dieser Sven?«

»Gute Frage, keine Ahnung.« Luisa schlüpfte in einen Slip und drapierte ein Handtuch um den Oberkörper. »Die waren beide schon weg, als ich wach wurde.«

»Was ist heute für ein Tag?«

»Mittwoch … glaube ich.«

»Und wie spät ist es?«

»Ich habe keine Uhr hier unten.«

»Oh.« Ich schlurfte in den Wohnbereich. »Halb drei?« Ich konnte es kaum fassen. Mehr als den halben Tag verpennt. Ich schlüpfte in meine Badeshorts. Die Treppen hinunter bewältigte ich nur mit Hilfe des Geländers. Luisa fütterte derweil die vom Hungertod bedrohten Katzen. Das Poolwasser belebte meine Sinne einigermaßen.

»Bei allen Göttern Anbanus, da haben wir gestern aber noch mächtig zugeschlagen«, seufzte Luisa. »Der Whiskey ist alle.«

»Wie es wohl Alicia ergangen ist ...«

»Ach, Mensch, das ist so unendlich traurig. Ich kann die Arme so gut verstehen. Sie sollte auch einfach weglaufen.«

»Das ist hier nicht das aufgeklärte Good Old England.«

»Nein, aber es ist auch nicht Teheran oder ein Kaff in Schwarzafrika. Wir sollten ihr unbedingt helfen, Arthur.«

»Leichter gesagt als getan. Sag mir, was ich tun kann, und ich bin dabei.«

»Ich bin nicht gerade die Expertin. Wie du weißt, bin ich einfach nur vor meinem ganz persönlichen Arsch weggelaufen. Das dürfte für Alicia schwer werden, wenn das ganze Umfeld sich maximal passiv verhält.«

»Ich will nicht passiv sein«, maulte ich trotzig.

»Wir müssen einen Plan ausarbeiten.«

»Ja, bitte.«

»Wie wäre es mit Rührei, ordentlich scharf gewürzt und *Chipolatas,* da sind noch ein paar übriggeblieben.«

»Du bist ein Engel.«

Luisa lächelte umwerfend. Wie konnte man diesem Wesen böse sein oder sie als dumm und langweilig bezeichnen? Dieser Steve Ford musste wirklich ein ausgemachter Volltrottel sein.

»Du schwimmst ein paar Bahnen, und ich bereite den Imbiss vor.«

»Ay, Chefin.«

Der Pool, das Rührei, die Würstchen und ein Liter eiskaltes Zitronenwasser brachten mich leidlich wieder auf Vordermann.

»Wie fit bist du denn?«, fragte ich nach der zweiten Portion.

»Ziemlich, wieso?«

»Kannst du was spielen?«

»Meine Sachen?«

»Genau.«

»Klar, wird gehen.«

»Gut, dann bereite ich alles vor.«

»Was gibt es denn da vorzubereiten?«

»Wir schneiden das alles mit.«

»Du meinst, wie in einem Tonstudio?«

Ich nickte vorsichtig, aber die Schwindelgefühle blieben aus. Wir richteten die Mikrofone aus, ich legte ein noch frisches Band in die Bandmaschine und steuerte die Pegel sorgfältig aus. Trine und Karlo machten riesige Katzenaugen, saßen aber brav und einträchtig auf der Couch. Wir dunkelten das Wohnzimmer weitestgehend ab. »Dann leg mal los.«

»Okay … Also, das ist der erste Song, den ich jemals selbst geschrieben habe. Er trägt den Titel *Welcome To The World.*«

Ich setzte die Kopfhörer auf und lauschte Luisas eindringlicher Stimme. Die silbernen Spulen drehten sich gleichmäßig. Ich schloss meine Augen, um mich besser konzentrieren zu können.

Knappe drei Minuten später hatten wir den Song im Kasten.

»Na … und?« Luisa sah mich fast ein wenig ängstlich an.

»Die Melodie ist Weltklasse …« Luisa strahlte glücklich. Ich beschloss, aufrichtig und ehrlich zu sein. »Der Text ist einfach nur schrecklich, wie ein verunglücktes Kinderlied, der Refrain kommt unterirdisch daher. Entschuldige, aber …«

»Weiß ich doch selbst.« Sie hüpfte vom Barhocker. »Schön, dass du so ehrlich bist. Ich weiß auch schon, wie wir das Problem lösen, denn bei den nächsten Songs wird es wohl nicht viel besser werden.«

»Ach, wirklich?«

»Klar, du schreibst mir neue Texte.« Luisa gab mir einen Kuss auf die Wange. »Nun schau nicht so verdattert aus der Wäsche. Wir werden das kongeniale Autorenduo. Du die Lyrik und ich die Musik.«

»Verbeek und Crawley? Also schön, ich kann's ja mal versuchen.«

»He, warum grinst du so hinterlistig, alter Mann?«

»Weil ich eine Gegenleistung erwarte.«

»Oha.«

»Du denkst dir ein furioses Ende für meinen Horrorschinken aus. Eine Hand wäscht die andere.«

»Nur, wenn du mir den Plot vorliest.«

»Das sind verdammt zähe Verhandlungen«, stöhnte ich händeringend. »Du nutzt meinen Zustand schamlos aus!«

»Die Welt ist kein Ponyhof.«

Ich schlenderte in das Kämmerchen mit meinen Weinregalen und entstaubte einen 2011er *Verdejo*.

»Was treibst du da?«

»Wir werden unsere Übereinkunft mit einem edlen Tröpfchen besiegeln. Muss nur noch durchkühlen.«

»Wow, und das nach der gestrigen Nacht, Respekt.«

»Künstler dürfen das.«

»Du vielleicht.«

»Quatsch, du bist der Hammer, das wird schon.« Ich schleppte mich zurück hinter meine Gerätschaften. »So, jetzt das gleiche Stück ohne Gesang.«

»Okay.«

»Außerdem braucht der Song eine Bridge. Improvisiere einfach.«

»An welcher Stelle?«

»Nach der zweiten Strophe den Refrain weglassen, stattdessen eine Bridge einfügen.«

»Sag mal, wieso kennst du dich so gut aus?«

»Sechzig Jahre Dauerbeschallung.«

»Sag mir mal ein Stück mit einer Superbridge.«

»*Nights On Broadway.*«

»Bee Gees.« Luisa zog eine allerliebste Schnute. »Was Neueres.«

»*Things We Lost In The Fire*, von Bastille. Der Song an sich ist mittelmäßig, aber die Bridge macht ihn zu etwas Besonderem.«

»Okay, ich glaube ich habe dich verstanden.« Sie nahm die Gitarre auf und setzte sich locker auf den Barhocker zurück. »Arthur …« Ihr Gesicht war ganz ernst. »Ich bin so froh, dass ich diesen verrückten Schritt gewagt habe. Aber ich muss dir noch was beichten.«

Ich war total gerührt. »Später, nicht reden … spielen«, antwortete ich mit belegter Stimme. Klackend sprang die Bandmaschine an. Der Wegfall des Textes wirkte auf Luisas Spiel befreiend. Wir arbeiteten, bis die Sonne unterging. Erschöpft sanken wir auf die Zweiercouch.

»Bei unserer Hohen Mutter, du bist vielleicht ein eisenharter Knochen.«

Ich grinste gutmütig und schleppte mich zum Kühlschrank, um den Weißwein zu öffnen.

»Nur, weil du so unglaubliches Talent hast.« Ich entkorkte die Flasche. Kräftig gelb wie Stroh floss der Wein in die Gläser. Ich nahm eine Nase und seufzte zufrieden. »Auf dich.«

»Auf uns beide, mein eingeschworener Bruder«, ergänzte Luisa. »Köstlich.«

»Will ich doch hoffen.«

»Jetzt kann ich aber nicht mehr.«

»Musst du auch nicht.« Wir verlegten unseren Standort an den Pool, lümmelten uns gemütlich in die alte Hollywoodschaukel. Müde schweifte mein Blick über das Dorf, die Kirche, die Reste der alten Burg, die Bucht.

»Morgen ist Markttag«, bemerkte Luisa schläfrig.

»Nicht vor dem Aufstehen.«

Luisa lachte leise. »Du bist vielleicht einer ...«

Sekunden später sackte ihr Kopf schwer gegen meine Schulter. Joschi kam die Stufen herunter und nutzte die Gunst der Stunde. Unverschämt gähnend legte er seinen Kopf und die Vorderpfoten auf meinen Oberschenkel.

»Siehst du, mein Alter, die Jugend von heute, nichts mehr gewohnt.«

Wenig später war auch ich eingeschlafen.

TERROR

Ich erwachte, als eine meiner Katzen fauchend Theater machte.

»Luzifer, willst du wohl ruhig sein, die Prinzessin schläft.«

Vorsichtig schob ich Luisa ein Kissen ins Genick und hievte ihre langen Beine auf die Schaukel. Ich fühlte mich steif und gerädert, aber zumindest halbwegs frisch. Joschi hatte wohl den Platz mit dem kleinen schwarzen Teufel getauscht.

Vollmond. Eigentlich Zeit für Werwölfe und nicht für Untote. Es knackte bedenklich in meinem Gebälk. Nacken, Schultern, Knie, alles wollte neu positioniert werden. Mein kleiner schwarzer Derwisch machte einen enormen Buckel. Dann sah ich den Auslöser allen Unheils.

Nero. Köbi und Gritli Häberlis schäbiges Untier. Ein Schwergewicht von einem Kater mit verschlagenem Gesichtsausdruck. Eine Narbe quer über dem Kopf zeugte von ungezählten Schlachten. Dort wuchs kein schmutzig braunes Fell mehr, was den verwegenen Eindruck des Berserkers noch verstärkte.

Langsam, nur keine hastigen Bewegungen machen. Übelstes Jagdfieber hatte mich erfasst. *Na, komm schon, Pat Garrett, hier wartet Billy the Kid auf dich.* Ich packte die Düse meines Wasserschlauches und drehte ganz vorsichtig den Hahn auf. Ich spürte wie sich der Druck im Schlauch aufbaute. *Die Macht ist mit dir, Arthur Skywalker.*

Nero sprang elegant von dem Mäuerchen in den eigentlichen Poolbereich. Ich war richtig stolz auf meinen kleinen Luzifer, der keine Anstalten machte, vor dem Ungeheuer zurückzuweichen. Ein kräftiger Vollmond beleuchtete die Szenerie. Luisa schlief tief und fest, aber das würde sich gleich geben …

Nero machte sich zum Sprung bereit, ein siegesgewisses Grinsen im Gesicht. Luzifer fauchte ausgiebig, wohl um sich Mut zu machen. Neros Hinterläufe spannten sich, die vorderen Tatzen ließen die Krallen schon mal funkeln. Einen obszönen, kreischenden Ton ausstoßend, hob das Monstrum ab. Ich legte den Hebel um und gab den ordentlich fokussierten Wasserstrahl frei.

»Das ist für Trine und Manita, du Scheusal!« Ich wusste schon, dass ich mich ein ganz klein wenig albern benahm.

Volltreffer! Das Mistvieh wurde mitten im Flug getroffen. Der Strahl war so kräftig, dass der gute Nero sich im Flug überschlug und mit seinem Protzschädel gegen die Wand knallte.

Luisa schreckte aus ihrem Tiefschlaf hoch. »Arthur, was …«

»Nicht jetzt, Prinzessin Leia«, rief ich, von Kampfeswillen durchdrungen. »Das ist die Rückkehr der Jedi-Ritter.«

Nero kreischte und tobte, schlug wild um sich, aber der gnadenlose Strahl meines Lichtschwertes nagelte Darth Nero an der Mauer fest.

»Yahoo, gib's ihm«, feuerte Luisa mich an. Joschi und der Rest der Bande erschienen oben auf der Terrasse. Langsam erlahmte der Widerstand des dunklen Ritters. Jämmerlich nach Luft schnappend lag der Imperator in einer gigantischen Wasserlache. Ich stellte das Trommelfeuer ein.

»So, ich hoffe, das war eine lehrreiche Übung.«

Erstaunt nahm ich zur Kenntnis, dass Luzifer blitzschnell zur Stelle war und dem Schweizer zwei saubere Tatzenhiebe verpasste. Nero wimmerte geschlagen und schleppte sich mit eingezogenem Schwanz durch das Gitter des Gartentörchens zurück hinab in seine eidgenössische Festung.

»Bravo, Luzi, bravo!« Luisa nahm unseren heldenhaften Kater auf den Arm und herzte ihn stürmisch.

»Kommt runter, ihr Schisser, die Schlacht ist gewonnen!« Ich wedelte mit einer großen Dose Nassfutter. »Wenn sich doch alle Dinge so einfach lösen ließen«, seufzte ich aufgedreht. Luisa wusste natürlich ganz genau, in welche Richtung meine Gedanken drifteten.

»Wir finden eine Lösung, *Capitan.*« Wir lachten uns an. »Mit dem Erwachsenwerden lässt du dir Zeit, oder?«

»Nicht vor fünfundachtzig.«

»Guter Plan, gib mir fünf …«

Wir klatschten uns ab und sahen den Katzen bei ihrer Fressorgie zu. In Trines und Manitas Augen war Luzifer ein neugeborener strahlender Held.

Ohnmacht

»Ich fahr mal runter nach Platja.« Wir kamen zwar gerade erst zurück vom Markt, aber eine innere Unruhe hatte sich in mir breitgemacht, die gestillt werden wollte. »Mal sehen ob meine Bücher schon eingetroffen sind.«

Luisa machte eine fragende Miene. »Die hast du gestern Abend erst bestellt.«

»Na ja, trotzdem …«

»Grüß Alicia bitte von mir.«

»Verdammt, warum bist du nur so klug?«

»Als Politiker würdest du nicht lange überleben, so schlecht, wie du dich verstellen kannst.« Luisa hockte über einem Berg leicht angegilbter Seiten meines Horror-Wälzers *Die Fabrik.* »Als Heiliger aber auch nicht.«

»Das fehlt mir noch.«

»Was ist das für ein Buch, das du da so dezent hinter deinem Rücken versteckst?«

»Du hättest beim FBI anheuern sollen.« Ich warf ihr das Taschenbuch zu.

»*Liebe in den Zeiten der Cholera* von Gabriel Garcia Márquez.« Sie sah mich nachdenklich an. »Für Alicia, nehme ich an.«

»Das war jetzt nicht so schwer zu erraten.«

»Worum geht es in dem Buch?«

»Der Roman spielt im ausgehenden 19. Jahrhundert im kolumbianischen Cartagena an der karibischen Küste. Es ist die Geschichte von Fermina, einer Tochter aus gehobenem Beamtenhaus und Florentino, dem eher mittellosen Neffen eines Reeders. Die beiden verlieben sich ineinander, aber Fermina wird von ihrem Vater in die Ehe mit einem Arzt gezwungen. Sie akzeptiert die gesellschaftlichen Zwänge und begibt sich in die Hand ihres Ehemannes Dr. Urbino. Bevor sich ihre Lebenswege trennen, schwört Florentino Fermina ewige Liebe und Treue. In den nächsten fast fünfzig Jahren treffen sich die beiden nur gelegentlich bei gesellschaftlichen Anlässen. Florentino vergnügt sich mit diversen Frauen, manchmal auch mit Männern, geht aber niemals eine feste Bindung ein. Im Laufe der Jahre erklimmt er die Karriereleiter und wird nach dem Tod seines Onkels zum wohlhabenden Besitzer der erfolgreichen Reederei.

1930 stirbt der einundachtzigjährige Urbino bei dem Versuch, seinen frechen sprechenden Papagei von einem Baum zu holen. Er stürzt ab und bricht sich das Genick. Nach dem Begräbnis und der Trauerfeier gesteht Florentino Fermina erneut seine Liebe, bittet sie seinem Antrag zu entsprechen und ihn zu heiraten, schließlich hat er mehr als ein halbes Leben auf sie gewartet.«

»Meine Güte, das ist ja faszinierend. Fermina ist natürlich hin und weg.«

»Falsch, meine Liebe. Zunächst ist sie mächtig sauer. Fermina ist empört, befindet sie sich doch in ehrlicher Trauer, schließlich hat sie mit Urbino eine Tochter und einen Sohn gezeugt. Florentino schätzt die Situation falsch ein.«

»Ups! Und wie geht die Story aus?«

»Florentino respektiert ihr Trauerjahr. Jeden Tag schreibt er ihr einen mitfühlenden, liebevollen Brief. Ganz allmählich beginnt die lange verschüttete Liebe in Fermina neu zu erwachen. Nach Beendigung des Trauerjahres gelingt es Florentino, seine Angebetete zu einer Dampferflussfahrt zu bewegen. Nachdem alle Passagiere am Ziel abgesetzt wurden, lässt er die gelbe Choleraflagge hissen, um ungestört zurückfahren zu können. Die zwei werden im hohen Alter von über siebzig erneut zu einem Liebespaar. In Cartagena angekommen, darf das Schiff wegen der gelben Flagge nicht anlegen. Florentino schlägt vor, für den Rest ihres Lebens an Bord zu bleiben und einfach immer hin und her zu fahren. Mit diesem Vorschlag endet das Werk.«

»Wie schön, das ist total romantisch.«

»Finde ich auch.«

»Und dieses Buch schenkst du jetzt Alicia.«

»Ist das falsch?«

»Nein, nur süß.«

»Hm.«

»Als du die Schlussszene der *Chroniken* geschrieben hast, als Jack nach seiner langen Irrfahrt zu seiner ersten Liebe Amaia auf den Berg *Cantaloas* zurückkehrt und sich entscheidet, für immer dort zu bleiben …«

»Ja, da war dieses Buch sicher irgendwo in meinem Hinterkopf.«

»Und nun hast du beschlossen, darauf zu warten, dass Victor irgendwann das Zeitliche segnet, und willst Alicia andeuten, dass du auf sie warten wirst?«

»Blöd, oder?«

»Nein, das ist echt total süß. Du solltest Alicia das Buch auf jeden Fall schenken, allein die Geste und dein unausgesprochenes Versprechen sind bewundernswert. Sie wird es zu schätzen wissen.«

»Meinst du? Ich möchte nicht, dass sie mich falsch versteht.«

»Das wird sie nicht.«

Von der Macht der Worte

Ich parkte den Roller zwischen dem *Cactus* und dem Klamottenladen. Alles, was der geneigte Touri so braucht, von der Luftmatratze über T-Shirts mit dem sensationell einfallsreichen Aufdruck *I love Costa Brava* bis hin zu grenzenlos überteuerter Sonnenmilch.

»Yo, Mister Crawley, neues Auswärtstrikot von *Barca* ist eingetroffen, sehr schick, sehr cool, muss du haben.«

Das gebrochene Englisch mit indischem Einschlag entlockte mir regelmäßig ein Schmunzeln. »Ich habe kein Geld, Rashid.«

»Wenn du viel schreiben, du nie pleite.«

»Das ist ein Bollywood-Märchen.«

»Deine Tochter vielleicht ist viel teuer.«

»Luisa ist nicht meine Tochter!«

Rashids Augen wurden zu großen dunklen Murmeln. »Keine Tochter? Dann noch viel mehr teuer, viele Geschenke, teure Schuh, immer ausgehen.«

»Hör mal, Rashid …«

»Ich haben Frau und drei Töchter, ist auch viel teuer. He, bist du echter *Barca*-Fan oder nicht, hä?«

»Bin ich.«

»Dann kauf Trikot.«

»Demnächst, Rashid.«

»Gut, nix vergessen und alles Euro vertrinken in *Cactus* oder geben weg für Klamotten von Frau, auch wenn sehr jung und sehr knackig.«

Das Wort zum Donnerstag.

Ich überquerte die Straße, die um diese Zeit kaum befahren war. Die Touris lagen am Strand, die meisten Boutiquen hatten noch gar nicht geöffnet, nur die Bäckereien, die asiatischen Ein-Euro-Shops, die anscheinend rund um die Uhr geöffnet hatten, und unsere Freunde von der indischen Plagiatsmafia waren am Start.

Ich warf einen scheuen Blick durch das Fenster mit der Auslage. Baguettes, Croissants, Teilchen, ein Korb mit Weinflaschen, ein dunkles Brot. Es schien niemand im Laden zu sein. Mit weichen Knien trat ich ein. Das Ladenlokal war recht schmal, links die Theke mit dem Brot in Regalen an der Wand und der Kasse, rechts ein langes Regal mit Weinflaschen. Schließlich mündete der Raum in ein Karree, an der Stirnwand die sieben großen Weinfässer mit Zapfhähnen, in einem Gestell daneben Hochprozentiges und leere Plastikkanister.

»¡Hola, Alicia!« Sie kniete vor dem Fass mit dem Rioja und wischte eine kleine Weinlache auf.

»Arthur.« Ihre Stimme klang fast panisch. Sie sah mich mit dunklen Augen traurig an. »Es tut mir so leid, dass ich Luisa die Party verdorben habe. Sie hätte das nicht mit ansehen sollen.«

»Ich glaube nicht, dass *Sie* die Party verdorben haben, Alicia.«

»Victor ist unberechenbar, wenn er wütend ist.«

»Hat er …«

»Nein, nein, es geht mir gut.« Es klingelte. Erschrocken sprang Alicia auf, aber es war nur ein Kunde. Sie eilte nach vorn und packte eine Tüte voller frischer Magdalenas ein. Schon war sie zurück. »Sie sollten nicht hier sein, Arthur. Victor hat zwar die Lüge mit der Torte geglaubt, aber wenn er Sie jetzt wieder hier im Laden sieht …«

»Ich wollte nur etwas Wein kaufen und Ihnen ein Buch überreichen.«

»Oh, danke sehr.« Für einen Moment berührten sich unsere Hände. Ein leichter elektrischer Schlag, ein kurzes Öffnen der Lippen, ein schnell verfliegendes Aufbegehren. »Unsere Nacht am Strand … Ich werde lange von dieser Erinnerung zehren können.«

»Das müssen Sie nicht, Alicia, ich habe Ihnen versprochen, dass Sie jede erdenkliche Hilfe von mir erwarten dürfen. Ich pflege zu meinem Wort zu stehen. Wenn ich sehe, wie dieser Grobian Sie anfasst, könnte ich durchdrehen.«

»Das dürfen Sie nicht.« Sie sah sich um wie eine Verfolgte. Sanft strich ihre Hand über meine Bartstoppeln. Die Ladenglocke zerstörte den wundervollen Moment. Zwei kichernde Teenager. Cola und Käsecroissants.

»Schicken Sie ihn noch einmal auf Reisen.«

»Wohin denn? Er wird etwas merken.«

»Nach Galizien, ans andere Ende Spaniens an die Atlantikküste.«

»Was soll er denn dort? Wie soll ich das begründen?«

»Worte sind alles, Alicia, Sie müssen überzeugend sein. Und das können Sie, da bin ich ganz sicher.«

»Sie haben eine Idee?«, fragte sie, einen Hoffnungsschimmer in den Augen.

»In den Bergen von Albaladejo liegt das Weingut von Maria Sineiro, eine Önologin, die ich letztes Jahr bei einer Weinprobe in Girona kennengelernt habe. Dort wird ein hervorragender *Tempranillo* angebaut, der in französischen Eichenfässern gelagert und veredelt wird. Ein Genuss.«

»Wie könnte das helfen?«

»Sagen Sie Victor einfach, Sie hätten einen Käufer gefunden, der gezielt nach diesem Wein fragt und bereit ist, sehr viel Geld dafür zu zahlen. Ködern Sie ihn.«

»Das wird nicht funktionieren, Arthur, so dumm ist er leider nicht, außerdem ist er faul. Geld ist für ihn kein Anreiz.«

»Worauf würde er anspringen, worauf steht Victor?«

»Fußball und Saufen.«

»Eine nicht seltene Kombination. Welcher Club?«

»*Barca* natürlich.«

»Natürlich.« Ich focht einen inneren Kampf aus, den die Blauroten aus dem *Camp Nou* gegen Alicia verloren. »Ich habe zwei Tickets für das Eröffnungsspiel der neuen Saison. Die soll er haben, wenn er die Tour macht, sozusagen als Dankeschön für den Weintransport.«

»Aber das Spiel ist gegen Real Madrid und seit Bekanntgabe ausverkauft. Und Sie sind doch selbst ein großer Fan …«

»Was sind schon neunzig Minuten kicken gegen ein paar Stunden mit Ihnen?« Ich nahm mir die Freiheit, ihre Geste zu kopieren, und strich mit dem Handrücken sanft an ihrer Wange entlang. Alicia schloss für einen Moment die Augen. »Dann ist es abgemacht?«

»Es sind etwa zwölfhundert Kilometer pro Strecke.«

»Ja, und ich werde Maria zumindest zum Teil einweihen, sie wird sich etwas einfallen lassen, dass der gute Victor mindestens zwei Übernachtungen dort verbringen muss. Im Zeitalter der Smartphones werden wir immer informiert sein.«

Klingeling. Eine Horde Engländer kaufte Alicias Bestand an Würstchen im Blätterteig auf und zog johlend und Bierdosen schwenkend von dannen. Anscheinend hatten sie die schmachvolle Niederlage gegen Island verdrängt. Ich bewunderte die anmutige, fast aristokratische Haltung Alicias. Kein noch so dämlicher Spruch brachte sie aus der Fasson.

»Wann, denken Sie, können wir das Abenteuer beginnen?«, fragte ich mit klopfendem Herzen.

»Ich habe noch gar nicht zugestimmt«, antwortete sie mild lächelnd. Nervös schob sie neue Teigröllchen in den Backofen. Ich ließ ihr Zeit. Draußen ratterte eine Kehrmaschine vorbei. Rashid hatte neue Opfer gefunden, ein Vater mit seinem etwa Zehnjährigen, der zeternd ein Messi-Trikot verlangte. »Ich werde ihn im Laufe der nächsten Woche darauf vorbereiten, erst von dem Weinkenner berichten, dann von dem Angebot und zuletzt von den Karten für das Spiel. Wenn alles gut geht, schicke ich ihn nächsten Freitagmorgen auf die Reise.«

»*Perfecto.*« Mein Herz schlug schneller.

»Arthur …« Sie sah mich offen an. »Ich habe ihn geliebt.«

»Natürlich haben Sie das, sonst hätten Sie ihn sicher nicht geheiratet.«

»Victor war nicht immer so. Es hat sich im Laufe der Jahre entwickelt. Wir waren viel zu jung, siebzehn und achtzehn Jahre alt.«

»Sie müssen sich nicht rechtfertigen, Alicia. Ich kann nur beurteilen, was ich jetzt sehe – und das ist eine wunderbare, intelligente, liebenswerte Frau, die sich in den Fängen eines unberechenbaren, gewalttätigen Alkoholikers befindet.«

Der einarmige Losverkäufer von gegenüber kam herein und erstand ein Baguette. Die Spanier sind ganz närrisch auf ihre Lotterien. Ein winziger Strohhalm für Millionen, um aus bescheidenen Verhältnissen aufzusteigen.

»Werden Sie es tun, Alicia? Bitte seien Sie mutig.«

»Ich werde es versuchen, aber Arthur, Sie dürfen sich nicht in mich verlieben, hören Sie?« Ihre Stimme klang fast verzweifelt. »Zu Ihrem eigenen Wohl. Es gibt keine Zukunft für uns.«

»Es gibt Dinge zwischen Himmel und Erde, die man nicht beeinflussen kann, Alicia.«

»Es wäre aber nicht gut … für uns beide.«

»Lassen Sie das meine Sorge sein, okay?«

Sie zuckte mit den Schultern. »Was werden wir tun, wenn Victor weg ist?«

»Wir fahren weg.«

»Weg? Wohin denn? Der Laden …«

»Das organisiere ich, keine Bange. Wir teilen uns die Arbeit, Sie bringen Victor auf den Weg, ich kümmere mich um den galizischen Wein, den Laden und unser Ausflugsziel.«

»Das wird niemals klappen, wir werden auffliegen – oder Victor fährt nicht, oder …«

»Oder morgen fällt uns der Himmel auf den Kopf, wie bei Asterix.«

Sie lachte befreit auf. »Sie sind ein verdammt sturer Bock, Arthur Crawley.«

»Nur, wenn mir etwas ganz Besonderes am Herzen liegt.«

»Aber ich bin niemand Besonderes.«

»Oh, doch, Alicia, das sind Sie.«

Resignierend lächelte sie mich an. »Werden wir … über Nacht weg sein?«

»Ganz sicher.«

»Aber …«

»Nein, ich erwarte nichts und werde überaus brav sein.«

Soweit die Füße tragen

»Dein Handy bimmelt ununterbrochen. Warum nimmst du das Ding eigentlich nie mit?«, wunderte sich Luisa.

»Immer erreichbar zu sein ist schrecklich.« Ich sah auf das Display und rief die Nummer ab, die ich verpasst hatte. »Mein Verleger.«

»Ist das gut?«

»Weiß ich noch nicht, mal hören.« Ich drückte die Rückruftaste. »Hier ist der liebe Arthur.« Luisa kicherte.

»Herzlichen Glückwunsch, mein Lieber.« Herbert Wengers Stimme klang überaus jovial und wohlwollend.

»Danke, wozu eigentlich?«

»Audrey hat mir alles erzählt.«

»Wirklich? Wir haben nichts miteinander.«

»Ach, nun kommen Sie schon, Arthur.« Ich stellte das Teil auf laut, sodass Luisa mithören konnte. »Von HBO natürlich. Wenn das wirklich klappt, dann wird das den Buchverkauf nochmal enorm ankurbeln.«

»Ah, deshalb die Euphorie in Ihrer Stimme.«

»Wir könnten die Bände neu herausgeben und mit Fotos aus der Fernsehserie aufpeppen. Das wird der Hammer.«

»Ich soll doch was Neues schreiben.«

»Und ob! Das neue Buch bauen wir in die Werbekampagne ein.«

»Klingt wie die Lizenz zum Gelddrucken.«

»Dazu werden Bücher geschrieben, oder nicht?«

»Na ja, es soll Autoren geben, deren Herzblut durch die Tastatur fließt.«

»Hören Sie, Arthur, ich will nicht lange um den heißen Brei herumreden. Der Vorstand und ich …«

»Das sind Sie doch in Personalunion, Herbert.«

»Nun ja, gewiss, jedenfalls habe ich beschlossen, Ihnen ein weiterreichendes Angebot zu machen. Sehen Sie, Ihr Vertrag mit uns läuft noch zwei Jahre, und ich dachte, wo doch unsere Zusammenarbeit so vorzüglich kombiniert, an eine Verlängerung unseres Kontraktes.«

»So? Na, was schwebt dem Vorstand denn da so vor?«

Luisa hörte gespannt zu und machte immer wieder Verrenkungen wie ein Pantomime und schnitt beeindruckende Grimassen.

»Ein Vertrag auf Lebenszeit.«

»Wow … sind Sie sicher? Ich habe vor, hundert plus X zu werden. Da kommt sicher noch ordentlich was an Geschreibsel zusammen.«

»Was wir freudestrahlend verlegen werden.«

Luisa streckte beide Daumen in die Höhe, dann schnappte sie sich Manita und tanzte um mich herum.

»Na, was sagen Sie?«

»Ich muss das mit Audrey besprechen, wenn sie aus New York zurück ist.«

»Hoffentlich mit einem Vertrag in der Tasche.«

»Und wenn nicht?«, fragte ich lauernd. »Was ist dann mit meinem Rentnerkontrakt?«

»Ich bin ein Mann von Ehre, Arthur, das sollten Sie wissen.«

»Na denn, Herbert, leben Sie lange und in Frieden.«

Leise Zeichen

Am Sonntag verbarrikadierten wir uns in meiner *Casa*. Der Supergau war eingetreten. Werksferien in Frankreich, Ferienbeginn in Bayern und Baden-Württemberg und nur noch zwei Schultage in Spanien. Die Strände füllten sich, Platja und San Antoni wurden zu summenden Bienenstöcken. Babylonisches Sprachengewirr erfüllte die Straßen, Restaurants, Cafés und Bars. Auch am Berg, sechs Kilometer oberhalb des Ferienwahnsinns, wurde es lauter. Unter uns, links neben der Schweizer Trutzburg, zog eine Kohorte französischer Teenager ein. Ich hoffte inständig, dass die Kohle der Burschen nur für eine Woche reichte. Die Mietpreise in der Hauptsaison waren wirklich exorbitant hoch, was allerdings die ohnmächtigen Eltern schulpflichtiger Kinder nicht davon abhielt, die Horrorsummen zu berappen.

»Du siehst nicht wirklich gut aus«, bemerkte Luisa.

»Dafür scheint sich deine Stimme zu verabschieden. Reich mal bitte die *Melocotón*-Marmelade rüber.«

»Schlecht geschlafen?«

»Eigentlich nicht, aber die Wärme steht im Schlafzimmer.« Ich rührte gedankenverloren in meinem *Earl Grey*. »Du hörst dich an wie Rod Stewart nach dem zehnten Whiskey, wir sollten eine Platte aufnehmen.« Luisa lächelte matt. »Ganz ehrlich, Kleines, du musst eine Pause einlegen. Bei dem Geräuschpegel im *Friends* oder im *Cactus* geht deine wundervolle Stimme sowieso unter. Die Anzahl der Musikbanausen wird mit jedem Tag ansteigen.«

»Du hast *Kleines* zu mir gesagt.«

»Ja? Entschuldige, soll nicht wieder vorkommen.«

»Soll es doch. Es klingt so beschützend und besorgt. Ich kenne es nicht, dass sich jemand Gedanken darum macht, wie es mir geht. Ich musste immer funktionieren, dann war alles gut, im Zweifelsfall gab es extra Kohle.«

»Saublöd.«

»Wir zwei, wir passen aufeinander auf, oder?«

»Ja, das wollen wir.« Ich schlurfte in die Küche und stellte den Wasserkocher noch einmal an, dann durchwühlte ich meine Teekiste. »Du hast einen großen Auftritt vor dir, darauf wollen wir uns konzentrieren. Wenn du jetzt in Platja an den Start gehst, dann spiel einfach nur Gitarre, ohne Gesang.«

»Gute Idee.«

»Wo ist der verdammte Kamillentee?« Endlich wurde ich fündig. Ich goss kochendes Wasser über Beutel und Honig. »Du musst warten, bis das Gesöff noch ordentlich warm, aber nicht mehr heiß ist.«

»Ja, Chef.«

»Der Text für deinen ersten Song ist fertig.«

»Wow, wann hast du das denn gemacht?«

»Heute Nacht, konnte eh nicht schlafen. *Welcome To The World* ist zu *Time To Remember* mutiert. Mal sehen, ob es dir gefällt.«

»Bestimmt.«

»Ach, so einen Songtext zu schreiben ist schon was anderes, als munter drauflos zu schwafeln. In einem Buch kann man vieles umschreiben, kaschieren oder der Phantasie des Lesers überlassen. Bei einem Songtext muss jede Silbe hinhauen.« Der Honig hatte sich aufgelöst. Ich testete die Trinktemperatur. »So, das ist jetzt in Ordnung. Kleine Schlucke und nur noch das Nötigste quasseln.«

Luisa nickte brav. »Warum hast du Nuria in Band zwei sterben lassen?«, krächzte sie.

»Meine blonde, überaus attraktive und neugierige Sklavenhalterin?«

Sie nickte, beide Hände um den Teebecher geschlungen. »Die Figur hatte mächtig viel Potential«, flüsterte sie heiser. »Ich hätte mir gewünscht, dass sie zu einer Anführerin des Südens geworden und Jack Dawson mit ihr in die letzte Schlacht gezogen wäre.«

»Aber das hätte das Spannungsverhältnis zwischen Jack, Irina und Marun nur verwässert.«

»Also musste sie in den Armen eines Mannes sterben. Schrecklich für eine Frau aus dem Süden, die nur die weiblichen Zärtlichkeiten kennt.«

»Du solltest wirklich deine Stimme schonen, es wird immer schlimmer.« Ich legte eine Hand auf ihre Stirn, fühlte aber keine unnatürliche Hitze. »Ab jetzt wird nur noch genickt oder der Kopf geschüttelt. Verstanden?«

»*Entendido, gran sabio.*«

»Großer Weiser, auch nicht schlecht. Was Nuria angeht, es tat mir in der Seele weh, sie sterben zu lassen. Weißt du, als Autor kreiert man Charaktere, weil man sie für den Plot einfach braucht, und man schafft solche, in die man sich vernarrt. Dazu gehörte Nuria, und dennoch musste ich sie opfern. Ich wollte eine große Bühne für Irinas Rückkehr schaffen.«

»Sie ist jetzt bei ihrer Göttin, Mutter Sonne.«

»Du sollst doch nicht reden.« Sie drehte mir eine lange Nase. Irgendwie konnte man ihr einfach nicht böse sein. »Wenn du weitere Fragen hast, dann spar sie auf oder schreib sie auf ein Blatt Papier.« Sie nickte gehorsam. »Pool?«

Luisa legte beide Hände übereinander und dann ihren Kopf auf das imaginäre Kissen. Auf dem Weg nach unten schlossen sich uns Trine und ihr neues Idol Luzifer an. Ich bereitete uns zwei Liegen im Schatten der großen Palme. Die Katzen erwählten Luisa als Knautschzone.

»So ist der Lauf der Welt«, murmelte ich müde. »Kaum ist ein neuer Sheriff in der Stadt, hat der alte ausgedient.« Es war an der Zeit, die verpasste Nachtruhe nachzuholen.

Mitternachts-Blues

Ich erwachte, weil meine Füße fröhlich vor sich hin brutzelten. Die Sonne war gewandert – logisch, oder? Zum Glück hatte es nur die Knöchel erwischt und nicht etwa des Dichters Schädel. Zu meinem Erstaunen schlief Luisa noch immer, zusammengerollt in einer perfekten Embryonalstellung, die beiden Katzen in einer Kuhle zwischen Brust und Oberschenkel verknäult.

»*Rey durmiente*«, murmelte ich, selber dem Titel eines Schlafkönigs noch relativ nahe, und versuchte, langsam in die reale Welt zurückzukehren. In meinen Träumen war ich auf einer meiner Inseln im Süden, auf Rhiisa, wo die besagte Sklavenhalterin Nuria in den Armen meines Helden Jack Dawson gestorben war. Ich dachte an Alicia und wie schön es wäre, neben ihr aufzuwachen.

Ich mühte mich, Luisas Liege aus der Gefahrenzone zu schieben, ohne sie zu wecken. Im Halbschlaf drehte sie sich auf den Rücken. Die Katzen sahen mich anklagend an.

»Faule Bande«, murrte ich schwitzend.

Luisa flüsterte unverständliche Worte. Einmal glaubte ich den Namen ihres Zuhälterfreundes zu identifizieren. Ich setzte mich auf die Liege und versuchte, sie sanft zu wecken. Urplötzlich schlug sie ihre Augen auf, benötigte einen Moment, um mich zu erkennen, um sich dann in meine Arme zu werfen.

»He, ist ja schon gut, langsam wach werden und den Kreislauf wieder in Schwung bringen. Der Pool ruft dich.«

»Du gibst mich nicht weg, oder?« Eine Grabesstimme, tief und krächzend, sodass es schon beim Zuhören schmerzte.

»Was? Auf keinen Fall! Wie kommst du denn auf so was Blödes?« Sie zitterte am ganzen Körper. »Ich werde dich bis zu meinem letzten Blutstropfen verteidigen.«

»Dann ist es gut.«

»Was ist eigentlich mit diesem Sven, Mareikes Kellner?«

»Ach, der ist auch nur ein Arsch.«

»Hoppla.«

»Baggert mich erst an wie ein Verrückter, und jetzt ist er mit Sonia zusammen.«

»Javiers ältester Tochter?«

»Tja, davon verspricht er sich wohl mehr als von einer fahrenden Musikantin.«

»Wie kommst du denn darauf?«

»Hat mich gefragt, wieviel Kohle ich so an einem Abend mache, und ob er sich mal was leihen könnte.«

»So ein Arsch.«

»Sag ich doch.«

Wir wankten gemeinsam zum Pool und ließen uns langsam hineingleiten. Ich tauchte unter und hielt eine Weile, also, sagen wir mal, etwa dreißig Sekunden, die Luft an.

»Himmel, habe ich eine Scheiße geträumt.«

»Leise sprechen, Kleines, Stimme schonen, Arlo und ich zählen auf dich. Was hast du denn geträumt. Von deinem Ex?«

»Im Traum hat er mich hier aufgestöbert, mich betäubt, entführt und an einen nordafrikanischen Menschenhändler verkauft. Der Typ hatte anstelle der oberen Schneidezähne zwei Brillanten im Maul, wie Willy de Ville. Der hat absolut ekelhaft gelacht, menschenverachtend und gemein. Das war total real.«

»Ja, das kommt vor, wenn man tagsüber pennt. Wo sollst du denn heute Abend auftreten?«

»Bei Javier, im *Samal,* aber erst gegen zehn Uhr.«

»Das sagen wir ab.«

»Aber …«

»Das entscheide ich als dein Manager. Javier wird dir nicht böse sein.« Sie nickte dankbar. »Möchtest du etwas unternehmen?« Sie schüttelte den Kopf. »Sehr gut, dann fahre ich eben runter zum *Suma,* Fisch und Kartoffeln einkaufen, und wir machen uns einen gemütlichen Abend auf der Schaukel.«

»Das hört sich nach einem Plan an.«

»Schweig, weiße Squaw.«

Schatten

Endlich war die Sonne hinter den Bergen verschwunden, aber die Hitze des Tages wollte nicht weichen. Die Steine hatten die Kraft der Sonne aufgesogen und gaben sie jetzt wieder her.

Langsam begann ich mir ernsthaft Sorgen um meinen größten Fan zu machen. Apathisch hockte sie auf der Schaukel und sah auf die Bucht und den endlosen Lindwurm an Autos hinab, die sich gen Platja schleppten. Im Dorf war an diesem Wochenende Luftholen angesagt, keine *Sardana,* kein Konzert.

»Diese vielen Götter in deinem Buch … einige sind verdammt blutrünstig.«

»Ja, aber das ist doch nicht ungewöhnlich. Sieh dich nur um in unserer ach so aufgeklärten Gesellschaft.« Luisa nickte müde. »Ich glaube, ich schlafe heute draußen«, stöhnte ich. »Ein kühles *San Miguel*?«

»Das wäre himmlisch.« Ihre Stimme hatte jede Klangfarbe verloren. Ich fischte zwei Fläschchen aus dem Kühlschrank. Wir stießen an, tranken aus der Flasche. »Du, Arthur … Meinst du, dass es da was gibt, wenn wir die große Bühne verlassen?«

»Das muss es.« Ich setzte mich zu ihr. Die Kirchenuhr schlug halb zwölf.

»Warum denn?«

»Weil es sonst verdammt wenig wäre, was uns zugestanden wird. Einfach nur dieses Leben und Ende der Durchsage? Das ist mir zu wenig. Da muss noch was kommen.«

»Wir hinterlassen Spuren in dieser Welt, das ist doch was.«

»Nicht genug.«

»Dein Buch wird die Zeiten überdauern.«

»Vielleicht, vielleicht auch nicht, aber was habe ich davon?«

»Man wird sich an dich erinnern.«

»Ist mir egal. Mir wäre ein erfülltes Dasein *danach* weitaus wichtiger, als irgendwelcher vergänglicher Ruhm.«

»Willst du auf einer Wolke mit 'ner Harfe herumklimpern?«

»Nein, ich will weiterschreiben und deine Musik hören.«

»Himmel und Hölle? Was ist damit? Wird man über uns richten?«

Ich lachte trocken. »Nee, eher nicht.« Das herrlich frische Bier vertrieb die Wärme für einen Moment. »Was treiben dich nur für düstere Gedanken um?«

»Ach, dieser blöde Sven, dann dieser Alptraum. Vielleicht sollte ich mich wie die Frauen des Südens umorientieren. Die Jungs in meinem Alter scheinen allesamt Arschgeigen zu sein. Womöglich spanne ich Sven Sonia aus. Da wird er schön blöd aus der Wäsche gucken.« Sie lachte, als sie mein verdutztes Gesicht sah. »Du solltest nicht alles für bare Münze nehmen, Arthur.«

Ein winziges Mäuslein flitzte am Pool entlang. Joschi, der lang ausgestreckt auf der Nachbarliege lag, wackelte gerade einmal mit dem rechten Ohr.

»Super, Alter, du bist ja ein echter Killer«, tadelte ich mein Alphatier.

»Die Hitze lähmt«, entschuldigte Luisa den feisten Kater.

»Da hast du wohl recht«, stöhnte ich. Die Belebung durch die *Cerveza* war bereits wieder dahin. »Solltest du nicht mal deine Eltern informieren?«

»Wenn dich das beruhigt«, erwiderte sie gleichmütig.

»Du sollst nicht mich beruhigen, sondern deine Erzeuger.«

»Ich schreib 'ne SMS.«

»Hm.«

»Ich bin übrigens fast durch mit deiner *Fabrik* und ich habe eine Idee für ein Schlusskapitel.«

»Wow, das ist verdammt cool. Ich bin total gespannt.« War ich wirklich, denn ich hatte gar keinen Plan, wie ich mein unvollendetes Werk beenden sollte. »Wir sprechen morgen darüber, wenn es dir besser geht.«

»Ja, das hört sich gut an.« Das klang verdammt kläglich. »Kann ich noch ein Bier haben?«

Konfliktpotential

Montag. X minus vier Tage.

Ich dachte jetzt in streng militärischen Maßstäben. Vier Tage bis Freitag. Würde alles klappen? Ich telefonierte lange mit Maria Sineiro, die eher belustigt als verwundert ihre Hilfe zusicherte.

»Das muss ja eine besondere Frau sein, Señor Crawley.«

»Ja, das ist sie, aber es ist … kompliziert.«

»Das denke ich mir, wenn Sie mir ihren Ehemann zur Verwahrung schicken.«

»Ich stehe in Ihrer Schuld, Maria.«

»Das sehe ich auch so«, meinte sie heiter. »Lösen Sie Ihren Schuldschein ein, indem Sie und Alicia mich besuchen kommen, irgendwann, wenn Sie das Problem gelöst haben.«

»Also nie«, ächzte ich.

»Man sollte niemals nie sagen, Arthur, das ist zwar eine hohle Phrase, die aber nicht einer wiederkehrenden Logik entbehrt. Wie auch immer, ich erwarte also am Freitagabend einen Herrn Victor Nuñez. Ich werde ihn bis Montag festhalten, mir wird schon etwas einfallen. Notfalls zersteche ich die Reifen.«

»Ich überweise den Betrag für die zweihundert Flaschen.«

»Bis bald, Arthur … und viel Glück. Möge der Engel der Verdammnis an Ihrem Haus vorüberziehen.«

Also, das war ja verdammt blumig.

Luisas Stimme ging es leidlich besser, dafür machte mir die andauernde Hitze zu schaffen. Ich versuchte mich daran zu erinnern, wann es das letzte Mal geregnet hatte. Keine Ahnung, gefühlt Ostern.

Um zehn rief Audrey aus New York an. Via Skype sah ich, dass sie anscheinend anstrengende Tage hinter sich gebracht hatte.

»Sie wollen dich persönlich kennenlernen, Arty, da führt kein Weg dran vorbei.«

»Ich will aber nicht in die Staaten.«

»Nun sei nicht so bockig, das ist eine irre Chance.«

»Du siehst müde aus.«

»Lenk nicht ab, verquerer Dichter.«

»Wie realistisch ist das Ganze?«, fragte ich skeptisch.

»Siebzig zu dreißig.«

»Sind wir die Siebzig?«

»Oh ja, Patron.«

»Gütiger Himmel, wer hätte das gedacht.«

»Wenger ist total aus dem Häuschen.«

»Gieriger Geldsack.«

Sie lächelte erschöpft. »Ich brauche dich hier, Arthur, und zwar so bald wie möglich.«

»Warum eigentlich?«

»Es geht hauptsächlich um die künstlerische Freiheit der Drehbuchautoren.«

»Die wollen doch wohl hoffentlich keine Seifenoper aus den *Chroniken* basteln.«

»Nee, keine Bange, aber die Grenzen müssen schon abgesteckt werden. Es kann nicht alles eins zu eins aus deinem Buch übernommen werden.«

»Gib mir mal ein Beispiel«, bat ich argwöhnisch.

»Irina soll kein Ziehkind von Jack Dawson sein.«

»Wieso das denn nicht?«

»Weil die Amerikaner total prüde sind. Das passt nicht in deren Weltbild, wenn die zwei ein Paar werden.«

»Kommt nicht in Frage, das wird nicht geändert«, entschied ich rigoros. »Was noch?«

»Jack Dawson soll eine Beziehung mit einer Sklavenhalterin anfangen.«

»Das klingt aber verdächtig nach einer beschissenen Seifenoper. Die spinnen wohl.«

»Deshalb musst du kommen, Arthur. Du kannst ihnen den Quark sicher ausreden.«

»Können wir keine europäische Produktionsfirma begeistern?«

»Zu teuer.« Audrey schüttelte verkniffen lächelnd den Kopf. »Das kann bei uns keiner stemmen. Wir müssten auch über mögliche Besetzungen der Hauptfiguren sprechen.«

»Auf keinen Fall George Clooney!«

»Steht nicht zur Debatte.«

»Und auch nicht Daniel Craig.«

»Traumtänzer, wir reden über eine Fernsehserie, nicht über einen Kino-Blockbuster mit einem Hundert-Millionen-Etat. Also, was ist jetzt? Kannst du kommen? Ich manage alles von hier aus, du musst dich um nichts kümmern. Flug, Taxi, Hotel, all inclusive.«

»Sag ich dir morgen, ist das okay?«

»Ach, Arty …«

»Bitte, Audrey, ich muss erst ein paar Dinge klären.«

»Na schön, dann morgen zur gleichen Zeit?«

»Okay, ach … Audrey …«

»Ja?«

»Danke, du bist einsame Spitze. Ich wüsste wirklich nicht, was ich ohne dich machen würde. Wahrscheinlich in irgendeiner Gosse landen oder unter Brücken pennen.«

»Dann heirate mich endlich.«

»Ich bin zu alt für dich jungen Feger.«

»Immer diese blöden Ausreden.«

Die Gretchen-Frage

Zunächst sondierte ich gewissenhaft die Lage, die am späten Nachmittag reichlich unübersichtlich war. Verbrannte Neuankömmlinge schlenderten glühend durch die Stadt, deren Durchfahrtstraße bereits um achtzehn Uhr total verstopft war. Die neue Ampel vor dem Kreisverkehr in der Mitte kostete zusätzliche Zeit.

»Es wird Zeit für die Umgehungsstraße«, brummte ich nervös. Alicias Laden war gut besucht. Ihre Aushilfe Carmina Vasquez stand hinter der Brottheke, während Alicia Wein in Plastikkanister abfüllte. Ungeduldig wippte ich auf den Fußballen. Kein Victor in Sicht. Endlich waren Alicias Weinkunden abgefertigt. Ich betrat den Laden. Ihre Augenbrauen hoben sich ein wenig, als sie mich entdeckte. Ihr Kopf wies dezent in Richtung Fassgalerie. Zur Tarnung hatte ich einen leeren Fünf-Liter-Kanister dabei.

Alicia kassierte, schon kamen die nächsten Kunden, die zum Glück nur Backwaren begehrten. Ich begutachtete das Brandy-Sortiment.

»Wie ist der hier?«, fragte ich, weil mir nichts Besseres einfiel.

»Carmina weiß Bescheid«, sagte Alicia halblaut.

»Ist das klug?«

»Sie ist nicht dumm oder geschwätzig, nur unzuverlässig.«

»Wie ist die Lage?«

»Ich glaube, er hat es geschluckt.«

»Wird er fahren?«

»Sie werden wohl auf *El Clásico* verzichten müssen.«

»Ist nicht schlimm. Wann düst er los?«

»Freitagmorgen. Ich denke so gegen zehn, wenn er die Nacht vorher nicht gesoffen hat.«

»Okay.«

»Arthur … Ich bin mir nicht sicher, ob wir das tun sollten.« Sie nahm den Kanister und kniete vor dem Rioja-Fass. Wie immer klopfte sie erst dreimal gegen den Zapfhahn, ehe sie ihn öffnete. »Wie werden wir uns nach diesem Wochenende fühlen – wird nicht alles noch viel schlimmer sein?«

»Das Risiko sollten wir eingehen.«

Alicia sah verloren und unschlüssig aus. »Wenn Sie meinen.«

»Sie rufen mich an, sobald er aufbricht. Ich komme Sie dann abholen. Mit Maria habe ich soweit alles klären können. Victor wird frühestens Montagabend wieder hier sein.«

»Und der Laden?«

»Arios, Ramon, Luisa und Sonia, alles geregelt. Sergio und Esteva werden zusätzlich ein Auge auf das *Pa y Vi* haben.«

»*Madre mia*, Sie haben wirklich an alles gedacht.«

»Das hoffe ich.«

»Nun gehen Sie besser, Victor lässt sich öfters hier sehen.«

»Auch das noch.« Ich bedachte Alicia mit einem aufmunternden Blick. »Eine Frage hätte ich noch: Haben Sie Flugangst?«

Die heilige Nase

»Deutschland ist raus.« Pacos Kommentar zum gestrigen Halbfinale der Fußball-Europameisterschaft, kurz und präzise wie immer.

»Es sei den Franzosen gegönnt«, bestätigte ich mit einer dezent britischen Schadenfreude. »Ich nehme zwei *Pan con el jamón* und ein Tonic.« Im *Cactus* war schon recht ordentlicher Betrieb.

Sergio brachte mir mein eisgekühltes Getränk und setzte sich kurz zu mir. »Du spielst mit dem Feuer, mein Freund. Du solltest auch an Alicia denken.«

Ich zuckte mit den Schultern. »Das tue ich ununterbrochen.«

»Nicht in diesem Sinne.« Er musterte mich, währenddessen ich betreten auf meine Hände sah. »Verantwortung übernehmen heißt auch, dass man nicht alles haben kann, was man begehrt.«

»Seit wann bist du unter die Philosophen gegangen?«

»Das wird nicht gutgehen.«

»Sagt wer?«

»Meine Nase. Die irrt sich selten. Seit Luisas Party spüre ich ein fieses Kribbeln.«

»Du bekommst einen Sommerschnupfen.«

Sergio schüttelte ernst den Kopf. »Oh nein, *el Escribar,* es ist Unheil im Anmarsch, glaub es oder nicht. Wenn die Sache auffliegt, wird Alicia darunter zu leiden haben und nicht du. Das solltest du dir immer vor Augen führen.«

»Warum seid ihr auch alle so verflucht passiv, warum geht keiner von euch hin, schnappt sich Victor und prügelt ihn windelweich?«, fragte ich harsch. »Das wäre mal eine angesagte Aktion. Schöne Freunde seid ihr.«

Jetzt machte er eine betretene Miene.

»Komm mir jetzt nicht wieder mit *Das verstehst du eben nicht.*«

Paco servierte meine belegten Baguettes. »Alicia würde das nicht wollen.«

»Tatsächlich, woher weißt du das?« Ich regte mich fürchterlich auf. »Vielleicht wartet sie im Stillen nur darauf, dass ihr endlich jemand beisteht.«

»Das kann ich mir nicht vorstellen.«

»So? Ich aber, ich kann mir das sehr gut vorstellen. Ihr mit eurer verqueren katholischen Moral und eurem katalanischen Stolz.«

»Lass die Kirche aus dem Spiel.«

»Warum denn? Ist sie nicht da, um den Menschen zu helfen, Trost und Zuversicht zu spenden? Was macht denn euer Pfaffe, wenn Alicia im Beichtstuhl all ihren Kummer preisgibt, ihre Ängste und Nöte?«

»Womöglich spricht Pfarrer Emmanuel mit Victor.«

»Womöglich?«

»Man weiß es nicht«, gab Sergio kleinlaut zu.

»Esteva würde dir jedenfalls den Schädel wegblasen, ehe sie sich so von dir behandeln ließe.« Wütend biss ich in mein Brot. »Aber du hast recht – den Scheiß verstehe ich wirklich nicht.«

»Aber du verleitest sie zum Ehebruch. Das ist nicht in Ordnung.«

»Sagt wer? Der liebe Gott?«

»Manchmal bist du schwierig, Arthur.«

»Oh ja, das will ich doch hoffen.« Ich schnaufte ein paarmal richtig durch. »Man kann nicht immer den geraden Weg gehen, Sergio. Die Straße unseres Lebens weist auch Kreuzungen auf.«

»Und Einbahnstraßen.«

»Natürlich, auch das«, gab ich zu. »Aber keine Straße wird so eng sein, dass man nicht wenden könnte.«

»Um auf den rechten Weg zurückzufinden?«

»Nein, Sergio – um auf einem *neuen* Weg die Reise fortzusetzen.«

Der baskische Barbesitzer strich nachdenklich über seinen Dreitagebart. »Vielleicht müssen wir, oder wer auch immer, wirklich etwas tun.«

»Wenn du jetzt noch *wer auch immer* definierst, sind wir einen Schritt weiter.«

»Finde heraus, was Alicia will, wie weit sie bereit ist zu gehen, dann sehen wir weiter.«

»Kann ich auf dich zählen, *mi Amigo*?«

Eine Horde Skandinavier fiel in den *Cactus* ein. Sergio nickte grinsend.

»Der Umsatz wird heute stimmen, denke ich. Das sind Norweger. Bei denen ist der Sprit so teuer, dass sie sich schon besaufen, kaum dass sie ihre eigene Landesgrenze passiert haben.«

»Denk an meine Nase, Arthur.«

»Hübsch ist die nicht.«

»Aber unfehlbar.«

Sonnenflecken

»Was soll das heißen, du kommst nicht allein?«

»Wahrscheinlich nicht.«

»Würdest du mich bitte aufklären?« Audrey war sichtlich erbost.

»Ich … es ist kompliziert.«

»Scheint so. Wer ist sie?«

»Woher …«

»Ach, komm schon, du schleifst sicher nicht Javier oder Sergio mit nach New York.« Meine Agentin kniff misstrauisch die Augen zusammen. »Ist es etwa Mareike?« Audrey hatte mich schon so oft besucht, dass sie meine Freunde gut kannte und schätzen gelernt hatte.

»Die ist doch in festen Händen.«

»Nichts ist für die Ewigkeit, Arty.« Sie hatte dunkle Ringe unter den Augen. »Also, wer ist es?«

»Möglicherweise Alicia Nuñez.«

»Kenn ich nicht.«

»Doch, kennst du, die nette Dame aus dem Weinladen gegenüber vom *Cactus*.«

»Nein! Sie ist neuerdings solo?«

»Also, na ja, nicht direkt.«

»Witwe?«

»Nee.«

»Arthur Crawley!« Audreys Gesicht füllte den Bildschirm jetzt vollständig aus. »Bist du von allen guten Geistern verlassen?«

»Ich hoffe nicht.«

»Du schleppst eine verheiratete, katholische, katalanische Frau nach New York?« Audrey ließ sich in ihren Sessel zurückplumpsen. »Ein bisschen irre warst du ja immer schon, aber die Aktion schlägt alles.«

»Kannst du bitte zwei Tickets besorgen?«

»Nein! Kommt nicht in Frage.«

»Audrey, bitte, du kennst ja die Hintergründe nicht.«

»Die sind mir auch schnurzpiepegal.« Kurz verbarg sie ihr Gesicht in den Händen. »Was meinst du, wie sich die Pressegeier auf deine niedliche Begleitung stürzen werden? *Der Dichter und seine neue Muse*. Ich sehe die Zeitungsartikel schon vor mir.«

»Heilige Scheiße.«

»Allerdings, mein Lieber. Erst denken, dann handeln. Da wird sich ihr Torero aber freuen, wenn er sein Weib in der Zeitung neben dir abgelichtet sieht.«

»Habe ich gar nicht bedacht.«

»Typisch Mann.«

»Ich brauche Hilfe.«

»Dazu hast du mich ja.«

»Dann komme ich nächste Woche Dienstag.«

»Arthur …«

»Sag, ich sei krank oder liege besoffen in einer Ausnüchterungszelle.«

»Du hast sie ja nicht mehr alle! Ich sag dir jetzt mal was, in aller Freundschaft, und wenn du die erhalten willst, dann wirst du den Anweisungen deiner Agentin Folge leisten.«

Ich blies beide Wangen auf. Irgendeine Katze strich um meine Beine. Der Tee schickte Rauchzeichen in die Luft. Luisa schlief noch. Die Sonne brutzelte bereits am frühen Morgen ohne Gnade.

»Ich höre«, stöhnte ich.

»Du fliegst heute Abend um acht. Die nächsten sechsunddreißig Stunden werden heftig. Wir werden sehen, was wir gemeinsam erreichen können.«

»Ich muss Freitag wieder hier sein.«

»Herrgott, ja, das passt schon.«

»Schimpf nicht mit mir«, jammerte ich.

»Dann stell dich nicht so kleinkariert an. Es geht um die Verfilmung deines Buchs, Waldschrat, geht das überhaupt in deinen Schädel?«

»Ich kapituliere.«

»Hoffentlich bedingungslos. Gegen sechs Uhr holt dich ein Fahrer ab.« Audrey sah mich durchdringend an. »Bitte, Arty, versau das nicht, die Chance bekommen wir nie wieder.«

»Ich werde mir alle Mühe geben«, versprach ich verlegen.

Luisa war unbemerkt hinter mich getreten und legte ihre Hände auf meine Schultern. »Hallo, Audrey.«

»Ah, du musst Luisa sein.« Unter Audreys prüfenden Blicken lächelte mein Fan unsicher. »Du kannst mir einen riesigen Gefallen tun.«

»Gern.«

»Setz diesen Primaten nachher in den Wagen, am besten begleitest du ihn zum Flughafen, damit er nicht vorher umdreht.«

»Flughafen?«

»New York«, stöhnte ich.

»Wow, der Hammer!«

»Die wollen die *Chroniken* verfilmen«, wagte ich einzuwerfen.

»Sensationell!«

»Ich habe noch eine viel bessere Idee.« Audrey sah mich streng an. »Du fliegst mit ihm, dann kann er wenigstens nicht abspringen. Ist das möglich?«

»Oh ja, ich werde auf Arthur aufpassen.«

»Da gehe ich jede Wette ein«, brummte ich mürrisch.

»Dann packt Kram für drei Tage ein. Gegen sechs Uhr ist das Taxi da.«

»Ich hasse lange Flüge.«

»Hör auf zu maulen. Möchtest du dein Werk nicht auch real verfilmt auf der Leinwand sehen?«

»Wohl eher auf dem Fernseher oder Laptop«, grantelte ich verdrossen.

»Wir werden startklar sein«, versprach Luisa aufgedreht.

»Wir sehen uns morgen, Arty.«

»Nur damit du es weißt, so wird das nie was mit unserer Hochzeit.«

Audrey lachte auf und winkte zum Abschied. Der Bildschirm wurde dunkel.

»Du erwägst, Audrey ...«

»Ach, Unsinn, das ist nur so ein Running Gag zwischen uns beiden.«

»Dann bin ich beruhigt«, schnaufte Luisa. »Die Nummer mit Alicia ist schon verquer genug.« Gutmütig knuffte sie mir in die Seite. »Auf, auf, großer Meister, die große weite Welt ruft.«

»Kann mir gestohlen bleiben«, blaffte ich schwitzend.

Rückkehr aus dem Verbotenen Land

»Audrey ist total nett, supernett, eine Wahnsinnsfrau«, schwärmte Luisa in höchsten Tönen. »Du hast echt Schwein, dass sie deine Angelegenheiten in die Hand genommen hat.«

»Oh ja, wenn sie nicht gerade meine Seele verhökert.«

»Na, hör mal, das ist doch perfekt gelaufen.«

Wir saßen in einem Taxi, das uns vom Flughafen in Barcelona zurück nach Calonge beförderte. Ich gähnte ungeniert. »Perfekt stelle ich mir anders vor. Erst mal nur fünf Folgen, das ist doch gar nix, höchstens fünf Kapitel aus Band Eins, und dann die ganzen Kürzungen. Von der Besetzung ganz zu schweigen.«

»Also wirklich, du kannst schließlich nicht Oscar-Darsteller für die Nebenrollen verlangen, da muss man mal die Kirche im Dorf lassen. Wichtig ist doch, dass die Darsteller den Vorgaben aus deinem Buch entsprechen.«

»Wir werden sehen. Gott, bin ich müde, dieser verdammte Jetlag.«

»Und dann willst du heute mit Alicia wegfahren?«

Ich sah verstohlen auf mein Handy, es war kurz nach acht. Kein Anruf.

»Mach bloß keinen Unsinn.«

»Habe ich nicht vor.«

»Schlaf ruhig ein bisschen.«

»Du hast mein Phone im Auge?«

»Ja doch, wahrscheinlich hast du es so laut eingestellt, dass Tote erwachen, wenn es bimmelt.«

Ich döste vor mich hin, überlegte krampfhaft, wohin ich mit Alicia fahren konnte. Mein Kopf sackte müde gegen Luisas Schultern.

Ich erwachte gerädert und ganz flauschig im Kopf, als der Wagen knirschend auf den Wendehammer einbog. Nur mühsam gelangte ich in die Realität zurück. Halb zehn. Der Taxifahrer musste tief geflogen sein. Ich sah Luisa fragend an, die aber nur den Kopf schüttelte.

Luzifer thronte wie eine in Stein gemeißelte Figur auf dem Treppenabsatz, die Pfote anklagend auf die Schüssel mit dem Trockenfutter gelegt.

»*¿Como estas?*«, fragte ich den Kater. Er würdigte mich keines Blickes. »Dann eben nicht.«

Luisa öffnete die Tür – und schwupps, waren alle fünf Bestien am Start. »Ich übernehme das.«

»Nur zu, sie werden dich für ordentliches Futter feiern. Verwöhnte Bande.«

Ich schleppte unsere Reisetaschen ins Wohnzimmer und öffnete die Tür zur Veranda. Noch brannte die Sonne auf die gegenüberliegende Hausseite und heizte die Küche, unsere Schlafzimmer und Bäder auf. Aus der Schweizer Villa, Luftlinie keine fünfzig Meter unter meiner *Casa*, dudelte laute Blasmusik.

Ich schwor, mich bei Gelegenheit mit Metallica oder Nightwish zu rächen. Der Pool lockte, aber ich widerstand tapfer und nahm nur eine kurze Dusche. Schnell umziehen und sehen, was der Tag noch bringen konnte.

Warum ruft sie denn nicht an? Die Nervosität hielt mich immerhin auf einem ziemlichen wachen Level. Leicht schwindelig wurde mir bei der Rückerinnerung an die letzte Verhandlungsrunde. Wie unglaublich cool und überlegen Audrey das Gespräch geführt hatte.

»Mister Jenkins, HBO verdient sich dumm und dämlich an der Verfilmung von Game of Thrones. Leider haben Sie die Romanvorlage aufgebraucht und mussten dem guten George R.R. Martin eine Horrorsumme bieten, damit er Ihnen die Rechte für Ihre Drehbuchautoren verscherbelt. Jetzt sind auch noch Ihre

Hauptdarsteller aufmüpfig geworden und wollen mehr Geld. Deshalb wird es auch nur noch dreizehn Folgen geben, nicht wahr?« Audrey hatte zuckersüß gelächelt, einfach hinreißend.

»Sie sind gut informiert, Miss Parker.«

»Tja, das sollte ich wohl. Aber sehen Sie, Harold, das alles wird bei unserem Deal entfallen. Wir haben die perfekte Story, die Sie relativ zeitnah nach dem Ende des Kampfes um den Thron der sieben Königslande präsentieren können. Eine komplette Romanvorlage mit einem richtigen Ende. Eine völlig neue Location, Inseln, eine Wasserwelt, so viele großartige Charaktere. Wenn das nicht ein paar lumpige Dollar mehr wert ist …?«

Irgendwie schien ich überflüssig zu sein, obwohl mich der drahtige Manager der Produktionsgesellschaft immer wieder wohlwollend taxierte.

»Aber die hohen Produktionskosten, überlegen Sie nur, was für ein Heer an Schauspielern und Statisten wir anheuern müssen, von den vielen verschiedenen Schiffen ganz zu schweigen, die wir bauen oder aufkaufen müssen.«

»Das ist nun mal Fantasy und kein Kammertheater, Harold«, hatte Audrey überlegen argumentiert. »Die Leute werden begeistert sein von der vielschichtigen Handlung.«

»In Europa vielleicht, die Amerikaner lieben eher eine gradlinige Storyline.«

»Wollen Sie unterstellen, dass Ihre Landsleute ein wenig einfältig sind?«

»Game of Thrones läuft in Europa viel besser als bei uns, das ist nun mal nicht zu leugnen.«

»Kein Wunder, wer so einen Präsidenten wählt …«

»Ach, hören Sie schon auf, Miss Parker, es ist schlimm genug. Einige Stars wollen gar nicht mehr in Amerika drehen.«

»Jedes Volk bekommt letztendlich das, was es verdient, in diesem Falle den Mann, den die Mehrheit gewählt hat.« Audrey war wirklich eine Heilige, so eloquent, so weise, so überzeugend.

Letztendlich war es zu einem Vorvertrag gekommen. Fünf Folgen mit einer Länge von sechzig Minuten. Ich war mit den Gedanken ganz woanders, aber Audreys Gesichtsausdruck signalisierte satte Zufriedenheit, also war ich es auch.

Endlich! Das Telefon klingelte.

Luisa war schneller als ich. »Hi Sergio … Heute Abend … Klar. Ist denn kein Fußball? Ach so, okay, bin um neun Uhr da.«

Kaum dass sie aufgelegt hatte, klingelte es erneut. Diesmal war ich der Sieger. Sie war es. Alicia.

»Er ist vor zehn Minuten weggefahren.« Ihre Stimme klang ängstlich.

»Gut, ich mache mich auf den Weg.«

»Arthur …«

»Ich will nichts hören, bis gleich!«

Die fünf Raubkatzen hatten ihr Mahl beendet und räkelten sich jetzt faul im Schatten der Terrasse. Luisa sah mich skeptisch an.

»Was ist denn?«, fragte ich zappelig.

»Wenn das mal gut geht.«

»Was soll schon schiefgehen? Das Scheusal ist weg, und zwar mit meinen Karten für das *Clásico*.«

»Pass auf dich auf, mein älterer Bruder.«

»Das Adjektiv hättest du dir sparen können.«

»Nimmst du den Méhari?«

»Nur bis runter zum *Samal*, dann bekomme ich Javiers Jeep, der fällt nicht so auf.«

Ein Toter bleibt selten allein

Götterdämmerung

Ich rauschte über die Schnellstraße und parkte mit quietschenden Reifen vor dem Haus der Familie Nuñez. Das winzige Häuschen hätte dringend einen neuen Anstrich vertragen können, aber wenn der Herr des Hauses die ganze Kohle verjubelte, blieb wohl nichts für Renovierungsarbeiten übrig.

Ich ging durch den kleinen Vorgarten. Das Läuten konnte ich mir ersparen, Alicia hatte mich kommen gehört. Sie öffnete die Tür, die Wangen vor Aufregung leicht gerötet. »Kommen Sie einen Moment herein, Arthur. Meine Tasche steht noch oben.«

»Wir haben es nicht eilig, Alicia.« Ich erlaubte mir einen Kuss auf ihre linke Wange, sie strich lächelnd durch mein leicht ergrautes Haar.

»Wohin werden wir gehen?«, fragte sie auf dem Weg hinauf, ich vermutete ins Schlafzimmer.

Sie erschien mit einer dunkelbraunen Reisetasche in der Hand. Ein kleiner Beutel hing über ihrer rechten Schulter.

»Im lateinischen Viertel in Barcelona gibt es ein winziges Hotel. Dort habe ich eines der vier Zimmer für uns gebucht.«

»Barcelona, wunderbar …«

Urplötzlich verwandelte sich ihr leuchtendes Gesicht in eine entsetzt lodernde Fackel.

»Ach ja, das interessiert mich doch auch.« Victor Nuñez' klirrende Säuferstimme. »Nach Barcelona wollt ihr zwei Hübschen? Wie überaus romantisch.«

Elektrisiert wandte ich mich um. Da stand er, in seiner ganzen männlichen Pracht, das Gesicht höhnisch verzogen, die Daumen lässig in den Gürtel gehakt.

»Nun?«

»Gehen Sie, Arthur.«

»Aber warum denn, Liebes, das ist doch nett zu dritt, bestimmt habt ihr noch ein Plätzchen frei in eurem Jeep.«

Verdammt, darauf war ich nicht vorbereitet! Ich wusste nicht, wie ich reagieren sollte. Meine Synapsen arbeiteten auf Hochtouren.

»Habe ich's doch geahnt, von wegen der Torte, mitten in der Nacht ausgeliefert. Für wie dämlich haltet ihr mich eigentlich?«

»Gehen Sie bitte, Arthur«, wiederholte Alicia gefasst. »Ich werde das alles regeln.«

»Oh, aber sicher wirst du das, *mi Paloma*, und wie wir das regeln werden.« Victors Stimme ließ keinen Zweifel daran aufkommen, dass er Alicia wehtun würde. »Alles lässt sich irgendwie regeln, nicht wahr, du beschissener kleiner Schreiberling?«

Kalte Logik machte sich in meinem Kopf breit. Ich wog die Optionen gegeneinander ab. Eine körperliche Auseinandersetzung hatte wenig Aussicht auf Erfolg. Ich war weder im Nahkampf geübt, noch im Vollbesitz meiner Kräfte, ganz abgesehen von dem Bild, welches sich Alicia darbieten würde.

»Hören Sie, Victor …«

»Halt deine verlogene Fresse, Ehebrecher«, zischte Nuñez gallig.

»Es wäre besser, wenn Sie mir kurz Ihre Aufmerksamkeit schenken würden, Señor Nuñez«, erwiderte ich einigermaßen überzeugend.

»Warum sollte ich?«

»Es fördert Ihre Gesundheit.«

»Ach, ich lache mich kaputt.« Victor schien köstlich amüsiert. »Willst du dich auf ein Tänzchen mit mir einlassen, Schlabbersack? Nur zu, das wird lustig.« Provozierend ließ er seine rechte Faust in die linke Handfläche klatschen. »Du willst den edlen Ritter spielen? Willst du das? Soll deine Angebetete in deinem Blut baden?«

»*Sie* sollen nur *eine* Minute zuhören. Ich würde sehr dringend dazu raten, sonst werden Sie schmerzlich erfahren, was es heißt, mich herauszufordern!«

»Na, da bin ich aber gespannt, *perro del cerdo.*«

»Sie wissen vielleicht, dass ich nicht ganz unvermögend bin.«

»Willst du mir Alicia abkaufen? Wie eine billige Sklavin?«

»Nein, das würde ich mir niemals erlauben.«

»Was dann, Großprotz, was willst du dann machen mit all deiner Kohle?«

Ich kniff die Augen zusammen. Beide Hände zur Faust geballt, hoffte ich, dass meine Wut und meine Entschlossenheit überzeugend wirkten. Nuñez wich einen Schritt zurück. So viel zum Thema Mut. »Wenn Sie dieser wunderbaren Frau auch nur ein Haar krümmen, sie einen winzigen blauen Fleck davonträgt oder in irgendeiner Form gedemütigt werden sollte …«

»Ja? Was dann, du mieser Wichser?«

»Dann werde ich ein paar größere Scheine in die Hand nehmen und Ihnen eine Schlägertruppe auf den Hals hetzen, die Sie windelweich prügelt, bis das letzte bisschen Scheiße in Ihrem Gehirn aus den Ohren herauskommt.« Ich machte einen Schritt auf ihn zu. »*Haben Sie das verstanden, Arschloch?*«

»Ich gehe zur Polizei.« Auf Victors Stirn bildeten sich feine Schweißperlen, seine Mundwinkel zuckten verdächtig.

»Wenn Sie dann noch laufen können, was ich allerdings arg bezweifle, denn das wird schwierig mit gebrochenen Beinen.«

»Sie sind ein durchtriebener Dreckskerl.«

»Schon möglich, Victor.«

»Sie bluffen nur«, keuchte er geschlagen.

»Die kleinste Schramme, und ich lasse Sie zu Brei verarbeiten.« Er schluckte mehrfach. »Bei allem, was mir heilig ist, ich schwöre Ihnen, dass jedes Wort ernst gemeint ist.« Seine Mund- und Augenwinkel zuckten unkontrolliert. Alicia beobachtete uns vom Absatz der Treppe aus. Sie tat mir so unendlich leid. »Victor, haben Sie das verstanden oder muss ich sofort aktiv werden?«

»Die Leute hier werden Sie hassen.«

Ich lachte trocken. »Nein, die hassen Sie, Victor, weil Sie auf einer liebenswerten Seele herumtrampeln wie auf einem Putzlappen, ohne Sinn und Verstand; weil Sie Ihre Frau schlagen, die Sie ehren und beschützen sollten, und weil Sie ein versoffenes, faules Schwein sind, das auf Kosten seiner hart arbeitenden Angetrauten ein Luderleben führt.«

»Alicia gehört mir, das sagen auch der liebe Gott und der Priester. Ich kann mit meiner Frau machen, was ich will, das geht Sie einen Scheißdreck an.«

»Nein, das sollte jeden Menschen mit gesundem Menschenverstand etwas angehen, aber aus Gründen, die ich nicht nachvollziehen kann, verschließt der Rest von Platja und Calonge die Augen vor Ihren Machenschaften. Was nicht heißt, dass nicht jeder weiß, was für ein unwürdiges Spiel Sie mit Alicia treiben. Also machen Sie sich nicht allzu viel Hoffnung, wenn meine Terminatoren Sie auseinandernehmen, dann werden genau diese Augen auch weiterhin geschlossen bleiben. So funktioniert das hier doch, oder nicht?«

»Sie sind tot, so was von tot«, ächzte er. »Ich werde Sie sehr langsam umbringen, Arthur Crawley.«

»Victor!«

»Halt die Klappe, Alicia!«

Ich machte einen Schritt zur Seite, stand jetzt wie ein Racheengel zwischen dem unglücklichen Ehepaar.

»Es wird wehtun, Schmierfink«, schnaubte Victor.

»Ich kann es kaum erwarten.«

»Sie sind so gut wie tot«, wiederholte er lahm.

Er hatte verloren, seine Worte waren nur noch ein billiges Rückzugsgefecht, um vor sich selbst sein Gesicht zu wahren, aber ich hatte mir auch einen Todfeind geschaffen. Von nun an würde ich nicht mehr unbeschwert durch mein geliebtes Katalonien lustwandeln können. »Nach Ihnen, Señor Nuñez, ich werde auf Ihrem Grab tanzen.«

Ich sah zu Alicia hinauf und schenkte ihr einen aufmunternden Blick. Ihre Lippen formulierten einen stillen Dank, der aber die Verzweiflung und die Enttäuschung nicht zu überdecken vermochte.

»Ich denke, wir haben uns verstanden.« Gefasst und mit entschlossener Miene passierte ich Victor. Fast erwartete ich, dass er sofort über mich herfallen würde, aber nichts geschah. Wie betäubt setzte ich mich in den Cherokee und ließ den Motor an.

Es war unfasslich warm an diesem Freitag.

Sonntag ist das Endspiel. Aber wen interessierte das jetzt noch.

Wohin fahren? Erstmal zum *Samal.*

Javier und Marco waren gerade dabei, die Tische für die Mittagsgäste vorzubereiten. Die Katalanen verstanden nicht, wie man bei der Affenhitze im Hochsommer, dazu noch in der Siesta, warmes Essen zu sich nehmen konnte, aber *el negocio es negocio,* Geschäft ist Geschäft, sollten sich die Touris doch sinnlos vollstopfen.

»*Sagrado San Jorge,* was ist passiert?«

»Victor ist nicht gefahren.«

»Heilige Scheiße.«

»Er hat nur darauf gewartet, dass ich auftauche.« Javier blies beide Wangen auf und goss uns zwei doppelte Brandy ein, was übrigens auch kein Hit ist bei dreißig Grad im Schatten.

»Jemand muss es ihm gesteckt haben«, zischte er verbittert.

»Einer seiner Saufkumpane?«

»Möglich, ich werde das herausbekommen.« Wir tranken aus. Der Jetlag, der Brandy und die letzte Stunde hauten mich ziemlich aus den Socken. »Du kannst nicht mehr Auto fahren«, stellte Javier nüchtern fest.

»Alles ist im Arsch.«

»Was ist mit Alicia?«

»Ich habe ihm übelste Prügel durch eine angeheuerte Schlägertruppe angedroht. Nicht gerade die feine englische Art, aber mir ist nichts Besseres eingefallen.«

»Und? Hat er es gefressen?«

»Hat er, weil ich genau das tun würde, wenn er Alicia etwas antut.«

»Arthur, wir müssen aufpassen, dass die Sache nicht vollkommen aus dem Ruder läuft.«

»Ich bin nur der letzte Tropfen, der das Fass zum Überlaufen bringt«, verteidigte ich mich müde. »Ein Säufer und Schläger war er vorher schon. Mach das Glas noch mal voll, bitte.«

»Okay, und dann legst du dich eine Weile hin. Das Gästezimmer ist frei.«

»Ich danke dir, Javier.«

Erst jetzt merkte ich, wie ausgelaugt und fertig ich eigentlich war. Den zweiten Brandy trank ich auf Ex, dann wankte ich durch den Garten in Javiers Haus. Die Mädchen waren mit ihrer Mutter am Strand der *Torre Valentina*.

Ich versank in einen schweren, gruseligen Schlaf.

Kurz vor sieben kehrte ich als Untoter in die Welt der Lebenden zurück.

Catalina beäugte mich argwöhnisch. »Das nackte Grauen«, bemerkte sie tadelnd.

»Kannst du bitte nach Alicia sehen? Sie wird bestimmt im Laden sein.«

»Das kann Sonia erledigen, ich muss in der Küche aushelfen, Fernando ist krank. Seit meine Tochter mit diesem Sven zusammen ist, hängt sie nur noch in Platja herum.«

»Gut, sie hat ja meine Nummer. Ich will nur wissen, ob es Alicia gut geht.«

»Ich werde es ihr auftragen.«

»Danke, ich mache mich jetzt vom Acker.«

»Schwimm eine Runde im Pool, schlaf dich aus und sieh zu, dass du wieder auf die Beine kommst. Wir warten alle sehnsüchtig auf dein neues Buch.«

»Stimmt – da war doch noch was …«

Als ich ankam, flitzte Luisa gerade durch die Haustür.

»Ich habe es schon gehört. Catalina hat mich angerufen.« Wortlos nahm sie mich in den Arm. »So 'ne verdammte Kacke aber auch.«

»Du ruinierst dein Outfit, wenn du mich weiter drückst.«

»Ist doch wurscht, aber ich muss jetzt los. Kann ich dich allein lassen?«

Trine scharwenzelte um meine Beine. Ich nahm die Kleine hoch. »Ich bin doch nicht allein. Der Rest der Gang wird auch nicht weit weg sein.«

»Okay, dann bis später, vielleicht bist du ja noch auf, wenn ich zurückkomme. Die Katzen sind gefüttert, Hartwurst, Käse und Salat sind im Kühlschrank. Und *San Miguel.*«

»Du bist ein Schatz. Wie lange hat dich Sergio denn gebucht?«

»Zwei Stunden plus X.«

»Pass auf dich auf, Kleine.«

»Ja, Papa.« Luisa machte einen Knicks. Ich musste unwillkürlich grinsen. »Ich werde ganz artig sein, so wie du bei Audrey.«

Schon war sie unterwegs. Mit der Katzendame auf dem Arm schlenderte ich zuerst in die Küche, um die Schale mit der würzigen Wurst und ein Bier zu holen, dann lümmelten wir uns gemütlich auf die Schaukel.

Links unten, bei den Frenchies, war noch Vorglühen angesagt. Laute Jungenstimmen, Gelächter und wahrscheinlich zotige Witze. Köbi Häberle stand stocksteif auf seiner Veranda, ein Telefon am Ohr.

»Das kann lustig werden«, erklärte ich Trine, die hingebungsvoll an einer Wurstscheibe knabberte. »Der Vollpfosten ruft bestimmt die *Policia Municipal* an und beschwert sich wegen der Lärmbelästigung. Wir sitzen in der ersten Reihe, Trinchen. Am Sonntag werden die Herrschaften total austicken, falls die Franzosen Europameister werden sollten.«

Das Bier lief gut durch meine Kehle. Ich versuchte, nicht an Alicia zu denken. Zu spät. Joschi lugte um die Ecke, dann nahten auch die anderen Streuner. Ich verteilte großzügige Wurstrationen.

»Ihr solltet euch niemals in eine gebundene Katze verlieben«, riet ich. »Das bringt nur Ärger und Herzeleid. Liebe Güte, was für ein altmodisches Wort – *Herzeleid*, so ein Blödsinn. Ich werde alt.«

Jetzt schleppten die Frenchies einen Ghettoblaster auf die Straße und spielten Fußball, besser gesagt, sie ballerten das Leder abwechselnd gegen die Mauer, die das Grundstück einfasste. Die Soundmaschine wummerte wirklich erstaunlich laut, irgendeinen französischen Hiphop. Schrecklich, aber bestens geeignet, um die Schweizer Abzocker in Rage zu versetzen.

Köbi fuchtelte wild mit den Armen herum, während Gritli Fotos machte. Immer wieder blitzte ihr Smartphone auf. Zwei der Frenchies zogen ihre Hosen herunter und präsentierten ihre nackten Hinterteile. Gritli kreischte, die Bässe aus dem Blaster legten einen flotten Beat unter ihren Auftritt.

»Ich wusste doch, es würde spaßig werden.«

Gritli Häberle war unglaublich dünn, unglaublich in sich selbst verliebt und unglaublich von Sonne und Sonnenbank verunstaltet. Das Gesicht glich einer unnatürlich dunkelbraunen Ruinenlandschaft, die Arme und Beine schlabbernde Hautsäcke, das Haar in Wellen blond gefärbt und im Stil der fünfziger Jahre stirnfrei frisiert. Dauerwelle in Reinkultur.

Ich wollte mir schnell ein neues Bier holen, als ein Wagen in meinen Wendehammer einfuhr. Eine Autotür fiel ins Schloss.

»Mister Crawley?« Eine recht kräftige Stimme. Ein kantiger junger Mann war dem Mercedes GLE SUV entstiegen. Ich latschte ans Ende meiner Terrasse und blickte im Dämmerlicht auf den Besucher herab. Die mit einem Bewegungsmelder verbundenen Lampen im Eingangsbereich sprangen an.

»Wer will das wissen?«, fragte ich misstrauisch.

»Ich suche eine junge Frau.«

»Das ist erstens Ihr Problem und zweitens keine Antwort.«

»Entschuldigung, mein Name ist Steve Ford.«

In meinem Kopf schrillten Alarmsirenen. Luisas Zuhälterfreund aus Oxford. *Eine Scheiße kommt selten allein*. Ich hoffte, der Kerl konnte meinen panischen Gesichtsausdruck nicht sehen.

»Sergeant Ford, um genau zu sein.«

»Sie sind … Polizist?«, stöhnte ich verwirrt.

»Von der *Thames Valley Police*.«

»Kann ja jeder behaupten.«

»Hier ist meine Marke, beziehungsweise mein Ausweis.« Er hielt mir einen aufgeklappten Dienstausweis entgegen, den ich aus der Ferne natürlich nicht entziffern konnte.

»Was wollen Sie hier?«, fragte ich argwöhnisch.

»Ich bin auf der Suche nach Luisa Verbeek.«

»Ja, das kann ich mir denken, Sie Dreckskerl!« Schon war ich wieder auf hundertachtzig.

»Wie bitte?«

»Sie haben das arme Mädchen hörig gemacht und wollten sie für Kohle an Ihre Freunde verhökern. Das ist schäbig und gemein. Verschwinden Sie, sonst rufe ich die hiesige Polizei.«

Ford lachte ausgiebig. »*Das* hat sie Ihnen erzählt?«

»Oh ja, und noch einiges mehr.«

»Mister Crawley, ich habe Ihre *Chroniken* gelesen und bewundere Sie sehr, aber für einen Schriftsteller scheinen Sie mir doch arg gutgläubig zu sein und über wenig Menschenkenntnis zu verfügen.«

»Ach nein, also sind Sie ein aufrechter Staatsdiener?«

»Das will ich doch hoffen.«

»Warum suchen Sie dann nach dem Mädchen?«

»Weil sie unter einem dringendem Tatverdacht steht und aus England geflohen ist.«

»So? Was soll Luisa denn verbrochen haben?« Der Kerl ging mir unglaublich auf die Nerven.

»Sie hat mit ziemlicher Sicherheit das elterliche Haus an der *Tadpole Bridge* angezündet. Dabei ist das ganze Anwesen abgebrannt, inklusive aller wertvollen Gemälde und einem hilflosen Papagei. Luisa Verbeek ist eine Brandstifterin.«

»Ich glaube Ihnen kein Wort«, schrie ich böse zurück. »Und Sie ermitteln hier ganz allein und fröhlich in Spanien?« Jetzt lachte ich spöttisch. »Das glauben Sie doch selber nicht.«

Der englische Polizist sah mich mitleidig an. »Würden Sie mich vielleicht hereinlassen, dann erkläre ich Ihnen die Lage.«

»Das könnte Ihnen so passen, Sie Schwindler.«

»Ich versuche nur zu helfen.«

»Wirklich? Indem Sie dem Mädchen das Abfackeln des Elternhauses unterschieben wollen? Warum, Kruzifix noch eins, sollte sie das tun?«

»Gute Frage. Ich möchte Luisa die Gelegenheit geben, ihre Version der Geschichte zu erzählen.«

»Das wird ja immer bunter.«

»Ich kann Ihnen die Ruine gerne zeigen.«

»Was für eine Lachnummer. Lassen Sie mal ihr Handy stecken, ich glaube Ihnen sowieso nicht.«

»Nun gut, ich finde sie auch ohne Ihre Hilfe, aber glauben Sie mir, ich will ihr nur eine Chance geben.«

»Das reicht jetzt, ich werde die *Policia Municipal* und die *Guardia Civil* unverzüglich informieren.«

»Tun Sie, was Sie nicht lassen können. Wir sehen uns wieder.«

»Hoffentlich hinter Gittern.«

Der Engländer stieg in seine Protzkarre und fuhr davon. Ich hechtete zurück hinunter zum Pool und beobachtete das Auto, bis es aus meinem Sichtbereich verschwand. Hastig wählte ich Luisas Nummer.

»Nun geh schon ran.«

»Ja, was gibt es?«

»Luisa, dein Macker ist hier.«

»Steve?«

»Ja, er behauptet, er sei ein Polizist und du hättest eure Hütte abgefackelt.«

»Scheiße.«

»Ich rufe die Polizei an.«

»Nein!«

»Nein?«

»Ist er weg?«

»Ja, aber er sucht nach dir.«

»Ich komme nach Hause.« Ihre Stimme wollte mir nicht recht gefallen. »Unternimm bitte nichts, bevor wir gesprochen haben.«

»Okay, bis gleich.«

Kurz vor Mitternacht. Das Licht über der Bucht war überirdisch schön. Der fast noch volle Mond spiegelte sich auf dem Wasser. Auf dem Schlachtfeld unterhalb war Ruhe eingekehrt. Die Frenchies waren nach Platja abgezockelt, um die Diskotheken und die Weibchen darin unsicher zu machen. Die Häberlis standen mit Ferngläsern auf ihrer Veranda und starrten … wohin auch immer.

Luisa war noch immer nicht zurück. Ich hatte mit Sergio, Javier und Mareike telefoniert. Luisa hatte sich aus dem *Cactus* abgemeldet und war seitdem verschollen. Das war immerhin schon fast drei Stunden her. Ich befürchtete das Schlimmste, aber was konnte ich tun, wo sollte ich sie suchen?

Unruhig tigerte ich um den Pool.

Endlich erreichte ich Sonia Esteban.

»Oh, hallo Arthur.« Musik und Gelächter im Hintergrund. »Ich weiß schon, ich hätte Sie wegen Señora Nuñez anrufen sollen.«

»Ja, solltest du, und?«

»Alicia hat den Laden gegen halb elf geschlossen und ist weggefahren.«

»Weiter«, drängte ich ungeduldig.

»Es schien ihr gutzugehen. Wir haben uns kurz unterhalten. Sie war … äußerlich unversehrt.«

»Gut, wenigstens etwas«, stöhnte ich. »Hast du Luisa gesehen?«

»Nee, seit ich mit Sven zusammen bin, haben wir uns kaum gesehen. Hab nicht so viel freie Zeit, Sie wissen schon. Tut mir leid.«

»Okay, danke dir, Sonia … und … pass auf dich auf.«

»Sie klingen wie mein Vater.«

»Ist das schlimm?«

»Nö, nur langweilig.«

Ich bezweifelte, dass dies eine gute Nacht werden würde, und ich sollte recht behalten. Manchmal gerät man in das Zentrum eines Sturms, dann gelingt es womöglich, in dessen Auge zu flüchten und dort eine Weile zu verharren, aber irgendwann muss man hinaus aus der gesicherten Zone, denn kein Orkan steht still. Das Unheil muss wandern, und wenn man Pech hat, dann zerschmettern einen die Gewalten oder man wird an einen Ort getragen, den man nie zuvor gesehen hat.

Um kurz vor eins, ich war auf meiner Himmelschaukel eingedöst, weckte mich das Knattern eines Rollermotors. Sofort war ich hellwach.

Alicia. Gottseidank!

Ich rannte hinauf zum Wendehammer, durch das Törchen, blieb barfuß mitten auf dem Schotter stehen. Die Lampe des Rollers kam mir vor wie das Auge eines Zyklopen.

»Hohe Mutter!«

Sie stieg von dem Roller und flog in meine Arme. »Ich wollte es nicht, wirklich nicht …«

»Ganz ruhig, was ist denn passiert?«

»Ich habe ihn umgebracht, Arthur.«

»Was …?«

»Erstochen, ich habe ihn erstochen.« Ihre Tränen durchnässten mein luftiges weißes Sommerhemd. Ich musste schwer schlucken. »Ich wusste nicht wohin, ich muss wohl zur Polizei …«

»Immer langsam, jetzt beruhigen wir uns erstmal. Kommen Sie, Alicia.« Ich legte einen Arm um ihre Schulter. Völlig willenlos ließ sie sich ins Haus führen.

»Ich habe Victor getötet, ich bin eine Mörderin.« Ununterbrochen stammelte sie vor sich hin. »Ich bin verdammt für alle Zeiten.«

»Aber …«

»Er hat damit geprahlt, wie er Sie abknallen würde. Er hat eine Waffe.« Ihr Gesicht verschwamm unter einem Vorhang aus Tränen. »Da habe ich das große Küchenmesser genommen …«

Kaum hatten wir das Wohnzimmer erreicht, hörte ich, wie sich ein Schlüssel in meiner Haustür drehte. Luisas Make-up war verlaufen. Sie hatte geweint. Alicia saß auf der Couch, die Hände wie zur Andacht gefaltet im Schoß, die Augen blickleer.

Hilflos stand ich zwischen den beiden Frauen. »Wo warst du denn, Kleines? Hat der Irre dich etwa erwischt?«

Luisa sah erstaunt auf Alicia. »Nein, ich bin zum *Cap Roig* hinaufgefahren. Ich musste eine Weile allein sein, um mit mir selbst ins Reine zu kommen.« Sie setzte sich ebenfalls auf die Couch. »Hallo, Alicia.«

»Ich bin eine Mörderin, ich habe meinen Mann getötet … mit einem Messer … mitten ins Herz …«

»Alicia …!«

»In unserer Küche, man stelle sich das vor.« Alicia verbarg ihr Gesicht in ihren Händen. »Ich muss mich der Polizei stellen.«

»Immer langsam, wir müssen erst überlegen«, sagte ich.

»Ich habe dich belogen, Arthur«, sagte Luisa gefasst.

»Ist in Ordnung.«

»Du musst mir nicht verzeihen, ich will nur, dass du die Wahrheit erfährst.«

»Ich hole besser Brandy.«

»Nein, bitte, bleib hier, sonst verliere ich den Mut.«

Ich schob den Sessel vor die Couch und sah Luisa und Alicia an, die wie zwei geständige Sünderinnen dort saßen.

»Nur Mut, was ist geschehen?« Ich schloss die Augen.

»Ich habe unser Haus an der *Tadpole Bridge* angezündet und vorher die Fenster und Türen verriegelt, sodass niemand herauskonnte.« Mir fiel es schwer, weiter zu atmen, Worte hatte ich schon gar keine mehr parat. »Ich war der festen Überzeugung, dass Steve im Haus war.«

»Aber …«

»Ihn wollte ich umbringen, Arthur, ich wollte den Drecksack brennen sehen.«

»Das … aber …«

»Jetzt kommt der Part, der nicht gelogen war.« Fasziniert beobachtete ich, wie Alicia zögernd Luisas Hand nahm. »Steve Ford ist ein noch größeres Schwein, als ich dir erzählt habe.«

»Er ist also gar kein Polizist.«

»Doch, ist er, was die ganze Sache ja noch viel schwieriger macht.«

»Jetzt verstehe ich gar nichts mehr.«

»Er und noch zwei andere Bullen machen aus gutgläubigen kleinen, hübschen Dingern wie mir Prostituierte. Wir verlieben uns in die strahlenden Helden, werden ihnen hörig, und dann nimmt das Schicksal seinen Lauf. Wenn du die erste Nacht als Nutte hinter dir hast, bist du verloren. Du wirst heimlich gefilmt, Fotos werden gemacht. Wenn du aussteigen willst, drohen sie damit, alles öffentlich zu machen, deine Familie, deine Freunde, lokale Zeitungen, das Internet, das volle Programm.«

»Verdammte Saubande.«

»Niemand würde dir glauben. Drei ehrbare Polizisten, hoch angesehen in der Gemeinde und der Stadt, Sportidole.«

»Wie konnte das …? Ich meine, ich verstehe, dass du verzweifelt warst und ja, ich verstehe, dass du diesen Drecksack umbringen wolltest, aber …«

»Er muss es geahnt haben. Jedenfalls war er nicht im Haus.«

»Nur weiter, Kleines.«

»Bin ich das noch?« Luisa war kurz davor zusammenzubrechen.

»Aber sicher.«

»Ich war offiziell in der Uni, hatte aber alles von langer Hand vorbereitet. Benzin, Brandbeschleuniger, alles, was man so braucht. Steve hatte einen Schlüssel vom Haus. Ich bat ihn, dort auf mich zu warten. Um ihn zu ködern, versprach ich ihm, dass er mich schlagen dürfe.« Tränen liefen über ihre Wangen. »Ich verriegelte die Türen mit dicken Vorhängeschlössern, genauso wie die vergitterten Fenster. Der Keller war vollgepackt mit Kanistern. Ich warf eine Fackel durch die winzige Kellerluke. Hohe Mutter, ich war so verzweifelt, ich wusste keinen anderen Ausweg.«

Ihre Stimme versagte.

»Schon gut.«

Die beiden Frauen waren eng zusammengerückt. Karlo und Joschi schmiegten sich jeweils an die freie Seite der beiden Verbrecherinnen.

Mein Gott, wie das klang. Auf meiner Couch saßen wahrhaftig eine Brandstifterin und eine Mörderin.

Aber einer Sache war ich mir absolut bewusst: Ich liebte sie beide! Luisa wie eine Tochter, die ich nie hatte, und Alicia …

Des Teufels Advokat

Kurz nach Mitternacht.

Das Schweigen wurde zu einer Herausforderung. Luisa und Alicia waren zu einer Art Einheit verschmolzen. Mörderin und Brandstifterin unter sich, eine naheliegende Kombination. Gleichgesinntes gesellte sich gern. *Humbug*, schalt ich mich. *Alicia wollte im Grunde nur mich schützen, und Luisa wollte sich nur befreien aus einer schier ausweglosen, niederträchtigen Zwangslage.*

»Wir müssen jetzt zur Polizei fahren, also zumindest ich«, stammelte Alicia gefasst. Ein scheuer Seitenblick auf Luisa verriet ihre Unsicherheit.

»Ich überlege noch«, sagte ich.

»Aber was gibt es da zu überlegen?«

»Victor ist tot.«

»Ja, und ich habe ihn umgebracht. Dafür muss ich jetzt die Verantwortung übernehmen.«

»Er hat Sie wie das letzte Stück Dreck behandelt.«

»Arthur.« Alicia sah mich mit ihren rehbraunen Augen traurig an. »Das gibt mir nicht das Recht, ein Leben auszulöschen.«

Ich erinnerte mich an die Zeitungsberichte aus dem Archiv. »Als Pepita Garridos Mann während der *Sardana* erschossen wurde …«

»Ja?«

»Da fragte man sich in Calonge, woher die schwarze Legion wusste, dass die *Sardana* in Girona stattfinden würde. Manfredo Guimas aus Sant Antoni offenbarte sich als der Verräter. Er brüstete sich damit, den Franco-Anhängern in die Hände gespielt zu haben und warf mit dem Blutgeld nur so um sich.«

»Was soll uns diese Anekdote sagen?«, fragte Luisa leise.

»Am Tag nach der Beisetzung der Opfer fand man Guimas aufgeknüpft an einem Baum hängend, direkt neben dem Friedhof.«

»Sie sind ein großer Geschichtenerzähler, Señor Crawley«, stöhnte Alicia gequält.

»Was ich zu bezweifeln wage, aber dies ist keine erfundene Geschichte, Alicia, sondern verbriefte Wahrheit. Drei Frauen, Witwen der abgeschlachteten Männer des Dorfes, stellten sich und wurden vom Gericht in Figueras offiziell aus Mangel an Beweisen, freigesprochen, obwohl der Druck aus Madrid enorm hoch war.«

»Dann kann ich nur hoffen, auf mildtätige Richter zu treffen.«

»Die Frage ist, ob das überhaupt Sinn macht.«

»Ich verstehe nicht.«

»Ich auch nicht«, bekräftigte Luisa.

»Sie haben im Affekt gehandelt, Alicia, Sie wollten nicht zulassen, dass Victor Ihnen und mir etwas antut.«

»Das ist wahr. Vielleicht wird das meine Strafe verkürzen.«

»Ich werde Sie nicht von dem Kerker Ihrer Ehe in das nächste Gefängnis transferieren lassen.« Das waren ja mal echt heldenhafte Worte, dabei hatte ich nur den Hauch einer wahnwitzigen Idee im Schädel. »Kommen Sie, Alicia, wir dürfen jetzt keine Zeit verschwenden.«

»Zur Wache nach Calonge?«

»Nein, zu Ihnen nach Hause. Dort werden wir beide jetzt Ihren toten Ehemann auffinden und die Polizei verständigen.«

»Warum erst nach Platja fahren?« Langsam ließ ihr Schockzustand nach.

»Hören Sie jetzt gut zu, Alicia, bitte, es ist ganz einfach.«

»Was denn?«

»Sie haben den Laden um halb elf zugemacht, das kann Sonia bestätigen, dann sind Sie mit dem Clio zu mir gefahren.«

»Aber warum hätte ich das tun sollen?«

»Weil wir beide etwas ... nun ... miteinander haben, das denkt sowieso die ganze Gemeinde, sogar der Bürgermeister. Sie haben das *Pa y Vi* abgeschlossen und sind die *Mas Cabanes* heraufgefahren, um mit mir zusammen zu sein.« Ich atmete tief durch, wollte zu meinem Weinglas greifen, entschied mich aber dagegen, um einen klaren Kopf zu behalten. »Just heute Nacht haben wir beschlossen, es Victor mitzuteilen.«

»Aber was denn nur?«

»Dass wir uns nicht mehr verstecken wollen und Sie die Scheidung verlangen.«

»*Toda Santa,* das glaubt mir doch kein Mensch.«

»Leider wurde ausgerechnet in dieser Nacht der arme Victor erdolcht.«

Alicia war sprachlos, Luisa hingegen weniger. »Von dem großen unbekannten Dritten? Die Story ist Müll, Arthur. Alicias Fingerabdrücke sind auf dem Messer.«

»Gleich nicht mehr.«

»Aber, wenn sie jemand gesehen hat, als sie vom Geschäft nach Hause kam oder dann überstürzt abgehauen ist.«

»Risiko. Alles auf Rot.«

»Hat Sie denn jemand gesehen?« Luisa nahm Alicias Hände in die ihren.

»Ich … weiß es nicht, aber ich glaube, eher nicht.«

»Fein.« Ich nickte zufrieden.

Alicia stand auf und presste beide Handflächen gegen meine Brust. »Auge um Auge, Arthur, ich muss für diese Tat bezahlen, alles andere wäre falsch.«

»Das werden Sie. An jedem verdammten kommenden Tag werden Sie bezahlen, denn was heute Nacht geschehen ist, wird sich unauslöschlich in Ihr Gehirn einbrennen.« Ich löste ihre rechte Hand und hauchte einen Kuss auf ihre Fingerkuppen. »Ich finde, das ist Strafe genug.«

»Ich soll … einfach lügen?«

»Sie haben nicht aus niederen Motiven gehandelt, im Gegenteil.«

»Ich kann das nicht.«

»Sie sind nicht allein.«

»Niemand kann mir diese Tat vergeben.«

»Das wird sich zeigen, aber die Justiz dieser Welt, Alicia, die müssen wir in diesem Fall nicht zurate ziehen.«

»Jeder wird mir ansehen können, dass ich ihn umgebracht habe. Ich bin eine schlechte Schauspielerin.«

»Das mag sogar zutreffen, aber wer wird Sie anklagen wollen? Ihre Freunde, die Nachbarn, die Gemeinde? Jeder kennt Victors Lebenswandel, jeder weiß, wie er mit Ihnen umgesprungen ist. Das wird uns jetzt zum Vorteil gereichen.«

»Die Polizei …«

»Wir werden sehen.«

»Los, fahren wir!« Luisa schien von neuer Energie durchdrungen. »Ihr müsst euch ab sofort duzen, dass klingt glaubwürdiger.«

»Warum willst du mitkommen?«

»Ich bin das beste Alibi, das ihr bekommen könnt, außerdem mag ich jetzt nicht allein sein. Wer weiß, wo Steve steckt.«

Todsünde?

Zwei Uhr und zehn Minuten.

»Okay, ihr zwei bleibt draußen, ich checke die Lage.«

Alicia reichte mir den Schlüssel.

»Küche?«

Sie nickte nur. Die Straße war ruhig, die meisten Nachbarn in den Ferien, in den Betten oder noch in Platja unterwegs. Die Diele, an der Treppe vorbei. Da lag er. Lang ausgestreckt auf dem Rücken. Das Messer in der Brust.

»Oh Mann, was für ein Säbel«, flüsterte ich, um mich zu beruhigen. »Alles klar, kein Problem, eben den Griff des Messers abwischen und dann raus hier.«

Es war kaum Blut zu sehen, dafür steckte die Klinge fast bis zum Schaft in Victors Brustkorb. Ich ging auf Socken und trug meine Gartenhandschuhe. Echt ziemlich profimäßig. Bloß keine Spuren hinterlassen. Ich nahm das Feuchttuch in die Hand und stützte mich mit dem Knie auf Victors anderer Brustseite ab. Um besser wischen zu können, zog ich das tödliche Instrument ein gutes Stück heraus. Gründlich rieb ich mehrmals über den Griff des Tranchiermessers.

Dann …

Ein Röcheln.

Voll gruselig. Die Rückkehr der reitenden Leichen, Teil sechs.

»Nix da, ich bilde mir das nur ein.« Für einen Moment erstarrte ich.

»*Ayudar* …« Es blubberte. Ein feines blutiges Rinnsal ergoss sich aus seinem Mund. *Hilfe?*

Ach du Scheiße, der Kerl lebt noch …

Erschrocken versuchte ich mich aufzurichten. Was soll ich sagen, ich hätte besser rutschfeste Socken tragen sollen.

Inspektor Robles

»*Buenas noches,* Señora Nuñez, mein aufrichtiges Beileid.«

»Ich danke Ihnen …«

»Inspektor Horacio Robles.«

Der knapp einssiebzig große, gediegen wirkende ältere Herr verbeugte sich andeutungsweise und schüttelte Alicia kurz die Hand. In seinem piekfeinen grauen Anzug wirkte der Ermittler in der noch immer schwülen Sommernacht deplatziert, dennoch spürte ich auf Anhieb Kompetenz und Autorität. Seine wachen Augen saugten die Umgebung des Tatortes in sich auf.

»Ich komme von der Zentrale der *Commissaria dels Mossos d'Esquadra* in Girona.«

»Ich habe ihn so gefunden.«

»Ja, das sagten Sie bereits, Señora.«

Die Spurensicherung traf ein und begann ihr schauriges Werk.

»Er ist tot.«

»Gewiss, Señora. Das Ableben Ihres Ehemannes wurde soeben vom Gerichtsarzt bestätigt.«

»Vielleicht kann die Befragung bis Morgen warten?«, warf ich ein.

»Und Sie sind?« Die Frage kam aus der Hüfte geschossen.

»Arthur Crawley.«

»Ja, und weiter?«

»Mein bester Freund.« Alicia sah den Inspektor offen an. Sie nahm meine Hand und lehnte sich an mich. Robles' Augenbrauen zogen sich aufmerksam nach oben. Er wippte von der Hacke auf seine Fußballen und zurück.

»So, ein Freund, aha.« Die Oberlippe wölbte sich, sodass sein gepflegter Schnauzbart die Nasenlöcher berührte. »Über was für eine Art von Freundschaft reden wir denn hier? Ein Freund der Familie?«

»Lass uns kein Geheimnis daraus machen, Arthur.«

Alicia erwischte mich voll auf dem falschen Fuß. »Ähm, natürlich nicht.«

»Arthur und ich … Wie soll ich es sagen – wir empfinden etwas füreinander.«

»Sie lieben sich«, fuhr Luisa frech dazwischen.

»Ach, wirklich.« Robles' Kopf ruckte herum. »Und wie passen Sie in dieses Bild, Señorita?«

»Ich bin eine eingeschworene Schwester von Arthur. Luisa Verbeek, Herr Gendarm, zu Ihren Diensten.« Das Mädel war echt eiskalt.

Inspektor Robles' Gesichtsausdruck verdüsterte sich merklich. »Eine eingeschworene Schwester. Was, um Himmels Willen, soll das denn sein?«

»Wir sind Vertraute.« Luisa probierte ihr entwaffnendes Lächeln. Er musterte uns wie ein exotisches Artefakt. »Und nein, das ist kein krankes Dreiecksverhältnis.«

Alicia schnappte hörbar nach Luft.

»Was führt Sie drei …«, sein Blick blieb erneut an Luisa hängen, »… mitten in der Nacht in das Heim der Familie Nuñez?«

»Wir wollten es ihm sagen«, erklärte ich, hilflos mit den Achseln zuckend.

»Was sagen?« Seine gediegene Ausgeglichenheit schwand langsam dahin.

»Ich wollte mich endgültig von ihm trennen.« Alicia sah den Ermittler gefasst an. »Ich habe es einfach nicht mehr ertragen.«

»So? Und das wollten Sie ihm ausgerechnet heute Nacht sagen?«

»Ganz genau«, schaltete ich mich ein. Ich lächelte resignierend wie Leonard Hofstädter in *The Big Bang Theory*.

»Und wie der Zufall es will, finden Sie den gehörnten Ehemann, in seinem eigenen Blut liegend, in der Küche.«

»Das klingt schon komisch, nicht wahr?«, fragte Luisa.

»Aber nein, Señorita, überhaupt nicht.« Robles' Stimme troff vor Ironie. »Die Leiche Ihres Mannes ist noch warm, und Sie wollen mir einen derartigen Blödsinn auftischen?« Seine Stimme wurde strenger und ungemütlicher.

»Noch warm?«, wiederholte Alicia ungläubig.

»Na ja, es sind sicher noch knapp dreißig Grad«, sekundierte ich schnell. Schweißperlen bildeten sich auf meiner Stirn. »Da kühlt so eine Leiche nun mal nicht so schnell ab.«

»Können wir jetzt gehen? Ich denke, wir sind alle ziemlich fertig«, fragte Luisa.

»Sie bleiben, solange ich es für nötig halte. Was genau haben *Sie* denn eigentlich in der Angelegenheit zu schaffen?«

»Ich bin die moralische Stütze für die zwei, wissen Sie, Herr Oberinspektor, Alicia und Arthur sind wie Eltern für mich. Ich habe leider keine mehr.«

»Ihr Verhältnis untereinander interessiert mich momentan weniger.«

»Ist ja schon gut, Sheriff. Ich wollte nur helfen.«

»Nun wieder zu Ihnen, Señora Nuñez. Welches Verhältnis hatten Sie zu Ihrem verstorbenen Ehemann?«

»Ich habe ihn aus tiefster Seele gehasst.«

Geschockt ob der Vehemenz ihrer Antwort zuckte Robles zusammen. »Ich rate Ihnen zur Vorsicht, Señora Nuñez, Sie sprechen mit einem Vertreter des Gesetzes.«

»Ich will nur ehrlich sein.«

»Damit liefern Sie mir ein beeindruckendes Mordmotiv.«

»Victor Nuñez ist ein Säufer …«

»War, Señora Nuñez, war …«

»Vielleicht hat er sich ja selbst umgebracht«, vermutete Luisa keck.

Robles bedachte sie mit einem mitleidigen Blick. »Die Ermittlungen beginnen unverzüglich. Ich bin sehr zuversichtlich, dass wir den oder die Mörder sehr schnell überführen werden. Irgendjemand wird etwas gesehen haben. Der mysteriöse unbekannte Dritte, oder sollte ich in diesem Falle lieber *der Vierte* sagen, wird recht bald enttarnt sein.«

Er vermutet, wir hätten es gemeinsam getan. »Was macht Sie so zuversichtlich, Herr Kommissar?«, fragte ich neugierig.

»Nun.« Robles gefiel sich sichtlich in der Rolle des Allwissenden. »Es gibt keine Spuren eines gewaltsamen Eindringens, der Täter hat offensichtlich ein Küchenmesser aus dem Haushalt benutzt, und wir haben zumindest ein offensichtliches Motiv.«

»Das führt Sie zu welchem Schluss?«

Er schlug einen überheblichen Ton an: »Es erscheint mir mehr als logisch, dass Victor Nuñez seinen Mörder kannte, wahrscheinlich hat er ihn oder sie sogar hereingelassen, womöglich hatte der Täter einen Schlüssel. Das engt den Kreis der Verdächtigen mächtig ein, finden Sie nicht?«

Alicia zuckte an meiner Seite zusammen, doch ich zwang mich, ruhig zu antworten. »Nö, nicht wirklich.«

»Ach nein?« Robles lächelte mitleidig. »Wir haben es offensichtlich mit einem Amateur zu tun. Ich würde mal vermuten, eine Handlung im Affekt. Mord aus Leidenschaft, ganz weit vorn in der Hitliste.«

»Was Sie nicht sagen.« Langsam ging mir die Spucke aus. Ich befürchtete, dass Alicia jeden Moment zusammenbrechen würde. Mir ging es nicht viel besser.

»Señora Nuñez, Sie möchten etwas sagen?« Er schien die Situation sofort erfasst zu haben.

»Er hat Alicia geschlagen, Inspektor«, eilte Luisa zu Hilfe. »Seine Frau geschlagen, betrogen, ihr Geld verhökert und gesoffen wie ein Loch. Der Kerl war ein richtiges Arschloch, das sollten Sie wissen.«

»Kein Grund, jemanden umzubringen, Señorita.«

»Was ja auch niemand von uns dreien getan hat.«

Alicia atmete wieder etwas ruhiger.

»Wir werden sehen.«

»Ich muss mal«, nörgelte Luisa weiter. »Dringend.«

»Also gut«, seufzte der Polizist resignierend. »Ihre Adresse?«

»*Carrer Extremadura* 41 in der *Mas Cabanes*«, beeilte ich mich zu sagen. Zwei in Weiß gekleidete Bedienstete schleppten einen Zinksarg aus dem Haus. Victor Nuñez' unrühmlicher Abgang.

»Halten Sie sich zur Verfügung, Sie alle drei.«

»*Por supuesto, el Commissario.*«

Offenbarung

»Wohin fahren wir denn, das ist doch nicht der Weg nach Hause?« Luisa saß auf der Rückbank, Alicia stumm und in sich versunken auf dem Beifahrersitz. »Es ist schon kurz nach drei.«

»Nach Sant Feliu.«

»Ach, was wollen wir denn dort?«

»Dort beginnt die Küstenstraße nach Tossa de Mar.«

»Ist ja 'n Ding.« Luisa gähnte ausgiebig. »Gibt's noch weitere Infos?«

»Sonnenaufgang in gut neunzig Minuten.«

»Toll.«

Ich war zu müde, um zu antworten. Unter Protest röhrend schleppte sich mein Plastikbomber die Serpentinen aufwärts. An einem kaum sichtbaren Feldweg zwang ich mein Vehikel hinab bis zu einem Schotterparkplatz und bat inständig darum, dass die alten Reifen nicht einer nach dem anderen platzen würden.

»Endstation.«

»Arthur, was machen wir hier?«, kam Luisas fast ein wenig ängstliche Frage.

Wortlos nahm ich beide Frauen an die Hand und zog sie mit mir durch ein Pinienwäldchen. Ein erster dämmriger Schatten wies uns den Weg. Der Trampelpfad endete in einer winzigen engen Bucht.

»Diese Bucht heißt *Cala Jonca.*«

»Schön zu wissen, aber …«

»Wir warten auf den Sonnenaufgang, Luisa. Du, Alicia und ich. Bis es so weit ist, werden wir schweigen.«

»Oh, na ja, okay.«

Wir lehnten uns an einen Felsen, die nackten Füße im warmen Sand, über uns ein makelloser, sternenübersäter südlicher Himmel, vor uns eine sanfte Dünung und ein dunkelblauer Vorhang. Alicia saß wie selbstverständlich an meiner rechten Seite und lehnte sich müde an meine Schulter, Luisa zur Linken. Die Zeit tröpfelte träge dahin. Eigentlich hätte ich todmüde sein müssen, aber das war ich nicht. Total überdreht, aber nicht müde. Wir sahen in banger Erwartung auf das Meer, auf das hereinbrechende Licht, das die illuminierte Nacht vertrieb. Schon zeigte sich ein blutroter Halbmond am Horizont.

Blutrot … Wie überaus passend.

»Nun müssen wir eine Entscheidung treffen.« Meine Stimme klang belegt. »Wir müssen sie gemeinsam treffen. Wenn wir zusammenhalten, können wir es schaffen.«

»Ich bin dabei«, versprach Luisa, ohne zu zögern. »Ich wollte Captain Arschloch umbringen, das gebe ich zu. Es war ein schrecklicher Irrtum. Ich kann es nicht ungeschehen machen und würde es ganz sicher nicht wieder tun. Das Haus ist platt, scheiß drauf. Meine Eltern sind Millionäre, die werden das verkraften. Wie du sehr richtig sagtest, Arthur, ich werde bis ans Ende meiner Tage mit dieser Schuld leben müssen, aber das will ich in Freiheit tun, und nicht in einer Sechs-Quadratmeter-Zelle. Ach, und noch was: Ich werde dich immer beschützen, Alicia, solange ich lebe.«

»Das war sehr überzeugend, danke, Luisa.«

»Kein Ding, mein Bruder.«

»Alicia?«

»Ich kann das nicht, bitte, ihr müsst mir verzeihen, aber ich kann mit dieser Sünde nicht weiterleben, als wenn nichts geschehen wäre. Das hat nichts mit dir zu tun, Luisa, ich würde dich niemals verraten, aber ich kann nicht als Mörderin einfach mein gewohntes Leben weiterleben.«

»Das musst du auch gar nicht.«

»Arthur?«

»Du bist keine Mörderin, Alicia.«

»Wie soll ich das verstehen?«

»Victor war noch nicht tot, als ich eure Küche betrat.«

»Aber ...«

Ich sah sie betreten lächelnd an. Die ersten kräftigen Sonnenstrahlen erhellten unsere grauen Gesichter.

»Du musst viel mehr überlegen, ob du mit einem Mörder wie mir zusammenleben kannst. Wie gesagt, Victor lebte noch. Er schlug die Augen auf, blubberte irgendwas.«

»Oh Gott, Arthur ...«

»Ich bekam einen regelrechten Schock, wollte aufstehen, rutschte auf meinen bescheuerten Socken aus, verlor den Halt und bin auf Viktor zurückgefallen.« Erneut durchlebte ich die Szene vor meinem inneren Auge. »Dabei hat sich das Messer wohl tiefer in seine Brust gebohrt.«

Luisa pustete kräftig durch. »Deshalb sagte Robles, dass der Körper noch ganz warm war.« Sie sah mich an, als hätte ich gerade dem Verein mittelloser Mörderinnen eine Million vermacht. »Das ist einfach nur Schicksal, *Capitan.*«

»Sie haben ... du hast ...« Alicia nahm mein Gesicht in beide Hände. »Aber eigentlich war ich es doch. Ich habe das Messer in seine Brust gerammt.«

»Nein, du warst es nicht, Alicia. Dein Stich war zumindest nicht unmittelbar tödlich, außerdem hast du im Affekt gehandelt.« Ich fuhr mit meiner Hand durch ihr dunkles Haar. »Ich wollte ihn nicht umbringen, wirklich, das musst du mir glauben.«

»Ich glaube dir.« Trotz des Grauens, das sich in mir ausgebreitet hatte, war es ein unglaublich intensiver Moment. Alicia trocknete meine Tränen mit sanften Küssen.

»Das Messer …«, stammelte ich, »habe ich rausgezogen.«

»Schon gut.« Sie nahm mich fest in ihre Arme.

»Ihr seid durch die Feuer der Schicksalsberge miteinander verbunden«, verkündete Luisa feierlich. Schniefend nahm sie an unserer Umarmung teil. Wir hielten uns einfach aneinander fest. Wie lange? Ich kann es nicht mehr sagen.

Als die Sonne sich über die Baumwipfel der Bucht erhob, hatte ich mich halbwegs gefasst.

»Nun musst du entscheiden, Alicia«, erinnerte ich sie ruhig. »Ich werde allerdings nicht zulassen, dass du allein die Schuld auf dich nimmst. Das wäre nicht richtig, immerhin haben wir beide es getan, du aus reiner Verzweiflung und um mich zu schützen, der Rest ist geschehen, weil ich ein Trottel bin, der auf Socken über Fliesen latscht.«

»Sie werden uns sowieso überführen.«

»Das bleibt abzuwarten, wir sollten nicht einfach aufgeben.«

»Ach, Arthur.«

Die Sonne war jetzt ein oranger Ball, der auf dem Wasser zu liegen schien. Es war so friedlich, und wir waren alle vollkommen übermüdet.

»Gib uns eine Chance, Alicia, wir sind beide keine Mörder.« Ich versuchte ein Lächeln. »Jedenfalls keine vorsätzlichen.«

Ein langes Schweigen, dann ging ein Ruck durch ihren schlanken Körper. »Also gut. Ich werde es versuchen.«

»Abgemacht!«, bekräftigte Luisa. Auch ihre Augen schimmerten feucht. »Wir sind ein Clan!«

»Aber wie soll das alles weitergehen?«, fragte Alicia hilflos. »Das Geschäft, das Haus, die Beerdigung.«

»Das wird sich alles fügen«, beruhigte ich sie. »Erst einmal holen wir deine Sachen.«

»Wozu das denn?«

»Na, du wirst bei uns beiden Chaoten einziehen, das ist nur logisch. Denk mal daran, welche Geschichte wir Robles aufgetischt haben.«

»Aber das geht doch nicht so einfach!«

»Wir haben drei Schlafzimmer, nur Mut.«

»Das wird sehr, sehr cool«, freute sich Luisa. »Wir sind das Trio Infernale, durch die Winde des Schicksals miteinander verbunden.«

Hausbesuch

»Wie lösen wir mein Problem mit Steve?«

»Gute Frage, ich habe keine Ahnung, Luisa.«

»Mist. Wie hat der Scheißkerl mich nur gefunden?«

»Er ist Polizist, schon vergessen?«

Ich sah, wie sie verkniffen nickte. Sie saß auf einer Liege, die Beine angewinkelt, die Arme um die Knie geschlungen.

»Wie kommst du damit klar?«, fragte ich.

»Wegen der Hütte meiner Eltern?« Ihre Augen füllten sich mit Tränen. »Wir haben ein schrecklich distanziertes Verhältnis, eigentlich gar keines, die haben mich nicht mal angerufen, nur 'ne SMS geschickt, dass die Versicherung wohl alles bezahlt. Ende der Durchsage.«

»Du verdrängst es.«

»Geht nicht anders. Deshalb habe ich danach auch nur noch in deiner Welt gelebt, in Anbanu. Dein Buch hat mir geholfen zu überleben. Klingt irre, oder?«

»Nun ja …«

Alicia war zur Arbeit gefahren. Sie bestand darauf, das *Pa y Vi* wie gewohnt zu öffnen. Wahrscheinlich war es so das Beste, Ablenkung konnte nicht schaden.

Die Nachricht von dem Mord hatte ein mittleres Beben in Platja und Umgebung ausgelöst, der allgemeine Tenor war für Alicia und mich allerdings recht positiv ausgefallen. Landauf, landab war man der Auffassung, dass Victor Nuñez' Lebenswandel unausweichlich zu dem eingetroffenen Resultat hatte führen müssen. Nun, es hätte nicht unbedingt ein Mord sein sollen, aber ein unrühmlicher Abgang schien vorprogrammiert gewesen zu sein.

So weit, so gut.

Es klingelte. Inspektor Robles in Begleitung eines schlaksigen Hünen. Pat und Patachon, ein dänisches Komiker-Duo aus der Stummfilmzeit, so kam mir das ungleiche Paar vor. Zweimeter-Bohnenstange neben zwei Köpfe kleinerem Gentleman.

»*Sergente* Endris Manolo, mein Assistent.«

»Einen Eistee, die Herrschaften?«, fragte Luisa geschäftig.

»Oh ja«, freute sich der deutlich jüngere Polizist.

»Nein, danke«, wehrte Robles rigoros ab. »Wo ist Señora Nuñez?«

»Arbeiten.«

»Aha. Ich muss Ihnen leider mitteilen, dass sich unser Verdacht erhärtet hat.«

»Nur zu, wie Sie vielleicht inzwischen eruiert haben, bin ich Schriftsteller und immer an guten Stories interessiert.«

»Ich finde Ihre Art und Weise, mit einem Mord umzugehen, höchst unpassend, Mister Crawley. Daraus wird kein Roman, sondern höchstens ein Drama mit einem wenig rühmlichen Ende für Sie.«

»So? Nun, daran kann ich wohl nichts ändern. Was ist nun so dringend, dass Sie meine Arbeit stören müssen.«

»Arbeit?«

»Ich schreibe, Inspektor, das ist diese Tätigkeit, bei der man Buchstabentasten drückt, Sätze bildet und diese in einen sinnvollen Zusammenhang bringt.«

»Was Sie nicht sagen. Ihre ironische Art können Sie sich übrigens sparen, für mich zählen nur Fakten.«

»Also?«

»Niemand der Nachbarn scheint etwas gehört oder gesehen zu haben.«

»Und das soll mir was genau sagen?«

»Ich glaube, dass einige der Leute lügen.«

»Ach, wirklich?« Ich hob die Arme flehentlich zum Himmel. »Und warum sollten diese guten Menschen Sie beschwindeln, *Commissario?*«

»Sie schützen vermutlich den oder die Mörder.«

»Das klingt ja nach einem ausgemachten Komplott!«

»Ihnen wird die gute Laune noch vergehen, Mister Crawley.«

»Eistee Zitrone, ganz frisch gepresst.«

Luisa reichte *Sergente* Manolo und mir beschlagene Gläser, in denen die Eiswürfel vielversprechend gegeneinander klirrten. Sie blinzelte dem jungen Polizisten aufmunternd zu. Nun ja, man konnte nicht genug Verbündete haben.

»Vielen Dank, Señorita. Echt lecker. Inspektor, wollen Sie …«

»Wir sind nicht hier, um uns zu vergnügen, Endris«, schalt Robles ungehalten. »Die Spurensicherung hat Fingerabdrücke von Ihnen festgestellt, Mister Crawley. In der Diele und in der Küche.«

»Sicher, ich habe Alicia häufig abgeholt, wenn das Monster außer Haus war.«

»Sie leugnen das nicht?«

»Keinesfalls.«

»Wie lange geht das schon?«

»Was denn?«

»Ihre Beziehung zu Señora Nuñez natürlich!«

Ich ließ Robles schön in der prallen Sonne stehen, derweil ich mich gemütlich auf eine Liege unter der Palme fläzte. »Schon 'ne Weile.«

Robles blies verärgert seine Wangen auf. »Geht es etwas präziser?«

»Also gut, enger wurde es vor etwa drei Monaten.« Zum Glück hatte ich dieses Detail mit Alicia abgesprochen.

»Señora Nuñez kam also … wann genau gestern Nacht hier an?«

»So gegen kurz nach oder kurz vor elf. Ich habe nicht auf die Uhr gesehen.«

»Das kann wer bezeugen?«

»Na, ich halt.«

»Sonst noch?«

»Ich ebenfalls.« Luisa schenkte dem sichtlich beeindruckten Assistenten ein warmes Lächeln.

»Sonst noch jemand?«

»Reicht das nicht?«, fragte ich bekümmert zurück.

»Hat jemand Alicia Nuñez hier herauffahren sehen? Eine Person, die auch die Uhrzeit bestätigen kann?«

»Das weiß ich doch nicht, Herr Inspektor. Ich würde vorschlagen, dass Sie die Bewohner des Berges befragen. Fangen Sie ruhig mit den Schweizern unterhalb an, die sind neugierig wie Waschweiber.«

»Sie werden mir wohl kaum erklären müssen, wie ich meine Arbeit zu erledigen habe.«

Robles schwitzte jetzt gehörig. Wie konnte man bei der Affenhitze auch mit einem Anzug, inklusive Weste und Krawatte, herumlaufen.

»Apropos Arbeit«, nahm ich den Faden auf. »Ich weiß nicht, was Sie heute noch so vorhaben, Inspektor, aber ich würde jetzt gern ein wenig arbeiten. Mein Verleger verlangt bis Ostern ein neues Meisterwerk.«

»Wenn ich eine Bitte äußern dürfte«, warf Endris Manolo bescheiden ein.

»Nur zu, *Sergente*?«

»Ein Autogramm.« Schwupps, zauberte er aus seiner Umhängetasche Band Eins meiner *Insel-Chroniken* hervor. »Wenn Sie so freundlich wären, eine kleine Widmung für meine Frau niederzuschreiben. Sie ist ein totaler Fan.«

»Manolo!«

»Sehr gerne, *Sergente*. Wie heißt denn Ihre Frau?«

»Christina.«

Ich nahm das Buch, Luisa reichte mir würdevoll meinen Füllfederhalter. *Für Christina, deren treue Gefolgschaft ich überaus zu schätzen weiß. Mögen Liebe und Freiheit immer ein fester Bestandteil Ihres Lebens sein. 2. August 2016. Arthur Crawley.* Ich blies über die Tinte und wartete, bis sie eingezogen war.

»Da wird Christina begeistert sein, vielen Dank, Mister Crawley, ich freue mich schon auf Ihr nächstes Buch.«

»Das Sie wahrscheinlich als Verkehrspolizist lesen werden, wenn Sie so weitermachen, Manolo«, schimpfte Robles böse.

Göttlicher Beistand

»Audrey, wo steckst du denn? Ich brauche dringend deine Hilfe.«

Meine blonde Agentin gähnte herzhaft. Da waren Berge im Hintergrund und ein See. »Ich bin in Kanada.«

»Was treibst du denn da?«

»Eine Woche Auszeit nach dem Verhandlungsmarathon in New York. Bernie und ich gondeln mit einem Wohnmobil durch Kanada. Wir sind gerade im *Pacific Rim National Park* angekommen. Hier gibt es nur ganz selten Internetverbindungen.«

»Was für ein Mist. Und wer zur Hölle ist Bernie?«

»So ’n Holzfällertyp, netter Kerl.«

»Himmel, Audrey …!«

»Was ist denn los, Großer? Ist doch soweit alles gut gelaufen.«

»Ich stecke in Schwierigkeiten.«

»Ach, Arty … Das neue Buch?«

»Nein, nein, das läuft, wird klappen. Ich muss nur mittelfristig mit einer Mordanklage rechnen.«

»Bis du besoffen oder nimmst du Drogen?«

»Nichts von beiden.«

»Mord?« Ihre Stimme klang arg mitgenommen.

»Das ist aber nicht mein eigentliches Problem.«

»Arty, du machst Witze, oder?« Jetzt war die Stimme fast ganz weg. »Wenn ein Mord kein Problem ist, was denn dann?«

»Ich benötige Informationen über einen gewissen Steve Ford, seines Zeichens angeblich Polizist in Oxfordshire.«

»Du machst mich wahnsinnig.«

»Ich muss wissen, ob das wirklich stimmt und ob er den Auftrag hat, nach einer bestimmten Person zu fahnden.«

»Sonst noch was?«

»Das wäre erstmal das Vordringlichste.«

»Tatsächlich. Na, das ist ja ganz einfach. Ich sitze hier in Kanada an einem riesigen Teich und versuche Fische zu angeln …«

»Angeln ist total langweilig.«

»Wir haben nur alle naselang mal Internet …«

»Was gondelst du auch in so einer Einöde rum?«

»Und du verlangst von mir, dass ich mich mal eben in die Datenbank der englischen Polizei einhacke?«

»Wenn es dir nicht zu viel Mühe macht. Das ist wichtig.«

»Das sagtest du schon! Was ist das für eine Mordgeschichte?«

»Ist kompliziert.«

»Nicht möglich.«

»Hör mal, wie ist das denn nun, kannst du helfen oder nicht?«

»Du machst mir Angst, Arty. Für wen ist diese Hilfe gedacht? Lass mich raten … Luisa.«

»Du bist gut im Raten.«

»Deshalb bin ich deine Agentin. Also, jetzt mal ernsthaft. Wie soll ich von hier aus an diese Informationen kommen?«

»Ich weiß nicht«, gab ich zu.

»Warum kann ich nur nicht Nein sagen?«

»Dieser Dreckskerl hat versucht, Luisa zu einer Nutte zu machen, mit den übelsten Mitteln, die du dir vorstellen kannst.«

Audrey sah mich durchdringend an. »Das ist wieder dein Helfersyndrom, oder? Du bist anscheinend zu gut für diese Welt.«

»Oh, ganz gewiss nicht.« Ich dachte an den Moment, als ich auf Victor Nuñez gefallen war. *Zu gut für diese Welt* war definitiv falsch. »Bitte, Audrey, ich weiß nicht, an wen ich mich sonst wenden kann.«

»Die Polizei?«

»Aber der Kerl ist anscheinend ein Bulle, was die Sache ja so gefährlich macht. Jetzt ist er hier aufgetaucht und will sich Luisa schnappen.«

»Was, der Typ ist bei euch vor Ort?«

»Allerdings.«

Audrey bog den Kopf zurück und schloss die Augen. Das tat sie immer, wenn sie angestrengt nachdachte.

»Ihr müsst da weg.«

»Geht nicht, wegen Victor Nuñez.«

»Würdest du mich bitte, bitte aufklären.«

»Alicias Ehemann ist tot.«

»Heilige Scheiße.« Jetzt klang sie wirklich alarmiert.

»Deshalb können wir nicht weg. Wir sind sozusagen unter Beobachtung, Alicia, Luisa und ich.«

»Oh Mann …!«

»Du bist meine letzte Hoffnung. Wir müssen was rauskriegen über das Arschloch.«

»Arthur, ich habe kein gutes Gefühl bei der Nummer. Das Ganze stinkt zum Himmel. Wer hat diesen Machotypen abgemurkst?«

Ich sah betreten auf meine Hände. »Das willst du nicht wissen.«

»Okay.«

»Liebst du mich noch, Audrey Parker?«

Sie verdrehte die Augen gen Himmel. »Wen denn sonst?«

»Bernie?«

Sie lachte schallend. »Eher nicht. Ich melde mich, mal sehen, was ich von hieraus regeln kann.«

»Du bist die Beste. Und denk an meine Worte, mal eine Weile solo ist nicht so furchtbar.«

»Ich weiß. Bleib sauber, mein Großer.«

»Zu spät …«

Gritli und Nero

»Sie … Sie Tierschänder, Sie Unmensch! Kein Wunder, dass die Polizei hinter Ihnen her ist. Einlochen sollte man Sie, und zwar lebenslänglich.«

»Warum nicht gleich hinrichten? Gibt es in der Schweiz eigentlich noch die Todesstrafe? Machen Sie es doch wie Erdogan, einfach wieder einführen.«

»Scheusal, Katzenhasser.«

Das vermaledeite Katzenbiest der Häberlis hatte einen neuerlichen Anlauf unternommen und war auf mein Grundstück geschlichen. Diesmal hatte ich das Mistvieh mit einem Eimer eiskaltem Wasser überrascht. Kreischend, zitternd und triefnass war Nero von dannen gezogen. Leider hatte die gute Gritli die Aktion von ihrer Veranda aus mitverfolgt und stand jetzt mit hochroter Birne vor meiner Tür. Passenderweise kam gerade Trine um die

Ecke. Liebevoll nahm ich mein Kätzchen auf den Arm und griente die verbrannte Toastscheibe auf zwei Beinen fröhlich an.

»So viel zum Thema Katzenhasser. Und nun wollen Sie mich entschuldigen, ich habe zu arbeiten.«

»Ich werde Ihnen die Rechnung schicken, Sie Tierquäler.«

»Rechnung?«

»Ich werde mindestens sechs Sitzungen beim Katzenpsychologen benötigen, um das arme Tier wieder ins Leben zurückzuführen.«

»Vergeudete Kohle, der Schaden ist irreparabel, genauso wie der Ihre.«

»Wie bitte? Das ist ja wohl der Gipfel der Unverschämtheit.«

»Die Wahrheit kann oft hart sein.«

Adrian Dominguez kam mit seinem uralten Moped angeknattert. Gritli Häberlis aufgepumpte Botox-Lippen entwickelten ein lustiges Eigenleben.

»Adrian«, kreischte sie mit hoher Fistelstimme. »Was tust du hier?«

Der grau gelockte, immer gut gelaunte Gärtner entblößte seine zwei goldenen Schneidezähne. »Ich arbeite jetzt für Señor Crawley.«

»Das kommt gar nicht infrage, du arbeitest für Köbi und mich.«

»Nicht mehr.« Er tippte gegen den Schirm seines Käppis und machte sich mit Rechen und Eimer auf den Weg in den hängenden Garten.

»Drei Euro Stundenlohn, Sie sollten sich schämen.«

»Das ist viel Geld für diese Menschen.«

»Der Mann hat fünf Kinder und sechs Enkelkinder.«

»Das ist nun wirklich nicht mein Problem.«

»Stimmt, zumindest ab heute nicht mehr. Guten Tag.« Ich knallte die Tür zu und freute mich diebisch über die Abfuhr. »Das haben wir sehr cool gemacht, Trinchen. Jetzt müssen wir nur noch diesen üblen Inselaffen loswerden.«

Herr, vergib ihnen, denn sie wissen nicht, was sie tun

Nur noch eine Woche bis zum großen Auftritt von Luisa in *Cap Roig*. Trotz der ganzen widrigen Umstände hatten Luisa und ich gut gearbeitet. Drei Songs waren bereits sattelfest und, wie ich fand, richtig gut.

Ford war wie vom Erdboden verschluckt, aber wahrscheinlich wollte uns das Aas nur in Sicherheit wiegen. Die Polizei mühte sich, in Sachen Victor Nuñez weitere Spuren zu finden. Alicia lebte zurückgezogen in ihrem eigenen geistigen Schneckenhaus, war kurz angebunden und praktisch unsichtbar.

Am Donnerstagmorgen überschlugen sich dann die Ereignisse. Luisa und ich kamen gerade vom Markt zurück, als uns Alicia, in eines ihrer besten Kleider gewandet, empfing. Offensichtlich war sie auf dem Absprung.

»Ich bin mal eben in Calonge.«

»Oh, wir hätten dich doch mitnehmen können.«

»Ich wusste nicht, ob Pater Emmanuel heute Dienst hat.«

»Du willst zur Beichte gehen?«

Alicia nickte betrübt. »Vielleicht hilft mir das ein wenig.«

»Wirst du dem Geistlichen von unserer *Aktion* berichten?«, fragte ich vorsichtig.

»Das habe ich vor, Arthur, ich denke, das wird mir guttun. Bis später.«

Alicia bestieg ihren klapprigen Renault Clio und tuckerte den Berg hinunter.

»Das gefällt mir nicht«, brummte Luisa nachdenklich. »Niemand sollte zusätzlich eingeweiht werden.«

Mein Handy klingelte. *Star Wars*, der *Imperiale Marsch*.

»Audrey«, rief ich erfreut.

»Kannst du an deinen Laptop gehen?«

»Klar, bin in Null-Komma nix online.«

Nur wenige Minuten später erschien ihr Gesicht auf dem Bildschirm.

»Ich habe was über deinen besonderen Freund herausgefunden, Luisa, und was ich entdeckt habe, will mir gar nicht gefallen.«

»Ups, schieß los.«

»Steve Ford ist, oder besser gesagt, *war* Beamter bei besagter State Police in Oxford.«

»*War …?*«

»Er wurde vor drei Wochen unehrenhaft entlassen und verhaftet. Sein Prostituiertenring ist aufgeflogen, kurz nachdem du von der Bildfläche verschwunden bist. Eines der Mädchen hat den Mut aufgebracht, an die Öffentlichkeit zu gehen und war dabei so schlau, sich an die Polizeistation in Headington zu wenden und nicht an Oxford. Die haben sofort eine Task Force gebildet, den ganzen Sumpf aufgedeckt und trockengelegt. Seine beiden Spießgesellen sitzen hinter Gittern.«

»Großartig! Ich schäme mich dafür, dass ich nicht den Mut hatte.«

»Okay, dieses waren die guten Nachrichten, jetzt kommen die schlechten.«

»Ich ahne es schon«, rief ich alarmiert.

»Ford gelang die Flucht, irgendjemand hatte es ihm gesteckt, und er konnte rechtzeitig die Düse machen.«

»Er ist hier, Audrey, hier in Calonge.«

»Ich weiß, Großer, er ist bei euch und er sinnt auf Rache. Er hat auf seiner Flucht versucht, das Mädchen, das ihn verraten hat, zu erschießen. Zum Glück hat die Kleine nur einen Streifschuss abbekommen.«

»Heilige Scheiße.«

»Er ist vollkommen abgedreht, wahrscheinlich macht er dich, Luisa, in seinem kranken Hirn ebenfalls für sein Scheitern verantwortlich. Einen anderen Sinn sehe ich nicht darin, dir nach Spanien zu folgen. Ihr müsst höllisch aufpassen, der Typ ist unberechenbar und saumäßig gefährlich.«

»Danke dir, Audrey, du bist Weltklasse.«

»Die europaweite Fahndung läuft bereits.«

»Das heißt, die Schnarchis hier vor Ort müssten sein Foto inzwischen auch bekommen haben?«

»Eigentlich schon.«

»Wo steckst du jetzt eigentlich, noch in Kanada?«

»Nee, ich bin zurück im Vereinigten Königreich. Ich logiere derweil in einer Pension in Cambridge.«

»Du hast was gut bei mir.«

»Bei mir auch«, bekräftigte Luisa, die ein wenig blass geworden war.

Ein brummendes Vibrieren ließ mich aufhorchen. »Du, mein Handy bimmelt schon wieder.«

»Wir sind sowieso fertig, ich weiß, das ist in der jetzigen Situation sicher nicht einfach, aber vergiss das Schreiben nicht.« Der Bildschirm verdunkelte sich.

»*Bon Dia,* Sergio.«

»Arthur, ich habe herausbekommen, woher Victor von eurem Vorhaben wusste. Es war Vater Emmanuel.«

»Der Pfaffe?«

»Ja, Alicia muss ihm während der Beichte von ihren Nöten berichtet haben und auch von eurem Plan, das Wochenende wegzufahren.«

»Verdammte katholische Nebelkrähe! Ist das sicher?«

»Ana Cruz, seine Haushälterin, hat zufällig mit angehört, wie er Victor angerufen und alles gesteckt hat.«

»Arthur, mach Schluss!«, rief Luisa aufgeregt. »Wir müssen sofort los!«

»Danke, Sergio, *hasta esta noche.*«

Scheiße … Alicia will zur Beichte …!

Bittere Wahrheiten

»Der Roller ist schneller, los doch, alter Mann.«

»Helme …«

»Scheiß drauf, wir haben keine Sekunde zu verlieren.«

Schon saßen wir auf meiner Vespa, die brav den Berg herunterschnurrte. Luisa klammerte sich an mir fest. Ich spürte ihr Herz in meinem Rücken schneller schlagen.

James-Bond-mäßig rauschten wir verkehrswidrig durch die *Carrer Sant Miguel*. Alicias Clio parkte zum Glück unten an der Hauptstraße, das gab uns ein paar zusätzliche Minuten, da sie die Strecke zur Kirche hinauf zu Fuß bewältigen musste. Mit quietschenden Reifen hielten wir an. Die Kirchentür, die in das Portal eingelassen war, stand halb offen. Alicia musste bereits drinnen sein. Keuchend rannten wir die flachen Stufen hinauf.

»Boah, warum ist das so dunkel, und was stinkt denn hier so erbärmlich?«

»Kalter Weihrauch«, erkannte ich. »Ekelhaft.«

Links und rechts, jeweils in ein Seitenschiff eingebettet, lagen die zwei Beichtstühle. Der Schweiß floss bei mir inzwischen in Strömen über Gesicht und Körper.

»Welcher?«

»Okay, du links, ich rechts. Hol sie raus aus der Folterkammer, Bruder Arthur.« Schon flitzte Luisa in die entgegengesetzte Richtung. Ich überwand die wenigen Meter, stand einen Moment unschlüssig vor dem reich verzierten Verhörkasten, da hörte ich Alicias betretene Stimme hinter dem Türchen.

»Ich bitte nicht um Vergebung, Vater, denn meine Sünden sind zu schwerwiegend.«

»Sprich ruhig, mein Kind. Der Herr, dein Gott wird sich dir und deiner Sünden annehmen. Wichtig ist, dass du die Last teilst. Erzähl mir ruhig alles, was dein Herz belastet.«

»Das könnte dir so passen!« Ich riss den Verschlag auf. Alicia kniete auf einem Bänkchen, den Kopf nach unten geneigt, die Ellenbogen auf einem Brett abgestützt, das mit Holz vergitterte Fensterchen zum Nachbarraum war geöffnet.

Verwirrt sah sie mich an. »Arthur, was ...«

»Sag nichts, dieser scheinheilige Priester ist ein Denunziant und Verräter!«

Ich hörte, wie im Nebenraum heftiger geatmet wurde.

»Arthur!« Sie war den Tränen nahe. »Was machst du denn hier, das ist ein privater, intimer Bereich, du bist nicht mal katholisch.«

»Nichts ist hier privat, Alicia. Dein feiner Pfaffe hat uns an Victor verraten.«

Die Nachbartür ging auf. »Sie verlassen jetzt sofort dieses Gotteshaus!«

»Straft Gott nicht Lügner und Verräter?«

»Mäßigen Sie sich!«

»Vater ...« Alicia sah den Priester ungläubig, aber auch erschüttert an. »Haben Sie wirklich meinem Mann meine Geheimnisse verraten? Ich habe Ihnen vertraut!«

»Und ob er hat, ich weiß es aus sicherer Quelle.«

»Ehebruch ist eine schwere Verfehlung, die nicht ohne Folgen bleiben darf«, dozierte Emmanuel von oben herab.

»Und die Verletzung des Beichtgeheimnisses? Wie steht es damit?«, wollte ich wissen.

»Sie schäbiger, verlogener Sack!«, tönte Luisa laut. »Schämen Sie sich! Sie wussten doch genau, was Victor mit der armen Alicia anstellen würde, wenn er sie überführt hat.«

Der pausbäckige Koloss sah sich in die Enge getrieben. »Ich muss mir von Heiden nicht vorschreiben lassen, wie ich meine Amtsgeschäfte zu führen habe. Eine ordentliche Tracht Prügel hat noch niemandem geschadet.«

»Fein, dann kommen Sie doch mal mit mir nach draußen«, keifte ich.

»Haben Sie meinem Mann wirklich zugetragen, was ich Ihnen unter dem Siegel der Verschwiegenheit in diesem Beichtstuhl anvertraut habe? Ist das wirklich wahr?« Alicia behielt ihre stolze Haltung und ihre Gradlinigkeit bei, obwohl der schwarz gewandete Verräter gerade ihr Urvertrauen in das Priesteramt mit Füßen trat. Schweißperlen erschienen auf Emmanuels Stirn. Er schrumpfte noch ein wenig mehr zusammen.

»Warum antworten Sie denn nicht, Pater? Fällt Ihnen die Lügerei angesichts des heiligen Kreuzes dort an der Wand etwas schwerer oder sind Sie schon total abgebrüht?«, fragte ich böse lachend. »Das machen Sie doch nicht zum ersten Mal, habe ich recht? Sie verkaufen die Informationen womöglich, spielen ihre Schäfchen gegeneinander aus. Sie widern mich an! Also, was ist nun, antworten Sie Señora Nuñez gefälligst!«

»Keine Antwort ist auch 'ne Antwort«, erklärte Luisa. »Alicia, lassen Sie uns gehen. In diesem Hause mag vielleicht Gott wohnen, aber er spricht nicht durch den verlogenen Mund dieses Scharlatans.«

»Wir werden den Bischof informieren«, schob ich gnadenlos hinterher.

»Nein, das dürfen Sie nicht!«

»Wer sagt das?«

Hektisch sah er uns der Reihe nach an. »Meine Gemeinde …«

»Oh ja, sie alle sollten es wissen. Jeder soll erfahren, wie Sie mit den intimsten Geheimnissen Ihrer Schutzbefohlenen umgehen.«

»Bitte nicht, ich bitte Sie um Verzeihung, Donna Alicia.«

Ihr Gesicht drückte nur noch Enttäuschung und Abscheu aus. »Danke euch, Luisa und Arthur, dass ihr mir die Augen geöffnet und mich vor einer großen Dummheit bewahrt habt.«

»*Hasta la vista*, Padre!« Wir verließen den ungastlichen Ort. Ich spürte die Blicke des entlarvten Geistlichen in meinem Rücken.

»Ach ja«, schnaufte Luisa. »Wie sagt man so schön: Viel Feind, viel Ehr'.«

Trommelfeuer

»Eine gute Freundin von mir wird von einem Stalker heimgesucht. Mit wem kann ich über das Problem reden?«

»*Un momento, por favor.*« Die Beamtin hinter dem Empfang hatte eine Stimme wie Bonnie Tyler. Sie telefonierte gerade mit ihrer Tochter. Ungeduldig ließ ich meinen Blick schweifen. Hinter der nächsten Wand aus schusssicherem Plastik unterhielt sich der befehlshabende Dorfsheriff, Manuel Vasquez, mit … Steve Ford!

Jetzt nur nicht die Nerven verlieren! Ich sah ungläubig, wie der dreiste Kerl mit seiner englischen Polizeimarke herumfuchtelte. Er lächelte und machte auf Kumpel.

»Belen!«

»Sofort, Señor Crawley.«

»Es ist wichtig, Belen. Legen Sie auf!«

»Also wirklich, meine Tochter heiratet in drei Tagen.«

»Der Typ, mit dem Vasquez spricht, ist ein europaweit gesuchter Verbrecher.«

»Was? Woher …?«

»Ist doch jetzt nicht wichtig.« Ich schlich in die äußerste Ecke der Empfangstheke, damit mich Ford nicht sehen konnte. »Haben Sie eine Waffe?«

»Natürlich habe ich eine Waffe.«

»Nehmen Sie den Kerl fest.«

»Señor Crawley …«

Das Gespräch nebenan schien beendet. Die Sicherheitsschleuse zwischen dem Empfangsraum und den Büros der *Policia* öffnete sich zischend.

»Ich freue mich, dass wir Ihnen behilflich sein können, *Detektive.*« Vasquez hatte offensichtlich keine Ahnung.

Wann lesen die denn ihre Fahndungsberichte?

»Halt, *Comandante* Vasquez, dieser Mann ist ein gesuchter Verbrecher«, rief ich.

Irritiert sah mich der Kleiderschrank von einem Polizisten an. Ford erfasste die Lage der Dinge weitaus schneller. Kurz trafen sich unsere Blicke. Er ahnte sicher, dass ich Bescheid wusste. Hart schlug er dem verblüfften Dienststellenleiter die Handkante gegen die Schläfe. Noch im Fallen riss er dessen Pistole aus dem Halfter und entsicherte die Waffe.

»In Deckung!«, schrie ich – nur … wohin?

Instinktiv sprang ich hinter den Wasserspender. Es dröhnte furchtbar laut in dem abgeschlossenen Raum. Alle Fenster geschlossen, die Klimaanlage lief auf Hochtouren. Der Glaskörper über mir zersplitterte, das gekühlte Wasser ergoss sich über mich. Zwei größere und wohl mehrere kleinere Splitter fanden den Weg in meine rechte Hand und den Arm. Vasquez erholte sich von dem professionellen Schlag und packte Fords linken Knöchel. Luisas Peiniger trat mit aller Wucht auf die Hand, die ihn festhielt. Stöhnend ließ Vasquez los. Ich hockte blutend hinter dem Sockel des Spenders. Vasquez rollte sich vor Schmerzen zusammen, die Hand an seine Brust gepresst. Aus den hinteren Zimmern erschienen zwei weitere *Municipale*, von uns noch getrennt durch die Sicherheitsschleuse, die mit einer Codekarte geöffnet werden musste.

Ein erneuter Schuss. Belen Martinez' blond gefärbter Schopf lugte knapp über die Empfangstheke. Daneben … weit daneben!

Ford sondierte die Situation blitzschnell. Er feuerte den Rest des Magazins in Richtung Belen ab und rannte durch die Eingangstür ins Freie. Belen schrie, polterte zu Boden, anscheinend hatte sie ihren Stuhl mitgerissen.

»Hinterher, knallen Sie das Schwein ab!«, schrie ich.

Mühsam kam Vasquez wieder auf die Beine. Seine Hand sah schrecklich aus, wie ein blutiger Putzlappen. Endlich öffnete sich die Schleusentür.

»Verfolgen!«, stöhnte Vasquez erstickt. »Schnappt ihn euch!«

Die zwei Polizisten rasten durch die Tür. Sirenen hallten durch das Gebäude. Aus der ersten Etage taumelten zwei verschlafene Bereitschaftspolizistinnen in die Halle. Ich kroch hinter meiner Deckung hervor.

»Sie müssen den Dreckskerl erwischen.«

»Oh, Gott.« Das war eine der Neuankömmlinge. »Belen!«

Ihre Kameradin rief bereits per Funk nach einem Rettungswagen und einem Arzt. Vor der Tür raste ein Polizeiwagen vorbei. Ich sah auf meinen Arm. Erst jetzt kamen die Schmerzen. Hand und Arm brannten wie Feuer, gleichzeitig wurde mir schlecht. Ich sackte kraftlos zusammen.

Alicia, ich wollte dir noch so viel sagen … Wer kümmert sich jetzt um Luisa, und wer füttert meine Katzen?

Schon komisch, was einem so durch den Kopf geht, bevor man abnibbelt.

Lazarus und Genossen

Ich erwachte im Krankenwagen. Es war unfasslich heiß. Mein Kopf dröhnte wie eine Kirchenglocke. Ein Sanitäter beendete gerade seine Arbeit und fixierte den Verband mit einer Klammer.

»Ich habe Ihnen ein leichtes Sedativum verabreicht«, erklärte er.

»Was ist mit Belen und Vasquez? Habt ihr den Mordbuben gefasst?«

»*Sergente* Martinez und der *Comandante* sind auf dem Weg ins Hospital nach Girona.«

»Ist es schlimm?«

»Der *hijo de puta* hat Belen oberhalb des Herzens getroffen. Sie wussten nicht, wie gefährlich es ist, die Kugel steckt jedenfalls noch drin.«

»Scheiße hoch zehn, ich fasse es nicht. Ihre Tochter will doch heiraten. Habt ihr ihn wenigstens?«

»Nein.«

»Nein? Verdammt, der Kerl war zu Fuß, wie konnte er entwischen?«

»Er hat eines der Motorräder gestohlen.« Der Sanitäter schüttelte resignierend den Kopf. »Der Zündschlüssel steckte wohl.«

»Einen dreifachen Salut auf die katalanische Polizei.«

»Die Fahndung ist raus, er wird nicht weit kommen.«

»Arthur, Arthur!« Alicia stürmte in den Krankenwagen und umarmte mich schluchzend. »Ich habe mir solche Sorgen gemacht.«

»Ach, die Zunft der Schriftsteller ist nicht so leicht auszumerzen.«

Sie küsste mich auf Wangen und Stirn. »Du hast ganz glasige Augen.«

»Der nette junge Mann hat mir kostenlose Drogen verpasst.« Ich freute mich ungemein über den unerwarteten Gefühlsausbruch. Als Nächstes vernahm ich den charakteristischen Klang meines Méhari. Luisa drängelte sich an dem Sanitäter vorbei und legte ungestüm ihre Arme um Alicia und mich. »Hohe Mutter, es tut mir so leid, das ganze blutige Chaos, nur meinetwegen.«

»Wird das ein Familientreffen?«, ächzte der junge Mann.

»Arthur, geht es dir gut?«

»Er steht unter Drogen«, erklärte Alicia tief durchatmend.

»Können wir ihn mitnehmen?«

»Bevor Sie aus meinem Rettungswagen eine Begegnungsstätte machen – in Gottes Namen. Hier sind noch ein paar Pillen gegen die Schmerzen und frische Verbände. Zweimal täglich wechseln, es sind zwei ordentlich tiefe Wunden, der Rest sind Kinkerlitzchen.«

»Wo Sie drei auftauchen, gibt es wohl immer Ärger.« Eine inzwischen durchaus bekannte Stimme.

»Inspektor Robles, wir freuen uns auch, Sie zu sehen«, gab ich gut gelaunt zurück. Die Drogen begannen hervorragend zu wirken. »Ich hoffe, Ihr formidabler Spürsinn wird dazu beitragen, diesen Irren zu schnappen.«

»Das ist zunächst einmal nicht meine Baustelle.«

»Als ob ich es geahnt hätte.«

»Sparen Sie sich Ihren Sarkasmus, Mister Crawley.«

»Ich glaube, ich sollte mich jetzt ausruhen«, verkündete ich.

»Oh ja.«, bekräftigte Luisa.

»Ganz recht«, bestätigte Alicia. Beide Frauen bauten sich wie zwei Racheengel neben meiner Liege auf.

Robles zerbiss mehrere Flüche zwischen den Zähnen. Er wies auf den Sanitäter. »Sie da, verschwinden Sie mal für fünf Minuten!«

Der eingeschüchterte Ersthelfer stolperte aus dem Rettungswagen. Robles begann mit seinem unnachahmlichen Wippen. »Ich weiß genau, dass Sie hinter diesem Mord stecken.« Seine Stimme sollte wohl einschüchternd klingen. »Ich weiß nur nicht, ob Sie es alle drei waren oder nur einer. Wahrscheinlich waren Sie beide es.« Er deutete auf Alicia und mich. »Das verhinderte Liebespaar, das nur im Geheimen agieren kann. Das ist mehr als logisch.«

»Sind Sie fertig mit Ihren haltlosen Anschuldigungen?«, fragte ich. »Falls Sie es übersehen haben sollten, man hat gerade versucht, mich und Ihre Kollegen umzubringen. Belen Martinez schwebt noch in Lebensgefahr. Haben Sie nichts Besseres zu tun, als unschuldige Bürger zu beschuldigen?«

»Sie, Mister Crawley, sind der Kopf dieser Bande, nicht wahr?«

»Schade, ich hatte Sie tatsächlich für intelligenter gehalten.«

Robles' Augen funkelten gefährlich, seine grauen Augenbrauen glitzerten feucht in der Mittagshitze. »Ich werde Sie überführen, das schwöre ich Ihnen.«

»Bei den Sternen?«

»Wie bitte? Was soll das?«

»Na, das schwört auch Inspektor Javert, der den armen Jean Valjean jahrzehntelang jagt. Ich hoffe doch, dass Sie *Les Miséra-*

bles gelesen oder zumindest den Film oder das Musical gesehen haben.«

»Selbstverständlich.«

»Na, dann wissen Sie ja, wie die Sache ausgegangen ist. Der gute Javert stürzt sich im Film von der Brücke in die Seine, und im Buch begeht er still und heimlich Selbstmord. Ich hoffe doch sehr, dass Ihnen dieses Schicksal erspart bleibt, mein lieber Javert. Verzeihung, ich bin ein wenig benebelt, Inspektor Robles.«

»Ich bin nicht so dumm wie Javert.«

»Mag sein, aber genauso verbissen. Außerdem war Javert nicht dumm, sondern am Ende nur einsichtig.«

»Können wir jetzt endlich gehen, oder wollen Sie uns weiter einschüchtern?«, fragte Luisa. »Das können Sie sich übrigens sparen. Wollen Sie wissen, warum? Weil wir es nicht waren, Sie verbohrter Esel, weder Alicia, noch Arthur oder ich.«

»Ich hätte da eine grandiose Idee.« Euphorisiert schloss ich mich ihrer Rede an. Das war wirklich guter Stoff, den mir der Bengel gespritzt hatte. »Suchen Sie doch einfach den richtigen Mörder.« Mein Kichern war sicher albern.

Abrupt wandte sich Robles ab.

»Spiel, Satz und Sieg, Team Crawley«, verkündete ich stolz.

»Helfen Sie mir, Alicia. Sehen wir zu, dass wir diese Ausgeburt an Inspiration nach Hause schaffen«, bat Luisa.

Gemeinsam schafften wir es bis zu meinem Rennwagen. Alles war so leicht, so lustig, so bunt und vollkommen. Ich hätte die ganze Welt umarmen können.

Ruhe vor dem Sturm

»Wir fahren weg, wir drei.«

Alicia sah mich skeptisch an. »Aber wir dürfen doch nicht weg, denk an Robles und das *Pa y Vi.*«

»Das Erste interessiert mich einen feuchten Kehricht, Letzteres lässt sich leicht regeln.«

»Wohin willst du denn?«, fragte Luisa neugierig.

»Ach, gar nicht weit, nur mal ein Stück raus, nach Ullastret, ist gerade mal zwanzig Kilometer von hier.«

»Was gibt es da Besonderes?«

»*Galtes de Pork.*«

»Schweinebacken?« Luisa machte große Augen.

»Eine Spezialität, du wirst es mögen.«

»Glaub ich nicht, hört sich eklig an.«

»Ach, komm schon, du bist ein Fleischfresser, so wie ich. In Ullastret gibt es die besten Schweinebacken weit und breit.«

»Eine Übernachtung.«

»Arthur, ich weiß nicht ...«

»Wir müssen mal raus aus diesem Nest, Alicia. Ullastret ist zwar winzig, aber mal was anderes, außerdem ist die *Bodega Ramon* einzigartig, urig. Großartiges Essen und fantastischer Wein. Das gönnen wir uns heute Abend. Bitte, enttäuscht mich nicht, werte Damen.«

»Also, ich bin dabei.«

»Alicia?«

»Na ja, wenn wir das mit meinem Laden geregelt bekommen.«

»Aber ja doch. Also, packt ein paar Klamotten zum Wechseln ein, und dann ab die Post. Ich habe schon angerufen, alle Zimmer sind frei.«

»Ach, wie viele gibt es denn?«

»Zwei.«

»Zwei? Wo …«

»Kannst du dir aussuchen, entweder teilst du eins mit mir oder mit Luisa.«

Eine Stunde später zockelten wir mit meinem Cabrio gemächlich durch die Serpentinen, die Calonge mit La Bisbal verbinden. Ein Mekka für Radfahrer, die sich gerne an den Steigungen abstrampeln. Wenig später schoben wir uns durch die Keramikhochburg.

»Können wir auf dem Rückweg anhalten, hier gibt's ja irre tolle Sachen«, bat Luisa.

»Machen wir. Hör mal, schon deine Stimme ein bisschen, du klingst schon wieder reichlich kratzig.«

»Ist doch super für *Time To Remember.*«

»Damit ist nicht zu spaßen.«

»Hu, der Impresario hat gesprochen.«

Alicia lächelte sanft auf dem Beifahrersitz. Luisa tat ihr gut, ihre Unbekümmertheit, ihr Drang, das Leben so hinzunehmen, wie es gerade jetzt in dieser Sekunde war. Eine Lebenskünstlerin.

Wir erreichten die Ortseinfahrt.

»Das ist ein sehr malerisches Fleckchen«, freute sich Luisa. Wir tuckerten langsam Richtung Dorfplatz. »Aber wo sind die Menschen?«

Wir fuhren an einem etwa fünfzehn Meter hohen Turm vorbei.

»Warte ab, das ist übrigens der *Torre de la Préso*, ein Kerkerturm, in dem bis in das achtzehnte Jahrhundert Verurteilte gefangengehalten wurden«, beruhigte ich. »Direkt anschließend die Kirche *Sant Pere*, romanisch, gehört zu den bedeutendsten Kirchenbauten Kataloniens …«

»Sieht echt cool aus, ein schickes Teil«, kommentierte Luisa.

»Äh, ja, finde ich auch. Der mittelalterliche Stadtkern wurde vor zehn Jahren als schützenswertes Nationaldenkmal eingestuft. Das ist gut für die Gemeinde, denn dann gibt's Kohle vom Staat für Restaurierungsarbeiten.«

Luisa und Alicia nickten artig.

Wir kurvten um *Sant Pere* herum. In einer unscheinbaren Seitengasse, die auf den Marktplatz mündete, befand sich die *Bodega Ramon.* Ein verwittertes Brett, auf dem der Name mit fetten dunkelroten Buchstaben aufgetragen war, hing leicht schief über der Eingangstür, auf dem schmalen Bürgersteig standen zwei Tischchen mit jeweils zwei Korbstühlen.

»Sieht nicht gerade vertrauenerweckend aus«, analysierte Luisa skeptisch.

»Warte, bis du den Innenhof siehst.«

Just als wir meine Luxuskarosse verlassen hatten, kam uns der Besitzer der Bodega entgegengestürmt. »Arthur! Es ist viel zu lange her.« Enrique Verdasco umarmte mich herzlich.

»Da hast du recht, mein Lieber, aber du weißt ja, wie das ist …«

»Jaja, die große bunte Welt an der Küste, da kann unser Nest nicht mithalten, außerdem ist Ullastret ja auch zehn Flugstunden von deinem Berg entfernt.«

»Okay, ich gebe mich geschlagen und gelobe Besserung. Darf ich dir meine beiden Begleiterinnen vorstellen, Señora Alicia Nuñez, eine gute Freundin, und Señorita Luisa …« Ich musste einen Moment überlegen, »meine eingeschworene Schwester.«

Enrique, ein vollendeter spanischer Grande, der mich immer an den jungen Julio Iglesias erinnerte, begrüßte meine beiden Damen mit einem graziösen Handkuss. »Seien Sie mir willkommen, welch unerwarteter Glanz in meiner bescheidenen Behausung. Kommen Sie, wir wollen die staubige Straße verlassen.«

Er führte uns durch einen schmalen Schankraum in den Innenhof, der durch drei riesige Sonnenschirme geschützt wurde. An den Wänden des Karrees rankten sich an Holzspalieren Weinreben bis unter das Dach, unterhalb der Fenster verzauberten Sonnenblumen und Mohn farbenprächtig das Gelände.

»Wow, so stelle ich mir einen perfekten Innenhof vor«, meinte Luisa verzückt. »Phantastisch, die Blumen, da fehlen nur noch ein paar Sklaven, die uns Luft zufächeln.«

»Das Mädchen hat eine ausschweifende Phantasie«, erklärte ich schmunzelnd. »Wie geht es deinem Vater, Enrique?«

»Wie gut kann es einem Menschen in so einer Altenverwahranstalt schon gehen?« Er machte ein bekümmertes Gesicht. »Soll ich ehrlich sein? Das ist totale Kacke, ich würde lieber vorher das Zeitliche segnen, als in einem winzigen Vierbettzimmer vor mich hin zu vegetieren. Es ist einfach nur schrecklich, aber ich konnte Papa nicht länger hierbehalten. Er ist ja andauernd ausgebüxt. Setzt euch, Leute.«

Ich hatte Enrique vor drei Jahren dabei geholfen, seinen dementen Vater in einem Heim unterzubringen. Ramons Sohn brachte uns einen großen Krug Limettenwasser mit einem Schuss Weißwein.

»Wohin wurde Ihr Vater gebracht, Señor Verdasco?«, fragte Alicia mitfühlend.

»Nach Figueras, ist nicht so weit. Arthur hat den Platz besorgt.«

»Nanana, ich habe nur mal etwas nachdrücklicher gefragt, ob bei der Vergabe der freien Plätze alles mit rechten Dingen zugeht.«

»Tja, und siehe da, Wunder über Wunder, nur einen Tag später bekam ich die Zusage. Das werde ich dir nie vergessen.«

»Jetzt mach aber mal halblang.«

Enrique lächelte mir vertraulich zu. Schon vor dreißig Jahren war ich bei seinem Vater Ramon zu Gast gewesen. Es tat mir nach meiner Rückkehr in der Seele weh, den Alten so orientierungslos herumirren zu sehen, also hatte ich mich, nach Absprache mit seinem Sohn, um einen Heimplatz bemüht. Erstaunlich, was man mit ein paar Schmiergeldern auch heutzutage noch alles erreichen kann.

Wir bezogen unsere Zimmer. Alicia bugsierte ihre Tasche in meinen Raum. Sie sprach kein Wort. Das tat sie in den vergangenen Tagen ohnehin kaum. Oft schien sie mit ihren Gedanken ganz weit weg zu sein, vielleicht in *Anbanu,* womöglich aber hielt sie Zwiesprache mit ihrem Gott, dessen Diener auf Erden ihr so übel mitgespielt hatte.

Gegen zwanzig Uhr stiefelten wir hinunter in den Hof. Die *Bodega Ramon* war ein Drei-Personen-Betrieb. Enrique regierte ganz allein in der Küche und auch, wenn alle elf Tische besetzt waren, erledigte er die Bestellungen in fantastisch kurzer Zeit. Unterstützt wurde er von Jaime, einem Burschen in Luisas Alter und Mercedes, einer charmanten Mittvierzigerin, selbstverständlich naturblond. Manchmal kam es mir so vor, als gäbe es auf der iberischen Halbinsel mehr blonde Frauen als in ganz Skandinavien. Nun, womöglich wurden die Spanierinnen noch von der russischen Weiblichkeit geschlagen.

Das Lokal füllte sich langsam. Mercedes huschte unaufdringlich von Tisch zu Tisch und nahm Bestellungen entgegen. Zur Vorspeise, einer gemischten katalanischen Salatplatte mit Hartwurst und Käse, tranken wir einen leichten Rosé aus der Region.

Luisa kicherte unvermittelt leise. Ich hob fragend eine Augenbraue.

»Fast wie eine Familie, wir drei.« Sie sah mich und Alicia durchdringend an. »Wie eine Familie, die ich nie hatte und niemals mehr haben werde.« Ich konnte an ihrem Gesicht ablesen, wie die Erinnerung an ihre schreckliche Tat heraufstieg. »Das war immer mein Traum, eine kleine glückliche Familie, ein Vater und eine Mutter, die sich um mich sorgen.«

»Das ist eine bezaubernde Idee, Luisa.« Erstaunlich, aber das war Alicia. »Du bist ein guter Mensch. Eine Tochter, wie ich mir keine bessere vorstellen könnte.«

»Wie könnte ich das sein? Ich habe ein Haus angezündet und wollte einen Menschen umbringen«, fragte Luisa kläglich.

»Du warst verzweifelt. Du bist ein tapferes Mädchen, Verzeihung, eine tapfere junge Frau.« Alicia atmete tief durch. »Das Schicksal ist selten gerecht. Manchmal zwingt es uns auf Pfade, die besser kein Mensch beschreiten sollte.«

»Danke, Alicia, das bedeutet mir sehr viel.«

»Du bist so ehrlich, so gerade heraus, so voller Lebensmut und so schön.«

»Das bin ich nicht.«

Ich beobachtete voller Zuneigung das Gespräch.

»Doch das bist du. Wunderschön und ein Licht in dieser Welt.«

»Danke, Alicia, das bedeutet mir unendlich viel. Und ich könnte mir keine liebevollere Mutter vorstellen. Entschuldigung … Ich wollte mich nicht anbiedern oder so was, im Gegenteil, das hasse ich wie die Pest.«

»Noch ein anerkennenswerter Charakterzug.« Alicia hob ihr Glas und forderte uns damit auf. Wir stießen an und hingen eine Weile unseren eigenen Gedanken nach. »Genießen wir diesen unverhofft friedlichen Abend.«

Luisa bestellte die Schweinebacken in Rotweinsauce, geschmort mit kleinen Kartoffeln und frischen Pilzen, Alicia entschied sich für die traditionelle Variante mit Tomatensauce, Zucchini, Auberginen und Möhren. Enrique servierte mir seine neueste Kreation: die geschmorte Backe verborgen unter einem Berg aus dunkelgrünen *Pimentos,* Peperoni, schwarzen und grünen Oliven. Dazu ein frisch gebackenes knuspriges Baguette. Die Sauce schmeckte fast ein wenig orientalisch. Alles in allem ein Genuss der besonderen Art. Derweil waren wir zum Rotwein übergegangen, ein kräftiger kirschroter *Monastrell.*

Luisa probierte von allen drei Varianten. Ich berichtete von meinen unzähligen Versuchen, mein Buch an den Mann, besser gesagt, an den Verlag zu bringen, Luisa erzählte von einem schrägen Klassenkameraden, der sich in der siebten Stufe hoffnungslos in sie verliebt hatte und ihr täglich schwülstige Gedichte schrieb. Wir lachten, und unsere Seelen waren in dieser Nacht von den erdrückenden Schuldgefühlen und der Angst, im Gefängnis zu landen, befreit.

Gestohlene Zeit, Freiheit auf Widerruf.

Nächster Gang: Espresso und Brandy. Kann man auch ruhig mal vor dem Dessert genießen.

»Na, was sagst du zu den Schweinebacken?«, fragte ich Luisa.

»Ist ja gut, *Anciano*, du hattest wie immer recht.«

»Du solltest mehr Vertrauen haben«, tadelte ich gutmütig.

»Das ist mir in der Vergangenheit nicht so gut bekommen.«

»Dies ist eine andere Welt, mit hoffentlich besseren Menschen um dich herum.«

»Ja, sicher.« Ihr Blick ging in unendliche Weiten. »Aber wie lange noch? Es wundert mich, dass nicht nach mir gesucht wird.«

»Warum sollte man?«, fragte Alicia interessiert.

»Na ja, wenn ein Haus abgefackelt wird, dann stellt sich doch automatisch die Frage nach der einzigen Tochter, oder nicht?«

»Das ist richtig«, gab ich nachdenklich zu. »Allein wegen des Erbes.«

»Bei den Umständen allemal«, ergänzte Luisa schwermütig. »Wahrscheinlich werde ich direkt an der Grenze verhaftet oder zumindest zum Verhör abtransportiert.«

»Immer langsam. So weit sind wir noch lange nicht.«

»Ach, vergessen wir diese trüben Gedanken, ich will uns nicht diesen phantastischen Abend verderben.«

»Hör mal, Audrey ist ja im Moment in England. Ich kann sie bitten, mal dezent nachzuforschen, ob da Unheil im Anmarsch ist.«

»Das wäre ziemlich cool.«

» Im September wirst du sie dann persönlich kennenlernen, Alicia.«

Der Nachtisch wurde serviert. *Crema Catalán* für die Damen, *Tarta Whiskey* für den Herrn. Aus der Bar ertönte leise Billy Joels *Piano Man.*

»Ich wünschte, diese Nacht würde nie vorübergehen«, seufzte Alicia. »Oder ist das albern?«

»Nein, keineswegs«, antworteten Luisa und ich im Chor. Wir lachten leise, aber herzlich.

»Wir sind durch ein unsichtbares Band verbunden«, vermutete ich. »Das ist außergewöhnlich und sehr selten.«

»Fragt sich nur, ob das nicht ein dunkles Vermächtnis ist, das uns zusammengeführt hat.« Alicias Stimme war ein beschwörendes Flüstern. Im Licht der flackernden Kerzen tummelten sich träge die Geister der heraufziehenden Nacht. »Drei Schwerverbrecher.«

»Zweieinhalb.«

»Nein, Arthur. Ich bin die Schlimmste von uns dreien. Ich habe es bewusst getan, zielgerichtet und im vollen Bewusstsein der Schuld, die ich auf mich laden würde.«

»Meinst du, ich etwa nicht?«

»He, Leute, das wird doch wohl kein Wettstreit, wer hier der beste Killer am Tisch ist, oder?«, warf Luisa trocken ein.

»Ach, Arthur, ich bin jetzt eine *Viuda*, eine Witwe, die mindestens ein Jahr Trauer tragen sollte.«

»Schwarz wird dir hervorragend stehen. Das ist ziemlich sexy.«

»Du bist unmöglich!« Ihre Augen leuchteten verführerisch.

»Da stehe ich drauf. Schwarz ist echt cool, gell, Luisa? Na bitte, du kannst ja doch noch lächeln.«

»Wenn es wenigstens einen Gemeinschaftsknast gäbe«, prustete sie.

»Ihr seid beide nicht ganz dicht.« Alicia hatte offenbar einen Schwips.

»Pah, normal sein ist langweilig«, beschied Luisa weltmännisch. »Nehmen wir noch einen Absacker?«

Wir bestellten einen süßen Dessertwein, dann noch einen tiefbraunen *Cardinale Mendoza.* Es war weit nach Mitternacht, als wir uns die schmalen Treppen hinauf zu den beiden spartanisch eingerichteten Gästezimmern schleppten. Luisa umarmte uns beide glücklich, ehe sie in ihr Zimmer wankte.

»In der kleinen Bucht haben wir geträumt.« Alicias Stimme hatte einen dunklen Unterton bekommen. Ihr Kuss raubte mir den Atem. Ihre Hände erkundeten meinen Körper. Es war angenehm kühl in dem kleinen Zimmer. Noch hielten die dicken Mauern der Sonne stand. Ihr Kleid rutschte wie von Zauberhand über die schmalen Schultern zu Boden. »Das ist jetzt zu wenig.«

»Bis du sicher?« Ich konnte meine Erregung kaum noch zügeln.

Sie nickte sanft, rieb ihre Nasenspitze über meine Wange. »Wir werden vielleicht bestraft werden für das, was wir getan haben, aber heute, in dieser wunderbaren Nacht, will ich nur eines: deine Frau sein, Arthur.«

»Du machst mich zum glücklichsten Menschen der Welt.« Der Vorteil im Süden ist, dass man im Sommer nicht allzu viele Klamotten auszuziehen hat. Das Mondlicht fiel auf ihren perfekten Körper. Wir sanken auf das Bett, ich spielte mit einer Locke ihres braunen Haars. Im Hof gingen die letzten Lichter aus. Nur einige Fackeln, die in den Beeten steckten, schickten flackernde Botschaften in die Nacht. »Ich bin ein wenig aus der Übung.«

»Das scheint mir aber nicht so.«

Endlich war ich am Ziel meiner Träume angelangt.

Aus heiterem Himmel

Carles Gonzales Garcia stand in einem schreiend bunten Hawaiihemd und einem Baseballkäppi mit dem *Barca*-Vereinswappen vor meinem Törchen. Es war kurz nach elf und bereits unfassbar heiß.

»Bürgermeister, welche Ehre.«

Alicia und Luisa sahen den drahtigen kleinen Katalanen neugierig an.

»Er will uns verklagen, Señor Crawley, dieser verdammte Mistkerl.«

»Reyes?«

»Allerdings, wegen Nötigung.«

»Das kann er nicht nachweisen«, behauptete ich. »Wir haben ja nichts gemacht. Bei dem Gespräch war er allein.«

»Aber der Entwurf war im Stadtrat, dort musste ich den Plan für die Erhebung der Maut ja einbringen.«

Der Gute tat mir echt leid. »Will er den Verkauf des Grundstückes rückgängig machen?«

»Nein, das nicht.«

»Aber dann ist doch alles gut.«

»Ist es nicht. Er wird uns verklagen, wenn wir nicht eine bestimmte Summe nachzahlen.«

»Er hat schon mehr bekommen, als die paar Quadratmeter Staub wert sind.«

»Das mag schon sein, aber dennoch stehen wir unter Druck. Unsere Rechtskanzlei meint, er hat gute Chancen mit seiner Klage.«

»Wie viel will er denn?«

»Hunderttausend Euro oder einen Sitz im Stadtrat.«

»Ein echtes Schlitzohr, dieser Reyes.«

»Was sollen wir nur tun?« Hilflos breitete Garcia seine Ärmchen aus.

»Was bezweckt er mit dem Sitz im Rat? Das bietet der doch nicht ohne Grund an.«

»Reyes ist ein königstreuer Kastellan. Er wird sicher gegen jedwede Autonomiebestrebungen zu Felde ziehen«, vermutete unser Bürgermeister. »Mir wird wohl nichts übrigbleiben, als ihm den Sitz zuzusprechen. Calonge verfügt nicht über die Mittel, um ihn auszuzahlen. Hunderttausend … Das geht gar nicht. Haben Sie keine Idee, Arthur?«

»Aus dem Ärmel nicht. Geben Sie ihm doch den Sitz.«

»Aber dann werden wir ihn womöglich nie mehr los. Ein bösartiger Stachel im Fleisch unserer katalanischen Heimat.«

Ich raufte mir die verschwitzten Haare. Irgendwie türmten sich die Probleme zu einem unübersichtlichen Berg auf. Das Buch, Robles, Alicia, Luisa, eine Leiche und jetzt wieder dieser Widerling, nicht zu vergessen Steve Ford, der sich noch immer seiner Freiheit erfreute und Luisa hinter jeder Hecke auflauern konnte.

»Ich denk mal drüber nach. Haben wir ein Zeitfenster?«

»Vierundzwanzig Stunden.«

»Halten Sie ihn hin, Carles.«

»Ich werde es versuchen.«

Undercover

»Wie geht es Belen Martinez, *Comandante* Vasquez?« Selbst der Telefonhörer schwitzte in meiner Hand. »Und Ihrer Verletzung?«

»Belen wird es überleben, aber es kann sein, dass sie bleibende Schäden davonträgt und auf einen Herzschrittmacher angewiesen sein wird. Meine Hand werde ich wohl weiteren Operationen unterziehen müssen, da ist so ziemlich alles kaputt, was kaputtgehen kann.«

»Es tut mir aufrichtig leid, das zu hören.«

»Ja, danke der Nachfrage, aber da ich Sie gerade am Hörer habe …«

Aha, jetzt kommt's. »Bitte?«, fragte ich unschuldig.

»Woher wussten Sie von diesem Ford?«

»Ach, das ist eine lange und höchst unerfreuliche Geschichte.«

»Ich bin auf den Innendienst festgenagelt, Señor Crawley, ich habe Zeit.«

Okay, er würde mich nicht vom Haken lassen. »Ich hätte es Ihnen lieber persönlich berichtet, aber nun gut, dieser Ford ist hinter einer guten Bekannten von mir her, eine Art Rachefeldzug.«

»Klingt merkwürdig.«

»So ist es aber. Er ist wie besessen von dem Mädchen.«

»Ein Name wäre jetzt hilfreich.«

»Es geht um Luisa, meine Freundin aus England, sie leitet in Oxford den dortigen Fanclub, Sie wissen vielleicht …«

»Schon gut, Sie sind Schriftsteller, das weiß ich längst.«

»Aha, haben Sie mein Buch gelesen?«

»Nein.«

»Schade.«

»Ist ja dicker als ein Telefonbuch, das geht gar nicht.«

»Aha.«

»Zu viele Menschen, wer soll sich das alles merken?«

»Was lesen Sie denn so?«

»Die Zeitung, Comics und Jerry Cotton.«

»Na, immerhin.«

»Dieser Ford ist wohl so was wie ein Zuhälter, wenn ich den Bericht der *Inglés* richtig verstanden habe.«

»Einer der übelsten Sorte.«

»Und er ist dem Mädchen hierher gefolgt?«

»Sie ist einfach abgehauen, um nicht gezwungen zu werden, das Leben einer Nutte zu führen. Ich mag sie sehr gern, *Comandante.* Was ist eigentlich mit dem Kerl, haben Sie endlich eine Spur?«

»Das ist vertraulich.«

»Verzeihung, aber diesen Jargon kenne ich zur Genüge. Sie haben keine Ahnung, wo der Sack steckt.«

»Das haben Sie gesagt.« Ich schnaufte in den Hörer, Vasquez blieb am Ball. »Was ist das für eine Sache mit Alicia Nuñez?«

»Sie ist aktuell Witwe.«

»Jemand muss Victor erstochen haben.«

»Zweifellos.« Ich fragte mich, ob die Lektüre von Jerry-Cotton-Romanen wirklich hilfreich für einen Bediensteten der *Policia Municipal* sein konnte.

»Das heißt, dass es auch einen Mörder geben muss.«

»Glasklare Logik«, lobte ich.

»Señora Nuñez wohnt jetzt bei Ihnen in der *Mas Cabanes.*«

»Schon wieder ein Volltreffer.«

»Wie kann das sein?«

»Wir mögen uns.«

»Sie sind weder Katalane noch katholisch.«

»Schuldig, Euer Ehren.«

»Wie bitte?«

Okay, nicht mit Ironie überfordern! »Bin ich nicht, weder das eine noch das andere. Ziemlich exotisch, nicht wahr? Aber dennoch nicht ohne Reiz.«

»Robles ist der festen Überzeugung, dass Sie der Mörder sind.«

»Wirklich?« Mir wurde noch heißer. »So kann man sich irren.«

»Nun ja, das ist nicht mein Fall.« Vasquez stöhnte, wahrscheinlich vor Schmerzen in seiner Hand. »Benötigen Sie Personenschutz?«

»Nein, danke.«

»Gut, wie Sie wollen. Ich wünsche Ihnen und Señora Nuñez alles Gute, auch wenn ich nicht nachvollziehen kann, wie so eine Verbindung auf Dauer funktionieren könnte.«

»Danke für Ihre Anteilnahme, *Comandante*, gute Besserung.«

Rauchzeichen

Joschi und Manita dösten im Schatten unterhalb der Veranda. Alicia war in ihren Laden gefahren und Luisa einkaufen. Ich stöpselte den portablen Router in die Steckdose und schaltete den Laptop ein. Gefühlt eine Million E-Mails.

»Mein Gott, was wird man heutzutage zugemüllt«, beschwerte ich mich.

Manita wackelte mit einem Ohr. Ich wertete dies als Zustimmung und hämmerte auf die Löschtaste ein. Die heißeste Zeit des Jahres war angebrochen. Bis Anfang September erreichten die Temperaturen im Regelfall fast vierzig Grad. Wie schlimm mochte es erst im Süden Spaniens sein oder auf der anderen Seite des Mittelmeers? Andalusien. Nordafrika. Eine ganz andere Welt als Katalonien.

In der Bildschirmecke blinkte es. Ein Skype-Anruf.

»Audrey, wow, ein Zopf, dreh den Kopf mal zur Seite.«

»Arty, wir haben andere Sorgen als meine Haare.«

»Aber das sieht umwerfend gut aus.«

»Danke.« Sie lächelte resignierend.

»Wo steckst du denn?«

»Oxfordshire. Ich habe mir mal die Brandruine angesehen und ein paar Kontakte spielen lassen. Ich dachte, es kann nicht schaden, wenn wir wissen, was hier abgeht.«

»Du bist fantastisch, genau darum wollte ich dich bitten. Du kannst doch nicht etwa meine Gedanken lesen?«

»Nicht über Skype.«

»Äh, wie jetzt …?«

Sie schüttete sich aus vor Lachen. »Ich hätte einen Screenshot von deinem Gesicht machen sollen. Das war einmalig.«

»Dämlich?«

»Kann schon sein.«

»Was ist jetzt mit Luisa? Suchen die Behörden nach ihr?«

»Niemand sucht nach deinem speziellen Fan, Arthur.«

»Nein? Wie merkwürdig.«

»Weil Luisa Verbeek gar nicht verschwunden ist.«

»Du machst Witze.«

»Ich schicke dir gleich ein Foto von der Beisetzung der Eltern. Ist ein wenig unscharf, aber am Grab der Dahingeschiedenen steht eindeutig eine junge Frau. Der Artikel aus dem *Oxford Observer* ist mit *Am Grab ihrer Eltern – Luisa V. verharrt minutenlang in stiller Trauer* betitelt.«

»Luisas Eltern sind tot? Das ist der Hammer. Waren sie in dem angezündeten Haus?« *Himmel, das wird die Kleine nicht verkraften!*

»Nein. Die beiden hatten einen Autounfall. Der Vater ist wohl angetrunken gefahren. Das ist tragisch, aber solche Dinge passieren nun einmal.«

»Wahnsinn.«

»Ich neige immer mehr dazu, den nächsten Flieger nach Barcelona zu nehmen. Besser noch nach Girona, das ist noch näher dran an deinem Berg.«

»Scheiße hoch zehn, was stimmt denn hier nicht?«

»Das wüsste ich auch gern, Liebster.«

»Ach, Audrey, mir wächst das alles über den Kopf.«

»Halt die Füße still, Django, wir bekommen das schon wieder hin.«

»Leichter gesagt als getan. Robles hält mich für Victors Mörder.«

»Was soll ich dazu sagen?«

»Besser nichts, heutzutage ist ja keine Verbindung mehr sicher.«

»Wir müssen dieser Sache schnellstens auf den Grund gehen. Wer an zu vielen Fronten kämpfen muss, wird auf jeden Fall verlieren.«

Die Hitze staute sich im Haus. Der Pool lockte. »Ich muss mit Luisa reden. Das wird nicht leicht.«

»Halt mich auf dem Laufenden. Ich habe das Gefühl, hier geht eine verdammt große Sache über die Bühne, und ich wäre nur ungern eine Statistin.«

»Aber das bist du doch nie, Augenstern.«

Audrey blinzelte mir vertraulich zu. »Pass auf dich auf, Arty.«

Sie hauchte mir einen Kuss durch den Äther, dann war der Bildschirm dunkel. Ich sprang in den Pool. Joschi schüttelte ungläubig den Kopf. Wasser. Was für ein unerquickliches Element für Katzen.

Kreuzverhör

»Mensch, wo bleibst du denn, ich habe mir schon Sorgen gemacht.«

»Ach, heute will nichts gelingen«, stöhnte Luisa, einen ordentlich beladenen Bastkorb in die Küche jonglierend. »Es war so unglaublich voll im *Suma* und nur eine Bedienung an der Fleischtheke.«

»Setz dich, wir müssen was … besprechen. Ein Glas Zitronenwasser?«

»Oh bitte.«

»Sieh dir mal den Ausdruck an, der auf dem Tisch liegt.«

Ächzend ließ sie sich nieder. Ich beobachtete sie aufmerksam. Ich hatte das Bild aus dem Zeitungsartikel vergrößert, den Text aber weggelassen. Es war schwarzweiß und recht grobkörnig, aber dennoch aussagekräftig.

»Tja, irgendeine Beerdigung«, murmelte Luisa. Ich reichte ihr das Glas. Sie nahm einige Schlucke und seufzte erleichtert. »Muss mir das was sagen? Wer ist denn die Frau da auf dem Bild?«

»Du.«

Sie sah mich verdutzt an. »Soll das ein Scherz sein? Das bin ich nicht.«

»Zweifellos bist du das nicht. Hier, jetzt lies mal den dazu gehörenden Text aus dem *Oxford Observer*.«

»Ein echtes Käseblatt.«

»Schon möglich, aber in diesem Falle irrelevant.«

Luisas Stirn legte sich in Falten. Ihr Kopf zuckte zu mir herum. »Meine Eltern sind tot?« Seltsam teilnahmslos legte sie den Ausdruck auf den Tisch.

»Tut mir so leid, Kleines. Komm her.« Ich nahm sie in meine Arme.

»Kannst du mich festhalten, bitte?«

»So lange du willst.« Sie weinte leise, ihre Arme fest um mich geschlungen. Ich strich sanft über ihr Haar. »Du bist nicht allein, du hast mich und Alicia. Wir lieben dich, das weißt du.«

»Und ich liebe euch.« Ihre blauen Augen leuchteten feucht. »Sie waren wie Fremde für mich, und doch …« Die Tränen kamen zurück. »Ich bin allein.« Sie schniefte und atmete tief durch. »Eigentlich war ich das immer.«

»Wir werden auch das gemeinsam überstehen, eingeschworene Schwester.«

Sie nickte tapfer. »Das ist Betrug, Arthur, da hat sich jemand für mich ausgegeben.«

»Sehe ich auch so.«

»Ich bin so traurig, aber auch unglaublich wütend,«

»Schon gut«, beschwichtigte ich. »Kennst du diese Frau?«

Luisa wendete und drehte das DIN A4-Blatt, schüttelte dann aber den Kopf. »Keine Ahnung. Das Bild ist unscharf, und man sieht ihr Gesicht nicht richtig, aber nein, das Luder kenne ich nicht.«

»Sind deine Eltern reich? Geld, Häuser, Autos, was auch immer.«

»Ja, ich denke schon, aber ganz ehrlich: Ich hatte nie eine Beziehung zu den beiden, schon gar keine vertrauliche. Du denkst an Erbschleicherei?«

»Ist naheliegend.«

»Verdammt, was machen wir denn jetzt? Ich muss zurück nach England, der Schlampe werde ich es zeigen.«

»Immer langsam, kleiner Schmetterling. Jede Medaille hat zwei Seiten – der Schuss könnte auch nach hinten losgehen. Zunächst einmal bist du in der Heimat durch den dreisten Akt dieser Tusse aus der Schusslinie.«

»Niemand sucht mich«, grübelte Luisa. »Da ist was dran.«

»Genau, denn du bist ja da, die trauernde Tochter.« Wir setzten uns auf die Couch. »Lass uns mal überlegen, ob wir aus diesem schrecklichen Unfall nicht einen Vorteil ziehen können.«

»Ich bin total daneben. Wer macht denn so was?«

»Das zu klären wird der zweite Schritt sein, zunächst einmal kann sich die Polizei in England um deine Vertreterin kümmern. Audrey ist vor Ort, das ist ein unschlagbarer Vorteil für uns.«

»Aber wenn es dieser Hochstaplerin ans Leder geht, wird sie ihre falsche Identität aufdecken und dann suchen sie erst recht nach mir.«

»So schnell mahlen die Mühlen nicht, Kleines, wir gewinnen auf jeden Fall Zeit. Wenn du jetzt nach Hause fliegst, wirst du einiges erklären müssen.«

»Warum ich abgehauen bin, wo ich war, das Feuer, Steve und die ganze Scheiße …«

»Du bist ein schlaues Kind.«

Langsam beruhigte sie sich. Ich sah förmlich, wie es hinter ihrer Stirn arbeitete. Der Tod ihrer Eltern war ein furchtbares Ereignis, aber die damit verbundenen verbrecherischen Umstände lenkten sie ab.

»Wir tun also … nichts.«

»Genau, das kann ich total gut. Erst mal sitzen wir den Mist aus, wir haben hier genug Probleme, die es zu lösen gilt. Aber es ist deine Entscheidung. Vielleicht passiert fahndungsmäßig gar nichts, und diese Schleiereule sahnt richtig ab und verschwindet mit deinem Erbe.«

»Ich scheiße auf das Geld.«

»Bravo.«

Plötzlich huschte ein goldener Schatten über Luisas Gesicht. »Ich schmeiße das Studium. Ich gehe nicht zurück in dieses verregnete und vernebelte England. Ich möchte ein neues Leben beginnen, hier an dieser wunderbaren Küste. Geld … Das war mir nie wichtig.«

»Holla, die Waldfee …«

»Arthur, kann ich nicht hierbleiben, bei dir und bei Alicia?« Dieser Blick konnte Steine erweichen und Stummen die Sprache wiedergeben. »Bitte …«

»Ach, ich bin das nicht gewöhnt, Kleines.«

»Ich schiebe dich auch im Rollstuhl herum, wenn du hundert Jahre alt bist.«

»So? Eigentlich gedachte ich, an diesem Tag tanzen zu gehen.«

»Dann gehen wir zusammen tanzen, du, Alicia und ich.«

»Luisa … Ich muss erstmal einen klaren Kopf bekommen.«

»Aber du sagst nicht Nein.«

»Was? Nein.«

»Nein? Du schickst mich weg!«

»Aber nein.«

»Dann darf ich bleiben?«

»Du machst mich wahnsinnig.«

»Kann ich gut.«

»Ich weiß nicht, ob das auf Dauer funktionieren kann.«

»Ich werde unglaublich brav sein.«

»Das ist langweilig.«

»Ich werde immer auf deinen Rat hören.«

»Schon besser«, seufzte ich, ganz durcheinander. Der Gedanke, das Haus auf Dauer mit mehr als meinen fünf Katzen zu bevölkern, machte mir gehörig Angst. Und da war ja auch noch Alicia. »Was sagst du dazu, Trinchen?« Das Kätzchen kam die Treppenstufen herunter und sprang geradezu in Luisas Arme. »Ziemlich eindeutiges Votum«, brummte ich ergeben.

»Das heißt?«

»Wir werden sehen, wie das hier für uns ausgeht. Nun mach nicht so ein trauriges Gesicht, zunächst einmal bekommst du eine unbefristete *Casa*-Erlaubnis.« Luisa schlang beide Arme um meinen Nacken. »He, zerquetsch meine kleine Trine nicht.«

»Ich danke dir so sehr. Was mache ich nur, wenn sie mich irgendwann suchen kommen? Dann verstecke ich mich in den Wäldern.«

»Kommt Zeit, kommt Rat«, orakelte ich.

In meinem Kopf entstand eine verwegene Idee.

Bilderrätsel

Um zwei Uhr tuckerte Alicia mit ihrem alten Clio den Berg hinauf.

Siesta. Achtunddreißig Grad. Müde und geschafft ließ sie sich auf eine Liege fallen. Wir tranken Eistee und knabberten dazu Stücke einer Honigmelone, dann ein wenig Hartwurst und Käse.

»Soll ich dir was Luftiges aus deinem Zimmer holen?«

»Danke, nicht nötig.« Anmutig schlüpfte sie aus ihrem Kleid. »Mach den Mund zu, *el Escribar.*« Unter dem geschäftsmäßigen Outfit verbarg sich ein dunkelblauer Bikini. Mit einem eleganten Kopfsprung hechtete sie in den Pool.

»Cool, wie in Baywatch«, kommentierte Luisa.

»Die Serie ist Schrott. Woher kennst du den alten Schinken überhaupt?«

»Wurde mal neu verfilmt, war genauso schlecht wie vorher. Soll ich Alicia vom Tod meiner Eltern berichten?«

»Klar, warum nicht, musst du aber entscheiden.«

»Ich vertraue ihr total.«

Trine lenkte mich mit einem jämmerlichen Maunzen ab, Joschi und Luzifer schnappten sich derweil zwei Stücke Wurst und verschwanden im Garten.

»Verdammte ausgekochte Bande«, schimpfte ich schmunzelnd.

»Ich hoffe, du meinst nicht uns«, sagte Alicia lächelnd. Luisa tummelte sich derweil ebenfalls im kühlen Nass.

»Wie könnte ich. Na, Trinchen, haben die Kerle dich veräppelt? Die sind jetzt mit der Wurst unterwegs. So ist das im Leben, einer ist immer der Loser.« Ich warf ihr ein besonders schönes Stück zu. »Vielleicht war das aber auch der Plan der Jungs, die kennen schließlich ihren alten Hausherrn.«

Luisa und Alicia stiegen aus dem Pool und legten sich nebeneinander auf eine Liege. Ich hörte nur mit einem halben Ohr zu, wie Luisa die neuesten Meldungen aus *Great Britain* verkündete. Alicia umarmte Luisa. Geflüsterte Worte, ein warmes Lächeln. Hohe Mutter, wie sehr ich diese beiden Frauen in mein Herz geschlossen hatte.

Alicia blinzelte mir vertraut zu. »Kann ich das Bild und den Bericht mal sehen?«, fragte sie.

»Klar, warum nicht.« Luisa stand auf und holte den Ausdruck aus dem Wohnzimmer.

»Sie ist erstaunlich gefasst«, wunderte sich Alicia.

»Ihre Eltern sind zwei Menschen, die sich nie um sie gekümmert haben, die immer unterwegs waren. Probleme wurden von der Nanny und dem Scheckbuch gelöst. Traurig, aber wahr.«

Alicia nahm die Blätter entgegen und blies einen Wassertropfen von ihrer Nasenspitze. Die nassen Haare fielen glatt über ihre Schultern. Da gab es nichts zu beschönigen, ich war hoffnungslos verknallt.

»Tja, da versucht offenbar jemand an schnelles Geld zu kommen. Eigentlich fällt mir an dieser Fotografie nur eine Person wirklich auf.« Konzentriert kniff die Bäckerin die Augen zusammen. »Habt ihr sie gesehen?«

»Na, das Blondchen«, vermutete Luisa.

»Nein, eher dieser Typ da im Hintergrund. Gewiss, die Auflösung ist schlecht, aber der Gesichtsausdruck … Das ist doch nicht normal für eine Beerdigung. Seht doch mal, wie der Kerl schaut.«

»Was? Zeig mal.« Hastig quetschte ich mich zwischen die beiden halb luftgetrockneten Frauen.

»Hinten links, ganz am Rand.« Alicia deutete auf einen etwas im Abseits stehenden jungen Mann.

»Wie konnten wir das übersehen?«, stöhnte Luisa.

»Wir waren so auf die Hochstaplerin fixiert, dass wir den Rest einfach ausgeblendet haben«, vermutete ich. »Der Kerl grinst ja geradezu.«

»Darf ich an eurem Wissen teilhaben?«, fragte Alicia leicht ironisch.

»Es ist Steve«, flüsterte Luisa.

Trotz der hochsommerlichen Temperaturen lief mir ein eiskalter Schauer über den Rücken. »Jetzt macht das Ganze auch einen Sinn.« Luisa und Alicia sahen mich fragend an. »Er ist dir hierher gefolgt, um dafür zu sorgen, dass der Schwindel mit deiner Doppelgängerin nicht auffliegt.«

»Du glaubst, dass er dahintersteckt?«, fragte Alicia.

»Gar kein Zweifel, sieh dir doch nur sein diabolisches Grinsen an. Hundertprozentig ist das eins von seinen abgerichteten Mädels.«

»Aber warum folgt er mir, was will er denn damit erreichen?«

»Er will verhindern, dass du auf die Insel zurückkehrst.«

»Ach, und wie will er das bewerkstelligen? Ich bin ihm nicht mehr hörig, er hat nichts gegen mich in der Hand. Oder … Oh Gott, meinst du, er hat was mit dem Unfall meiner Eltern …?«

»Das müssen wir unverzüglich herausbekommen.«

»Wenn ich in England auftauche und meine Identität bestätigt wird, dann ist sein schöner Abzocker-Plan im Eimer.«

»Er wird gesucht, er kann nicht einfach zurück auf die Insel, aber er hat sicher noch Verbündete dort, die die Konten deiner Eltern leeräumen können. Deshalb wird er andere Optionen erwägen, Kleines.«

»So, was denn zum Beispiel?«

Alicia und ich sahen uns bedrückt an. Ich war mir sicher, dass sie die gleichen Gedanken hatte wie ich.

»Er wird dich umbringen wollen, Luisa«, sagte sie. »Er muss sichergehen, dass du nicht wieder auftauchst und seinen feinen Plan zunichtemachst.«

»Scheiße … nein.«

»Das wäre die sicherste Methode, um seine Marionette zu schützen.«

Luisa biss sich auf die Unterlippe. »Aber, aber was machen wir denn jetzt?« Panik lag in ihrer Stimme.

»Du bist nicht allein, Luisa. Wir werden an deiner Seite sein und dich beschützen. Aber wir müssen uns Hilfe holen, so schnell wie möglich. Notfalls müssen wir Vasquez mit einbeziehen.«

»Die Polizei?«, fragte Alicia skeptisch.

»Ich setze all meine Hoffnung auf Audrey.«

Luisa fasste sich an die Stirn. »Oh Mann, in was für einen Mist reite ich euch da rein …«

»Das Leben begann ohnehin gerade ein wenig fad zu werden«, scherzte ich. »Als Allererstes werden wir aufrüsten.«

»Was schwebt dir vor?«, fragte Alicia alarmiert.

»Nun ja, mit meinem Gartenschlauch werden wir Gritlis Katzenmonster besiegen, aber keinesfalls diesen englischen Killer. Wir brauchen Waffen.«

»Gute Idee«, stimmte Luisa begeistert zu.

»Der Wahnsinn nimmt kein Ende, oder?«, seufzte Alicia, erstaunlich wenig geschockt von meinem Vorschlag. »Ich war in der Schule eine recht gute Bogenschützin.«

»Wow, sehr cool, eine echte Amazone«, jubelte Luisa und drückte ihr einen dicken Kuss auf die Wange. »Wie in deinem Buch, Arty. Wir werden es dem Drecksack schon zeigen.«

Die Luft wird dünner

Unmutig, weil mir kein rechter Refrain einfallen wollte, kaute ich auf dem Ende des Bleistiftes herum.

»Schmeckt's denn?«

»Hm?«

»Na, der Radiergummi am Ende des Stiftes.«

»Ach, verflixt, ich jongliere seit einer Stunde mit Worten herum, aber entweder ist es eine Silbe zu viel oder zu wenig.«

»Für *Firefly?*«

»Ja, das gefällt mir einfach noch nicht, der Refrain ist nicht rund.«

»Mach mal 'ne Pause, wir haben noch drei Tage.«

Am Nachmittag würden wir zu einem ersten Soundcheck zum *Cap Roig* hinauffahren. Luisa war erstaunlich ruhig und gefasst, der Zappelige war ich. Ob wir wohl Arlo Gibbins heute kennenlernen würden? So ein richtiger Fan des näselnden Liedermachers war ich ja nicht, aber wenn ich sein ganzes Werk als Grundlage für meine subjektive Bewertung heranzog, dann kamen schon reichlich Songs zusammen, die mir gefielen. Nun ja, nach fünfzig Jahren des Schaffens mochte man davon ausgehen.

»Ich habe heute mit dem Schlusskapitel angefangen.«

Wir hatten gemeinsam beschlossen, uns nicht verrückt zu machen und versucht, Alltag einkehren zu lassen. Das hieß, Alicia ging ins *Pa y Vi*, ich werkelte an Luisas Songtexten und sie schrieb am Finale meines unvollendeten Buchs *Die Fabrik*. Verkehrte Welt.

»Läuft echt gut.«

»Du bist halt ein Multitalent.«

»Genau wie mein eingeschworener Bruder.«

Wir grinsten uns an. Es klopfte an der Tür. Manita fauchte ungehalten. Die ruhige sommerliche Gelassenheit wussten meine Katzen zu schätzen. Ich nahm die junge Katzendame auf den Arm und öffnete.

»Inspektor Robles.« Ich atmete tief durch. »Kaum zu glauben, schon wieder Sie. Was verschafft mir denn die erneute Ehre?«

»Ich würde gern ein paar Ungereimtheiten mit Ihnen durchgehen, Mister Crawley.«

Der Sack hatte mich noch nicht ein einziges Mal mit Señor angesprochen. »Es wird wohl nichts nützen, wenn ich Ihnen versichere, dass ich gerade mitten in einer wichtigen Arbeit stecke.«

»Richtig.« Sein Schnauzbart hob sich durch sein ironisches Lächeln. Manita zog es vor zu verschwinden. Katzen haben ein feines Gespür für Menschen.

»Also bitte, dann kommen Sie herein.«

Er schob sich an mir vorbei, die Diele entlang bis ins Wohnzimmer. »Miss Verbeek.«

»*Bon dia*, könnten Sie bitte leise sprechen, ich arbeite.«

»Jeder in diesem Haus scheint zu arbeiten.«

»Die Katzen nicht.«

»Sie haben einen schwer verdaulichen Humor, Mister Crawley.«

»Es gibt Menschen in Calonge und Umgebung, die das anders sehen.«

»Kaum zu glauben.«

»Aber wahr. Kaffee, Eistee?«

»Nein, danke.«

»Ah, ich verstehe, Sie trinken nicht mit Mördern.« Verblüfft hielt Robles inne. »Noch ein Scherz, Inspektor.«

»Ich lache dann später.«

»Wie's beliebt. Was gibt es denn so Wichtiges?«

»Die Ergebnisse der Rechtsmedizin sind eingetroffen.«

»Nach nur zehn Tagen, Respekt, das ist ja nah an der Lichtgeschwindigkeit.«

»Machen Sie sich ruhig lustig, Mister Crawley.« Auf seiner Stirn bildete sich eine Zornesader. »Die Untersuchung der Eintrittswunde hat Unregelmäßigkeiten ergeben, die der Aufklärung bedürfen. Die Wundränder weisen zwei verschiedene Grade an Verschorfung auf. Das dürfte angesichts der Tatsache, dass die Mordwaffe neben dem Opfer lag und er sie scheinbar selbst herausgezogen hat, faktisch unmöglich sein.«

»Erhellen Sie uns Unbedarfte – das kann also nicht sein?«

»Nein, natürlich nicht. Rekonstruieren wir den Tathergang.«

»Ich hole mir ein Wassereis.«

»Mister Crawley!«

»Au ja, bringst du mir eins mit?«

»Zitrone, Waldmeister oder Cola?«

»Waldmeister, das schmeckt irre künstlich.«

Ich schnippelte die gefrorenen Plastikschläuche auf und setzte mich neben Luisa auf die Couch. Gemeinsam nuckelten wir an unserer Chemiebrühe. Robles zupfte seine Weste zurecht und begann wieder vor und zurück zu wippen. »Der Täter hatte freien Zugang zum Haus, besaß also entweder einen Schlüssel oder klingelte, und ihm wurde Einlass gewährt.«

»Einer von Victors Saufkumpanen.«

»Ich würde Sie bitten, einfach zu schweigen, Mister Crawley, umso schneller sind wir womöglich fertig.«

Ich versiegelte meinen Mund mit einem imaginären Reißverschluss.

»Der Täter …«, begann er erneut.

»Warum sagen Sie immer *der Täter*, es können doch auch zwei oder noch mehr gewesen sein.«

»Wenn Sie glauben, mich durch Ihre unqualifizierten Einlassungen aus dem Konzept bringen zu können, dann haben Sie sich geirrt, Miss Verbeek.« Er blies einmal seine Wangen auf und fuhr dann fort. »Die Tat an sich muss Victor Nuñez überrascht haben, denn es gibt keinerlei Hinweise auf Abwehrverhalten.«

Am liebsten hätte ich schon wieder einen sarkastischen Kommentar abgegeben, aber ich zügelte mich.

»Der Täter sticht in der Küche zu, mit einem Messer aus dem Haushalt der Familie. Nuñez ist überrascht, er sinkt zu Boden, fällt auf den Rücken. Er hat sicher noch die Zeit, seinem Mörder ins Gesicht zu sehen.«

»Warum sollte er das tun?«

»Weil der Täter sich vergewissern wird, ob er erfolgreich war. Er wird sich über das Opfer beugen. Jetzt wird es spannend. Nuñez zieht die Klinge aus seiner Brust … und verblutet elendig. Die Klinge liegt neben der Leiche, aber es sind keine Fingerabdrücke darauf zu finden.« Robles' Augen funkelten gefährlich. »Wie ist das möglich?«

»Der Täter hat sie abgewischt?«, spekulierte Luisa.

»Ja, das hat er.«

»Na und?«

»Aber dann müsste er gewartet haben, bis Victor tot ist.«

»Ging vielleicht ganz fix.«

»Oh nein, laut Befund der Pathologen hat es sicher eine geraume Weile gedauert, aber kommen wir jetzt zu den unterschiedlichen Graden der Verschorfung an den Wundrändern. Ich werde Ihnen jetzt darstellen, wie der Mord nach meinem Dafürhalten abgelaufen sein muss.«

Ich nickte gelangweilt. Luisa lehnte sich an meine Schulter. Wahrscheinlich würde sie auch eine passable Schauspielerin abgeben.

»Der Mord geschieht wie bereits beschrieben, dann aber verharrt der Mörder nicht etwa neben dem Sterbenden, sondern verlässt den Tatort. Das Messer steckt zu diesem Zeitpunkt fest im Brustkorb. Nuñez verliert kaum Blut. An der Eintrittswunde verklumpt das Blut im angrenzenden Gewebe. Der Körper reagiert mit einem Gerinnungsprozess. Etwa neunzig Minuten nach der Tat kehrt der Mörder zurück. Entsetzt muss er feststellen, dass Nuñez noch immer unter den Lebenden weilt. Er muss ein zweites Mal zur Tat schreiten. Das Messer wird noch einmal tiefer in den Körper gedrückt. Ein Teil des Schorfs bröckelt ab, der Rest bleibt am Körper des Opfers kleben.«

Joschi, Luzifer und Karlo strichen als Gang der *Casa* um Robles Beine.

»Aber Victor Nuñez will einfach nicht sterben. Das Messer hat keine lebenswichtigen Organe verletzt, also greift der Mörder zum letzten Mittel.« Robles sah mich triumphierend an. »Er zieht das Messer aus dem Körper, der jetzt sehr schnell an Blut verliert und endlich erlöst wird, wenn ich das so sagen darf. Der Täter wartet noch ein paar Minuten ab, dann ist es vorbei.«

»Er flieht«, vermutete Luisa.

»Aber nein, wozu denn? Das ist ja das Geniale an diesem Schachzug. Der Täter muss nicht fliehen, nur die Polizei anrufen und das Auffinden des Opfers melden. Nur so kann es gewesen sein, denn nur bei diesem Tathergang lassen sich die unterschiedlichen Sedimentierungsrückstände an der Austrittswunde erklären.«

»Ich dachte, Victor Nuñez hätte sich selbst das Messer aus der Brust gerissen«, warf Luisa ein.

Inspektor Robles lächelte hintergründig. »Wohl kaum.«

»Tja, hätten wir den Täter dann nicht sehen müssen?«, fragte ich unbedarft. »Wir bewegen uns in einem engen Zeitkorridor.«

»Mister Crawley, Sie spielen diese Rolle wirklich ganz vorzüglich, wenn auch nicht wirklich Oscar-verdächtig. Natürlich hätten Sie den Mörder sehen müssen, wenn es denn diesen ominösen dunklen Wicht wirklich geben würde.«

»Gibt es nicht?«, fragte Luisa mit großen Augen.

»Das wissen Sie doch ganz genau.«

»Vielen Dank, Inspektor, das war eine unterhaltsame Vorführung. War es das jetzt?«

»Wie bitte?«

»Also, ich würde mal vorschlagen, entweder nehmen Sie mich fest …« Ich hielt ihm meine ausgestreckten Arme hin. »Oder Sie lassen uns weiterarbeiten. Wir haben feste Termine.«

Er nickte gelassen. Das machte mir mehr Angst als seine Beweisführung, denn offenbar zog er aus der forensischen Analyse die richtigen Schlüsse und war wild entschlossen, mich zu überführen.

»Mister Crawley, dies ist ein weiterer Baustein in der Mauer, die sich um Sie und Ihre Gefolgschaft auftürmt.«

»Wie schade, Inspektor, dass Sie ihre Zeit so dermaßen unnütz verplempern. Mal sehen, womöglich engagiere ich einen Privatdetektiv, der den wahren Mörder jagt. Sie scheinen dazu ja nicht in der Lage zu sein.«

»Bis bald, Mister Crawley.«

Himmel, was für ein theatralischer Abgang …

Arlo Gibbins

Der Meister trug einen gigantischen Schlapphut, geknautscht wie der Träger selbst. Um die faltigen Augen herum war eine Schicht Mascara aufgetragen. Schrecklich, wie in einem drittklassigen Horrorstreifen. *Walking Dead*, neunundneunzigste Staffel … Ein Christopher Lee Gedächtnis-Outfit.

Irgendwie schrumpfen Megastars mächtig zusammen, wenn man ihnen von Angesicht zu Angesicht gegenübersteht. Um seine dürren Beine baumelte eine verwegen bunte Baumwollhose, der käsige Oberkörper wurde nur von einer nicht minder bunten Bluse bedeckt, deren Knöpfe allesamt geöffnet waren.

Er begrüßte uns freundlich und teilte mir kalt lächelnd mit, dass er das gesamte Fantasie-Genre für ausgemachten Blödsinn hielt. Er vermutete stark, dass wir Autoren vor dem Jüngsten Gericht der freischaffenden Künstler keinen Bestand haben würden, ergo war ich wohl eine verlorene Seele. Vor den Toren des musikalischen Olymps würde ich ganz sicher abgewiesen werden.

Ich erwog, ihm seine gruseligen Alben aus der Zeit seiner religiösen Einkehr unter die Nase zu reiben, entschied mich aber zugunsten Luisas dagegen.

Welches denn meine Lieblingssongs wären?

Ich sagte *Bloody Morning, Joseline* und *Tell The Truth*. Mehr Lieder fielen mir, ehrlich gesagt, nicht ein.

Das seien ja alles olle Kamellen aus den Siebzigern, bemängelte der Poet verschnupft. Ja, beschied ich. Jeder Künstler hätte halt eine besonders potente Schaffensphase. Welche neueren Songs ich denn für gut befände? Eigentlich gar keinen, konnte ich mir dann doch nicht verkneifen. Von wegen der Fantasie-Autoren, die in der literarischen Hölle vor sich hin schmorten. Er nahm es mir nicht wirklich übel – hoffte ich zumindest. Ob denn meine junge Nachwuchskünstlerin, die sich dezent im Hintergrund hielt, einen seiner Songs spielen könne? Luisa präsentierte das Gitarren-Intro seiner letzten CD. Der Maestro war sichtlich angetan und schürzte anerkennend die Lippen.

»Ich hoffe, diesmal ist die Arena ausverkauft«, quengelte er zum Abschied, jetzt bedürfe er dringend einer Massage.

»Bei den Eintrittspreisen ist kaum damit zu rechnen«, gab ich zu bedenken. »So viel Kohle haben die Katalanen nicht.« Und seien wir doch mal realistisch, der letzte Hit des Nasenmannes lag immerhin auch schon einige Jahrzehnte zurück. »Karten ab einhundertzwanzig Euro, das ist ein wenig deftig.«

»In Vegas könnte ich locker das Doppelte verlangen.«

»Wir befinden uns aber zwischen Palamos und Palafrugell, und hier wird im ganzen Jahr wahrscheinlich weniger verdient als in einer Nacht in Las Vegas verzockt.«

Noch am selben Tag fuhren Wagen mit Lautsprechern durch die Küstenorte und boten die Eintrittskarten für sage und schreibe dreißig Euro an.

Der Kandidat

Am Nachmittag sah ich kurz bei Garcia vorbei, der mich erwartungsvoll empfing. »Ihnen ist etwas eingefallen, Arthur, das sehe ich doch sofort.«

»Bieten Sie Reyes den Posten im Stadtrat an.«

»Aber das ist doch keine neue Idee«, jammerte der *Alcalde* enttäuscht.

»Oh doch. Verkaufen Sie ihm die Sache folgendermaßen: Es liegt außerhalb Ihrer Amtsgewalt, den Rat einfach um einen Sitz aufzustocken, denn schließlich sind Sie kein Alleinherrscher.«

»Und wie soll uns das helfen?«

»Sie sind durchaus bereit, diesen Platz einzurichten, aber er muss öffentlich ausgeschrieben werden, damit sich jeder Bürger der Gemeinde bewerben kann.«

»*Bueno*, aber ich sehe immer noch nicht, wie uns das helfen könnte, Reyes zu verhindern.«

»Nun, ganz einfach, wir stellen einen Gegenkandidaten auf.«

»Und der kickt den *Chantajista* aus dem Ring.« Garcia stellte sich auf die Zehenspitzen, um mir auf die Schulter zu klopfen. »Famos eingefädelt!«

»Vorher verlangen wir von ihm eine schriftliche Erklärung, dass er auf alle Ansprüche gegenüber der Stadt bezüglich des Grundstückes verzichtet.«

»Genial! Ich wusste doch, dass ich mich auf Sie verlassen kann. Wann sollen wir die Plakate drucken?«

»Plakate?«

»Na, die Wahlplakate. Sobald wir Reyes Unterschrift haben, legen wir los.«

»Na ja, zunächst einmal sollten Sie sich einen Kandidaten ausgucken.«

Garcia lächelte gewinnend. »Also, muss ich Sie denn offiziell bitten?«

Erschrocken sah ich mich um, aber da war niemand außer mir in seinem Oficina. »*Ich?*«

»Wer denn sonst?«

»Nein!«

»Die Menschen mögen Sie, Arthur.«

»Ich bin kein Katalane, ich bin Protestant, unverheiratet, habe bekanntermaßen ein Verhältnis mit Alicia Nuñez und stehe unter Mordverdacht, auf der Liste von Inspektor Robles ganz weit oben. Ich würde mal vermuten, das sind nicht die besten Voraussetzungen, um eine Wahl zu gewinnen. Geht das denn überhaupt?«

»Sicher geht das, Sie sind EU-Bürger, Arthur, damit haben Sie bei Kommunalwahlen uneingeschränktes Stimmrecht und können selbstverständlich auch kandidieren.«

»Ich halte das für keine gute Idee. Robles …«

»Robles ist ein sturer Dickschädel und dumm dazu, wenn er sich in seine Ideen verbeißt. Selbst wenn Sie … sagen wir einmal, irgendwie in diese tragische Geschichte involviert wären …« Der Bürgermeister sah mich ernst an. »Was ich natürlich nicht annehme …« Sein Gesichtsausdruck verriet genau das Gegenteil. »Victor Nuñez war ein stadtbekannter Säufer, ein Schläger, ein Lügner, ein Dieb, ein Hehler und Frauenheld. Dass er anfing, seine eigene Frau zu schlagen, war die letzte abscheuliche Steigerung.« Garcia setzte sich würdevoll auf seinen erhöhten Stuhl hinter dem ausladenden Mahagoni-Schreibtisch. »Wenn Sie meine Meinung dazu hören wollen, Arthur, hat der Täter Alicia und der ganzen Gemeinde einen verdammt großen Gefallen getan.«

Er faltete fromm seine Hände. Ich sah betroffen zu Boden.

»Nicht alle Dinge, die man im Laufe seines Lebens tun muss, entsprechen den gesellschaftlichen Regeln, Arthur. Manchmal ist es weitaus mutiger, diese starren Konventionen aufzubrechen, als ihnen blind zu folgen. Wer immer Victor Nuñez vom Leben auf die andere Seite der Nacht befördert hat, wird sehr ureigene Gründe für diese Tat gehabt haben, und sei es nur, um einer wunderbaren, ehrbaren, fleißigen und gutherzigen Frau ein menschenwürdiges Leben zu bescheren.«

»Sie sind ein verkappter Philosoph, Carles.«

»Wenn Sie möchten, werde ich mit Robles reden.«

Ich schüttelte den Kopf. »Sie gehen also auch davon aus, dass ich …«

»Nein, Arthur, nein. Ich wollte Ihnen nur deutlich machen, ich sehe weniger einen brutalen Killer, als einen verantwortungsbewussten Vollstrecker.«

»Niedlich umschrieben.«

»Ich erwarte Sie zum Foto-Shooting, sobald Reyes die Verzichtserklärung unterschrieben hat.«

Das Konzert

Am Samstagabend war Alejandro Sanz in der restlos ausverkauften *Cap Roig Arena* aufgetreten. Ein Superstar in Spanien, eine Mischung aus Julio Iglesias (in mittleren Jahren) und dessen Sohn Enrique (halbwegs erwachsen).

Wir fuhren im Konvoi dic knapp zwanzig Kilometer bis zum Botanischen Garten, in den das Festivalgelände eingebettet war. Hinter der Windschutzscheibe meines Méhari klemmte der Ausweis für beteiligte Künstler und autorisiertes Personal. Zwei grimmig dreinblickende Security-Kleiderschränke winkten uns lässig durch die Schranke, die uns von den Normalsterblichen trennte. Ich gab Alicia zum Abschied einen Kuss, dann warf ich einen sorgenvollen Blick auf meine Beifahrerin, die ihre Arme um die angewinkelten Knie geschlungen hatte.

»Nervös, Kleines?«, fragte ich Luisa.

»In mir zittert alles, der Magen, der Darm und so weiter.«

»Du bist gut, das weißt du doch.«

»Das ist was anderes als die fünfzig Leute im *Friends,* die nebenbei Frikandellen mümmeln.«

»Ja, es ist viel schöner, weil die Menschen kommen, um dir zuzuhören.«

»Sie wollen Gibbins hören und nicht Luisa Verbeek.«

»Ach, Quark, es gibt jede Menge Beispiele dafür, dass Vorsänger oder Vorgruppen anschließend einen Megaerfolg hatten.«

»Das sagst du nur so.«

»Nee, echt jetzt.«

»Nenn mal jemanden – und wehe, du schummelst.«

»Würde ich mir nie erlauben. Lass mich die Gitarre tragen.«

Wir trotteten, immer begleitet von Wachpersonal, in den Backstage-Bereich.

»Da wäre zum Beispiel *T. Rex*, sprich: Marc Bolan.«

»*Hot Love.*«

»Unter anderem. Marc Bolan und Mickey Finn traten als Opening Act für die Who auf. Die Leute waren so begeistert, dass Pete Townsend nach drei Shows eine Korrektur vornahm und lieber eine namenlose Krachmacherband engagierte. Tyrannosaurus Rex waren aber in aller Munde und bis zum tragischen Tod Bolans in den Siebzigern erfolgreicher als die Who.«

»Tolle Story. Wirst du hinter der Bühne sein?«

»Klar, auf der Seeseite.«

»Ich will dich sehen können.«

»Das kannst du, aber denk an dein Publikum, sei einfach du selbst, dann bist du umwerfend, Kleines. Sing einfach und verzaubere die Menschen.«

Wir erklommen die Stufen hinauf zur Bühne. Ein erwartungsvolles Summen lag in der Luft, anlaufende Verstärker, das Tippen eines Fingers auf ein eingeschaltetes Mikrofon, Gelächter und wildes katalanisches Stimmenwirrwarr.

Ein Barhocker, ein Stativ mit dem Mikrofon. Luisas einzige Ausstattung, aber mehr benötigte sie auch nicht. Die blonden Haare offen, aber durch einen geflochtenen Strang rund um die Stirn gebändigt, damit sie nicht irritierend ins Gesicht fallen konnten. Eine traumhafte, mit roten Ornamenten bestickte weiße Bluse, ein Geschenk von Mareike und Sergio, dreiviertellange Jeans, blütenweiße flache Slipper. Tropfenförmige goldene Ohrringe von Alicia.

Alles perfekt.

»Soll ich noch einen Knopf mehr aufmachen?«

»Nein.« Ich schüttelte versonnen lächelnd den Kopf. »Du bist wunderschön, ganz genauso wie du jetzt bist. Ich bin unglaublich stolz auf dich.«

»Aber ich habe noch gar nichts geleistet.« Ihre Augen schimmerten feucht.

»Aber das wirst du, ganz sicher. Du bist mein Mädchen, und ich liebe dich.«

Mit feuchten Händen nahm ich die Gitarre aus der Hülle und reichte sie Luisa. Auf der anderen Seite des Vorhanges ebbte der Lärm langsam ab. Der Moderator des Abends betrat die Bühne und dankte wortreich diversen Sponsoren und Gönnern des Festivals.

Luisa spielte einige Akkorde, um ihre Finger zu lockern. Ich konnte dieses heilige Fieber spüren, das in ihr wallte, diese Mischung aus Angst vor dem eigenen Versagen und der Vorfreude, den vielen Menschen die eigene Kunst vorzuführen, den Glauben an die eigenen Fähigkeiten heraufbeschwörend.

Die Tontechniker checkten vorsichtshalber noch einmal das Gesangsmikrofon. Am Vortag war alles recht glatt gelaufen, aber sicher war sicher. Sollte bei Maestro Gibbins der Sound nicht stimmen, würden sicher Köpfe rollen.

Einer der Techniker winkte zu uns herüber.

»Ich glaube, du solltest jetzt los.«

Luisa zögerte, ich sah wie eine leichte Panikattacke in ihrem Herzen aufzog. Ich nahm die Gitarre und legte sie kurz ab, schon lagen wir uns in den Armen.

»Du bist wie der Feuervogel, den du gleich besingst. Stark, unbeugsam und frei.«

»Und du bist wie der weise Fluss in *Zeit sich zu erinnern*. Ein Fels in der Brandung meines Lebens.«

Der Tontechniker fuchtelte immer hektischer mit beiden Armen.

»Jetzt geh da raus und hau sie um.« Ich hauchte ihr einen Kuss auf die Stirn.

Luisa nickte tapfer. »Lass mich niemals allein, okay?«

»Versprochen.«

»Distinguidos Invitados …«

In Luisas Blick lag so viel Liebe, dass ich weiche Knie bekam. Ich zog mich hinter den seitlichen Vorhang zurück, hatte einen vorzüglichen Blick auf die Bühne. Der Moderator kündigte Luisa als eine der hoffnungsvollsten Nachwuchskünstlerinnen Großbritanniens an und bat um einen herzlichen Empfang.

Luisa betrat die Bühne. Ein freundlicher Applaus. Zwei Scheinwerfer schälten sie aus dem sterbenden Tageslicht.

Sie lächelte und winkte kurz mit einer Hand ins Publikum. Wer von unseren Freunden es irgendwie geschafft und noch eine der verbilligten Karten ergattert hatte, war gekommen. Natürlich Alicia, Esteva, Mareike, Catalina mit ihren Töchtern Sonia, Manu und Maria, sogar Bürgermeister Garcia und Flores Rubio, meine hochgeschätzte Tierärztin.

Vor der Küste kreuzten unzählige Boote, Segler, Motorjachten, Ruderboote, mit Leuten, die sich die Musik kostenlos zu Gemüte führen würden.

»Ich freue mich so sehr, hier auftreten zu dürfen.« Erneuter wohlwollender Beifall. Ein kurzer Blick zu mir, ein Nicken, alles war gut. *»Mi primera canción es Firefly … Fuego Pájaro.«*

Luisa spielte das Intro zweimal. Nervosität machte sich in mir breit, dann aber die ersten Zeilen, ein bisschen wackelig, sehr bald immer sicherer und kräftiger: »*You are like a firefly, when no one else gets by, you stay by my side.*«

Der Refrain, die neu eingefügte Bridge – wunderbar. Die Menschen lauschten andächtig. Die Uptempo-Nummer ging sofort ins Ohr, nicht das beste Stück, aber das eingängigste. *Ist das gut – oder langweilen sie sich?*

Es war gut, es war … verdammt gut. Langanhaltender Beifall.

»*Gracias, muchas gracias.*« Luisas Stimme ganz beklommen vor Glück. Unsere Blicke trafen sich. Ich streckte beide Daumen hoch. »Mein nächster Song ist *Time To Remember – Tiempo para recordar.*«

Ein verspielter, rockender Blues à la Eric Burdon, Gary Moore oder Eric Clapton. »*Funny when a thing goes wrong …*«

Luisa sang mit solcher Leidenschaft und Überzeugung, dass mir schwindelig wurde. Als hätte sie meine stillen Gedanken gehört, wiederholte sie den Refrain am Schluss dreimal. Mit diesem Song hatte sie das Publikum für sich gewonnen. Ich sah, dass Alicia und der Rest der Platja-Gang zum Applaudieren aufstanden. Sie waren nicht die Einzigen. Dann kündigte sie ihren letzten Song an, was zu eindeutig enttäuschten Ahs und Ohs führte. *Into The Light.* Ein Lied über einen notorischen Säufer, der am Ende seines Lebens auf die glorreichen Augenblicke seiner vergangenen Jahre zurückblickt und so neue Kraft gewinnt, um noch einmal neu anzufangen. Das Stück endete mit einem furiosen Gitarrensolo.

»Sie ist nicht schlecht.« Der nasale Tonfall war mir durchaus bekannt.

»Sie ist fantastisch«, wies ich Mister Gibbins zurecht.

Er grinste. »Noch einmal so jung sein, noch einmal so einen Song schreiben«, sinnierte er melancholisch. »Was würde ich dafür geben …«

»Aber Sie bringen doch immer noch Platten heraus.«

Er lachte trocken. »Aber nicht so etwas Frisches. Alles neu aufgekocht, ein bisschen mehr *wall of sound*, aber nichts Neues. Sie haben es doch selbst festgestellt, Mister Crawley … meine große Zeit ist vorbei.«

»Aber die Menschen lieben Sie.«

»Sie lieben eine Legende.«

»Ist das nicht das Gleiche?«

»Nein, mir geht es wie den Rolling Stones und anderen altvorderen Recken. Die Leute kommen in unsere Konzerte, weil wir lebende Legenden sind und sie ihren Kindern diese greisen Rockveteranen noch einmal leibhaftig vorführen wollen, ehe wir in den Rock'n'Roll-Himmel entschwinden. Eigentlich ist das mehr ein Gruselkabinett.«

»Sie sind verdammt selbstkritisch. Warum gehen Sie dann immer noch auf Tour?«

»Weil dieser Rausch unvergleichlich ist, das Knistern der Verstärker, die tausend Gesichter, das Licht, der Applaus. Es ist eine Sucht, Mister Crawley, eine Droge, der man als Musiker, wie übrigens jeder anderer Künstler auch, nicht entsagen kann. Ich hoffe, dass ich auf der Bühne sterben werde. Ja, das wäre tatsächlich mein größter Wunsch.«

»Nun, ja … Vielleicht nicht unbedingt heute Abend …«

Gibbins lachte belustigt. »Ich werde mich bemühen.«

Luisa verbeugte sich überglücklich. Jetzt standen alle knapp zweitausend Besucher von ihren Stühlen auf und verlangten lautstark eine Zugabe. Hilflos sah Luisa zu mir und Gibbins herüber.

»Gebt dem Volke, was es verlangt«, deklamierte der alternde Barde gutmütig. »Los Mädchen, leg noch einen Song obendrauf.«

Luisa nahm die Gitarre wieder auf. Das Auditorium nahm wieder Platz. Es gelang mir, Alicia kurz eine Kusshand zu schicken.

»Danke, vielen, vielen Dank. *Muchas gracias.* Ich habe gerade ein Zeichen bekommen, dass ich noch ein Lied spielen darf.«

Aufmunternde Pfiffe, Beifall. »Ich möchte mich mit einem Lied von euch verabschieden, das ich in letzter Zeit ununterbrochen gehört und auch gespielt habe, immer dann, wenn ich allein war, wenn es mir nicht gut ging und ich Trost in meiner Musik suchte.«

Luisa sah mich mit einem Blick an, den ich kaum beschreiben kann. Da war Wärme, aber auch eine unglaubliche Verletzlichkeit, eine unausgesprochene Bitte, Hoffnung und Zuversicht.

»Ich widme dieses Lied meinem eingeschworenen Bruder Arthur, der mich vor dem Absturz in ein schwarzes Loch gerettet hat und mir jeden Tag aufs Neue die Kraft gibt weiterzumachen.«

»Hey, Sie müssen ja mächtig Eindruck auf die Kleine machen.«

»Mir fehlen die Worte, Mister Gibbins.«

Luisa richtete die Gitarre aus. »Das Stück heißt *Can You Feel My Heartbeat.* Danke für alles, Arthur, *muchas gracias Cap Roig.*«

Intro. Perfekt gespielt. Woher nahm sie nur diese Präzision?

Ich fühlte mich an das Kapitel erinnert, als Jack und Irina fünf Tage in Ruhe und inniger Zweisamkeit auf einem kleinen Hausboot vergönnt gewesen waren, an die Fahrt dorthin, an das Lied, an den Schnee, das prasselnde Feuer im Kamin und die langen Spaziergänge. Wie wundervoll es gewesen war, diesen Abschnitt des Buches zu schreiben.

»*In the bar room on the corner, where first I saw my true love …*«

Von einem weißen Segler stieg eine rote Leuchtkugel in den Himmel, einen Feuerschweif hinter sich herziehend, explodierte dann fast lautlos und sandte einen goldenen Sternenregen zur Erde.

»*Can you feel my heartbeat …*«

Ich konnte Luisas Herzschlag hören, und etwas in mir klang durchdringend wie eine riesige Glocke.

Frenetischer Applaus.

Luisa hielt ihre Gitarre in der rechten Hand und verbeugte sich ein letztes Mal, dann flog sie in meine Arme. Ich musste nichts sagen. Der fünfundsiebzig Jahre alte, knittrige Songwriter zog anerkennend eine Augenbraue hoch.

Der Gute hatte es anschließend gar nicht so leicht, zu seinem Publikum durchzudringen.

Die letzten Tage im August. Langsam wurde die Hitze wirklich unerträglich. Kein Lüftchen wollte sich regen, selbst unten am Meer kaum Abkühlung. Man musste sich in den Schatten oder unter einen dicken Sonnenschirm flüchten, um nicht wie ein Spanferkel gebraten zu werden. Nun ja, die Gäste von der Insel und aus Skandinavien schienen immun gegen die Hitze zu sein – oder einfach nur bescheuert.

Luisas Auftritt hatte sich schnell herumgesprochen, sie bekam Angebote von allen möglichen Bars und Kneipen an der Küste, die sie aber allesamt ablehnte.

»Ich bleibe hier bei euch, das reicht mir. Catalina hat meinen Auftritt mitgeschnitten, nur mit dem Smartphone, aber immerhin.«

»Mal sehen, ich glaube, es gibt ein kleines Studio in Girona, vielleicht können wir das mal anmieten und ein Demo-Tape produzieren.«

»Mann, das wäre megacool.«

»Du hast es dir redlich verdient.«

»Wenn ich dich nicht hätte.«

Ruhe in Frieden

Mittwoch, der 31. August. 32 Grad um neun Uhr morgens.

»Ich finde es scheiße, dass dieser Verräter die Trauerfeier abhält.« Luisa war richtig erbost. »Dieser Pfaffe wollte dich ans Messer liefern, Alicia.«

»Vater Emmanuel ist halt der Geistliche der Gemeinde.«

»Ein Riesenarschloch ist er.«

Alicia sah betreten zu Boden.

»Entschuldige bitte, ich wollte dich nicht verärgern.«

»Die ganze Chose ist für Alicia schon schwer genug«, mischte ich mich besänftigend ein. »Wir müssen gemeinsam sehen, dass wir die Prozedur unbeschadet überstehen, danach können wir hoffentlich einen Schlussstrich ziehen.«

Wenn da nicht dieser bärbeißige Robles wäre … *und Steve Ford!*

Die Gerichtsmedizin hatte Victor Nuñez' Leichnam zur Bestattung, in diesem Fall Verbrennung, freigegeben. Wie in Katalonien üblich, würde die Urne in ein gemauertes Fach auf dem *Cementerio Municipal* beigesetzt werden. Vorher galt es allerdings, die Trauerfeier in *Sant Pere* zu überstehen.

»Du musst nicht mitkommen«, hauchte Alicia. »Ihr beide müsst das nicht.«

»Du denkst doch wohl nicht ernsthaft, dass wir dich das allein durchstehen lassen.« Luisa nestelte vergeblich an der Schließe ihrer grauen Bluse.

»Du hörst dich reichlich verkatert an«, bemerkte ich argwöhnisch.

»Vier Zugaben.«

»Du machst zu viel, Kleines, schon dich ein bisschen. Denk an Adele, die hat zu viel Konzerte gegeben und musste lange pausieren.«

»Macht aber total Spaß.«

»Ja, sicher. Nur wird der Spaß aufhören, wenn sich deine Stimmbänder entzünden. Wir wollen doch bald ins Studio.«

»Hast ja Recht, *Massa Bwana.*«

Mit Schrecken dachte ich daran, den schützenden Schatten und die Klimaanlage der *Casa* verlassen zu müssen. Ächzend versuchte ich den Knopf der schwarzen Leinenhose zu schließen. Die saß auch schon mal bequemer. Wahrscheinlich beim Waschen eingelaufen.

Alicia trug ein einfach geschnittenes schwarzes Kleid und schwarze Slipper, die braunen Haare zum Pferdeschwanz gebündelt, ähnlich wie Luisas blonde Mähne.

»Auf in die Schlacht, meine getreuen Amazonen.« Ich schritt voran, die Katzen sahen der dunklen Prozession gelangweilt hinterher.

Die Kirche war rappelvoll, das war zu befürchten gewesen. Pater Emmanuel verzichtete darauf, uns persönlich zu begrüßen, dazu fühlte sich allerdings Inspektor Robles berufen.

»Alle drei, sieh mal einer an«, knurrte er. »Sie haben Nerven.«

Ich schwitzte, obwohl ich die Anzugjacke nur wegen der Etikette über dem Arm trug. »Und genau auf diesen trampeln Sie gerade sinnlos herum«, entgegnete ich mürrisch. Warum ölte der Kerl trotz Weste und Anzugjacke eigentlich nicht? *Robles ist womöglich ein Alien.* Ich musste innerlich kichern. »Sie entschuldigen uns, Inspektor, die Show fängt gleich an.«

»Sie sind wirklich nichts weiter als ein von Gott vergessener Protestant, Mister Crawley.«

»Das will ich doch stark hoffen.«

Luisas Blicke verschossen bösartige Blitzpfeile. Wir nahmen Alicia in unsere Mitte und defilierten an der versammelten Gemeinde vorbei. Als Einzelkind aufgewachsen, war sie durch den frühen Tod ihrer Eltern bereits mit dreißig Jahren auf sich allein gestellt gewesen. In der ersten Reihe links waren Plätze für uns reserviert. Ana Cruz begrüßte Alicia mit ernster Miene.

Die große Pforte wurde geschlossen. Die Orgel spielte, für mein Befinden schrecklich daneben, aber das passte zu dem Anlass.

Pater Emmanuel erklomm, ohne seine Gemeinde auch nur eines Blickes zu würdigen, die Kanzel. Mir schwante Unheil, und ich sollte mich nicht täuschen.

»Du sollst nicht morden, 2. Mose 20, Vers 13.« Er versuchte abwechselnd Alicia und mich zu fixieren. Ich nahm ihre Hand. Sie zitterte. »Wer jemand mit einem Eisen schlägt, dass er stirbt, der ist ein Totschläger und soll des Todes sterben. 4. Mose 35, Vers 16.«

Ein unruhiges Grummeln machte sich in *Sant Pere* breit. Der Geistliche gebärdete sich angriffslustig und von einer Mission beseelt wie ein Besessener – fragte sich nur, welcher geifernde Dämon Besitz von ihm ergriffen hatte. Das Ganze hatte nichts von einer Trauerfeier.

»Ihr habt gehört, dass zu den Alten gesagt ist: Du sollst nicht töten; wer aber tötet, der soll des Gerichts schuldig sein. Matthäus 5, Verse 21 und 22.« Wieder ließ er die Worte einsickern.

»Victor Nuñez wurde kaltblütig vom Leben zum Tode befördert, herausgerissen aus seinem Schaffen, seinem Wirken.«

»Wenn der so weitermacht, hole ich ihn von der Kanzel«, flüsterte Luisa entsetzt. »*Sein Wirken und Schaffen*, ich könnte kotzen.«

»Bleib ruhig, Kleine«, mahnte ich, nicht minder verärgert.

»Kein Mord kann vergeben werden, kein Unrecht kann durch eine solche Tat gerechtfertigt werden. Wahrlich, ich sage euch, die Hölle ist zu gut für diesen schändlichen Täter.«

»Hör einfach nicht hin.« Ich sah Tränen über Alicias Gesicht laufen, ihre Lippen bebten, und ihre Hand umfasste die meine mit schmerzhafter Intensität.

»Der Herr hat zu richten mit den Heiden und will mit allem Fleisch Gericht halten; die Gottlosen wird er dem Schwert übergeben, spricht der Herr. Jeremia 25, Vers 31.«

Trotzig hielt ich dem Blick des Eiferers stand. Inspektor Robles stand an der rechten Wand unter einem bunten Fenster, das den Schutzpatron *San Jorge* darstellte, der wie auf unzähligen anderen Darstellungen mal wieder einen Drachen aufspießte.

»Danach, wenn die Lust empfangen hat, gebiert sie die Sünde, die Sünde aber, wenn sie vollendet ist, gebiert den Tod. Jakobus 1, Vers 15.« Emmanuel lächelte maliziös. »Der Herr vergibt vieles, aber nicht alles. Nur wer sich zu seinen Sünden bekennt, darf darauf hoffen, dass ihm ein Teil seiner Schuld erlassen wird und der Aufenthalt im Fegefeuer verkürzt wird.«

Fegefeuer, na klar, was kommt denn als Nächstes – *glühende Hausschuhe, Daumenschrauben, Streckbrett? Die eiserne Jungfrau?*

Robles und Vater Emmanuel tauschten einen langen Blick.

Die Sache ist abgekartet, schoss es mir in den Sinn. *Er hat sich mit Robles abgesprochen, der verfluchte Hurensohn, er versucht, Alicia weichzukochen!*

»Siehe meinen Jammer und mein Elend und vergib mir all meine Sünden. Psalm 25, Vers 18. Ja, so kann es geschehen, dass der Herr in seiner Güte und Barmherzigkeit Milde walten lässt, aber dazu muss der aufrichtige und ehrliche Wunsch bestehen zu bereuen, zu gestehen.«

»Ruhig, ganz ruhig.« Ich merkte, wie Alicia neben mir immer unruhiger wurde, wie ihr Atem schneller ging.

»Ich kann das nicht, Arthur. Ich muss um Vergebung bitten. Ich muss mich stellen, es gibt keinen anderen Ausweg.«

»Du hast es nicht getan.«

»Doch, das habe ich, ich wollte es so sehr.«

Robles begann heftig zu wippen. Er ließ uns, die wir unsere Köpfe zusammengesteckt hatten, nicht mehr aus den Augen.

»Und ihr sollt keine Versühnung nehmen für die Seele eines Totschlägers; denn er ist des Todes schuldig, und er soll des Todes sterben. 4. Mose 35, Vers 31.«

»Ich drehe ihm seinen kurzen Hals um«, zischte Luisa wütend. »Es reicht!« Der Rest der Gemeinde wirkte inzwischen vollkommen verstört. Ratlose Blicke irrten umher, ein Tuscheln und Flüstern.

»Oh Gott, Arthur …«

»Alicia, bitte, halt durch, es ist gleich vorbei.«

Hilfe kam von ganz unerwarteter Stelle. Ana Cruz, die in der Reihe direkt hinter uns saß, beugte ihren Kopf nach vorn, sodass sie Alicia ins Ohr flüstern konnte. »Geben Sie nichts auf seinen Sermon, Alicia, er ist selbst ein viel größerer Sünder, als Sie es für möglich halten würden.«

»Wirklich?«

»Es gab eine Zeit, da konnte ich mich seiner Nachstellungen kaum erwehren.« Alicia atmete etwas ruhiger. »Jetzt scheint er auf den Geschmack gekommen zu sein, ans andere Ufer zu wechseln.«

»Ans andere Ufer der Nacht?«, fragte Alicia unbedarft.

»Oh, nein.« Ana lachte lautlos. »Das andere Ufer der Begierden.«

Robles beobachtete uns mit Argusaugen. Wahrscheinlich wäre er am liebsten herübergekommen, um uns auseinanderzubringen.

»Danke, Ana.« Ich nickte der Haushälterin aufmunternd zu.

»Wenn es einen gerechten Gott gibt, dann wird er diesen Heuchler in die Hölle befördern.«

Der Geistliche holte zum entscheidenden Schlag aus. »Darum fordere ich, im Angesicht unseres Herrn: Möge sich der Mörder hier und jetzt offenbaren, so werde ich ihn … oder sie …«, jetzt sah er Alicia provokant an, »in meine Gebete einschließen und um Abmilderung der Strafe bitten.« Er faltete theatralisch die Hände.

Ich räusperte mich und stand auf. Alicia und Luisa sahen mich erschrocken an. Robles fielen fast die Augäpfel aus den Höhlen.

Auf seinem Gesicht erschien ein triumphierendes Lächeln. Er wähnte sich am Ziel seiner Bemühungen.

Pech gehabt, Javert, das Spiel ist noch nicht aus.

»Bei allem Respekt, Inquisitor Emmanuel … Ist das hier ein von Ihnen inszeniertes Jüngstes Gericht oder eine Trauerfeier für einen Verstorbenen?«

Zustimmendes Gemurmel, Kopfnicken.

»Sie sind ein Frevler vor dem Herrn!«

»Das mag sein, dennoch bitte ich Sie nun inständig, *Sant Pere* nicht zu missbrauchen. Dies ist ein geweihter Ort, und Sie benutzen diese Kirche seit geraumer Zeit ausschließlich für einen persönlichen Rachefeldzug.«

»Sehr richtig, gut gesprochen!« Halleluja, das war mein kleiner Bürgermeister Carles Gonzales Garcia. Beifälliges Murmeln.

Padre Emmanuel sah unstet auf seine Schäfchen herab. Eine Wand aus Missbilligung baute sich vor ihm auf. Ana Cruz gab dem Organisten ein Zeichen, der unverzüglich *Befiehl du deine Wege* spielte. Ich gab Sergio und Javier einen Wink. Sie gingen zum Altar und nahmen die Urne auf. Ohne Zögern strebten sie auf den Ausgang zu. Unaufgefordert erhob sich nun auch die Trauergesellschaft. Die Türen öffneten sich, und meine beiden Freunde beförderten das Gefäß zum Leichenwagen. Schweigend verließen die Menschen ihre Kirche.

»Das ist ungeheuerlich, ihr seid alle verflucht.«

»Seien Sie still, Padre«, verlangte Garcia laut. »Sie haben schon genug Unheil angerichtet. Beten Sie lieber für Ihr eigenes Seelenheil.«

Robles verfolgte schwer atmend das Geschehen. Ich schickte dem Inspektor ein vertrauliches Blinzeln, verdammt, ich konnte einfach nicht anders.

»Spiel lauter!«, rief Javier zur Empore hinauf.

Im Nu war die Kirche leer.

Als wir am steinernen Friedhof ankamen, standen wir im engsten Kreis zusammen. Die Bewohner von Calonge und Platja gingen wieder ihren Tagesgeschäften nach. Es gab keinen Leichenschmaus, was angesichts der Umstände von Victors Nuñez Ableben nachvollziehbar erschien.

Alicia erlebte die Zeremonie, die nun ohne geistlichen Beistand problemlos über die Bühne ging, wie in Trance. Der Friedhofswärter stellte die Urne in das vorgesehene Fach und drapierte einen Kranz um das Gefäß. Sergio, Javier und die anderen verabschiedeten sich stumm. Zurück blieben wir drei.

»Er war früher ein guter Mann«, sagte Alicia tonlos.

Ich drückte sanft ihre Hand. »Möchtest du einen Moment allein sein?«

Sie nickte nur. Luisa und ich warteten am Auto.

»Der Plan wäre fast aufgegangen«, keuchte ich.

»Verdammte Drecksbande, ein Pfaffe und ein Bulle in trauter Zweisamkeit. Wer hätte das gedacht? Ziemlich schräge Allianz. Dieser Robles ist ein verdammt gewiefter Taktiker.«

»Himmel, ich muss diese Hose loswerden.«

»Sei vorsichtig, großer Bruder, wenn Robles dich in Unterhosen hinter dem Steuer erwischt, verhaftet er dich wegen Erregung öffentlichen Ärgernisses.«

Ich musste schmunzeln. »Was für ein Drama.«

»Ja, aber der letzte Akt hat noch lange nicht stattgefunden. Weißt du, was mir am meisten Sorge macht, Arthur? Steve.« Wir sahen uns ernst an. »Wie vom Erdboden verschluckt.«

»Vielleicht ist er zurück nach England, kümmert sich mit der Tusse um deine Erbschaft«, vermutete ich. »Ich habe Audrey gebeten, nachzuforschen. Sie hält uns auf dem Laufenden.«

»Ja, das ist gut.«

Alicia kam durch das Tor des *Cementerio*. Blass, aber wunderschön, die Schultern nicht gebeugt. Ich wertete das als ein gutes Zeichen.

Eines langen Tages Reise in die Nacht

Luisa fütterte die Katzen, derweil ich die vermaledeite, viel zu eng gewordene schwarze Hose in einen Müllsack stopfte. Alicia schnippelte Zwiebeln und Tomaten für Bruschettas.

»Der Laptop bimmelt, ich glaube, es ist Audrey«, rief Luisa.

»Geh schon mal ran«, rief ich.

Audrey Parkers reichlich verquollenes Gesicht erschien auf dem Bildschirm.

»Ach, du je, was ist Ihnen denn zugestoßen?«

»He, komm schon, bin ich so alt, dass du mich siezen musst?« Audrey produzierte ein schiefes Lächeln. »Wir sind ja auch nicht auf *Tamariu.*«

»Dann müsstest du mich zu deiner eingeschworenen Schwester erheben, und wir müssten uns küssen.« Luisa konnte sich ein Kichern nicht verkneifen. »Was bei deinem Zustand sicher wenig angenehm wäre.«

»Scheiß Allergie!«, schimpfte Audrey stöhnend.

»Gräser, Bäume, Tierhaare?«

»Nüsse. Ich war gestern bei einem, äh, Bekannten eingeladen. Es gab Käse und Wein. Im Käse waren Walnüsse. Habe ich im Eifer des Gefechts nicht bemerkt.«

Ich setzte mich neben Luisa. »Muss ja 'n heißes Gefecht gewesen sein.«

»Sag nichts«, verlangte Audrey.

»Okay.«

»Hör auf zu grinsen.«

Im Hintergrund hörte ich, wie Alicia den Gasherd anwarf, um in der Pfanne Baguette-Scheiben in Olivenöl zu tränken und anzubraten.

»Die Lage ist hier so weit unter Kontrolle«, berichtete Audrey. »Ich werde dieses ungastliche Land morgen verlassen.«

»Kommst du endlich her? Und was heißt *unter Kontrolle*?«

»A: Ich bin auf dem Weg, mache aber noch einen Abstecher zu einem Freund in der Provence, nur ein oder zwei Tage, dann hüpfe ich über die Pyrenäen zu euch. B: Unter Kontrolle heißt, die Identität der Doppelgängerin wird nicht angezweifelt. Keine Ahnung, wie die das mit den Papieren gedreht haben, aber, na ja, ein gut gefälschter Ausweis kostet auch nur Zehntausend.«

»Die Polizei?«, hakte ich nach.

»Hat mit den Hinterlassenschaften von Fords Prostituiertenring zu tun. Alles geht den Gang aller Dinge, es sei denn, Luisa, die einzig wahre, taucht hier auf und macht Rabatz.«

»Das ist nicht unser Plan.«

»Dachte ich mir schon.«

»Nun ja, so weit, so gut.«

»Der Vorvertrag für die Serie ist eingetrudelt.«

»Auch gut.«

»Wenger ist aus dem Häuschen und plant schon Sonderdrucke. Wie schaut's aus an der katalanischen Front?«

»Robles gibt nicht auf, Ford bleibt unauffindbar, der Höllenpriester hat heute Morgen bei der Trauerfeier zugeschlagen, und ich werde wohl oder übel für den Stadtrat kandidieren müssen.«

»Volles Programm, Arty. Dein Buch?«

Luisa legte mir einen Arm um die Schulter. »Geht voran«, behauptete sie.

»Du gefällst mir.« Audrey verzog schmerzhaft ihr Gesicht. »Dein Auftritt war unglaublich toll.«

»Woher …«

»Ich habe ihr Catalinas Video geschickt«, beichtete ich.

»Cool.«

»Na schön, ihr drei. Ich melde mich spätestens, wenn ich in Frankreich abdüse. Und ich freue mich, Alicia leibhaftig kennenzulernen.« Audrey pustete einen schrägen Kussmund über den Satelliten. Das sah ziemlich lustig aus.

»Du solltest die nächsten Tage auf Knutschen verzichten«, riet ich weltmännisch. »Wegen der Folgeschäden.«

»Fällt mir bei meiner aktuellen Visage nicht schwer, da nimmt mich sowieso keiner.«

Den Rest des Tages verdösten wir unter Palmen. In der *Casa* der Häberlis schien der Haussegen reichlich schief zu hängen. Gritli beschimpfte ihren Köbi nach allen Regeln der unflätigen Kunst. Ich freute mich im Halbschlaf über die Zwistigkeiten und hoffte, sie würden vielleicht noch aufeinander losgehen und uns ein kleines Spektakel bieten. Es ging irgendwie um den Garten und nicht entsorgte Abfälle aus demselben. Ganz sicher ein Scheidungsgrund.

»Können wir heute Abend noch wegfahren?« Alicia trug jetzt an Stelle des schwarzen Kleides einen schwarzen Bikini.

»Runter nach Platja?«

»Nein, da kennen uns alle, aber ich möchte heute keine Bekannten treffen. Und das *Pa* ist doch zu, das heißt, ich habe einen freien Tag.«

»Gut, dann überlege ich mal kurz.«

»Du kannst natürlich gerne mitkommen, Luisa«, schränkte Alicia sofort ein.

»Ach, schon gut, ihr müsst mal Zeit für euch zwei haben. Ich wollte eh noch ein bisschen üben … und ein wenig an dem Schlusskapitel feilen.«

»Jetzt habe ich ein schlechtes Gewissen.«

»Bringt mir was Schönes mit. So 'n Lederarmband, nix Teures, nur was zum Auspacken.«

»Geht klar. Aber Luisa, du kannst hier nicht allein bleiben. Da draußen lauert irgendwo Ford, und er weiß, wo wir wohnen.«

»*Si claro.* Sobald ihr entfleucht, fahre ich runter zu Flores. Ich mache mir einen schönen Abend mit deiner Tierärztin. Und ja … ich werde auch dort übernachten. Das kostet aber eine Flasche Wein aus deinem Keller.«

»Du hast soeben die freie Auswahl gewonnen.«

Wir fuhren nach Llafranc.

Nicht weit weg, gerade mal zwanzig Kilometer. Eine wunderbare kleine Bucht im Schatten von Begur und Pals. Leider in der Hauptsaison inzwischen auch überlaufen, aber wenn man sich auskannte und gewillt war, einen Marsch von etwa einer Stunde auf dem neu geschaffenen Wanderweg entlang der Küste auf sich zu nehmen, gelangte man in eine winzige Bucht ohne eigenen Namen mit der noch winzigeren *Bodega Término* – Endstation. Eine passende Bezeichnung für das weiß getünchte Häuschen, das im Parterre ein Restaurant und in der ersten Etage die Wohnung der Wirtsleute beherbergte.

Gerade einmal zwei Pärchen mittleren Alters hatten sich an diesem Abend hierher verirrt. Ein Geheimtipp halt, hoffentlich noch sehr lange.

Alfonso regierte in der Küche und seine Frau Maria in der Schankstube. Natürlich gab es im Sommer auch einen Außenbereich, der aus drei Tischen und sechs Stühlen bestand. Die Sitzgruppen waren so arrangiert, dass den Gästen eine ausreichend persönliche Sphäre garantiert wurde.

Die Schuhe noch in der Hand, setzten wir uns an den freien Tisch. Es dauerte eine Weile, ehe Maria, zwei dampfende Teller mit Pizzen jonglierend, aus dem Haus kam. Wir bestellten *Fideos con Mariscos* und eine Flasche *Perelada Blanc Pescador*, Spaniens köstliche Antwort auf italienischen *Prosecco*.

»Wird 'ne Weile dauern, der Alte in der Küche ist nicht mehr so schnell wie früher«, warnte uns Maria. Ich schätzte die Grande Dame auf irgendwo zwischen sechzig und siebzig Lebensjahre. Eine stolze, beeindruckende Erscheinung. Ein elegantes dunkelgrünes, schulterfreies Kleid, die grauen Haare in einem gepflegten Mittelscheitel.

»Wir haben es nicht eilig«, beschied Alicia.

»Dann ist es ja gut. Die jungen Leute von heute«, sie wies mit ihrer langen Nase auf den Nachbartisch, »haben immer Hummeln im Arsch. Meistens daddeln sie beim Essen noch an ihren Handys herum.«

Alicia lächelte, wie schön. Ich schätzte das benachbarte Pärchen auf um die Vierzig. Ich seufzte. Junge Leute halt …

»Arthur … Wo wird uns das hinführen?«

»Dieser ganze Schlamassel?«

»Nein, ich meine uns beide.« Alicia saß mir gegenüber. Ihre nackten Zehen glitten über meine sandigen Füße.

»Na, ich hoffe einfach, dass wir zusammenbleiben.« Ich wusste nicht so recht, worauf sie hinauswollte.

»Was ist das für eine Beziehung, die du mit Audrey Parker pflegst?«

»Sie ist meine Agentin.«

»Aber du gehst so vertraut mit ihr um, sie nennt dich Liebster und fragt, wann ihr heiraten werdet.«

»Ach du heiliger Strohsack.« Ich musste lachen.

»Das ist nicht lustig.«

»Doch, ist es. Audrey ist einfach meine beste Freundin, Alicia, ich habe ihr alles zu verdanken, meine ganze Karriere, sie weiß immer einen Ausweg. Ich liebe sie einfach.«

»Ja, das scheint mir auch so.«

»Aber ich könnte sie niemals so lieben wie dich, Alicia Nuñez.«

»Nein?«

»Aber nein, Audrey ist mein Kumpel, meine Vertraute, wir würden füreinander durchs Feuer gehen …« Ich nahm ihre Hände. »Das ist eine völlig andere Ebene, Alicia. Tut mir leid, dass du das in den falschen Hals bekommen hast. Ihr seid keine Konkurrentinnen. Das wirst du sehr schnell merken, wenn du Audrey hoffentlich nächste Woche kennenlernst.«

»Gut.« Ein Wort, alles gesagt. Thema erledigt. Wir stießen an. Der prickelnde Weißwein rann köstlich erfrischend durch unsere Kehlen. Maria brachte schon einmal eine Platte mit Brot und *Anchovis.* »Ist vom Haus, dauert noch was.«

Wir aßen ein paar salzige Fischchen und frisch gebackenes dunkles Brot.

»Alicia … Wo wird uns das hinführen?«, wiederholte ich ihre Frage.

»Ich verstehe nicht.«

»Heute in der Kirche warst du bereit, die ganze Schuld auf dich zu nehmen und dich Robles auszuliefern.«

»Das ist wahr.«

»Das zerstört unsere beiden Leben.«

»Nur meines.«

»Nein, schon lange nicht mehr, und das liegt nicht daran, dass ich Victor unbeabsichtigt den Todesstoß verpasst habe.«

»Ich habe dir geraten, dich nicht in mich zu verlieben.«

»Tja, ich höre nicht immer auf das, was man mir rät.«

»Das wusste ich, spätestens nachdem du mir das Buch geschenkt hast.«

»*Liebe in Zeiten der Cholera.*«

»Es ist wunderschön, Arthur. Ich habe die Botschaft verstanden.«

»Na dann …«

»Aber ich weiß nicht, ob ich mit dieser Bürde leben kann.«

»Wir sollten es zumindest versuchen. Ich bin zu alt für den Knast – und du zu jung.«

»Vielleicht bin ich ja grundsätzlich zu jung für dich. Zwanzig Jahre Unterschied.«

»So wie bei Jack und Irina.«

»In deinem Buch ist das nicht gut ausgegangen.«

»Diese Geschichte aber schreiben wir selbst, es liegt an uns, Alicia. Du musst nur gewillt sein, ein Teil dieser Story zu werden. Vielleicht wird es ein Märchen, vielleicht auch eine Tragödie. Wir werden es nie herausfinden, wenn wir es nicht ernsthaft versuchen.«

Wir schwiegen eine Weile. Gedämpfte Gitarrenmusik klang aus dem Inneren des Knusperhäuschens. Dann kam das Essen. Die grünen Bandnudeln mit verschiedenen Meeresfrüchten schmeckten köstlich. Eine sanfte Brise wehte durch die Bucht. Beruhigend brandeten kleine Wellen an den Strand. Die Flasche war leer, aber Maria sorgte zügig für Abhilfe. Aufmerksam schüttete sie neue Eiswürfel in den Kübel. Ich fragte mich kurzzeitig, wer eigentlich den Wagen auf meinen Berg lenken sollte, aber bitte, wir wollen mal nicht kleinkariert sein, unter Mordverdacht stand ich ohnehin bereits.

Ich seufzte zufrieden und schob mir genießerisch die letzte Krabbe in den Mund. Die ganze Zeit über sprachen wir kein Wort, dann schoss Alicia unverhofft aus der Hüfte. »Ich würde es mit dir wagen, Arthur Crawley.«

Ich machte wohl große Augen.

»Du sagst ja gar nichts.«

»Steh mal auf.« Ich nahm sie bei der Hand und zog sie fest an mich. Unsere Umarmung endete in einem nicht enden wollenden Kuss. Der siebte, ach Unsinn, alle Himmel des göttlichen Pantheons taten sich auf.

Irgendwann waren wir die letzten Gäste, nicht so schwierig bei nur sechs Personen.

»Sie haben nicht zufällig ein Zimmer zu vermieten?«, fragte ich die Wirtin.

»Kein Zimmer, guter Mann, aber wenn Sie wollen, können Sie auf einer Liege im Garten nächtigen.«

»Ein Taxi?«

»Das kannst du vergessen, mein Junge. Es ist halb zwei, da traut sich niemand mehr die Klippen runter. Da ist es finsterer als in einem Bärenarsch.«

»Arthur, eine Liege unter freiem Himmel, das ist doch wunderbar.«

»Ehrlich?«

»Na klar.«

»Also, wenn das so ist, dann nehmen wir das Angebot gerne an, wir zahlen natürlich.«

»Was denn, die Abnutzung meiner Kissenbezüge? Kommt, ihr Turteltäubchen, ich zeige euch, wo's langgeht.«

Es war das erste Mal, dass wir uns unter freiem Himmel liebten.

Agent Parker in geheimer Mission

Kein Stern am Himmel

Am nächsten Morgen frühstückten wir mit Maria und Alfonso im Garten des Restaurants, dann machten wir uns beschwingt auf den Rückweg nach Llafranc, wo wir ein hübsches Armband für Luisa erstanden.

»Das war schön, Arthur. Ich hoffe, uns hat niemand gehört.«

»Du hast nicht gefroren?«

»Schwer möglich bei immerhin noch knapp dreißig Grad, außerdem hast du mich dauernd zugedeckt.«

»Ich bin halt der fürsorgliche Typ.«

Wir nahmen die Schnellstraße, vorbei am Friedhof, dessen helle Steine in der Morgensonne schimmerten.

»Scheiß drauf, ich mache den Laden heute eine Stunde später auf.«

»*Scheiß drauf?*«, fragte ich grinsend.

»Ja, scheiß drauf. Das habe ich von dir gelernt.« Alicia lachte fröhlich. Ihre Haare flatterten im Wind. Im Radio besang Elton John blaue Augen. Alicia lehnte ihren Kopf an meine Schulter. Diese stille Vertrautheit gefiel mir ausgesprochen gut.

Mühsam schleppte sich der Méhari den Berg hinauf. Irgendwann musste ich vielleicht doch über die Anschaffung eines neuen fahrbaren Untersatzes nachdenken. Ich strich liebevoll über das schmale Armaturenbrett. Elton John wurde von Paul McCartney abgelöst. *Mull of Kintyre.* Geht immer.

Ich parkte in der Sackgasse vor dem Törchen. Halb elf, gut dreißig Grad.

»Hoffentlich hat sich Luisa keine Sorgen gemacht, wir hätten mal in der Praxis anrufen sollen«, meinte Alicia.

»Ach, sie wird sich schon gedacht haben, dass wir irgendwo versackt sind. Außerdem ist sie bei Flores gut aufgehoben.«

»Versackt? So nennt man das also.«

»Eigentlich schon.«

Der Pool lag verwaist unter uns, auch keine Katzen waren zu sehen.

»Oh, Arthur, die Tür ist auf.«

»Na, so was.« Noch ohne jegliche Befürchtungen ging ich in die Diele. »Luisa?«, rief ich laut.

Keine Antwort. Langsam wurde ich nervös. Ich erreichte das Wohnzimmer. Umgekippte Stühle, eine zerbrochene Obstschale, Splitter auf dem Boden, Äpfel und Nektarinen wild verteilt, die Couch verrückt, die Tischdecke halb heruntergerissen.

»Was, bei allen Teufeln …«

»Ein Einbruch«, vermutete Alicia.

»Glaube ich nicht. Sieh mal, Laptop, Kamera, Flachbildschirm, Computer …, alles noch da.« Ein übler Stachel bohrte sich in meinen Verstand. Mein Blick irrlichterte durch das Zimmer. »Es wurde nichts gestohlen, Alicia, das sind Spuren eines Kampfes.«

»Oh nein.« Erschrocken presste sie die Hände vor den Mund »Luisa … Ford …«

»Wer sonst? Verdammter Drecksack, er muss uns beobachtet haben und hat gewartet, bis wir beide weggefahren sind.«

»Aber Luisa wollte doch sofort nach uns aufbrechen!« Ihre Stimme klang schrill und panisch. »Oh, Gott. Arthur, wir müssen etwas tun, ruf die Polizei.«

»Wen denn, Robles?«

»Nein, ruf Manuel Vasquez an, er kann sicher helfen.«

Ich verbarg mein Gesicht in meinen Händen. »Hohe Mutter, wir waren zu blauäugig, ich hätte sie niemals allein lassen dürfen.«

Alicia kniff die Augen zusammen. »Ist das Blut da vorn?« Direkt neben der Couch befand sich eine verschmierte rote Fläche.

»Verdammt!« Hilflos ballte ich die Fäuste. »Ich rufe Sergio an und Javier.«

»Die können uns doch nicht helfen. Wir brauchen Profis.«

Mein Smartphone klingelte. »Das ist Luisa!«

»Gott sei Dank«, stöhnte Alicia.

Ich nahm den Ruf an. »Kleine, wo steckst du denn?«

»Arthur …« Himmel, ihre Stimme klang so verzweifelt.

»Hallöchen, alle miteinander.« Steve, kein Zweifel. »Hallo, Schmierfink, dein Augenstern und ich machen gerade eine kleine Spritztour. Wir haben uns schon richtig nett angefreundet.«

»Wenn du ihr auch nur ein Haar krümmst …«

»Zu spät.« Ein Kichern.

»Gib mir Luisa.«

»Bitte, du musst mich schon bitten, Schreiberling.«

Ich kochte innerlich vor ohnmächtiger Wut. Alicia legte mitfühlend eine Hand auf meine Schulter. »Bitte, lass mich mit Luisa sprechen.« *Ich bringe den Scheißkerl um, auf einen mehr oder weniger kommt es jetzt auch nicht mehr an.*

»Sieh mal … geht doch.«

»Gib sie mir.«

»Nö, ich hab's mir überlegt.«

»Elender …«

»Nanana, wir wollen doch die Contenance wahren, Herr Autor.«

»Was willst du? Geld?«

»Was ist sie dir denn wert, die kleine blonde Taube? Okay, sie ist ein bisschen beschädigt, dafür gibt es einen Preisnachlass.«

»Ford, treiben Sie es nicht zu weit!«

»Uiuiui, jetzt habe ich aber Angst. Und die kleine Luisa erst.«

»Was willst du denn?«

»Die Idee mit der Kohle war schon nicht so übel.«

»Sag eine Summe.«

»Du hast viele von deinen Schundbüchern verhökert, du bist reich, Arthur Crawley.« Ich hörte, wie er fröhlich vor sich hin pfiff. »Sagen wir eine runde Million.«

»Du bist ja irre! Was denkst du denn, was für einen Autor pro verkauftes Buch übrigbleibt? Peanuts!«

»Lügenbold, aber tun wir kurz mal so, als würde ich dir glauben.« Ein Klatschen, ein unterdrücktes Stöhnen. »Oder doch nicht.«

»Was war das?«, schrie ich in den Hörer.

»Eine saftige Ohrfeige? Mir rutscht immer die Hand aus, wenn mich jemand veräppeln will.« Er lachte hämisch. »Versuchen wir es noch einmal. Wieviel Kohle kannst du bis heute Abend lockermachen?«

»Keine Ahnung …«

»Falsche Antwort.«

»Nicht, warte!«

»Ich höre.«

»Vielleicht fünfzigtausend. Ich weiß es nicht, das habe ich noch nie versucht.«

»Machen wir hundert Riesen draus, und wir sind im Geschäft.«

»Ich versuche es.«

»Na bitte, geht doch, man muss nur wollen.«

»Du hast doch die ganze Kohle aus der Erbschaft in England«, warf ich ein. »Geschickt eingefädelt.«

»Die haben mich ausgebootet, aber das geht dich nichts an.« Ich spürte förmlich seine ohnmächtige Wut. »Deshalb brauche ich ja deine Taler, Schreiberling. Um diese Verräter daheim kümmere ich mich, wenn die Zeit dafür reif ist.«

»Kann ich bitte Luisa sprechen.«

»Ich denke nicht.«

»Schwein.«

»Nicht doch. Pass auf. Hunderttausend, dann darf die Kleine alle Finger behalten, das ist doch ein Angebot.«

»Ich weiß nicht …«

»Dann bemüh dich gefälligst, du Arsch! Für jedes Päckchen mit zehntausend Talern, die fehlen, verliert Schnucki einen Finger. Einfache Rechnung, das kapierst du doch, oder?«

»Ja doch, ich besorge das Geld!«

»Sehr gut.«

»Wo wird die Übergabe stattfinden?«

»Ich habe mir da ein lauschiges Plätzchen ausgeguckt, Mister Crawley. Du kennst doch bestimmt die Dolmen.«

»Auf dem Weg rauf nach Romanya?«

»Ganz recht, wir verstehen uns. Zweiundzwanzig Uhr, dann herrscht da oben Totenstille, wir sind dann ganz unter uns.«

»Ich werde da sein, aber eines solltest du wissen, Ford, du bekommst nicht einen Cent, wenn du Luisa etwas antust.«

»Plustere dich nicht so auf, du alter Sack, das wirst du schon mir überlassen müssen.«

»Ich scherze nicht.«

»Ich erst recht nicht, Wichser. Ich habe das komplette Gelände im Blick. Schleppst du die Bullen oder einen deiner feinen Freunde an, dann ist Luisa Geschichte. Du weißt doch, was diese Dolmen sind, Mister Oberschlau. Es sind Grabstätten, ich finde das sehr passend. Also, es liegt an dir, ob das Grab nach so vielen Jahrtausenden erneut seiner ursprünglichen Bestimmung zugeführt wird und einen Gast bekommt. Bis heute Abend, mein Guter.«

Ich atmete hektisch. »Ich will Luisa sprechen.«

Ford legte einfach auf. Niedergeschlagen ließ ich mich auf die Couch fallen. »Was machen wir denn jetzt?« Selten in meinem Leben hatte ich mich so hilflos gefühlt.

»Ruf Audrey an«, schlug Alicia vor.

»Meinst du?«

»Ich habe keine Idee, außer zahlen. Falls du überhaupt so viel Geld hast.«

»Keine Ahnung, ich muss zur Bank. Aber du hast recht, ich versuche erst mal, Audrey zu erwischen.«

Krisenmanagement

»Also gut, jetzt nur nicht die Nerven verlieren.«

»Zu spät, Audrey, ich bin total fertig.«

»Hör mir jetzt gut zu, Arty. Ich bin in Séte, ich kann in gut drei Stunden bei euch sein.« Ein undefinierbares Murmeln im Hintergrund. »Lass die Finger von mir, Martin, du siehst doch, dass ich telefoniere.«

»Du kommst, das ist gut«, stöhnte ich hoffnungsvoll.

»Natürlich komme ich … Martin, ich trete dir in die Eier, wenn du nicht auf der Stelle aufhörst mich zu begrabschen.«

»Himmel, was ist das nun wieder für einer?«

»Ein Vollpfosten, wie es scheint.« Beleidigtes männliches Maulen. »Dann spring doch in den Kanal, Blödmann!«

»Audrey …«

»Ich mache mich jetzt sofort auf den Weg.«

»Danke, ich besorge derweil das Geld.«

»Vergiss es.«

»Habe ich keine Einhunderttausend?«, fragte ich panisch.

»Doch, eventuell schon, aber wir brauchen kein Geld.«

»Warum denn nicht?«

Alicia machte große Augen. Sie hatte inzwischen das Blut weggewischt und Carmina gebeten, das *Pa y Vi* zu öffnen.

»Weil Ford Luisa auf jeden Fall umbringen wird.«

»Audrey!«

»Denk doch mal nach, Arthur. Er kann Luisa gar nicht am Leben lassen, sie ist für ihn wie eine tickende Zeitbombe. Ich sage nur: Erbschaft.«

»Aber seine Kumpel in England haben ihn verarscht.«

»Arthur, vertrau mir, er wird sich diese Option offenhalten wollen.«

»Scheiße …«

»Dich wird er auch töten. Keine Mitwisser, keine Zeugen, saubere Sache. Ergo kannst du dir den Gang zur Bank sparen.«

»Aber was werden wir denn tun?« Auch Alicia hatte die Panik inzwischen eingeholt. »Arthur und Luisa … wir können sie doch nicht einfach sterben lassen.«

»Das werden wir auch nicht. Bleibt ruhig, Leute.«

»Leichter gesagt als getan.«

»Bereite einen Koffer oder einen Sack vor. Stopf ihn mit Papier aus und leg zur Tarnung ein paar Scheine obenauf. Vielleicht müssen wir etwas Zeit gewinnen.«

»Wir?«

»Meinst du etwa, ich lasse dich allein da raufsteigen?«

»Oh, Audrey …«

»Schluss jetzt mit dem Jammern«, verlangte sie rigoros. »Und du hör auf an meinen Zehen herum zu knabbern, Martin. Ich hatte dich gewarnt.« Ein ersticktes Gurgeln, gefolgt von einem Jaulen. »So, ich fahre jetzt los.«

»Hast du wirklich …«

»Er hätte halt hören sollen. Ist sicher ein gutes Gefühl, wenn der Schmerz nachlässt und man wieder richtig atmen kann.«

»Was gabelst du denn auch für Schwachmaten auf?«

»Alleinsein ist scheiße.« Das klang hilflos. Auch meine Heldin war nicht vollkommen. »Bis nachher, Arty. Pass auf meinen Schatz auf, Alicia.«

Sondereinheit Parker

»Erzähl mir was über dieses Steingrab.«

»Was sind das denn für komische Klamotten, Audrey?« Sie steckte in einer kompletten grünbraunen Jacke und Hose. »Und was ist in der länglichen Tasche?«

»Das ist ein professioneller Tarnanzug. Den benutzt man, wenn man nicht auffallen möchte. Und das hier … ist ein Präzisionsgewehr mit Nachtsichtokular für Scharfschützen. Im Übrigen schuldest du mir zweitausend Euro.«

»Ein Gewehr?«

»Liebster, mach mal halblang, wir haben keine Zeit zu verschenken. Es ist siebzehn Uhr, wir haben noch fünf Stunden.«

»Wofür brauchen wir die Zeit denn?«, fragte ich leicht hysterisch.

»Wenn du mich gebrieft hast, fahre ich rauf nach Romanya, und werde mich irgendwo in der Nähe der Dolmen unsichtbar machen.«

»Du und das Scharfschützengewehr?«

»Hast du eine bessere Idee?«

»Aber wenn er dich sieht, dann bringt er Luisa um.«

»Der Penner wird jetzt noch nicht vor Ort sein, viel zu gefährlich wegen der Touris. Jetzt erzähl mir schnell was über die Faustkeile von Asterix.«

»Okay, dieser Dolmen wurde zwischen 2200 und 1700 vor Christus …«

»Arty, mein Guter, bitte keinen historischen Exkurs.« Joschi sprang auf Audreys Schoß und ließ sich kraulen.

»Oh, na klar. Der Dolmen ist rechteckig, gut sieben Meter lang, knapp zwei Meter breit und eins fünfzig hoch. Die eigentliche Grabkammer besteht aus zehn Tragsteinen und noch drei intakten Deckenplatten. Innen gibt es eine Art Vorratskammer. Das

Ganze liegt auf einem Hügel und wird von einem Randsteinring fast vollständig umgeben. Drumherum ist Wald.«

»Aha, da kann er Luisa erstmal unterbringen und hat eine gute Deckung.«

»Das ist nicht gut, oder?«

»Der Platz ist nicht schlecht gewählt, sagen wir es mal so. Muss ich noch was wissen?«

»Äh, der Dolmen wurde 1931 zum Nationaldenkmal erklärt.«

»Hohe Mutter …«

»Okay, okay, ist nicht relevant.«

»Gib mir ein Bier. Wo ist Alicia?«

»Müsste jeden Moment wieder hier sein, sie musste Personal für den Laden organisieren.«

»Weiß sonst noch jemand Bescheid?«

»Nee, ich habe mich an deine Anweisung gehalten. Was hast du denn vor?«

»Ich werde versuchen, das Problem Ford ein für alle Mal aus der Welt zu schaffen.«

»Du … du willst ihn abknallen, mit dieser Superwumme?«

»Was dagegen?«

»Ach, Audrey …«

»Dann gehöre ich endlich auch dazu.«

»Wozu?«

Sie lächelte gewinnend. »Zum *Club del Asesino*.«

»Ja«, schnaufte ich geschlagen. »Dazu sind wir wohl geworden, zu einem Club der Mörder. Das Schicksal hat es so gewollt.«

»Na, sicher doch.« Audrey nahm meine Hände. »Hör jetzt gut zu, Großer. Ich werde versuchen, eine gute Schussposition einzunehmen, aber du musst den Drecksack aus dem Ring herauslocken. Ich kann schlecht stundenlang auf einem Baum hocken, außerdem wäre ich nicht ausreichend getarnt. Ich möchte ihn nur kampfunfähig machen, dann sehen wir weiter.«

»Okay, ich versuche es.«

»Bleib ihm so weit wie möglich vom Leib.«

»Freies Schussfeld, ist gut.«

»Sei nicht zappelig und such auf keinen Fall mit den Augen den Waldrand nach mir ab.«

»Nicht suchen, nix Verdächtiges tun.«

»Brav, ich werde jetzt gehen.«

»Audrey. Du musst das nicht tun.«

»Ich weiß, aber ich werde euch nicht hängenlassen. Irgendwie bist du zu meinem Lebenswerk geworden, Arthur Crawley.«

»Danke.«

»Du kannst dich ausgiebig bei mir bedanken, wenn wir die heutige Nacht überleben.«

»Das werde ich.«

»Hier, das ist ein Funkempfänger für dein Ohr.«

»Ach, du je.«

»Du bist mit mir verbunden, das heißt, du kannst mich hören, sonst aber auch nichts.«

»Coole Idee.«

»Ja, aber mach bloß nicht den Fehler mir antworten zu wollen. Der Typ ist ein ausgebildeter Bulle, der riecht den Braten sofort, wenn du auch nur einen winzigen Fehltritt machst.«

»Ist gut. Hauptsache, ich kann dich hören und du kannst mich dirigieren.«

»Das ist der Sinn der Übung.«

Ich pflanzte mir das biegsame Teil ins Ohr. »Gut so?«

»Mal sehen, kannst du mich hören?« Sie sprach leise in ein winziges Headset.

»Klar und deutlich.«

»Na prima, dann kann ja nicht mehr viel schiefgehen.« Sie gab mir einen Kuss auf die Wange. »Behalt die Nerven, Arty. Das wird nicht einfach.«

»Ich weiß.«

»Vertrau mir, dann bekommen wir das hin.«

Amazonen

»Du kannst nicht mitgehen, Alicia.« Ächzend schnürte ich meine Turnschuhe zu. Ich hasste dieses Schuhwerk bei den herrschenden Temperaturen, wollte aber unbedingt gut zu Fuß daherkommen. Vielleicht würden wir rennen müssen, schwierig mit Jesusschlappen oder *Espadrilles*.

»Ich will dich nicht allein lassen, ich habe solche Angst.«

»Das ist zu gefährlich, wenn Ford zwei Personen sieht, fängt er womöglich direkt an zu ballern.«

Einundzwanzig Uhr. Wir umarmten uns.

»Ich werde hier auf euch warten.« Alicia liefen dicke Tränen über die glühenden Wangen. »Hol unser Mädchen nach Hause, Arthur.«

»Das werde ich.« *Unser Mädchen, wie toll sich das anhört …*

Aus der *Casa Häberli* war wieder Gekeife zu hören. Da war von Versagen, Missachtung und Faulheit die Rede. Tja, einen Gärtner hatten sie ja nicht mehr.

»Pass auf dich auf.«

Der Abschiedskuss schmeckte bitter. Ich versuchte mir Alicias Gesicht einzuprägen, so wie Jack Dawson, als er Irina auf der Insel *Morhana* zurücklassen musste. Ein schrecklich bodenloses Gefühl.

Trine strich um meine Waden. Ich nahm sie auf den Arm und drückte sie einmal fest an meine Brust. Karlo und unser neuer Held Luzifer hielten am Gartentörchen die Wacht.

»Passt mir gut auf Alicia auf, hört ihr?«

Es knatterte schrecklich, als der Méhari ansprang. Die Fehlzündungen klangen wie dumpfe Pistolenschüsse. Alicia winkte nicht zum Abschied. Wir hatten uns auch nicht gegenseitig versichert, wie sehr wir uns mochten.

Bloß keinen Kitsch!

Ich parkte den Wagen auf dem Seitenstreifen der Straße. Der kleine Parkplatz war leer, aber als erfahrener Einzelkämpfer sagte ich mir, dass es womöglich besser wäre, das Auto direkt in Fahrtrichtung zu positionieren, falls wir überhastet fliehen mussten.

In der rechten Hand trug ich die kleine Reisetasche, die zu neunzig Prozent mit Papierbündeln und obenauf zu zehn Prozent mit echten Geldscheinen gefüttert war. In der linken Ohrmuschel, verborgen unter meinen viel zu langen Haaren, Audreys elektronisches Wunderding. Noch hatte ich keinerlei Empfang.

Zwanzig Minuten vor zehn.

Ford und Luisa mussten schon da sein.

Und wenn er sie einfach schon umgebracht hat?

Vom Parkplatz aus waren es vielleicht hundert Meter bis zu der Grabstätte, die in der einsetzenden Dämmerung gespenstisch und mystisch wirkte. Schon glaubte ich, Elfen und Druiden im Reigen tanzen zu sehen, aber da war nichts außer den beeindruckenden Steinen.

»Ich sehe dich.« Erschrocken zuckte ich zusammen. Scheiße, so eine Reaktion war gar nicht gut.

»Bleib ruhig, Großer. Es ist noch niemand da.«

Diese einseitige Kommunikation war echt stressbelastet.

Niemand da? Warum das denn nicht?

»Geh einfach weiter. Das kann ein großer Vorteil für uns sein, wenn er nicht im Steinkreis ist.«

Auch wieder wahr. Ich nickte zustimmend.

»Lass den Scheiß, Arty. Keine Reaktion zeigen auf meine Ansprache!«

Ich atmete tief durch, besser gesagt, ich versuchte es. Kurz darauf erreichte ich die Umfriedung des Dolmens, dessen Begrenzungssteine knapp einen Meter hoch waren. Was tun? Ich setzte mich auf einen passenden Brocken und legte die Tasche dahinter ab.

Viertel vor zehn.

So viele Gedanken schossen mir durch den Kopf. Luisa vor meinem Haus, Luisa im *Cactus,* im *Friends,* im *Samal,* auf der Liege. Luisa im Pool, meine eingeschworene Schwester, auf der Bühne von *Cap Roig.* Auf dem Markt, ihre blonden Haare flatternd im Sommerwind, ihre verletzliche Seele verborgen hinter guter Laune und einem ungebrochenen Optimismus.

Ein Wagen kam herunter von Romanya, fuhr aber vorbei. Oben im Dorf das *Can Roquet,* ein ganz passables Restaurant mit einer ordentlichen *Paella.* Bei klarem Wetter ein schöner Blick über das Tal.

Hilflos sah ich mich um.

»Nicht gucken«, fauchte Audrey. »Konzentrier dich, ich glaub es geht los.«

Ein Wagen kurvte auf den Parkplatz. Die Scheinwerfer erloschen. Mein Herz schlug wild. Nur nicht nervös werden.

»Verdammt, er ist allein – wenn es überhaupt Ford ist.«

Na, wer denn sonst, hätte ich am liebsten geschrien.

Der Mann kam näher, blieb dann im Halbdunkel am Wegesrand unter Pinien stehen.

»Crawley …« Ford, natürlich. Seine drahtige, durchtrainierte Erscheinung nötigte mir Respekt ab. »Ich hoffe doch, dass du das Geld dabeihast.«

»Ich halte mich an die Abmachung. Wo ist Luisa?«

»Nicht gar so weit und doch so fern«, orakelte er. In seiner Hand war plötzlich eine im Mondlicht blitzende Handfeuerwaffe. »Das Geld, kleiner Schreiberling.«

»Dann tötest du mich und anschließend Luisa.«

»Gute Idee.« Er lachte herzlich.

»Er hat die Tasche noch nicht gesehen«, sprudelte Audrey in meinem Ohr.

»Sie bekommen keinen Cent ohne Luisa.«

»Ich kann sie dir in Teilchen schicken.« Er kicherte irre. »Dann hast du ein Puzzle.«

»Wo ist sie?«

»Immer langsam, Cowboy.« Er spielte mit seiner Waffe, hauchte sie an und wischte den silbernen Schaft an seiner Hose ab.

»Bring ihn dazu, noch einen Schritt nach vorn zu kommen«, verlangte Audrey.

Du darfst ihn nicht erschießen, wir wissen doch nicht, wo Luisa ist!

»Was schaust du so deppert in der Gegend rum? Her mit der Kohle, dann sage ich dir vielleicht, wo deine Gespielin steckt.«

Ich machte einen Schritt hinter den Stein und zeigte ihm die Sporttasche.

»Nur ein Geschichtenschreiber wie du kann so dämlich sein und mit der Kohle hier auftauchen. Kaum zu glauben. Alles ist so einfach, herzlichen Dank dafür.« Seine Augen wurden schmaler. »Aufmachen!«

Ich zog vorsichtig an dem Reißverschluss. Eine Lampe flammte auf und blendete mich kurz.

»Pass auf, nicht fallenlassen.« Das war Audrey.

»Ich kann nichts sehen. Weiter öffnen.«

»Dann fällt alles raus«, meckerte ich. Ich zeigte ihm einige Fünfzig-Euro-Scheine.

»Na schön. Zumachen und rüberwerfen.«

»Sag mir erst, wo Luisa ist.«

»Vorsicht, Arty, er glaubt, er hat alles was er will. Er braucht dich nicht mehr! Er muss noch einen Schritt auf dich zu machen.«

Aber was soll ich tun?

Ich schaukelte die Tasche auf meinen Armen.

»Na, mach schon«, verlangte Ford ungeduldig.

Ich hörte, wie er die Waffe entsicherte. Ich schleuderte die Tasche in seine Richtung, absichtlich zu kurz.

»Gott, bist du eine Lusche, Schreiberling.« Der Kidnapper machte zwei Schritte nach vorn. Er befand sich jetzt im Mondlicht, nicht mehr geschützt von den Pinien. Lässig hob er den Schussarm an. Zielte direkt auf meine Stirn.

Ich keuchte. »Wenn du Luisa was angetan hast …«

»Oh ja, was glaubst du wohl, was ich mit deinem Täubchen noch alles anstellen werde, ehe der letzte Vorhang fällt. Aber tröste dich, im Jenseits seid ihr wieder vereint.«

»Fahr zur Hölle.«

»Nach dir, Schmutzfink.«

Ein höhnisches Grinsen, dann ein leises Ploppen von rechts, Ford verzog ungläubig das Gesicht, dann öffnete sich sein Mund und ein unartikulierter Schrei hallte über die alte Begräbnisstätte. Die Waffe fiel auf den Boden. Er betrachtete seine Hand wie einen Fremdkörper. Blut tropfte in den Staub.

»In Deckung, Arty!«, schrillte es in meinem Ohr.

Ich hechtete hinter einen der viertausend Jahre alten Steine.

Plopp, plopp.

»Erschieß ihn nicht!«, schrie ich so laut ich konnte.

»Hol dir die Waffe!«, forderte Audrey in meinem Ohr.

Wo war das Ding? Fords Hand blutete jetzt wie verrückt, ebenso ein Knie. Er knickte ein. Die Pistole lag direkt neben ihm.

»Ich komme zu dir!« Audrey wieder.

Mühsam gelang es Ford, seinen Schmerz zu unterdrücken. Seine unversehrte Linke tastete nach der Waffe. Ich hörte schnelle Schritte im Unterholz. Das musste Audrey sein, die durch den Wald hetzte.

»Du verdammter Drecksack«, stöhnte Ford. »Du hast mich reingelegt.«

»So dämlich sind Fantasy-Autoren wohl doch nicht, Großmaul.«

»Ich bringe euch alle um.«

»Versprich niemals, was du nicht halten kannst.«

Ich sprang aus meiner Deckung. Ford versuchte mit der ungewohnten Linken die Waffe zu kontrollieren. Audrey erreichte die Lichtung. Sie war noch gut zwanzig Meter vom Steinkreis entfernt.

»Komm schon her, Schlampe, ich puste dir dein beschissenes Gehirn weg!«, brüllte er.

Die Hand mit der Waffe zitterte ein wenig, aber die Richtung stimmte. Das war der Augenblick, wo bei mir alle Sicherungen durchbrannten. Die Waffe bellte hart und laut. Im selben Moment sprang ich nach vorn, zwei schnelle Schritte. Es krachte ein zweites Mal, dann erreichte mein Turnschuh Fords Hand. Ich trat so hart zu, wie ich konnte. Die Pistole flog in einem Bogen davon. Blind vor Wut trat ich noch einmal zu. Ford kippte auf den Rücken, die blutende Hand auf die Brust gepresst.

»Wo ist sie, wo ist Luisa?«, brüllte ich ihn an.

»Such sie doch, Arschloch. Du wirst sie niemals finden, sie wird elendig verrecken.«

Endlich war Audrey an meiner Seite. »Sehr gut, Arty, du hast mich gerettet. Wäre ich noch nähergekommen, hätte dieser Penner mich womöglich getroffen.«

»Ich will einen Arzt«, jammerte Ford. »Meine Hand, mein Knie …«

»Sonst noch was, vielleicht einen Anwalt?«

»Wo hältst du Luisa gefangen?«, fragte ich erneut.

»Ihr werdet sie nie finden, niemals.« Er lachte vollkommen irre.

»Du wirst es uns sagen.«

»So, was willst du machen, Schreiberling? Willst du mich etwa foltern, das kannst du Weichei doch gar nicht.«

Audrey sah ihn kalt lächelnd an. »Er nicht … Aber ich.«

Inquisition

Audrey zog ein Schweizer Taschenmesser aus ihrer Gesäßtasche. »Du nimmst die Pistole, Arty. Wenn er Ärger macht, schieß ihm ins andere Knie.«

Ich nickte nur grimmig.

»Soll mir das Angst machen, oder was?« Ich fand, dass seine Stimme reichlich unsicher klang. Audrey reichte mir ein Fläschchen, etwa in der Größe eines Nasensprays.

»Das ist … was genau?«, fragte ich zittrig.

»Riechsalz, das belebt augenblicklich die Sinne.«

»Aha.«

»Das wird unschön werden, mein Großer, du musst wissen, ob du hierbleiben willst.«

»Was hast du denn vor?«

»Wir wollen Luisa retten, nicht wahr?«

»Klar.«

»Diese Kanalratte wird uns freiwillig nicht sagen, wo er sie festhält.«

Ford spuckte aus, aber der Speichel traf niemanden. »Nie im Leben! Das kannst du dir abschminken!«

Audrey sah ihn mitleidig lächelnd an. »Natürlich wirst du das, ich wette, dass du in weniger als fünfzehn Minuten deine eigene Mutter zum Schafott führen würdest, wenn ich dich im Gegenzug dafür in Ruhe lasse.«

»Lächerlich, du machst mir keine Angst, du billige Nutte.«

Ich wurde ungeduldig. »Was mache ich denn mit dem Riechzeug?«

»Immer, wenn er vor Schmerzen das Bewusstsein verliert, hältst du ihm die Flasche unter die Nase, dann ist er sofort wieder wach.«

»Verdammte Hure, was soll das werden?«, schrie er.

»Ich halte jetzt seinen Kopf fest, Arthur, dann bohre ich mit diesem Korkenzieher ein hübsches Loch in seine weiche Birne, als Letztes schütten wir verdünnte Säure auf sein krankes Gehirn.«

»Verdammt, Audrey«, japste ich geschockt. »Das ist doch Wahnsinn!«

»Das kannst du nicht tun, du Schlampe, das verstößt gegen die Genfer Konvention.« Fords Blick flackerte jetzt leicht.

»Mein lieber Vater, das ist ja 'ne Lachnummer. Was ist mit Kidnapping? Gegen welche Konventionen verstößt das?« Meine Agentin, mein Racheengel!

»Audrey, der Korkenzieher ist krumm, du könntest abrutschen.«

»Macht nichts, dann bohren wir eben nochmal. Wer abrutscht, bekommt einen zweiten Versuch oder einen dritten.«

»Ihr seid ja vollkommen irre!«, kreischte Ford.

Geschmeidig kniete sich Audrey hinter seinen Kopf und presste diesen wie in einem Schraubstock zwischen ihre Knie.

»Wo soll ich ansetzen?«, murmelte sie geschäftig. »Wir könnten auch mit einem Auge anfangen, aber das ist immer so eine furchtbare Sauerei.«

»Aufhören, das dürft ihr nicht!«, jammerte der Verbrecher in höchsten Tönen. Er zappelte, versuchte sich zu befreien.

»Oberhalb des Stirnlappens soll es angeblich besonders wehtun. Setz dich auf seine Brust, Großer, der hampelt mir zu viel herum.«

Ich presste die matschige Hand unter seine Hüfte, die gesunde unter mein Knie. Ford starrte wie gelähmt auf die im Mondlicht blitzende Spitze des Korkenziehers. Sein Körper versteifte sich, seine Beine zuckten unkontrolliert. Audrey setzte die Spitze des gewundenen Korkenziehers auf die Kopfhaut.

»Aufhören, aufhören! Ich sag's euch!«

Mit leichtem Druck drang die Spitze ein. Ford strampelte und schrie wie ein lebendiges Schwein am Spieß. Ich hielt mit aller Kraft dagegen. Jetzt zahlten sich meine knapp neunzig Kilo mal richtig aus.

»Noch eine Umdrehung, dann kommt die Säure, Arschloch, dann geht der Spaß erst richtig los.« Aus einer ihrer unzähligen Taschen förderte sie eine weitere Flasche zutage.

»Erinnere mich daran, dass ich dich niemals zur Feindin haben möchte«, ächzte ich schwer schluckend.

Audrey lachte kehlig. »Du hast doch in den *Chroniken* ausgiebig beschrieben, wie man an Informationen gelangt.«

»Du bist der Wahnsinn«, lobte ich beeindruckt.

»Friedhof!«, brüllte Ford. »Sie ist in der Nähe vom Friedhof.«

»Lügner.« Audrey verstärkte den Druck des Korkenziehers. Blut floss über Fords Gesicht. »Letzte Chance, sonst kommt die Säure.«

Ich sah sie zweifelnd an. Ihr Blick hieß mich schweigen.

»Ich lüge nicht, aufhören, ich halte das nicht aus. Keine Säure.«

»Scheiße, der Kerl hat sich in die Hosen gepisst.« Angewidert beobachtete ich den Strom, der sich mit dem Blut der zerschossenen Hand vermengte.

»Die alte verfallene Hütte am Waldrand.«

»Passanten könnten Luisa schreien hören.«

»Sie ist geknebelt und gebunden, sie kann nicht schreien.«

»Was meinst du, Arty?« Audrey blinzelte mir vertraulich zu.

»Ein Tröpfchen Säure kann nie schaden, oder?«

»Das sehe ich genauso.«

»Nein, nicht, es ist die Wahrheit, so glaubt mir doch«, winselte Ford. Der Mann war eindeutig gebrochen.

»Keine fünf Minuten, neuer Rekord.«

»Herzlichen Glückwunsch.«

Audrey holte aus und schlug ihn hart gegen den Kopf. Er kippte bewusstlos zur Seite.

»Du hast seinen Schädel angebohrt!«, stammelte ich.

»Quatsch, nur angeritzt. Ich kenne solcher Art Typen, im Grunde sind sie erbärmliche Feiglinge.«

»Aber …«

»Mach den Mund zu, Arty.« Sie zog ihr Smartphone aus der Tasche.

»Und diese Säure da in der Flasche …«

»Zitronenlimo.« Sie nahm einen Schluck und reichte mir die Flasche.

»Wow.« Ich schüttelte verdattert mein Haupt. »Und was genau halte ich hier in der Hand?« Ich hielt das vermeintliche Riechfläschchen hoch.

»Ein Kaugummispender, drück mal drauf.«

»Du bist echt total irre, dafür liebe ich dich.«

Audrey lächelte befreit. Ich hörte das leise Tuten, dann nahm jemand ab.

»Die Hütte am Friedhof, am Ende der brachliegenden Felder. Du weißt wo? Super, dann los, wir kommen gleich nach. Nein, wir sind beide wohlauf, mach dir keine Sorgen.«

»Mit wem …«

»Alicia. Ich war vorher in Platja und habe alles mit ihr besprochen. Je weniger Menschen eingeweiht sind, desto besser für uns. Übrigens, verdammt gute Wahl, Arty. Eine großartige Frau.«

»Teufelsbraten. Warum hast du mir nichts gesagt?«

»Du warst schon nervös genug.«

»Wohl wahr. Los, fahren wir zu Luisa.«

»Fahr du schon vor.«

»Warum das denn?«

»Fahr einfach, Großer.«

»Was machen wir mit ihm?«, fragte ich unsicher. »Einfach liegen lassen?«

»Geh zum Auto, Schatz. Fahr vor, du weißt ja, wo die Hütte ist.«

»Audrey …«

»Er wird es wieder versuchen, Arthur, er wird uns nachstellen, irgendwann wird er uns alle umbringen. Willst du in ständiger Angst leben, hinter jeder Hecke einen Meuchelmörder vermuten? Ich nicht. Ich werde den Jammerlappen so fertigmachen, dass er nie wieder auf die Idee kommen wird, Luisa, Alicia oder dich zu bedrohen.«

»Wirst du ihn …?«

»Nein, ich bin sicher, das bekomme ich auch ohne eine Hinrichtung hin,«

Wir standen auf und sahen einander in die Augen. Dann umarmten wir uns unter dem kräftigen Licht des katalanischen Mondes.

»Los, Arty, fahr los. Hilf Alicia, sie ist ganz allein.«

»Wo treffen wir uns?«

»Bei dir zuhause. Nimm die Tasche mit der Kohle mit.«

»Okay, Audrey … ich kann …«

»Ich hoffe, du hast genug Alkohol im Haus. Ich werde in dieser Nacht nicht schlafen, sondern nur feiern. Marsch, hol Luisa aus diesem Kerker.«

»Audrey …«

»Schon gut, ich dich auch.«

Nackte Wahrheit

Wir stolperten mehr, als dass wir rennen konnten, über das Feld, das in diesem Jahr brachlag, um dem Boden die Chance zu geben, sich zu regenerieren. Vernünftigerweise hatte auch Alicia Turnschuhe angezogen.

Ich riss die windschiefe Tür auf, schaltete die Taschenlampe an, die Alicia mitgebracht hatte. Da war Luisa, scheinbar bewusstlos, geknebelt und an einen Pfahl gefesselt. Nackt.

»Ich bringe ihn um, ich bringe den Scheißkerl ganz langsam um.«

Alicia nahm Luisas Kopf in beide Hände und streichelte ihre Wangen, während ich die Seile löste. Endlich schlug sie die Augen auf, die sich sofort mit Tränen füllten. Ich zog mein Hemd aus und legte es um ihre Schulter. Alicia sprach beruhigend auf sie ein. Luisa verkroch sich schluchzend in ihren Armen.

»Gibst du uns einen Moment, Arthur?«

»Klar, natürlich.« Ich taumelte ins Freie, fassungslos vor Wut. Wie spät war es eigentlich? Keine Ahnung. Müde und erschlagen setzte ich mich auf einen Baumstumpf neben der Eingangstür.

Was Audrey wohl gerade tat? Nur nicht zu viel nachdenken! Der Schweiß trocknete langsam auf meinem nackten Oberkörper. *Wir müssen hier weg, bald geht die Sonne auf.* Richtig dunkel wird es im Hochsommer eigentlich nie.

Irgendwann ging die Tür quietschend auf. Alicia sah mich auffordernd an.

»Hallo, meine Kleine, es ist vorbei. Der Dreckskerl wird dich nie wieder bedrohen.«

Luisa trug jetzt wieder ihre Shorts und ein eigenes T-Shirt. Alicia hatte ihre Sachen wohl in der Hütte gefunden.

»Ich muss duschen«, flüsterte sie entsetzlich kraftlos. »Ich fühle mich so schmutzig.«

»Musst du nicht, du bist so wunderschön und liebenswert wie immer.«

Erneut brachen alle Dämme. Luisa klammerte sich an mich wie eine Ertrinkende an einen vorüberschwimmenden Baumstamm. Da standen wir nun, direkt neben dem *Cementerio Municipal,* wo auch Victor Nuñez' Asche ruhte.

»Gehen wir nach Hause?«, fragte ich sanft.

Luisas feuchte Augen leuchteten mich an. »Nach Hause …«, wiederholte sie, einen dicken Kloß hinunterwürgend. »Das wäre schön.«

Wir nahmen sie in unsere Mitte und wankten über das Feld. Alicia und Luisa nahmen auf dem opulenten Rücksitz Platz.

»Kannst du bitte Musik anmachen?«

»Klar.«

John Miles, *Music Was My First love.* Luisa weinte lautlos, sicher behütet in Alicias Armen. Abfahrt Calonge. Die Bee Gees, *How Deep Is Your Love.* Kreisverkehr. Beim Supermarkt vorbei, an der Tanke, links unter uns die Mulde, die alte Mühle mit dem riesigen ungenutzten Grundstück, die seit geraumer Zeit zum Verkauf stand und in dieser Saison noch vermietet zu sein schien. Rauf zum Haus.

Audrey …? Der gemietete Jeep war noch nicht zurück. *Müsste sie nicht längst da sein …?*

Alle fünf Katzen waren da, und als ob sie spürten, dass Schreckliches geschehen war, verlangten sie keine Zuwendung, kein Fressen, sondern verteilten großzügig Schmuseeinheiten an die beiden Frauen.

»Die hast du gut im Griff, Joschi«, lobte ich meine Nummer Eins. Nervös sah ich auf die Uhr. Halb drei. Noch gar nicht so spät, wie ich vermutet hatte. Die Nacht war noch lange nicht vorbei.

Alicia und Luisa verschwanden stumm im großen Badezimmer, das eine Wanne besaß. Mit jeder Minute wurde ich unruhiger. *Da ist doch was schiefgegangen!* Auf der Terrasse hielt ich Ausschau nach ihrem Jeep.

»Arthur.« Ich hatte Alicia gar nicht gehört.

»Geht es Luisa gut?«

»Nein.«

»Hat dieses Schwein … sie angefasst?«

»Hat er.«

»Er hat sie …«

»Dazu ist er wohl nicht mehr gekommen.«

»Verdammt, wenigstens das ist ihr erspart geblieben.«

»Du musst warten, bis sie von sich aus etwas sagt.«

»Okay.«

»Kein übersteigertes Mitleid.«

»Ich habe verstanden, Alicia.«

»Gut.« Sie gab mir einen flüchtigen Kuss. »Du bist ein guter Kerl.«

»Ein Mörder.«

»Das sind wir doch alle.«

Audrey, wo bleibst du denn?

NOTFALLPLAN

Luisa und Alicia saßen am Pool auf der Schaukel, die ganze Katzenbande um sich herum. Ich verteilte unverschämt große Brandys.

»*Comienza una nueva vida.*« Alicia hob ihr Glas und wir stießen an.

Ein neues Leben beginnen, das wäre schön.

Dreizehn Minuten vor vier. Endlich bog Audreys Jeep bei den Müllcontainern ab und nahm die Straße zu uns herauf. Über dem Meer wurde es bereits ganz langsam heller.

»Den Göttern sei Dank«, stieß ich erleichtert hervor. Ich rannte die Stufen zum Parkplatz hinauf. Stotternd kam der Wagen zum Stehen. Audreys Kopf fiel nach vorn auf das Lenkrad. Luisa und Alicia hinter mir.

»Audrey!« Ich öffnete die Fahrertür. Blutüberströmt fiel mir meine Agentin in die Arme. »Oh nein, was …«

»Das Schwein hat mich erwischt«, stöhnte sie matt. »Die Schulter … die Kugel muss noch drinstecken.«

»Ich rufe einen Notarzt!«

»Nicht, Alicia.« Aus Audreys Gesicht war jegliche Farbe geschwunden. »Wie sollen wir das erklären? Robles wird uns alle einbuchten.«

»Ist er tot?«, fragte Luisa tonlos.

»Mausetot.« Audrey lachte gequält. »Eine Sekunde nicht aufgepasst, der Kerl ist ein Stück weggerobbt, als ich ihn noch bewusstlos wähnte, und schon hatte er seine Waffe in der Hand. Ich war gerade dabei, das Gewehr zu verstauen. Aus dem Augenwinkel sah ich die Pistole im Mondlicht aufblitzen. Ich warf mich herum, stürzte mich auf ihn.« Meine Agentin hielt inne, atmete flach.

»Mist, die hätte ich weiter wegwerfen sollen«, machte ich mir Vorwürfe.

»Die Kugel hat mich in der Schulter erwischt, aber in diesem Moment verspürst du keinen Schmerz, das Adrenalin flutet deinen Körper. Ich schlug ihm die Waffe aus der Hand, dabei löste sich der Abzug ein weiteres Mal. *Game over*. Das Geschoss traf ihn tödlich.« Alicia half mir, Audrey aus dem Gefährt zu befördern. »Ich bin so müde …«

»Ich hole einen Arzt, jemanden, dem wir vertrauen können«, versprach ich. »Hältst du solange durch?«

»Klar, Großer. Nimm den Jeep und gib Gas.«

Wie ein Geistesgestörter raste ich den Berg hinunter, mit einhundertzwanzig durch Calonge, Rin ichtung Platja D`Aro. Die letzten Nachteulen wankten aus den Diskotheken in Richtung Hotels und Zeltplätze. Platja lag still vor mir. Die Sommernächte waren kurz. Bars, Restaurants und Boutiquen hatten gefühlt rund um die Uhr geöffnet. Jetzt aber, zwischen drei und fünf Uhr morgens, herrschte eine unnatürliche Stille. Das pulsierende Leben legte eine kurze Pause ein. Um sechs öffnete bereits die erste *Panaderia* am Ortseingang.

Ich lenkte den Jeep auf den Hinterhof des *Hospitales de Animales*. Sprang aus dem Wagen und drückte den Klingelknopf immer wieder. »Flores, komm schon.«

Die Veterinärin bewohnte allein die erste Etage über der Tierklinik. Ein Licht ging an, dann öffnete sich ein Fenster. Eine aus dem Tiefschlaf gerissene Tierärztin sah auf mich herab, die schwarzen lockigen Haare fielen ihr wild ins Gesicht.

»Arthur Crawley.« Sie atmete tief durch. »Ich fasse es nicht, es ist nicht mal halb fünf.«

»Ein Notfall, Flores … bitte, können Sie sofort mitkommen?«

»Hat jemand eine Ihrer Katzen überfahren?« Sie schien noch gar nicht ganz wach zu sein.

»Nein, schlimmer. Es geht nicht um meine Katzen.« Ich sah flehentlich nach oben.

»Nicht? Was dann?« Sie gähnte ausgiebig.

»Kann ich während der Fahrt berichten. Bitte, wir müssen uns wirklich beeilen. Ich zahle, was Sie wollen.«

»Na schön, aber ich muss wenigstens wissen, um was für ein Tier es sich handelt.«

»Kein Tier. Es geht um meine beste Freundin.«

»Alicia?«

»Nein, meine Freundin, nicht meine …« *Ja, was eigentlich?*

»Ich komme runter, Sekunde.«

»Bitte, beeilen Sie sich.«

Keine zwei Minuten später öffnete Flores die Praxistür. Sie hatte ihre Haare schnell hochgesteckt und ihre Klinikmontur, lange weiße Hose und Shirt, angezogen.

»Was ist das für eine verrückte Geschichte, Señor Crawley? Stoff für ein neues Buch?«

»Ich … Nein, es ist eine lange Geschichte, die ich Ihnen gern bald erzählen werde, aber jetzt müssen wir meiner Freundin Audrey Parker helfen, sie ist meine Agentin und meine Lebensretterin.«

»Was hat sie denn für ein Problem?«

»Sie ist angeschossen worden, und die Kugel steckt wohl noch in ihrer Schulter.«

»Ich bin Tierärztin.«

»Flores, bitte, außer Ihnen kann ich niemandem vertrauen.«

»Ich frage mal besser nicht, wie das geschehen ist.«

»Danke.«

»Wo ist Ihre Freundin?«

»Bei mir zuhause auf dem Sofa.«

»Arthur. Sie bringen mich in Teufels Küche. Nun lassen Sie schon diesen Dackelblick, dann kann man so schlecht Nein sagen.«

»Können wir los?«

»Na schön, aber wenn ich sage, dass wir einen richtigen Arzt brauchen, dann rufen wir einen.«

»Abgemacht.« Wir verluden allerlei medizinisches Stückgut in den Jeep.

Alicia und Flores umarmten sich kurz, als wir ankamen. Audrey war in einen fiebrigen Halbschlaf gefallen. Flores entfernte die Mullbinden. Die Wunde blutete ganz leicht.

»Kannst du ihr helfen?«, fragte Alicia verstört.

»Die Kugel muss raus.« Die Veterinärin tastete vorsichtig Audreys Schulter ab. »Verdammt, eigentlich müssten wir das röntgen, damit ich genau sehen kann, wo das Scheißding sitzt.« Sie sprach mehr mit sich selbst als mit uns. Luisa saß teilnahmslos mit angezogenen Knien auf einem Sessel. »Wir könnten Glück haben. Ich glaube, die Gelenkpfanne hat das Projektil aufgehalten.«

»Das hört sich gut an.«

»Ziehen Sie mir eine Spritze auf.«

»Äh, ich?«

»Alicia, besser du assistierst mir, als dieses Nervenbündel.« Fachmännisch befolgte Alicia Flores' Anweisungen. »Audrey, können Sie mich verstehen?«

»Aber sicher doch«, erwiderte sie matt.

»Ich werde Ihnen jetzt ein lokales Anästhetikum spritzen, aber es wird trotzdem höllisch wehtun. Wir können Sie immer noch ins Hospital bringen, dort würde es wesentlich angenehmer für Sie vonstattengehen.«

»Nicht nötig, ich wollte nachher eigentlich noch feiern – und das geht doch in Krankenhäusern so schlecht.«

»Also gut.« Flores wandte sich erneut an Alicia und mich. »Ich werde die Wunde leicht erweitern und dann hoffentlich mit dieser Zange das Ende der Kugel zu packen bekommen. Ich habe das schon mal bei einem Pferd gemacht.«

»Okay.« Ich nickte wild.

»Wie beruhigend«, stöhnte Audrey.

»Ich ziehe das Projektil langsam heraus. Sobald die Kugel draußen ist, wird es stark bluten. Ist das ein Problem, Arthur?«

»Ich hoffe nicht.«

»Lieber Himmel …«

»Ich kann helfen«, bot sich Luisa an.

»Ja, das ist wohl besser, bevor ich einen zweiten Patienten bekomme. Und mit ohnmächtigen Walrössern kenne ich mich gar nicht aus.«

»Was sollen wir tun?«, fragte Alicia, Luisa aufmunternd anlächelnd.

»Du nimmst diese Klammern und ziehst die Wundränder zusammen. Kannst du das machen, Alicia?«

»Ja, kein Problem, die sind aber groß, diese Klammern.«

»Sind ja auch für Kühe gedacht.«

»Schön zu wissen«, keuchte Audrey. »Echt.«

»Und Sie …«

»Luisa, bitte einfach nur Luisa.«

»Meinetwegen, also Luisa. Ich hole die Kugel raus. Während der ganzen Operation tupfst du ununterbrochen das Blut ab, damit ich so viel wie möglich sehen kann. Sobald das Ding raus ist, wirst du die dicke Tamponade in die Wunde drücken, gleichzeitig setzt Alicia die Klammern an, dann übernehme ich wieder.«

»Was ist meine Aufgabe?«, fragte ich kläglich.

»Du hältst meine Hand«, antwortete Audrey für die Ärztin.

»Sie sind ein verdammt taffes Mädchen«, stellte Flores anerkennend fest.

»Mädchen? Mit fast vierzig? Vielen Dank.«

»Bereit?«

»Bereit, wenn Sie es sind, Flores.«

Ich nahm Audreys eiskalte Hand und wischte ihr den Schweiß von der Stirn. Flores injizierte das Betäubungsmittel.

»Du hast uns alle gerettet, Liebes«, flüsterte ich. »Das können wir nie wiedergutmachen.«

»Halt den Mund, Arty, wozu hat man denn Freunde.«

Flores hielt jetzt eine langstielige Zange in der rechten Hand.

»Okay, ich hole das Mistding jetzt raus. Immer schön tupfen, Luisa.«

»Das ist ein irres Leben, oder?«, stöhnte Audrey. Ich drückte ihre Hand. »Nicht so was Langweiliges, kein 08/15-Dasein. Ich finde das gut.« Sie hielt vor Schmerz die Luft an. »Oh, Scheiße, tut das weh.«

»Ich bin dran, durchhalten.«

»Weißt du, was ich am meisten gehasst habe an deinem Buch?«

»Gehasst? Nee, was denn?« Ich sah besorgt in die flackernden Augen meiner Agentin.

»Dass es irgendwann zu Ende war.«

»Wirklich?«

»Ja, ich könnte für den Rest meines Lebens …«, sie presste Augen und Lippen zusammen, »… weiterlesen und in meiner Phantasie dort leben auf deiner Wasserwelt.«

»Okay, ich habe das Ende gefunden. Noch einmal die Zähne zusammenbeißen, Audrey, ich muss die Zange ein wenig spreizen, damit ich das Ende fest packen kann.«

»Nur zu, denken Sie einfach, ich wäre eine Kuh.«

»*Pollo loco,* mit Ihnen würde ich gern mal einen Drink nehmen.« Die Tierärztin machte einen hochkonzentrierten Eindruck. Audrey stöhnte, atmete hechelnd. »Ich habe sie, ich habe sie gepackt! Luisa, Alicia, bereitmachen.«

»Gleich ist es überstanden«, versuchte ich aufzumuntern.

Audrey schwebte zwischen Schmerz und Ohnmacht. Millimeter für Millimeter zog Flores das Geschoss aus Audreys Schulter.

»Jetzt! Tupfer und Mull, los, los! Alicia, die Klammern! Fest zudrücken, Luisa! Ihr macht das gut!« Flores warf Kugel und Zange auf ein Tuch. Audrey war weggetreten. »Aufwachen, Audrey, nicht schlafen, wir wollten doch eine Party machen.« Zuckend kehrte Audrey ins Leben zurück. »Das Ding ist raus.«

»Großartig, Flores, phantastisch!«, jubelte ich.

»Langsam, *el Escribar,* wir sind noch nicht über die Pyrenäen. Wir müssen das Loch noch zunähen, und wenn sich die Wunde entzündet, dann gute Nacht, Freunde.«

»Aber das Schlimmste ist überstanden«, beharrte ich glücklich.

Als die Sonne über dem Meer aufging, lag Audrey frisch genäht und verbunden im dritten Schlafzimmer.

»Ich werde bei ihr bleiben und auf sie aufpassen«, verkündete Luisa.

»Solltest du nicht auch schlafen, Kleines?«

»Nein, ich kann sowieso nicht schlafen. Ich möchte bei ihr Wache halten. Ich rufe euch, wenn etwas passiert. Bitte, Arthur, ich möchte das für Audrey tun. Ich möchte bei ihr sein.«

»Gut.« Ich nickte todmüde.

»Können Sie mich noch nach Hause fahren?«, fragte Flores. »Sie sehen aus wie ein Zombie aus *Die Nacht der lebenden Toten.*«

»Donnerwetter, Sie kennen diesen alten Schinken?«

»Sicher, dann können mich irgendwelche frei herumlaufenden Irren in der realen Welt nicht mehr schocken.« Sie blies sich eine Strähne aus dem Gesicht. »Spaß beiseite, ich kann mir ein Taxi rufen.«

»Nein, ich fahre Sie, das ist das Mindeste, außerdem muss Sie niemand hier oben sehen. Sie sind jetzt Teil einer Verschwörung, Flores.«

»Hört sich verdammt spannend an. Ich werde heute Abend vorbeischauen, da wird sich niemand was dabei denken, bei fünf Katzen.«

Ich lenkte den Jeep vorschriftsmäßig den Berg hinunter, jede Geschwindigkeitsbegrenzung beachtend.

»Will ich wissen, was geschehen ist, Arthur?«

»Das müssen Sie entscheiden.«

»Hat es mit Victor Nuñez' Tod zu tun?«

»Nein. Audrey hat Luisa und mir das Leben gerettet. Glauben Sie mir, sie hat nichts Unrechtes getan.«

»Aha, na schön, dann möchte ich eingeweiht werden. Sie können sich auf meine ärztliche Schweigepflicht verlassen. Ich habe noch nie ein Tier verraten, weder Katze noch Papagei.«

Ich berichtete in Kurzform von den Vorkommnissen, von dem Tag, an dem Luisa vor meiner *Casa* gestanden hatte, bis zu dem nächtlichen Showdown bei den Dolmen. Flores Rubio hörte aufmerksam zu.

»Luisa wurde entführt? Ich hoffe, er hat ihr nichts angetan.«

»Ich denke nicht, aber er hat sie erbärmlich erniedrigt.« Mir schossen Tränen in die Augen. »Das Stück Dreck hat sie nackt an einen Pfahl gebunden.«

»Schon gut, Arthur. Ich verstehe zwar immer noch nicht, warum Sie nicht zur Polizei gehen wollen, aber sei's drum.«

»Das hat nun wieder mit Victor Nuñez zu tun. Inspektor Robles hält mich für den Mörder. Wir dachten, es sei besser, nicht mit einem weiteren Delikt in Verbindung gebracht zu werden.«

Sie taxierte mich eingehend. Ich wusste genau, welche Frage ihr auf der Zunge lag, aber sie stellte sie nicht.

»Victor war ein übler Bursche.« Ich rieb mir die müden Augen. »Er war nicht immer so, sagt Alicia.«

»Menschen verändern sich, nicht immer zu ihrem Vorteil.«

»Das ist wahr. Danke, Flores, für Ihre Hilfe, für Ihr Vertrauen. Bringen Sie heute Abend eine gesalzene Rechnung mit.«

»Werde ich nicht.« Wenn sie lächelte, erinnerte sie mich an Kate Winslet, nur mit dunklen Haaren. »Ich habe nur einen Abrechnungskatalog für Tiere.«

»Sie haben was gut bei mir, Flores, ganz ehrlich, Sie sind der Hammer.«

»Das geht runter wie ein guter Whisky, ich werde Sie beizeiten an Ihr Versprechen erinnern.«

Täglich grüßt das Murmeltier

Alicias Arm lag quer über meiner nackten Brust. Der Wind, der durch die Vorhänge des Schlafzimmers wehte, trug die Hitze der Sahara mit sich. Alicia schlief noch tief und fest. Vorsichtig befreite ich mich aus der Umklammerung. Luisa schien vor Antritt ihrer Wache in Audreys Zimmer noch die Katzen gefüttert zu haben, denn Manita leckte sich gerade die Schnurbarthaare sauber. Auf leisen Sohlen schlich ich zum hinteren Schlafzimmer. Die Tür war nur angelehnt. Ich öffnete sie einen Spalt.

Luisa lag neben Audrey auf dem breiten Bett und schlief. Ich fühlte Audreys Puls: etwas zu schnell, aber regelmäßig. Die Stirn mit einem dünnen Film aus Schweiß überzogen. Der Verband war durchgeweicht und musste dringend gewechselt werden.

Ich sah auf die Uhr. Viertel nach drei, mitten in der Siesta. Ich hatte fast sechs Stunden wie ein Stein geschlafen. Was für eine Nacht. *Wenn Audrey Ford einfach bei den Dolmen zurückgelassen hat, dann wird man ihn wohl längst gefunden haben.*

Es klopfte an der Tür. *Flores? So früh?* Ich raffte mich auf. Natürlich nicht!

»Inspektor Robles. Sie schon wieder. Mann, das ist ja wie ein Déjà-vu.«

»Sie haben Besuch?« Er deutete auf den Jeep. Zum Glück war ich in der Nacht noch so hellsichtig gewesen, die Blutflecken akribisch zu entfernen.

»Ich wüsste nicht, was Sie das angeht.« Provozierend blieb ich im Türrahmen stehen. Alicia kam augenreibend aus unserem Schlafzimmer. Nur mit einem langen Shirt bekleidet und total verschlafen, sah sie hinreißend aus.

»Señora Nuñez, Sie wohnen jetzt hier?«

Alicia schüttelte sich einmal kurz und ging Richtung des kombinierten Wohn- und Esszimmers. »Ich wüsste nicht, was Sie das angeht«, bemerkte sie beiläufig über ihre Schulter.

»Das ist mein Mädchen«, ergänzte ich süffisant.

Die dritte Schlafzimmertür ging auf. Luisa kam mit noch halb geschlossenen Augen auf mich zugewankt.

»Wem gehört der Jeep?«

»Mir«, behauptete Luisa. »Wobei ich nicht weiß, was Sie das angeht.«

»Das ist meine Kleine«, erklärte ich schmunzelnd.

»Was treiben Sie alle eigentlich nachts?« Ehe wir etwas antworten konnten: »Ich weiß schon, das geht mich nichts an.«

»Ich finde es schön, dass Sie in Ihrem hohen Alter noch so lernfähig sind, *Commissario* Robles. Wenn wir jetzt den Grund Ihres unerbetenen Erscheinens erfahren dürften, ich müsste mal aufs stille Örtchen.«

»Guter Plan.« Luisa verschwand wieder in Audreys Krankenzimmer. Robles durfte sie keinesfalls zu Gesicht bekommen.

»Oben bei den Dolmen wurde eine Leiche gefunden.«

»Nun ja, das ist halt eine Grabstätte.«

»Mister Crawley, verhohnepiepeln kann ich mich alleine.«

»Da bin ich mir nicht sicher.«

»Nun raten Sie einmal, wer das Opfer ist.«

»Was weiß ich denn? Ein Dealer, ein Serienkiller, etwa ein Touri oder gar ein Wildschwein?«

»Ein guter Bekannter von Ihnen, Mister Crawley.«

»Gott, doch nicht Vater Emmanuel …«

»Vater … Wie kommen Sie denn auf den Gedanken?«

»Eine Eingebung.«

»Steve Ford.«

»Nein …« Ich stemmte beide Arme in die Hüften und tat freudig überrascht. Luzifer schleppte gerade eine Maus an. »Schon wieder erwischt es einen Richtigen. Dieser Polizistenkiller von Calonge.«

»Was heißt bitte schön *schon wieder?*«, fragte Robles listig.

»Streichen Sie das *schon wieder*. War nur so daher gesagt.« Ich bückte mich, um Luzifer zu loben. »Das hast du prima gemacht, mein kleiner Vollstrecker.«

»Ihre Katzen tragen merkwürdige Titel.«

»Kreativ.«

»Jedenfalls hat es in den letzten zehn Jahren keinen Mord mehr in Calonge und Umgebung gegeben. Jetzt sind es bereits zwei innerhalb von einem Monat.«

»Na, über den zweiten Toten werden sich die britischen Kollegen aber freuen, tot oder lebendig, was macht das schon für einen Unterschied.«

»Das ist hier nicht der Wilde Westen, Mister Crawley.«

Ich hörte im zweiten Bad die Dusche rauschen. »Schade eigentlich, denn dann ließen sich viele Dinge einfacher regeln.«

»Mit der Waffe als Verkünder des Rechts?«, höhnte Robles.

»Wenn Sie mich jetzt entschuldigen wollen, Herr Kriminalrat, ich habe Señora Nuñez versprochen, ihr den Rücken einzuschäumen.« Ich blinzelte anzüglich. »Sie verstehen schon, oder?«

Robles sah mich indigniert an. Warum musste der Kerl auch so steif und formell sein. Wortlos drückte er mir drei verschlossene Umschläge in die Hand.

»Einladungen zu Ihrem Geburtstag?«

»Fast richtig, Vorladungen auf das Präsidium in Figueras. Morgen, zehn Uhr.«

»Wozu? Sie können uns auch in Calonge befragen.«

»Figueras, Mister Crawley. Ich freue mich schon.«

»Geht mir genauso, ich kann's kaum erwarten.«

Dämonen

Luisa und Alicia wechselten mit vereinten Kräften den Verband.

»Das gibt ’ne hübsche Narbe«, bemerkte Audrey matt lächelnd. Zum Glück stellte sich kein Fieber ein. »Ich müsste mal duschen.«

»Du bleibst schön liegen«, kommandierte ich.

»Ich kann Sie ein bisschen frisch machen, wenn Sie wollen«, bot Alicia an.

»Können wir uns nicht alle duzen?«, stöhnte Audrey. »Ich meine, was könnte uns mehr zusammenschweißen als diese Geschichte.«

Zustimmendes Nicken allerseits.

»Wunderbar, dann werde ich die Damen mal allein lassen. Übrigens haben wir für morgen eine Vorladung nach Figueras.«

»Wozu?«, wollte Alicia alarmiert wissen.

»Keine Ahnung, was Robles im Ärmel hat, aber sicher kein Grund, dass wir uns verrückt machen sollten.« Hoffte ich zumindest.

Gegen einundzwanzig Uhr kam Flores Rubio, zur Tarnung mit einem Katzenkäfig in der Hand.

»*Special Agent*«, begrüßte ich die Tierärztin. »*Bienvenida.*«

»Null, null, eins, drei.« Sie begrüßte mich wie einen alten Freund mit zwei Küssen auf die Wange.

»Äh, null, null, was …?«

»Dreizehn ist doch die magische Zahl in Ihrem Buch, also passt das. Wie geht es meinem Kätzchen?«

»Ganz gut, glaube ich. Kein Fieber, aber die Wunde sieht heftig aus.«

»Wir werden sehen.«

Sie verschwand in Audreys Schlafzimmer. Alicia war noch nicht aus dem *Pa y Vi* zurück. Nach zwei Tagen Abstinenz wollte sie heute Normalität einkehren lassen.

Luisa saß gedankenverloren unter der großen Palme am Pool. Ich reichte ihr wortlos ein Glas eisgekühltes Orangenwasser und setzte mich auf einen Stuhl neben sie, die Füße auf dem Mäuerchen abgestützt. Ich repetierte Alicias Worte: *Lass sie reden, bloß kein überbordendes Mitleid.*

»Er hat mir wehgetan«, flüsterte Luisa, den Blick starr aufs Meer gerichtet. Auf dem Wasser kreuzten einige Surfer, ein paar Jachten tuckerten außerhalb der Sperrzone für die Schwimmer gemächlich Richtung Hafen von Palamos. Die Frenchies links unter uns waren weg, dafür waren Österreicher eingezogen. Bei den Häberlis herrschte Funkstille. Die Umwälzpumpe des Pools surrte leise.

»Er hat an mir herumgetatscht, aber das war nicht so schlimm.« Luisa nahm einen Schluck Wasser. »Er hat meine Seele geschändet … Sie ist zerrissen.«

Ich legte vorsichtig eine Hand auf ihren Unterarm. Sie zuckte kurz zurück, ließ es aber dann geschehen.

»Ich bin nicht mehr derselbe Mensch.«

»Doch, das bist du.«

»Wie könnte ich?«

»Niemand kann deine unsterbliche Seele zerstören, erst recht nicht ein Arschloch wie Ford.« Sie sah mich hilflos an. »Du bist so schön wie nie zuvor. Du leuchtest noch in der gleichen Intensität wie vor dieser grausamen Nacht.«

»Er hat mich gezwungen …«

»Stopp! Ich will das nicht wissen, aber nicht, weil ich es nicht ertragen könnte, sondern weil es unwichtig ist, was er mit dir getan hat.«

»Unwichtig?«

»Er hat sich deines Körpers bemächtigt, ja, das können wir nicht mehr ungeschehen machen, aber dafür hat er gebüßt und zwar nicht wenig, das darfst du mir glauben. Aber dich, das, was dich ausmacht, das hat das Schwein nicht angerührt, das hast du tapfer in deinem Inneren bewahrt.« Ich nahm ihre Hände in die meinen. »Audrey trägt ihre Narbe für alle sichtbar mit sich herum, wahrscheinlich für den Rest ihres Lebens. Deine Narben gehen viel tiefer, und niemand kann sie sehen, zumindest nicht auf den ersten Blick, aber deine Narben, Luisa, können wir heilen.«

»Nein.«

»Es wird dauern, Jahre womöglich, und ja, ganz werden sie niemals verschwinden. Die Erinnerung an diese Nacht wird dich in Träumen heimsuchen, die alten Wunden werden immer wieder aufreißen – aber es wird leichter werden im Laufe der Zeit. Und weniger. Du wirst mit dieser Last leben müssen, aber das kannst du, denn du hast Menschen, die immer für dich da sein werden.«

»Du?«

»Natürlich, zunächst mal an erster Stelle, bis, nun ja, bis jemand anderes kommt und dein Herz erobert und meinen Platz einnimmt, aber auch dann werde ich noch immer an deiner Seite sein, wenn du das möchtest.«

»Natürlich will ich das. Ich kann mir nicht vorstellen, jemals wieder ohne dich …« Ihre Stimme versagte.

»Ist schon gut.«

»Ich weiß nicht, alles fühlt sich kaputt an, mein ganzer Körper, wund, verdorben, dreckig.«

»Denk an die schönen Dinge, die vor uns liegen.«

»Vor … uns?«

»Ja, glaubst du denn, ich würde dich jemals wieder hergeben? Ich bin dein eingeschworener Bruder, schon vergessen?«

»Nein, natürlich nicht.« Ein winziges Lächeln.

»Eines Tages werde ich auf die andere Seite der Nacht übersetzen.«

»Arthur …«

»Und dann wünsche ich mir, dass du an meiner Seite bist und mich bis zur Barke begleitest, du und Alicia. Das Schicksal hat uns hier zusammengeführt. Ich bin bereit, diesen Auftrag anzunehmen. Ich werde dir helfen, diese Zeit zu überstehen. Lass uns Musik machen, Bücher schreiben, das Leben genießen. Gemeinsam werden wir diese Nacht aus unseren Herzen verbannen. Wir werden einen Tresor öffnen und die Erinnerung dort einschließen.«

»Du hast es drauf, einem Mut zu machen.«

»Wenigstens etwas, wenn ich schon kein Blut sehen kann.«

»Kannst du mich in den Arm nehmen?«

»Nichts lieber als das.«

Sternschnuppen

Wir aßen gemeinsam zu Abend. Es war bereits nach zehn, das war der Spätsommer an der Costa Brava, da gingen die Uhren eben anders. Flores stimmte unter Protest zu, dass auch Audrey an dem Mahl teilnehmen konnte. Gemeinsam mit Luisa geleitete sie meine Agentin zu dem ausgepolsterten Stuhl am Pool. Luisa und ich hatten einen bunten Salat mit Honigmelone und gebratenen Putenbruststreifen angerichtet. Da Audrey sich so wenig wie möglich bewegen sollte, fütterte Luisa sie.

»Ich komme mir alt und verschlissen vor«, beklagte sich Audrey. »Allerdings ist die Betreuung durch diese junge Musikantin erstklassig.«

»Ach was, du bist einfach nur toll«, lobte ich.

»Kann ich auch ein Glas Wein bekommen?« Ihr Blick ging fragend zu Flores, die achselzuckend zustimmte: »Es geht Ihnen erstaunlich gut, warum also nicht, solange Sie nicht in den Pool springen oder tanzen gehen.«

Luisa, Flores und Audrey unterhielten sich angeregt, sie schienen sich prächtig zu verstehen. Alicia beugte sich zu mir herüber und gab mir einen Kuss. Verdattert ob der ungewohnten spontanen Vertrautheit sah ich sie glücklich an.

»Was hast du mit Luisa angestellt?«

»Nichts, wieso?«

»Sie nimmt wieder aktiv am Leben teil.«

»Wir haben ein bisschen geredet.«

»Lügner.« Ihr Lächeln führte ihre Worte ad absurdum.

»Alicia, ich habe da seit ein paar Tagen eine Idee, die mir nicht mehr aus dem Kopf geht. Komm, hilf mir mal mit der Melone in der Küche.« Wir verließen die traute Runde.

»Jetzt aber heraus damit, Arthur.«

»Ich finde, dieses Mädchen hat genug mitgemacht.«

»Ja, sicher.«

»In England hat jemand anderes ihre Stelle eingenommen. Was aber, wenn das Ganze doch eines Tages auffliegt? Dann wird die Suche nach der echten Luisa Verbeek wieder losgehen, das will sie nicht und ich erst recht nicht …«

»Was ist mit dem Erbe?«

»Hier geht es nicht um Geld, sondern um ein neues Leben, einen Neustart, nach den letzten Ereignissen erst recht. Luisa will nie mehr zurück nach England. Sollen die Verbrecher damit glücklich werden oder auch nicht.«

»Nun gut. Die Gefahr besteht, dass die britische Polizei den Fall aufrollt, aber ich sehe noch nicht, worauf das hinauslaufen soll, Arthur.«

»Ich rede davon, die Spuren, die nach Calonge führen, ein für alle Mal zu verwischen.«

Alicia strich durch mein Haar. »Aber wie willst du das anstellen?«

Ich flüsterte ihr meine Idee einer Lösung ins Ohr.

»Das könnte funktionieren«, gab sie nachdenklich zu.

»Gut, dann warten wir ab, was Robles mit uns vorhat, und wenn wir morgen Abend noch keine Handschellen tragen oder in einer kahlen Zelle sitzen, dann werde ich Luisa fragen, ob sie einverstanden ist. Kannst du morgen Abend etwas zeitiger den Laden schließen, dann reserviere ich für uns einen Tisch im *Samal.*«

»Gegen zehn?«

»Perfekt.«

Mit in Schiffchen geschnittener Honigmelone kehrten wir zu den drei Frauen an den Pool zurück. Hauchdünner Serrano-Schinken rundete die Köstlichkeit ab.

»Oh, seht nur – eine Sternschnuppe!«, rief Luisa überrascht.

»Wünsch dir schnell was«, riet Audrey. Luisa schloss die Augen. »Du darfst es niemandem sagen, sonst wird der Wunsch nicht wahr.«

»Ich weiß, Audrey.«

»Und gieß noch mal ein.«

Flores lachte gutmütig. »Gut einteilen, Audrey, mehr gibt es heute nicht.«

Audreys Schmollmund war herzallerliebst.

Der Teufel trägt Kutte

Figueras, Heimat des berühmten Dali-Museums und der achteckigen Festung *Castell de Sant Ferran,* die heute als größte Bollwerkfestung Europas gilt; im frühen 18. Jahrhundert erbaut, bot sie sechstausend Personen und fünfhundert Pferden Zuflucht. Ganz in der Nähe des *Estadio Municipal de Vilatenim,* das knapp zehntausend Zuschauern Platz bietet, liegt das Präsidium der *Guardia Civil* in einer beschaulichen Seitenstraße.

Selbstverständlich waren wir mit meinem Cabrio angereist, nicht ohne Audrey ins Gewissen zu reden, sich daheim gefälligst zu schonen. Ein Beamter winkte uns mit versteinertem Gesicht durch die Waffenschleuse. Es piepte nicht.

»Ich habe meine Kalaschnikow heute mal daheim gelassen«, versuchte ich einen Scherz.

Der junge Mann verzog keine Miene.

»Das haben die nicht gelernt«, erklärte Alicia, erstaunlich gelöst und selbstbewusst. »Humor ist hier verpönt.«

Der Büttel riss eine Bürotür auf. Robles tat geschäftig und sah zunächst gar nicht von seinen Aufzeichnungen auf. Wir setzten uns einfach unaufgefordert.

»Wie wird der Wein von Batista in diesem Jahr werden, gibt es schon eine Prognose?«, fragte ich.

»Enrico ist ganz zuversichtlich, die viele Sonne war perfekt für die Trauben und im Frühjahr hat es genug geregnet«, berichtete Alicia.

Luisa spielte auf ihrem Smartphone Tetris. »Level acht.«

»Sehr gut, Kind, knack den Highscore«, feuerte ich meinen treuesten Fan an.

Robles sah irritiert von einem zum anderen. Offensichtlich hatte er uns eingeschüchtert und lammfromm erwartet. Natürlich waren wir innerlich aufgewühlt, aber das mussten wir dem Bluthund ja nicht auf die Nase binden.

»Señora Nuñez …«

»Vielleicht brauchen wir ein neues Fass.«

»Echt jetzt? Das kostet aber«, gab ich zu bedenken.

»Level neun!«, jubelte Luisa.

»Klasse, Kind!«

»Hallo, meine Herrschaften, was soll das denn?«

»Das Rioja-Fass macht mir Sorgen, stell dir vor, die Reifen werden gesprengt.«

»Aiaiai, das gibt 'ne Sauerei.« Ich runzelte besorgt die Stirn.

»Das reicht jetzt!«, donnerte Robles und erhob sich von seinem Sessel.

»So 'ne Kacke … abgeschmiert«, fluchte Luisa. »Kurz vor dem Bonusspiel. Was muss der alte Mann auch für einen Krach machen.«

»Schluss mit den Mätzchen!«

»Ah, schön, dass Sie Zeit für uns gefunden haben, Inspektor«, sagte ich jovial. Unsere Blicke kreuzten sich. *Vorsicht, das ist ein gefährlicher Gegner.*

»Ich habe Sie hierher gebeten …«

»Befohlen, Herr Wachtmeister, nicht gebeten, dann wären wir nämlich nicht gekommen«, unterbrach ich ihn freundlich.

»Wie auch immer, es gibt neue Hinweise.« Langsam gewann er seine Fassung zurück. »Ihr Wagen wurde gesehen, Señora Nuñez, in der fraglichen Nacht. Der von Ihnen gefahrene Renault Clio wurde gegen viertel vor elf in Ihrer Straße gesichtet. Wie wollen Sie mir das erklären, da Sie doch angeblich direkt nach Schließung Ihres Ladenlokals zu Mister Crawley gefahren sind?«

»Gar nicht.«

»Wie bitte?«

»Entweder der- oder diejenige irrt sich oder lügt.«

»Sie machen es sich ja einfach«, entgegnete Robles entrüstet.

»Weil es einfach *ist*. Wer will den Wagen denn gesehen haben?«

»Das ist unerheblich.«

»Wohl kaum.«

Er zwirbelte seine Schnurbartenden. »Also schön, es war Tomas Aguilar.«

»Tomas?« Alicia brach in heiteres Gelächter aus.

»Was ist so lustig?«, fragte Robles barsch.

Okay, ich gebe zu, das hätte ich auch gern gewusst.

»Mein guter Nachbar Tomas ist neunundachtzig und blind wie ein Maulwurf. Außerdem kann er Autos weder leiden noch auseinanderhalten. Ich bin sicher, er weiß nicht mal, was ein Renault ist, geschweige denn ein Clio.«

Robles sackte schwer in seinem Sessel zusammen.

»Offensichtlich hat man Sie aber mal richtig verarscht, Herr Geheimrat«, frohlockte ich. »Woher kommt denn die Information eigentlich so plötzlich?«

»Von einer absolut integren Persönlichkeit.«

»Scheint mir aber nicht so«, gab ich zu bedenken. »Den guten alten Tomas vorzuschieben ist nicht gerade nett.«

»Der arme Tomas, hoffentlich haben Sie ihn nicht auch hierher zitiert.« Alicia wirkte richtig betroffen.

»Nein, natürlich nicht.«

»Dann haben Sie ihn in seinem Häuschen verhört?«

»Äh, nein.«

»Wer dann?«

»Die Informationen stammen von Vater Emmanuel!«, trumpfte Robles bissig auf.

»Was, der Kuttenträger hat Ihnen dieses Kuckucksei ins Nest gelegt?« Ich schüttelte mitleidig den Kopf. »Ich hätte Ihnen bessere Menschenkenntnis zugetraut, Inspektor. Sie waren doch Zeuge dieser furchtbaren Predigt bei Victors Trauerfeier. Der

Mann hat sie nicht mehr alle. Der lebt in seiner eigenen beschissenen kleinkarierten Welt. Er hält sich wohl für einen Moralapostel, der Weisheit mit einem viel zu großen Löffel gefressen hat.«

»Mister Crawley, Sie sprechen über einen Mann Gottes.«

»Was ich auf das Entschiedenste bezweifle.«

Alicia legte mir zur Beruhigung eine Hand auf meinen Unterarm. »Inspektor, er hat das Beichtgeheimnis verletzt und mich an meinen Mann verraten. Glauben Sie ihm kein Wort.«

Luisa beugte sich unverhofft weit über den Schreibtisch. Robles wich unwillkürlich zurück. Sie hatte einen fesselnden, leicht irren Blick drauf. »Wissen Sie eigentlich, dass der Teufel sich oft der Menschen bedient, die nach außen hin genau das Gegenteil zu sein scheinen?« Luisa kreuzte ihre beiden Zeigefinger vor ihrer Brust. »*Mueca Diablo.* Eine Teufelsfratze in Menschengestalt. Wo wäre der Gehörnte besser getarnt als in einem Priester?«

»Der Pater – vom Teufel besessen?«, krächzte Robles.

»Er wäre nicht der erste Schwarzrock.«

»Das ist … das ist ja haarsträubender Unsinn!«

»Wer weiß, Herr Inspektor, es gibt Dinge zwischen Himmel und Erde, die niemand zu erklären vermag. Dieser Seelenfänger ist jedenfalls auf einem ganz eigenen Kreuzzug.«

»Sie wollten doch den Mord zugeben! Gestehen Sie doch einfach.«

»Sagt wer?«, fragte ich gediegen.

»Alicia Nuñez!« Horatio Robles stützte sich mit beiden Händen auf seinen Schreibtisch. »Ich frage Sie bei Ihrer unsterblichen Seele: Haben Sie Ihren Mann, Victor Nuñez, getötet?«

Ein letzter, verzweifelter Versuch.

Alicia erhob sich ebenfalls, sodass sie auf Augenhöhe mit dem Kriminalisten war. Dann sagte sie schlicht: »Nein.«

Nicht mal gelogen, dachte ich erleichtert. Für eine Weile herrschte Schweigen. Robles sah sich eines weiteren Trumpfes beraubt.

»Und Sie, junge Dame, können das natürlich alles bezeugen?«, wandte er sich an Luisa.

»Yo.«

»Auch unter Eid?«

»Yep.«

»Auf Meineid stehen in Spanien bis zu zehn Jahre Haft.«

»Finde ich gut, Lügen muss hart bestraft werden.«

Wieder Schweigen.

»Inspektor …« Ich schlug einen versöhnlichen Ton an. »Gibt es irgendeine Chance, diese Hexenjagd zu beenden?«

»Aber sicher, Mister Crawley, gestehen Sie einfach oder bringen Sie mir den Täter.«

Grüner Spargel und Tränen

»Ich möchte nicht, dass unsere Freunde davon erfahren. Du weißt schon, von dem, was Steve mit mir gemacht hat, dass ich da nackt hing.«

»Geht klar, war sowieso nicht meine Absicht.«

»Das war schräg heute Morgen bei Robles.«

»Die ganze Chose ist total schräg.«

»Meinst du, er gibt irgendwann Ruhe?«

»Solange er niemanden verhaften kann, wohl nicht.«

»Dieser Pfaffe ist ein echtes Ekelpaket, so ein Sauhund, versucht Alicia zu denunzieren.«

»Kannst du laut sagen.« Luisa kicherte leise und ich sah sie überrascht an. »Was denn?«

»Du hast dein Hemd falsch zugeknöpft. Das kannst du besser. Ich sehe mal nach Audrey.«

»Meine Agentin hat es dir angetan, das finde ich gut.«

»Sie ist eine tolle Frau – und sie hat uns gerettet.«

»Audrey Parker, welche Freude!«

»Oh, Vorsicht, Javier, nicht so heftig zudrücken, ich hatte einen üblen Sportunfall, habe mir ganz schön die Schulter verletzt.«

Allein die Begrüßungszeremonie dauerte gut zehn Minuten. Die meisten Touris waren schon beim Dessert oder Espresso. Esteva kam mit einem Tablett voller Gläser, Javier entkorkte eine Flasche Cava.

»Auf Luisas großartiges Konzert ...«

»Ach, waren doch nur vier Songs.«

»Auf Alicias neu gewonnene Freiheit ...«

»Oh, also, na ja, warum nicht?« Alicia hob ihr Glas.

»Auf Audreys Rückkehr in den Schoß der Familie.«

»Vorsicht, Torero, du bist verheiratet und ich nicht«, gab meine Agentin schmunzelnd zurück.

»Und auf *el Escribar*, der uns hoffentlich bald mit einem neuen Buch begeistern wird.«

»Puh, lass uns schnell und viel trinken, dann fällt mir vielleicht was ein.«

Wir stießen an. Die wenigen Gäste beäugten uns neidisch.

»Hast du gehört, oben bei den Dolmen wurde eine Leiche entdeckt.« Javier reichte die Speisenkarten herum. »Es soll sich um diesen gesuchten Verbrecher handeln, der Belen Martinez beinahe erschossen hätte und Manuel Vasquez die Hand zertrümmert hat.«

»Wahrscheinlich die Mafia«, vermutete ich.

Javier zog die Augenbrauen zusammen. »War ein *Inglés*.«

»Dort soll es auch Mafiosi geben.«

»Wahrscheinlich hast du recht. Fisch? Ganz frisch aus Palamos. *Merluza*.«

»Klingt perfekt. Als Vorspeise nehmen wir gegrillte *Espárragos*.«

Kurz nach Mitternacht waren wir die letzten Gäste. Javier und Esteva gesellten sich zu uns. Es wurde geschwatzt und gelacht.

Irgendwie gingen den Katalanen nie die Gesprächsthemen aus. Audrey schlief zwischendurch immer mal wieder ein. Die Verletzung machte ihr mehr zu schaffen, als sie zuzugeben bereit war.

Als Luisa von der Toilette kam, fing ich sie auf dem Weg ab. »Du, ich wollte dich kurz was fragen. Ich überlasse dir die Entscheidung.« Wir setzten uns an einen etwas abseits gelegenen Tisch, der bereits im Dunkeln lang.

»Du willst mich wegschicken?«, fragte sie ängstlich.

»Was für ein Blödsinn, Dummerchen.«

»Okay, was dann?«

»Ich wollte dich fragen, ob du dir vorstellen kannst, meine Tochter zu werden.«

»Tochter?« Sie machte große Augen. »Wie das denn?«

»Ich würde dich gern offiziell adoptieren. Dann müsstest du nicht …« Schon flog sie in meine Arme. »He, langsam, du sollst doch erst überlegen …«

»Aber ich muss nicht überlegen!«

»Wäre das nicht besser?«

»Nein, nein.« Tränen rollten über ihr Gesicht. Aus dem Augenwinkel sah ich, wie Alicia uns beobachtete. »Ich möchte so gern deine Tochter sein! Und deine eingeschworene Schwester, das kann ich doch bleiben, oder?«

»Klar.«

»Arthur, ich weiß nicht, was ich sagen soll.«

»Ach, sei doch still, sonst fang ich auch noch an zu heulen.«

»Tust du das nur, weil der Kerl mich entführt hat?«

»Nein, das hat nichts mit dem zu tun, was gestern geschehen ist, absolut nicht.« Wir umarmten uns fest. »Du solltest meinen Namen tragen, damit niemand deine Spur hierher zurückverfolgen kann.«

»Aber die Behörden, mein Pass? Da steht doch mein Name drin. Muss das nicht in die Papiere?«

»Du glaubst nicht, was hier alles geht, Kleines, schließlich werde ich wohl für den Stadtrat kandidieren. Wir bekommen das hin, wenn du willst.«

»Na, und ob ich will.«

»Siehst du, ein kleiner Schritt in ein neues Leben.« Die Erinnerungen an das Grauen der vorangegangenen Nacht drängten an die Oberfläche. Die glückliche Miene zerfloss. »Wir bekommen das gemeinsam hin.«

»Glaubst du wirklich?« Das klang ziemlich jämmerlich.

»Ganz sicher.«

»Okay.«

»Wollen wir es den anderen sagen?«

»Ja, oh ja, bitte.«

»Dann los, du kleine Exorzistin.«

»Exorzistin?«

»Wie du Robles weisgemacht hast, dass Bruder Emmanuel womöglich vom Teufel besessen ist, das war echt spitzenmäßig.«

»Vielleicht ist das gar kein Scherz.«

»Mal den Teufel nicht an die Wand.« Wir kicherten ob des passenden Wortspiels, dann kehrten wir an den Tisch zurück. »Du oder ich?«

»Darf ich?«

»Klar.«

»Also, liebe Freunde. Ich bin erst seit knapp zwei Monaten hier, und ich erinnere mich noch sehr gut an den Morgen, als ich vor Arthurs Haus ankam. Was in dieser kurzen Zeit mit mir passiert ist …«, für einen Moment verschlug es Luisa die Sprache, »war unglaublich. Was nicht alle von euch wissen, ist, dass ich inzwischen Vollwaise bin. Meine Eltern sind bei einem Verkehrsunfall ums Leben gekommen. Möglicherweise hat Steve Ford, oder einer seiner Verbündeten, sie auf dem Gewissen. Das bleibt, für uns zumindest, ungeklärt. Vielleicht komme ich euch kalt und gefühllos vor, aber … ich hatte nie eine wirkliche Verbindung zu meinen Eltern, viel mehr zu meiner Nanny. Es ist schrecklich, ja, aber meine Bindung zu meinen Eltern war … eigentlich keine. Ich war immer allein.«

Javier und Esteban nickten mitfühlend.

»Ich kam her, weil ich einem Traum nachjagte. Ich wollte mit dem Autor meines Lieblingsbuchs reden, und nun sind wir hier, und er hat mich gerade gefragt …«, sie kämpfte erneut mit den Tränen, »ob ich seine Tochter werden möchte.«

»Du hast selbstverständlich abgelehnt«, stichelte Audrey. »Was willst du mit so einem alten Sack als Vater anfangen?«

Luisa lachte befreit und wischte sich die Feuchtigkeit aus dem Gesicht. »Nein, ich bin einfach total glücklich.«

»Und das hast du auch verdient«, ergänzte Alicia.

»Tja, Leute, da werden wir wohl noch eine Flasche aufmachen müssen«, seufzte Javier strahlend. »Endgültig angekommen in unserer chaotischen Gemeinschaft, Luisa.«

»Na, *Patron*, das ist ja mal ’n Ding«, neckte Audrey mich schmunzelnd. »Auf deine alten Tage noch Vater geworden, vielleicht ist es dir ja vergönnt, auch noch Großvater zu werden. Ich werde dich ab jetzt mit *Papu* ansprechen.«

»Unterstehen Sie sich, Agentin Parker!«

»Ach, Arty, das Leben könnte so schön sein.«

»Ist es das nicht?«

»Manchmal, oft aber auch nicht. Ich finde einfach nicht den richtigen Kerl.«

»Na ja, genug ausprobiert hast du aber.«

»Die richtig guten und lieben scheinen schon vergeben zu sein.«

»Ach was, der Tag wird kommen.«

»Du bist echt ein unerschütterlicher Optimist.«

»Jetzt erholst du dich aber erst mal, bevor du wieder entschwindest.«

»Dank Internet werde ich von deiner *Casa* aus das meiste erledigen können. Ich bleibe also wenigstens zwei Wochen.«

»Ach, Audrey, du musst mal richtig ausspannen. Mach zwei Monate draus.«

»Die Weihnachtspromotion, das Filmprojekt, dein neues Buch, das alles will bearbeitet und vermarktet werden.«

»Jetzt stehst du mal an erster Stelle.«

»Morgen ist auch noch ein Tag, morgen werde ich das Leben neu anpacken …« Sie lächelte müde. »Etwa so?«

»Scarlett O'Hara in *Vom Winde verweht.*«

»Ich dachte immer mal wieder zwischendurch, dass du mein Rhett Butler sein könntest.«

»Ist auch nicht gut ausgegangen.«

»Ich weiß …«

Das Ende der Häberlis

Ein letztes, gewaltiges Aufbäumen des Sommers. Über das Meer wehte ein grässlicher Wind von Nordafrika herüber, Sand und Staub im Gepäck. Ich rief früh am Morgen im Rathaus an, um mit dem Bürgermeister das weitere Vorgehen in Sachen Kandidatur und Adoption von Luisa voranzutreiben. Anschließend saßen sie und ich zusammen, um, in vertauschten Rollen, über unsere kreativen Projekte zu sprechen.

»Das Schlusskapitel gefällt mir ausnehmend gut.«

»Wirklich, obwohl drei der sechs Protagonisten sterben?«

»Sie opfern sich, das wird einige Leser verstören, aber es ist schlüssig.«

»Jetzt musst du es nur noch schreiben.«

»Hm? Wozu?«

»Sei nicht so faul, ich schreibe doch in einem ganz anderen Stil, die Leute merken das sofort. Du musst es mit deinen Worten formulieren, nimm es einfach als ausführliches Exposé und mach dein eigenes Ding daraus.«

»Auch wieder wahr. Ich werde alt.«

»Nicht alt, nur träge.« Sie lächelte listig. »Ich weiß allerdings nicht, was schlimmer ist.«

»Ungezogene Göre, vielleicht sollte ich mir die Nummer mit der Adoption noch mal überlegen.«

»Bloß nicht! Sag mal, irgendwie riecht das hier komisch.«

»Du hast recht.« Argwöhnisch schnüffelte ich. »Das kommt von draußen rein.« Ein mehrstimmiges Miauen. »Hörst du das? Unsere Katzen rufen uns.«

Wir gingen auf die Terrasse. Laut maunzend stürmte meine Vier-Pfoten-Gang heran.

»Liebe Güte, was treibt der Vollidiot da?« Vom Grundstück der Häberlis stieg Rauch in die Luft. »Lass den Schwachsinn, Köbi!«, brüllte ich. »Es hat seit zehn Wochen nicht geregnet, du Schweizer Vollpfosten!«

Köbi Häberli schaufelte weitere Gartenabfälle auf den kokelnden Haufen. Eine ordentliche Windböe fegte über den Hang. Mit verkniffenem Gesicht zeigte er mir seinen Stinkefinger.

»Du hast sie ja nicht mehr alle, mach das sofort aus!«

»Das ist gefährlich, oder?«, fragte Luisa betreten.

»Das ist noch untertrieben. He, Köbi, lass den Scheiß, willst du uns alle abfackeln? Lösch das Feuer, sofort!«

»Das ist mein Grundstück, Großmaul, hier kann ich machen, was ich will.«

Der Wind wurde immer stärker, heißer, trockener, noch beißender.

»Oh je, ich glaube es hat die Sträucher erwischt«, befürchtete Luisa.

»Ruf die Polizei, nein, besser die Feuerwehr! Alle beide.«

»Wo willst du denn hin, Arthur?«

»Diesen Irren zur Räson bringen.«

»Nicht, sieh doch, die Palme in seinem Garten hat Feuer gefangen!«

Endlich schien Köbi den Wahnsinn seines Unternehmens zu begreifen. Fluchend wickelte er seinen Gartenschlauch von der Rolle, dann schrie er auf und ließ die Düse fallen.

»Klar, die hat zu nahe am Feuer gelegen. Das Metall dürfte verdammt heiß sein.«

Die Flammen erfassten jetzt bereits den halben Garten. Der Wind drückte glühende Zweige und Palmwedel gegen die Hauswand, die unglücklicherweise auch noch mit Kletterpflanzen überwuchert war.

Luisa telefonierte schon. Ich rannte durch das Gartentörchen den Hang hinunter auf die Straße. Die Österreicher standen gaffend in ihrem Vorgarten, vier Erwachsene, vier Kinder im Alter von winzig bis klein.

»Verschwindet, los doch, haut ab.«

»Aber wir haben für drei Wochen bezahlt«, jammerte eine der Frauen.

»Bringt die Kinder in Sicherheit, der Wind kann jede Sekunde drehen.«

»Hiltrud, der Mann hat recht, sieh doch, wie hoch die Flammen schlagen.«

Die Kinder fingen an zu weinen und zu husten. Köbi tanzte wie ein Derwisch um sein Haus herum. Wo wohl seine Holde war? Wahrscheinlich shoppen, was sonst.

Die Pflanzen an der Hauswand hatten Feuer gefangen. Ich sah hoch zu meiner *Casa*. Wenn der Wind drehte, war mein Grundstück ebenfalls in Gefahr.

Köbi tauchte mit einem zweiten Gartenschlauch bewaffnet wieder auf und sprühte Wasser in die Flammen. Es knallte laut und zischte bösartig. Das Wimmern der Kinder verwandelte sich in panisches Schreien. Die Wiener schafften die wertvollsten Gegenstände in ihre Autos. Sie rauschten davon. Ich meinte in der Ferne bereits eine Sirene zu hören. Nervös rannte ich bis zur Umfriedung der Schweizer Festung. Die Mauer war gut zwei

Meter hoch und obenauf mit spitzen Metalldornen versehen, damit sich jeder Einbrecher die Pulsadern aufschlitzen konnte. Eine unglaubliche Hitze waberte über dem Grundstück. *Wie ein überdimensionaler Grill, alle Seiten schön durch Mauern abgeschottet.* Ich konnte jetzt nur durch das vergitterte Gartentor sehen, das mit drei Schlössern verriegelt war.

»Köbi, komm da raus!«

»Mein Haus brennt!«, hörte ich seine verzweifelte Stimme.

»Da kannst du nichts mehr retten, die Feuerwehr rückt an.«

»Meine schöne *Casa* …«

»Herrgott, bist du dämlich, jetzt komm endlich raus aus diesem Brutofen!«

Ich konnte ihn nur schemenhaft in der grauen Suppe erkennen. Der ganze Garten stand in Flammen. Ich hörte es zischen, aber die Schlauchattacke schien nichts zu bewirken, das Feuer ließ das Wasser einfach verdampfen. Der Wind fauchte höhnisch über das Grundstück. Noch wehte er halb schräg in Richtung Tal. Der Pool und die Festungsmauern der Häberlis verhinderten im Moment die weitere Ausbreitung des Brandes.

Die strohtrockenen Abfälle und Pflanzen ergaben sich wehrlos dem gierigen Feuer. Die rechte Hälfte der Villa war eine einzige Feuerwand. Es war nur eine Frage der Zeit, bis das Feuer einen Weg ins Innere finden würde.

Ich hustete wie verrückt. Ein kurzer Blick nach oben. Luisa hatte beide Wasserschläuche aufgedreht und besprengte den Hanggarten. Luzifer und Karlo wetzten über die Straße hinauf in unser Haus. Zusätzlich zu den Schläuchen, die sie jetzt am Geländer festgeklemmt hatte, kippte Luisa Eimer um Eimer Poolwasser auf den Hang. Tapferes, kluges Mädchen.

Die Zeit schien stillzustehen. Graue Rauchschwaden und verbrannte Luft wehten mir ins Gesicht.

»Köbi!«, krächzte ich mehr, als dass ich schrie. »Wo steckst du denn?«

Keine Antwort.

Ein Palmwedel löste sich vom Stamm. Wie ein klingonisches *Bathlet* wirbelte das Blatt durch die Luft. Ich rüttelte an dem gusseisernen Tor. Das Metall war schon verdammt heiß. Scheiben zerbarsten klirrend, meine Augen tränten wie bescheuert.

»Arthur, weg da, es breitet sich aus!« Luisa hatte von oben natürlich einen viel besseren Überblick.

Hilflos zerrte ich an der verschlossenen Gartenpforte. Da! Ein Schemen, der durch den Dunst taumelte. »Komm da endlich raus, du verdammter Schweizer Dummkopf.«

Köbi Häberli erreichte die Gartentür. Seine Hände waren mit Brandblasen übersät, die Haare teilweise versengt, die linke Gesichtshälfte wie beim Phantom der Oper verunstaltet.

»Kein … Schlüssel«, keuchte er, kaum verständlich. »Tor … abgeschlossen.«

»Was für ein Schwachsinn! Wo sind die verfluchten Schlüssel?«, brüllte ich ihn an. »Köbi, Mensch, wo sind die Dinger?«

»Haus … im Haus.« Unsere Nasenspitzen berührten sich fast. In seinem Rücken brüllte und wütete der Feuersturm. »Komm nicht … hier raus.«

Ein neuerlicher Windstoß. Die Sirenen kamen unendlich langsam näher. Ich überlegte fieberhaft. »Okay, du musst zum Pool.«

»Keine Luft …«

Oh ja, da hatte er aber mal so was von recht. Ich vermochte selbst kaum noch zu atmen. »Spring in den Pool, hörst du! Die Feuerwehr …« Ich musste husten und spuckte einen Schleimbatzen aus. »… ist gleich hier.«

Köbi sackte auf die Knie. Seine Augen quollen fast aus den Höhlen.

»Arthur, weg da!«, schrie Luisa.

Köbis Hand schob sich durch eine geschwungene Verzierung des Gitters. Sein Kopf sank gegen das Metall. Es zischte schrecklich und stank nach verschmorendem Fleisch.

»Zum Pool, na los, raff dich auf, tapferer Eidgenosse! Mach schon, hoch mit dir.« Ich packte Köbis Hand. Ein heißer Fleischklumpen. Ich musste mich überwinden, um nicht sofort wieder loszulassen. Plötzlich erfasste mich ein eiskalter Schauer. Luisa schüttete einen vollen Eimer über meinen Kopf und meine Hand. Köbi versuchte zu schreien, aber nur ein furchterregendes Gurgeln entrang seiner Kehle.

»Hohe Mutter, ist das heiß … Wahnsinn!« Ich konnte kaum noch aus den Augen sehen. Luisa zerrte mich von dem Gitter weg. Den Inhalt des zweiten Eimers, den sie herabgeschleppt hatte, verteilte sie über uns beide.

»Wir müssen ihn retten«, stammelte ich. »Du musst nochmal Wasser holen.«

»Zu spät, Arthur, bitte, glaub mir, für ihn gibt es keine Rettung.«

Eine gewaltige Stichflamme schoss in den Himmel, gefolgt von einem Donnergrollen.

»Das Gas, das muss der Gastank gewesen sein.«

»Ist doch scheißegal.«

Die Hütte der Häberlis stand jetzt in hellen Flammen. Köbi schien sich zu bewegen, aber das war eine optische Täuschung – er brannte lichterloh. Seine Hand verkeilte sich in den Ornamenten des Tores. Luisa zog mich weiter zurück bis an den Rand unseres hängenden Gartens. Das Wasser floss in einem hübschen Rinnsal die Straße herab. Luisa hielt mich fest umklammert.

»Ich lass dich nicht zurückgehen. Er ist tot, Arthur, bitte …«

»Der kann doch nicht tot sein. Nicht wegen des beschissenen Abfalls.« Einer unserer Schläuche zuckte nach oben und sandte eine sprühende Fontäne direkt auf unsere beiden Köpfe. Ein herrliches Gefühl. »Wegen der bekloppten Abfälle«, wiederholte ich fassungslos. »Da steckt doch die alte Furie dahinter.«

»Sieh nicht hin.« Luisa streichelte meine glühenden Wangen. »Oh Gott …«

Das Feuer fraß sich durch Köbis Körper bis hinauf zum Kopf. Es gab ein schreckliches, abartiges Geräusch, als würde eine überreife Eiterbeule platzen.

»Nimmt der Wahnsinn denn gar kein Ende?«

»Da kommt die Feuerwehr!« Wir waren pitschnass, aber das tat gut. »Komm, wir müssen Alicia und Audrey anrufen, damit sie sich keine Sorgen machen.«

Ängstlich sah ich in den Himmel. Laute Kommandos, die Mannschaft des Löschwagens arbeitete wie eine Schweizer Präzisionsuhr. *Schweizer Präzisionsuhr.* Ich kicherte wie irre.

Wir schleppten uns die ausgetretenen Stufen hinauf zur Poolebene, vorbei an den Zitronenbäumen, dem Lorbeer und dem Basilikum. Ein zweiter und ein dritter Feuerwehrwagen rauschten die Straße hinauf. Dantes Inferno war ein Dreck gegen die Realität. Die meisten der umliegenden Häuser waren bewohnt, viele Urlauber allerdings waren bereits am Strand oder einkaufen. Chaos brach aus. Ein Lautsprecherwagen forderte die Menschen der *Mas Cabanes* auf, die Häuser zu verlassen und sich zu den Sammelstellen am Strand zu begeben.

»Wir müssen auch gehen«, stellte ich sachlich fest.

»Meine Gitarre.«

»Unsere Katzen!«

Über dem Berg erschienen drei schwarze Punkte, die schnell größer wurden.

»Firefighter«, rief Luisa. Überdimensionalen Käfern gleich schwebten die Hubschrauber heran und entleerten große Taschen mit Wasser über der *Casa* der Häberlis. Eine gewaltige Dunstwolke stieg gen Himmel. Dazu kamen jetzt breit gefächerte Wasserstrahlen der Löschwagen.

»Ich habe Alicia dran!« Luisa reichte mir den Hörer.

»Luisa und mir geht's gut, mach dir keine Sorgen.«

»Ich komme sofort zu euch.«

»Untersteh dich, wenn überhaupt, dann umgekehrt.«

»Wo ist Audrey?«

»Die wollte zum Markt nach Palafrugell.«

»Gut.«

»Wahrscheinlich lassen sie niemanden hier rauf.«

»Kommt runter vom Berg!« Alicias Stimme klang reichlich hysterisch.

»Nicht ohne meine Katzen, entschuldige.«

»Schon gut.«

»Ich glaube, die bekommen … die Lage langsam in den Griff, wir haben das ganze … Grundstück gewässert.« Ich hustete wie bescheuert, sprach nur abgehackt.

»Arthur …«

»So schnell wirst du mich nicht los, Alicia, versprochen.« Noch eine wütende Hustenattacke.

»Denk auch an Luisa, wir brauchen dich … Wir beide.«

»Ich passe auf, ehrlich. Das offene Feuer ist eingedämmt, jetzt setzen sie die ganze *Casa Häberli* unter Wasser, die sind echt gut, die Jungs und Mädels.«

»Sergio ist auch hier.«

»Mach schon mal ’n Guinness klar. Wir kommen runter, sobald hier alles geklärt ist.«

»Die Katzen sitzen alle fünf im Méhari«, röchelte Luisa vom Parkplatz aus. »Die sind verdammt klug.«

»Okay, Liebes, wir kommen zu euch.«

Die Katzen hockten eingeschüchtert auf der Lagefläche des Plastikbombers, daneben Luisas Gitarre. Im Hintergrund jaulten noch immer neue Sirenen heran, die Hubschrauber kehrten mit der nächsten Ladung Löschwasser zurück.

»Ich muss noch mal rein«, japste Luisa.

»Was ist denn so wichtig?«

»Die *Insel-Chroniken* natürlich.«

Nachlese

»Feuer ist nicht gut.«

Paco stellte mir ein neues Bier auf den Tisch. Auf den unzähligen Bildschirmen des *Cactus'* liefen Wiederholungen der Europameisterschaft. Ich nickte dankbar. Köbi Häberlis letzter Blick ließ sich einfach nicht verdrängen.

»Er ist verbrannt, weil diese Schweizer Sicherheitsfanatiker drei Schlösser am Gartentor angebracht haben.«

»Denk nicht mehr dran.« Alicia trank ein Bitter Lemon. »Ist Gritli eigentlich derweil aufgetaucht?«

»Nicht, dass ich wüsste.«

Audrey hatte das Unglück und die damit verbundene Unsicherheit, unsere eigene Bleibe betreffend, erstaunlich locker hingenommen.

»Du bist doch versichert gegen Feuer?«, hatte sie nur gefragt. »Na also, dann lehn dich entspannt zurück, Arty. Du lebst, wir alle leben, alles ist gut. Notfalls bauen wir 'ne neue Hütte.«

So einfach kann das Leben sein.

»Abfälle verbrennen, nach drei Monaten Dürre, ich glaube es einfach nicht.«

Gegen elf Uhr am Abend gab die Einsatzzentrale Entwarnung. Wir durften auf eigene Verantwortung zurück in unsere *Casa*. Jetzt liefen die ersten Bilder vom Brand in der *Mas Cabanes* über die Sender. Auf einem der kleineren Bildschirme flehte ein Fernsehpriester den Herrn in der höheren Etage um Regen an. Wir mussten noch die Katzen bei Flores abholen, die meinem Clan großzügig Asyl gewährt hatte. Bei der Gelegenheit untersuchte die Tierärztin Audreys Wunde.

»Sieht gut aus, eine Narbe bleibt aber auf jeden Fall, tut mir leid.«

»Tja, Narben machen Männer ja angeblich interessant, aber Frauen …« Audrey machte ein leicht säuerliches Gesicht. »Also, ich könnte darauf verzichten. Nix mehr mit schulterfreien Tops.«

»Ich finde nicht, dass Sie auf derartige Kleidung verzichten sollten.«

»Oh, das sollte keine Kritik an Ihrer Arbeit sein. Im Gegenteil, das war großartig, Sie haben mir das Leben gerettet.«

Meine Katzen maulten in dem großen Käfig. Sie waren es schließlich nicht gewohnt, eingesperrt zu sein.

»Können wir?«, nörgelte ich. Ich meinte noch immer, den furchtbaren Geschmack von Rauch und Tod auf der Zunge zu spüren. Da half nur ein doppelter Brandy. Luisa hatte Trine und Manita auf dem Arm, Luzifer gesellte sich zu Alicia.

»Vielleicht … darf ich Sie zu einem Abendessen einladen?«, schlug Audrey vor. Karlo sprang bereitwillig auf ihren Arm, blieb nur noch Joschi, der sich ein wenig zierte, dann aber doch angewackelt kam.

»Sehr gern, das wäre schön.«

»Morgen Abend?«

»Ja, na klar, ich schließe die Praxis um neun Uhr.«

»Das passt doch gut, ihr Katalanen speist doch sowieso meistens knapp vor Mitternacht.«

Der Citroen-Motor musste sein Letztes geben, um vier Erwachsene, fünf Katzen, eine Gitarre und eine Insel-Trilogie den Berg hinauf zu befördern. Als wir an der ausgebrannten Häberli-Festung vorbeifuhren, krampfte sich in mir alles zusammen. Der Verbrennungsgeruch verursachte Brechreiz. Gerade fuhr der letzte Feuerwehrwagen ab. Ein Polizeiwagen und eine schwarze Limousine standen am Straßenrand.

»Boah, nicht schon wieder«, stöhnte Luisa.

»Scotland Yard schickt seinen besten Mann«, witzelte Audrey. »Ist das Robles?«

»Ohne Zweifel«, gab ich seufzend zurück. Der Inspektor winkte uns zu, offensichtlich sollten wir anhalten.

»Ich kann jetzt den Motor nicht ausmachen«, rief ich ihm im Vorbeifahren zu. »Der verreckt mir sonst.«

»Das wird ein Nachspiel haben«, drohte Robles.

»Ich bin ein Mörder und kein Brandstifter«, gab ich locker zurück und legte für die Steigung den zweiten Gang ein.

»Der ist lustig«, befand Audrey.

»Der ist nervig und sonst nichts.«

Wir schafften es tatsächlich bis zum Plateau hinauf.

»Okay, alles herhören«, kommandierte ich. »Luisa, du fütterst die Katzen, Audrey, du machst die Tüten mit Chips und Nüssen auf, Alicia … Oliven, Tomaten und Gürkchen, derweil ich mich um die Getränke kümmere.«

»Ay, *Capitan*«, antwortete ein stimmgewaltiger Frauenchor.

Jekyll and Hyde (katalanische Version)

»Schlafen Sie eigentlich auch irgendwann mal?«

Ein Uhr und zehn Minuten.

»Recht und Ordnung schlafen nie«, gab Robles indigniert zurück.

»Setzen Sie sich wenigstens, wenn Sie schon nichts trinken wollen.«

»Vielleicht nehme ich doch ein Glas Wasser.«

»Wow, es geschehen noch Zeichen und Wunder.«

»Ich gehe schon«, bot sich Luisa an.

Wir waren mit unserem frugalen Mahl fast fertig.

»Nüsschen?«, fragte Audrey amüsiert. »Für mich leider ein Tabu.«

»Nein, danke.«

»Brandy?«

»Ich bin im Dienst.«

»Du musst wissen, dass der Herr Inspektor eigentlich immer im Dienst ist«, erklärte ich. Ich nahm prophylaktisch noch einen großen Schluck.

»Ich hörte, dass Sie versucht haben, Herrn Häberli zu retten.«

»Die Leute reden halt.«

»Auch, dass Sie sehr umsichtig gehandelt haben und die Bewohner des Nachbarhauses faktisch evakuiert haben.«

»Vier Kinder, Herr Kommissar, aber ich hätte auch zwei Rentnern geholfen, möglichweise sogar einem Kriminalbeamten.«

Offensichtlich in Gedanken versunken, langte Robles in die Schale und nahm ein paar geröstete Erdnüsse. Alicia rückte ihren Stuhl an meinen heran und lehnte ihren Kopf an meine Schulter. Robles beobachtete uns aufmerksam.

»Ich bin noch immer fest davon überzeugt, dass Sie es waren, Señor Crawley.«

»Danke auch.«

»Wofür?«

»Sie haben mich zum ersten Mal mit *Señor* und nicht mit *Mister* angeredet. Ich werte das als einen Meilenstein in unserer Beziehung.«

»Wir haben keine Beziehung zueinander.« Seine Stimme klang seltsam emotionslos. Das übliche überzeugende Feuer fehlte diesmal gänzlich. »Sie sind ein Mörder, und ich bin dazu auserkoren, den Schuldigen dingfest zu machen.«

»Warum sind Sie hier, Inspektor Robles?«, fragte Alicia gähnend.

»Ich weiß es ehrlich gesagt nicht so genau. Leichen pflastern Ihre beiden Lebenswege. Victor Nuñez, Steve Ford, jetzt dieser Schweizer, dessen Name ich kaum auszusprechen vermag.«

»Köbi Häberli.«

»Wer kommt als nächstes an die Reihe?«

»Wir hätten da einen Anwärter ganz weit oben auf unserer Liste«, bemerkte Audrey grinsend.

»So, tatsächlich?«

»Diesen verräterischen Pater Emmanuel. Es sollte mich nicht wundern, wenn er eines guten Tages aufgefunden wird, weil ihm jemand sein schwarzes Lügenherz herausgerissen hat, bei lebendigem Leib natürlich. Es sollte schon richtig wehtun.«

Robles erlaubte sich ein klitzekleines Schmunzeln. »Sie sind eine bemerkenswerte Frau, Señora Parker.«

»Das ist gemein, sie wird sofort richtig angesprochen«, meckerte ich.

»Ehre, wem Ehre gebührt.«

»Blöder Spruch«, konstatierte Luisa. »Hier bitte, Ihr Wasser.«

»Danke, ich werde Ihnen nun nicht länger zur Last fallen.«

»Machen Sie keine Versprechen, die Sie nicht halten können.«

»*Mister* Crawley …«

»Scheiße, ich wurde gerade wieder degradiert.«

»Nur durch die Tatsache, dass Sie sich heute vorbildlich verhalten haben, gewinnen Sie kein Ticket in den Himmel oder eine Du-kommst-aus-dem-Gefängnis-Frei Karte wie beim Monopoly.«

»Als ob ich es geahnt hätte.«

»Sind Sie verheiratet, Inspektor Robles?« Alicias Frage kam überraschend.

»Nein.«

»Und Sie leben auch in keiner festen Beziehung, nehme ich an.«

»Das ist eine merkwürdige Frage, aber nein.«

»Glauben Sie an Gott, Inspektor?«

»Das wird mir jetzt aber zu persönlich«, antwortete er unsicher.

»Vergessen Sie es einfach.« Alicia kuschelte sich enger an mich. »Wie könnte ein Mann wie Sie schon Verständnis für eine Frau wie mich aufbringen.«

»Verzeihung, Señora?«

»Stellen Sie sich vor, Sie wären an einen Menschen gebunden, der lügt, betrügt, Sie schlägt und das schwer verdiente Geld für seine Vergnügungen aus dem Fenster wirft.«

»Noch lange kein Grund, denjenigen zu ermorden.«

»Ich gehe ins Bett.« Kopfschüttelnd gab Alicia mir einen Kuss. »Schlafen Sie gut, Inspektor Robles. Ich kann es endlich wieder.«

»Was denn?«

»Ruhig schlafen, weil ich weiß, dass ich hier sicher bin, dass ich geliebt und beschützt werde. Ich muss keine Angst davor haben, mitten in der Nacht vergewaltigt oder nur so zum Spaß verprügelt zu werden.«

Alicia verschwand im Haus. Robles schluckte schwer.

»Na, doch einen kleinen Brandy?«

»Mord bleibt Mord«, verkündete Robles düster.

»Falsch«, sagte ich lapidar. »Ganz falsch, *Mister* Robles.«

Onkel Dagoberts Geldspeicher

»Zu teuer, das ist viel zu teuer.«

»Arthur …« Ich hasste es wie die Pest, wenn Wenger mit mir sprach wie mit einem ungezogenen Kleinkind. »Achtzig Euro für eine aufwendig illustrierte Ausgabe der *Chroniken* im Geschenkschuber sind nun wahrlich angemessen.«

»Ist Ihr zweiter Vorname vielleicht Raffzahn oder Dagobert?«

»Jetzt aber mal halblang, Herr Autor, bei der ganzen Aktion verdienen Sie ebenfalls.«

»Peanuts.«

»Kleinvieh macht auch Mist.«

»Aber die großen Scheißhaufen landen in Ihrem Geldspeicher.«

»Ich denke nicht, dass Sie am Hungertuch nagen, Sie und Ihre feine Agentin.«

»Was hat Audrey mit diesem Wucherpreis zu tun?«

»Nichts, aber bei den Verhandlungen über die Filmrechte hat sie mich ausgequetscht wie eine reife Zitrone.«

»Ausgezeichnet«, freute ich mich diebisch.

»Also, lassen wir es bei dem Preis.«

»Fünfzig!«

»Undenkbar, sollen wir etwa noch draufzahlen?«

»Ich lach mich kaputt.«

»Fünfundsiebzig.«

»Fünfundfünfzig«

»Sechzig, mein letztes Wort. Sie bringen mich an den Bettelstab, Crawley. Soll ich denn meine letzten Tage im Armenhaus verbringen?«

»Meinen Sie diese Nobelhütte in Davos mit exklusivem Wellnessbereich und Golfplatz?«

»Also wirklich, Arthur, das kommt mir reichlich spitzfindig vor.«

»Meinetwegen.« Ich war der Diskussion überdrüssig. »Sechzig Schleifen, aber keinen Cent mehr.«

»Deal.«

PIRATEN WIE WIR

Luisa gab ihr erstes Konzert nach der Horrornacht. Gestern hatte es endlich, endlich geregnet, und zwar, wie das häufig hier im Süden der Fall ist, wie aus Kübeln. *Weck mich im Septemberwind …*

Die Schwüle war dahin, allein der Ausblick von meiner Terrasse auf die Brandruine der Häberlis konnte einem die Stimmung verderben. Die Hauptsaison neigte sich langsam aber sicher dem Ende zu. Gritli Häberli blieb verschollen. Sehr merkwürdig. Nicht, dass sie jemand vermisst hätte, aber dennoch merkwürdig.

Luisa erholte sich, zumindest vordergründig, langsam von ihrem Trauma, Audrey ging an diesem Abend zum dritten Mal mit Flores Rubio aus. Die beiden schienen sich bestens zu verstehen. Meine Agentin genoss sichtlich das Zusammensein mit einer weiblichen Begleitung.

Carmina Vasquez machte sich ganz gut im *Pa y Vi*. Alicia gönnte sich jetzt zwei freie Tage in der Woche.

»Da kann ich einfach mal ich selbst sein«, freute sie sich.

Oh ja, das ist ein unbezahlbares Privileg.

An diesem Morgen unterschrieb ich die Adoptionspapiere. Nach der Gewährung eines großzügigen Bakschischs verschwand der Name Verbeek für immer und ewig aus dem Personenregister und den neu ausgestellten Papieren.

Luisa Crawley, geborene Garcia (mit 1,3 Millionen Treffern der am häufigsten vorkommende Familienname in Spanien). Eltern: unbekannt.

Ein Findelkind, in einem Körbchen auf den Stufen eines Hospizes abgelegt. Hohe Mutter, was für eine anrührende Geschichte. Aufgewachsen im Waisenhaus *Santa Clara* in Cadaques.

»Da sollten wir mal hinfahren, damit ich weiß, wo ich groß geworden bin«, scherzte Luisa glücklich.

»Dalí ist dort groß geworden. Die Familie seines Vaters hatte dort ein Haus. Im Hafen steht eine Statue von dem großen Meister.«

»Postkartendorf, oder?«

»Ja, bei Sonnenschein eine fantastische Aussicht auf die weiß getünchten Häuser und die gotische Kirche *Santa Maria*.«

Irgendwie konnte ich es noch nicht fassen: Ich hatte jetzt eine Tochter! Damit war ich ja nun auch Vater, aber bitte, wir wollen nicht übertreiben, und doch …

»Du bist jetzt nur noch die Nummer Eins der Katzen«, belehrte ich Joschi. Der Kater leckte sich desinteressiert das Fell. »Na ja, du wirst es verkraften.«

In einem eine Woche andauernden nächtlichen Gewaltakt schrieb ich das Schlusskapitel von *Die Fabrik* fertig. Ich legte Audrey stolz unser Werk vor. Wie üblich nahm sie wortlos die Seiten an sich und verschwand in ihrem Zimmer, las auch unter der Palme oder im Pool, den Hintern in einem Reifen geparkt, einen Longdrink am Beckenrand. Vierundzwanzig Stunden später war sie durch.

»Für zusammengeschustert echt nicht schlecht, Großer«, lobte sie.

»Ohne Luisa hätte ich's nicht hinbekommen.«

»Dafür hast du ihr die Texte für ihre wundervollen Melodien geschrieben. Ihr seid ein echt kongeniales *Dream Team*.«

»Wir vier, Audrey. Du, Alicia, Luisa und meine Wenigkeit.«

Meine Agentin lächelte besinnlich. So kannte ich sie gar nicht.

Alicia riss mich aus meinen Gedanken. »Wollen wir hinunter ins *Friends* und Luisa zuhören? Wir könnten ein wenig am Meer entlang spazieren. Ihr erster Auftritt als deine Tochter.«

»Ja, und das erste Mal, dass sie sich wieder richtig unter Menschen traut. Lass uns abdüsen.«

»Können wir die Vespa nehmen? Luisa hat den Clio.«

»Wenn du möchtest, gern.«

Ich genoss es immer besonders, wenn sich Alicia an mir festklammerte, ihre Arme um meinen Brustkorb geschlungen, ihr Körper fest an meinen Rücken geschmiegt, wie eine verschmolzene Einheit. Wir parkten am *Cactus* und schlenderten durch die Seitenstraße beim Ein-Euro-Shop bis zur Promenade. Der Strand war so gut wie leergefegt. Die Familien mit den kleineren, nicht schulpflichtigen Kindern waren in ihre Ferienhäuser oder Hotels zurückgekehrt.

»Wir bewegen uns auf dünnem Eis«, klagte Alicia melancholisch.

»Der Sommer neigt sich dem Ende zu, das Eis wird dicker werden mit jedem Tag. Irgendwann wird selbst Robles das Handtuch werfen.«

Vor der Bucht schob sich ein hell beleuchtetes Kreuzfahrtschiff vorbei. Die Restaurants und Bars waren für Mitte September gut besucht. Die Fackeln des *Friends* waren schon aus der Ferne zu sehen. Mareike, die findige Holländerin, hatte irgendwie den Nerv der Touris getroffen. Superfreundliches Personal, ein schickes Ambiente aus Couchen im zur See geöffneten Bereich und gemütlichen Tischgruppen. Eine kleine Speisekarte mit Burgern, Fisch und holländischen Sauereien. Zivile Preise und gute Musik.

»Ich kann das alles noch gar nicht fassen.« Ich sah sie von der Seite an. Wir gingen barfuß, Hand in Hand. »Wenn ich morgens aufwache und du neben mir liegst, dann schwinden die Alpträume.«

»So soll es sein.«

»Was du für mich getan hast …«

»Willst du wohl ruhig sein.« Alicia lachte leise. »Das ist es doch, was sich Frauen wünschen, oder? Ein Mann, der für sie durchs Feuer geht und notfalls den Drachen tötet.«

»Das klingt nach einem Drei-Groschen-Roman.«

»Wir hatten beides. Feuer und Tod.«

»Was kommt als Nächstes?«

»Sag du es mir.«

»Und so lebten sie glücklich zusammen bis ans Ende ihrer Tage?«

»Von mir aus.« Eine etwas kräftigere Welle spülte das Mittelmeer bis über die Waden. Alicia drehte ihren Kopf dem Wind zu. »Hör nur, Luisa hat schon angefangen.«

»*Dancing In The Dark*. Das kann sie wirklich gut.«

»So klingt ein stolzer Vater.«

»Ach, komm schon …«

»Gib's zu, du hast dich in sie verliebt, sie ist die Tochter, die du dir vielleicht immer gewünscht hast.«

»Na ja, ich gebe zu, ich mag sie wirklich sehr. Luisa hat so viel durchgemacht, ich will ihr gern einen sicheren Hafen bieten.«

Ich hielt inne und legte beide Hände auf Alicias Schultern. »Wir beide sollten das gemeinsam tun.«

»Wir beide? Mir scheint, sie ist ziemlich auf dich fixiert.«

»Sie sieht in dir eine Freundin, und dein Rat ist ihr wichtig.«

»Es ist ein bisschen wie in deinem Buch. Irina und Jack finden sich im Süden endlich wieder, sie zeugen ihre Tochter Meren, sie besiegen die Weißen Wächter – und doch ist es ihnen nicht vergönnt zusammenzubleiben.«

Klatschen, beifällige Pfiffe. Der Song kam immer gut an. *Moonshadow* von Cat Stevens. Gute Wahl.

»Unsere Story wird nicht so enden, wir sind stolze Piraten, wir werden diese Schlacht nicht verlieren.«

»Ich eine Piratenbraut, das gefällt mir.«

»Siehst du, schon sind die trüben Gedanken passé.«

»Oh, sieh nur, Audrey und Flores. Sie steuern geradewegs auf das *Friends* zu.«

»Mich wundert es, dass Audrey noch keine Anstalten macht, abzuschwirren. Sie ist ein verdammt unruhiger Geist, aber ich freue mich natürlich, dass sie noch hier ist.«

»Ach, Arthur, manchmal bist du doch ein wenig schwer von Begriff.«

»So? Warum das denn?«

»Sieh mal genau hin.« Audrey und die Veterinärin hatten uns noch nicht entdeckt. Meine Agentin hakte sich gerade lachend bei Flores ein. »Womöglich gibt es ja einen sehr konkreten Grund für Audrey, nicht abzureisen.«

»Du meinst …«

»Mach den Mund zu, Arthur, sonst verschluckst du noch eine Mücke.«

»Nein …!«

»Warum denn nicht? Bist du so kleinkariert?«

»Ich doch nicht, aber Audrey … Die vielen Männer …«

»Und keiner war der Richtige.«

»Auch wieder wahr.«

Es wurde ein launiger Abend. Luisa begeisterte wie immer ihr Publikum. Gegen halb zwölf war sie mit ihrem Programm durch, und meine frisch gebackene Tochter gesellte sich an unseren Tisch. Audrey und Flores waren bereits bei ihrem vierten *Caipirinha.* Mehr zufällig als geplant gingen wir gleichzeitig in Richtung Toiletten.

»Na los, frag schon«, forderte sie mich auf.

»Was denn?« Ich tat ganz unschuldig.

»Flores und ich?«

»Oh, sollte ich etwa nach deiner Beziehung zu meinem Katzendoktor fragen?«

»Du schlitzohriger Pirat. Deine Nase wird gerade immer länger.«

»Okay, du und die heiße Tierärztin?«

»Es ist total spannend.«

»Bist du glücklich?«

»Ich weiß nicht, das ist schon schräg.«

»Magst du sie?«

»Ja, schon, aber …«

»Wir sind im Süden, geliebte Amazone.«

»Ach, Arty, das ist nicht der *Moira-Archipel.*«

»Aber der Süden ist es allemal«, beharrte ich schmunzelnd. »Sei mutig. Manchmal erkennt man erst spät, wonach man ein Leben lang gesucht hat.«

»Du wirst mich immer noch lieben, oder?«

»*Ciertamente,* dich muss man einfach lieben. Flores Rubio ist ein feiner Mensch, Audrey. Geh es langsam an, dann kann nichts schiefgehen.«

Versonnen sah sie zu unserem Tisch herüber. »Ja, warum nicht.«

Sekt oder Selters

»Das Plakat ist gut geworden.«

»Finden Sie?« Ich runzelte argwöhnisch die Stirn. »Das sieht aus, als hätte ich einen Seitenscheitel.«

»Papperlapapp, Arthur.« Mein Bürgermeister war nicht gewillt, Kritik zuzulassen. »Sie kommen total sympathisch und kompetent rüber. Kein Vergleich zu Reyes reißerischen Pappaufstellern, die überall den Ort verschandeln.«

Das allerdings sah ich genauso. Welche Werbeagentur sich diesen Schwachsinn ausgedacht hatte, blieb sein Geheimnis. An jeder Straßenecke ein herrisch aufgeblasener Gerard Reyes, der sich in der Pose eines überheblichen *Duce* à la Benito Mussolini präsentierte.

»Damit kann man die Scheißhausfliegen vom Klo vertreiben«, freute sich Garcia. »Total daneben. Noch eine Woche bis zur Wahl.«

»Wie ist denn so die Stimmung?«

»Prächtig, Arthur, Ihr tapferer Einsatz bei der Brandbekämpfung hat auch nicht geschadet. Einzig Robles und Bruder Emmanuel machen mir Sorgen.«

»Sind die etwa im Wahlkampfteam von Reyes?«

»Mitnichten, aber sie verbreiten doch eine gewisse Unsicherheit. Immer wieder bringen sie die Sache mit Victor Nuñez aufs Tapet.«

»Der Pfaffe ist womöglich schädlicher als Robles.«

»Ich werde mal sehen, ob ich da was tun kann.«

»Seien Sie vorsichtig, Carles, diese Vatikan-Junkies können verdammt gefährlich sein. Nichts ist schlimmer als religiöser Fanatismus. Notfalls müssen Sie eine Legislaturperiode mit dem Schwätzer im Stadtrat leben.«

»Das wäre mir aber nicht genehm. Auf jeden Fall werde ich am Wahltag in die Messe gehen, damit er seine Schäfchen nicht beeinflussen kann.«

»Guter Plan. Könnte glatt von mir sein.«

Die Furie

Ich fuhr mit der Vespa gemächlich durch den Kreisverkehr in Sant Antoni. Der Asia-Shop lockte mit *Oferta Especial en Septiembre.* Jeden Monat tauschte der gewiefte schlitzäugige Besitzer Mo-Fat nur die Tafel mit dem Monatsschild aus. Ein Wagen der *Policia Municipal* überholte mich auf der Straße nach Calonge.

Auf der Straße unterhalb meiner Villa spielte sich ein bühnenreifes Drama ab. Zwei Polizisten versuchten, die außer Rand und Band geratene Gritli Häberli unter Kontrolle zu bekommen. Luisa und Audrey standen ein wenig abseits.

»Was ist ’n hier los?«, fragte ich betroffen.

»Deine feine Nachbarin hat versucht, dein Haus abzufackeln.«

»Da ist er ja, der Mörder«, kreischte Gritli in höchsten Tönen. »Der Kerl hat meinen Mann auf dem Gewissen!«

»Jetzt ist sie total irre geworden«, stellte ich sachlich fest.

»Er hat unser Haus angezündet«, schrillte sie hysterisch. »Mein armer, armer Köbi. Er war ein so guter Mensch. Ich habe ihn so sehr geliebt.« Das klang überhaupt nicht echt.

Er war ein Volltrottel, dein Köbi. »Nach zehn Wochen Dürre furztrockene Abfälle verbrennen, und warum?« Ich sah das aufgedonnerte Klappergestell böse an. »Weil eine gewisse Madame Häberli den Gartenmüll entsorgt haben wollte.«

Gritli heulte wie eine an- und abschwellende Sirene.

Manuel Vasquez kam hinter dem Jeep hervor. Seine rechte Hand noch immer fixiert und verbunden, sodass nur die Fingerkuppen hervorragten.

»Wie geht es Belen, *Commissario*?«

»Sie erholt sich langsam, ist aber noch krankgeschrieben.«

»Und Ihre Hand? Sollten Sie nicht auch noch regenerieren?«

»Zuhause fällt mir die Decke auf den Kopf, Señor Crawley.« Er lächelte bitter. »Ich habe einen Fahrer, also geht's. Dank der Aufmerksamkeit Ihrer Damen konnten wir Schlimmeres verhindern. Diese Amateur-Brandstifterin hatte tatsächlich einen Kanister mit Benzin dabei.«

»Wieso meint sie, dass ich ihre Hütte angezündet habe?«

»Keine Ahnung, diese Schweizer sind an sich schon ein schwer zu ertragendes Völkchen, aber dieses Exemplar scheint gänzlich außer Rand und Band. Wir werden sie anklagen müssen.«

»Ich bin die Schweiz, wir sind immer neutral, ich genieße Immunität!«, posaunte Gritli.

»Sag ich doch, total daneben«, seufzte Vasquez.

»Ich will in die Botschaft! Und wo ist überhaupt mein Nero?«

»Nero?«

»Ein hässliches, hinterlistiges Katzentier«, erklärte ich. »Ganz wie das Frauchen.«

»Der wurde hoffentlich mitgegrillt«, rief Luisa über die Straße.

Oh, das war hart, aber wenn ich an die vielen Narben dachte, die Manita und Trine dem Scheusal zu verdanken hatten, fand ich's wieder gut. »Gritli«, sprach ich sie möglichst ruhig an. »Wer hat dir den Blödsinn eingetrichtert, ich hätte euer Haus angezündet?«

»Das sagen alle«, trumpfte sie auf.

»Und wer ist *alle?*«

»Der Pfarrer Emmanuel, der wird ja wohl kaum lügen.«

Langsam aber sicher begann der Papist mir gehörig auf den Sack zu gehen. Jetzt war ich nicht nur der Mörder von Victor Nuñez, sondern auch noch ein Brandstifter und damit indirekt wieder ein Mörder. »Das hat er behauptet?«

»Oh ja, Wortwörtlich. Er sagte, *das kann nur wieder dieser Schriftsteller des Teufels gewesen sein.*«

»Und er nannte meinen Namen.«

»Selbstverständlich!«

»So, jetzt habe ich die Schnauze voll. Ich werde eine Verleumdungsklage auf den Weg bringen. Zum Glück gibt es jede Menge Zeugen, die den wahren Hergang bestätigen können.«

»Du warst es gar nicht?«, fragte Gritli kleinlaut.

»Natürlich nicht. Wir sind keine dicken Freunde, aber doch Nachbarn seit ein paar Jahren.«

»Wir haben sogar mal zusammen gegrillt.«

»Ich erinnere mich dunkel. Es war ein furchtbarer Abend.«

»Es tut mir leid, ich bin einfach durchgedreht.«

Ich schüttelte resignierend den Kopf. »Ist schon gut, du hast deinen Mann verloren. Ich war so lange es ging bei ihm, aber er hatte keine Chance, das Tor war verschlossen und die Mauern zu hoch. Was musstet ihr eure *Casa* auch in eine Festung verwandeln, so ein Schwachsinn.«

»Hat er sehr gelitten?«

»Nein«, log ich. »Es ging alles rasend schnell.«

»Wollen Sie Anklage erheben, Señor Crawley?«

»Nein, *Commissario*, ich denke nicht.«

Gritli weinte jetzt still vor sich hin. Vom Grundstück der *Casa Austria* trabte Nero auf uns zu, den Schwanz eingezogen, ganz devot. Als sie ihr grässliches Vieh in den Armen wiegte, tat sie mir dann doch wieder leid.

»Wo willst du jetzt hin, Gritli?«, fragte ich.

»Nach Hause, zur Mutti.«

»Wirklich?« Ich fragte mich schaudernd, wie alt wohl die Dame sein mochte. Einhundertzwanzig?

»Dies hier könnte ein so schönes Land sein«, jammerte Gritli.

»Ja, wenn nur nicht die ganzen Katalanen wären«, soufflierte ich.

»Du verstehst mich, Arthur.«

»Ja, leider.«

Das schwarze Loch I

Schwarze Löcher im Universum sind dunkle Sterne, die jegliche Materie aufsaugen, manche Wissenschaftler behaupten sogar, das Licht. Ein endloser Horizont, ein Abgrund ins Nichts. Wie lange kann so ein tödlicher Abgrund existieren? Nach Stephen Hawking wird sich ein *Black Hole* durch die Abgabe eigener Strahlung irgendwann selbst aufzehren und verschwinden, es sei denn, es würde neue Masse hinzugefügt. So lautet die Theorie. Übertragen auf diese Geschichte bedeutet es Folgendes.

Inspektor Horatio Robles und *Sergente* Endris Manolo standen vor der Tür. Ich ging gerade meine Rede für die Wahlkampfveranstaltung am Abend durch.

»Großartig, Sie kommen aber auch immer zur Unzeit«, beschwerte ich mich.

»Mister Arthur Crawley?«

»Himmel, Robles, was ist das für eine hirnlose Bohnenstange daneben Ihnen? Sie wissen doch ganz genau, wer ich bin, Streifenpolizist Manolo.«

»Der Mann tut nur seine Pflicht.«

»Bitte, was ist es diesmal?«

»Arthur Crawley, ich verhafte Sie wegen des vorsätzlichen Mordes an Victor Nuñez am 2. August 2016.«

»Was soll der Blödsinn, Inspektor?«

»Kein Blödsinn, Mister Crawley. Ich sagte Ihnen ja bereits, dass ich Sie eines schönen Tages überführen und verhaften werde.« Robles wippte voller Genugtuung auf Fußballen und Hacke. »Nun, dieser Tag ist heute.«

»Sie machen Witze.«

»Ich bin nicht gerade als Alleinunterhalter bekannt.«

»Das glaube ich Ihnen aufs Wort.«

»Benötigen wir Handschellen oder haben Sie so viel Anstand, uns ohne Widerstand zu begleiten?«

»Begleiten? Wohin denn?«

»Ins Bezirksgefängnis nach Girona. Dort werden Sie dem Untersuchungsrichter vorgeführt, und der Staatsanwalt kann die Anklageschrift vorbringen.«

»Das ist wahrhaftig Ihr Ernst«, stellte ich geschockt fest.

»Todernst.« Robles lächelte hintergründig. »Können wir?«

»Ich …«

»Sie können vom Gefängnis aus Ihre Sippschaft verständigen und selbstverständlich einen rechtlichen Beistand hinzuziehen.«

»Ist ja nobel.«

»Das ist ein Rechtsstaat, in dem wir hier leben.«

»Gut, dass ich die Katzen schon gefüttert habe.«

Robles machte ein unbeschreiblich zufriedenes Gesicht.

El Agujero Negro II

»Sie haben Arthur verhaftet!«

»Was? Alicia, beruhige dich.«

»Wir müssen sofort etwas unternehmen, Audrey.«

Audrey Parker flippte durch die unendlich lange Kontaktliste ihres Smartphones. »Wo ist er denn, verflucht noch eins, ich weiß doch genau, dass ich ihn abgespeichert habe. Ah, na endlich.« Sie stellte das Handy auf Lautsprecher. Es hupte fünfmal, ehe sich eine männliche Stimme meldete.

»Audrey Parker, liebe Güte, lange nichts von dir gehört, Augenstern.«

»Ja, tut mir leid, Andres, aber es ist diesmal leider nichts Privates. Ich benötige dringend deine Hilfe.«

»Du willst mich engagieren?« Die Stimme klang amüsiert.

»Es geht um meinen besten Freund.«

»Was Ernstes?«

»Freund, Andres, ich sagte Freund und meine es auch so.«

»Okay, ich bin verdammt teuer.«

»Ist mir egal. Kannst du bitte sofort herkommen?«

»Wenn du mir verrätst, wo du steckst.«

»In Calonge, aber wir treffen uns am besten in Girona vor dem Knast. Wann kannst du da sein?«

»Zwei Stunden.«

»Danke, Andres.«

»Schon gut. He, dein Freund, ist das etwa dein Schützling Crawley?«

»Genau der.«

»Ich hoffe es geht nicht um eine Plagiatsgeschichte?«

»Oh nein, leider nicht.«

»Was ist es dann?«

»Mord, Andres.«

»Mord? Cool, endlich mal wieder was Handfestes. Ich eile.«

Audrey legte einen Arm um Alicias Schulter. »Er ist der beste Strafverteidiger der Welt. Wir werden Arthur schneller zurückbekommen, als du piep sagen kannst.«

»Ich informiere Luisa, Javier, Sergio und alle unsere Freunde.«

»Mach das, ich werde derweil mit Bürgermeister Garcia reden.«

»Warum denn das?«

»Wir müssen alle Register ziehen. Da ist irgendeine Schweinerei im Gange. Je mehr wir über die Hintergründe herausbekommen, desto leichter wird es für Andres sein, Arthur freizubekommen.«

Einspruch, Euer Ehren!

Ouvertüre

»Den Vorsitz hat der ehrenwerte Richter Manuel Ortiz. Bitte erheben Sie sich.«

Diese Gerichtsdiener waren anscheinend alle gleich. Verhärmte, vom Leben vergessene Männchen in uniformähnlichen und unscheinbaren Anzügen, die ihre gewichtigen nichtssagenden Gesichter wie Reliquien zur Schau stellten.

Ein stattlicher grauhaariger Lockenkopf betrat durch einen Seiteneingang den Gerichtssaal. Ich schätzte den ehrenwerten Manuel Ortiz auf mindestens sechzig Jahre ein, eher sogar ein wenig über der magischen Grenze, die uns auf Erden Wandelnde in das endgültig letzte Quartal des Spiels des Lebens schickt. Er trug eine schmale, randlose Brille, die er wahrscheinlich nur zum Lesen benötigte.

»Zur Verhandlung kommt die Anklage der Staatsanwaltschaft, heute vertreten durch Iker Manero, gegen Arthur Crawley, vertreten durch den behördlich zugelassenen Strafverteidiger Andres Camacho. Die Anklage lautet auf vorsätzlichen Mord, die Staatsanwaltschaft plädiert auf lebenslange Haftstrafe.«

»Bitte setzen Sie sich.« Ortiz schien den üblichen Sermon des Gerichtsdieners für überflüssig zu halten. »Señor Manero …«

»Die Staatsanwaltschaft wird den vorsätzlichen Mord an Victor Nuñez, begangen am 2. August 2016 durch den Angeklagten Arthur Crawley, unwiderlegbar nachweisen, Euer Ehren.«

»Ja, sehr schön.« Ortiz winkte gelangweilt ab. »Señor Camacho, wie bekennt sich der Angeklagte?«

»Nicht schuldig, Euer Ehren.«

»Ja, das hatte ich befürchtet.« Ortiz strich, seine Wangen luftentleerend, über seine üppige Haarpracht. »Na schön, wir werden sehen, wohin uns das führt. Ich setze den Verhandlungsbeginn auf Montag, den 3. Oktober fest. Die Sitzung ist geschlossen.«

Wie gut, dass mein Anwalt mich auf Kaution frei bekommen hatte.

Intermezzo

»Reyes ist außer sich vor Wut, weil wir den Wahltermin für den neuen Stadtrat bis zum Abschluss des Verfahrens verschoben haben.«

»Eine wirklich gute Idee«, lobte ich Gonzales Garcia. »Seit dem letzten heftigen Regen sehen seine Pappaufsteller total belämmert aus.«

»Bei den meisten ist der Kopf abgeknickt.« Der Bürgermeister lachte lauthals. »Ist wohl 'ne Sollbruchstelle.«

»Oder göttliche Fügung«, ergänzte ich, nicht ganz so erheitert wie der *Alcalde.* Der anstehende Prozess machte uns allen schwer zu schaffen. Zwar verbreiteten mein Verteidiger und Audrey jede Menge Optimismus, aber so recht wollte mir die Lage der Dinge nicht behagen.

In der *Mas Cabanes* herrschte eine seltsam angespannte Ruhe. Der Hochsommer war vorbei, die Gefahr weiterer Brände gebannt, die Touris tröpfelten nur noch sehr übersichtlich in die Ferienvillen. Eigentlich eine von zwei ausnehmend angenehmen Perioden eines Jahres, Spätherbst und Frühling.

Die Druckfahnen des Verlags trafen ein. Wenger hatte einen wirklich talentierten jungen Künstler entdeckt, der die *Insel-*

Chroniken illustrierte. Mir gefielen die Entwürfe ausnehmend gut.

Robles' Schergen ließen mich nicht aus den Augen. Gegen dessen ausdrücklichen Willen hatte Andres die Freistellung mittels einer üppigen Kaution durchgesetzt. Der Inspektor ging wohl davon aus, dass ich beabsichtigte, mich zu verdünnisieren, was zwar einem Schuldeingeständnis gleichgekommen, aber dennoch nur ein halber Sieg gewesen wäre. Es soll ja Länder geben, die nicht ausliefern.

Steve Fords Leichnam wurde auf Staatskosten verschifft. Eine Sorge weniger. Wie sich die ganze Chose wohl im Königreich entwickelte?

Luisa weigerte sich, einen Studiotermin zu vereinbaren. »Erst mal müssen wir dich aus dem Schlamassel herausbekommen, vorher habe ich keinen Bock darauf, zu singen.« Tja, so sind Kinder nun mal, sie entwickeln recht bald einen eigenen Kopf.

Um Alicia machte ich mir am meisten Sorgen. Es stand zu befürchten, dass sie die alleinige Schuld für sich reklamieren würde, falls ich verurteilt werden sollte. Wir sprachen nicht über diesen Tag X.

Hinter den Kulissen arbeitete ein ganzer Haufen Leute für mein Wohlergehen. Audrey hatte herausgefunden, dass ein neuer Zeuge aufgetaucht sein sollte. Aber was konnte dieser Mensch gesehen haben? Alicia, die vom *Pa y Vi* nicht direkt zu mir, sondern erst nach Platja gefahren war, um ihren Mann umzubringen? Oder hatte ein Spanner durchs Küchenfenster gelugt und mich beim alles entscheidenden Messerstich beobachtet?

Das vom Feuer verwüstete Grundstück der Häberlis stand zum Verkauf, für einen Apfel und ein Ei, wie man so schön sagt. Ich erwog, es zu kaufen, falls die Nummer gut ausging, aber wer konnte das voraussehen?

»Unsere Hohe Mutter wird dich nicht im Stich lassen.« Luisa sah mich durchdringend an. »Es ist wie in der letzten Stunde der großen Schlacht vor den Schatten-Inseln. Du bist nicht allein, genauso wenig wie Jack Dawson es war, wir alle stehen treu zu dir. Vielleicht kommt auch für dich die Rettung vollkommen unverhofft. Wir werden diese Schlacht nicht verlieren, mein *Capitan.*«

Am Abend vor dem Prozessbeginn waren alle Freunde in der *Mas Cabanes* versammelt. Luisa spielte *Under One Roof* und *Can You Hear My Heartbeat* so gefühlvoll wie nie zuvor.

Oben im Wendehammer parkte Robles. Er saß mit verkniffenem Gesicht auf dem Fahrersitz. Es würde eine ungemütliche Nacht für ihn werden. Fette schwarze Regenwolken kündigten einen ordentlichen Guss an.

»Selbst schuld, Blödmann«, resümierte Luisa trocken.

In dieser Nacht ließ mich Alicia nicht los. Ganz eng lag sie bei mir, im Nachbarzimmer Audrey und Flores, im dritten Schlafraum Luisa, die Katzen auf alle drei Betten verteilt.

Im Auge des Sturmes

Die Eröffnungsplädoyers waren gehalten worden.

Nichts Neues. Wir werden beweisen … blah blah blah …

Wir werden widerlegen … törö törö törö …

»Señor Manero, womit werden wir beginnen?« Richter Ortiz machte durchaus keinen interessierteren Eindruck als bei der Anhörung vor zehn Tagen.

»Die Staatsanwaltschaft legt zunächst Beweisstück A vor, die Mordwaffe.«

»Einspruch, Euer Ehren.«

»Na, das geht ja gut los. Was gibt es denn, Señor Camacho?«

»Die Identifizierung der Tatwaffe ist unnötig, da unstrittig. Warum also das Messer noch einmal vorführen?«

»In der Tat. Ein guter Einwand.« Ortiz drehte den Kopf zu Staatsanwalt Manero zurück. »Welche neuen Aspekte haben Sie denn vorzubringen?«

»Nun, ich denke, dem hohen Gericht sollte bewusstwerden, mit welcher Brutalität in diesem Mordfall vorgegangen wurde.«

»Einspruch stattgegeben.«

»Euer Ehren …«

»Ich bin nicht blind, Herr Staatsanwalt, meine beiden Beisitzer und ich haben die Mordwaffe bereits ausgiebig inspiziert. Können wir fortfahren?«

»Natürlich, Euer Ehren.« Manero, ein ebenso junger und ehrgeiziger Typ wie mein Tom-Cruise-Verschnitt, nur noch eine Spur mehr Südländer, sah kurz auf seine Notizen. Direkt neben ihm logierte seine wasserstoffblonde Assistentin. »Die Staatsanwaltschaft ruft Doktor Gerald Nergis in den Zeugenstand.«

»Einspruch, Euer Ehren.« Andres schwebte um unsere Bank herum.

»Wird das so weitergehen, Herr Anwalt?«

»Ich bitte um Nachsicht, Euer Ehren, aber wie Sie bin ich der Meinung, wir sollten diesen Prozess nicht unnötig aufblähen und in die Länge ziehen. Das Gutachten liegt vor, wir alle haben es sicher mehrfach gelesen, ich denke nicht, dass wir uns die festgestellten Inhalte noch einmal erklären lassen müssen.«

»Ja, natürlich … Herr Staatsanwalt?« Ortiz nahm die halbe Brille ab, klappte sie zusammen und deutete damit auf Iker Manolo. »Was wird uns Doktor Nergis denn Neues berichten, was nicht schon in seinem ausführlichen Bericht steht?«

»Nicht direkt etwas Neues, aber …«

»Einspruch stattgegeben.«

»Aber möglicherweise waren zwei Täter beteiligt!«

»Auch diese These ist hinlänglich bekannt, Herr Kollege«, bestätigte mein Verteidiger generös.

»So ist es.« Ortiz hämmerte mit seinem Klopfer auf den Tisch.

»Ich bestehe darauf …«

»Der Einspruch wurde abgewiesen, Staatsanwalt Manero. Ich rate Ihnen dringlich, meine Nerven nicht über Gebühr mit bereits bekannten Fakten zu strapazieren. Ich konnte es als Kind schon nicht leiden, Gedichte auswendig lernen zu müssen, um sie später zu rezitieren. Das Gericht hat bereits zur Kenntnis genommen, dass Victor Nuñez wahrscheinlich nicht mit dem ersten Stich zu Tode gebracht wurde.«

»Ein wackeliges Indiz, Euer Ehren«, warf Andres ein.

»Das mag sein, aber es ist als solches zu betrachten und zu bewerten. Das Gleiche gilt auch für Sie, Herr Verteidiger. Befleißigen Sie sich eines sachlichen Schlagabtausches, sonst werden Sie mich kennenlernen, und das wünschen Sie sich beide nicht. Haben wir alle uns verstanden?«

Staatsanwalt und Verteidiger nickten brav.

»Bis jetzt brauchen wir uns noch keine Sorgen machen«, flüsterte Audrey, die zwischen Alicia und Luisa direkt in der ersten Bank hinter uns saß. Wie gesagt, ich war da nicht so optimistisch.

»Herr Staatsanwalt …«

»Die Anklage ruft Tomas Aguilar in den Zeugenstand.«

»Was soll das denn?«, zischte Alicia entsetzt. »Der arme Tomas!«

Auf einen Stock gestützt humpelte ein undefinierbar alter Methusalem in den Gerichtssaal. Scheu sah er sich um, die wässrigen Augen hinter einer enorm dicken Brille glichen riesigen Murmeln.

»Señor Aguilar … Hallo, der Zeugenstand ist hier drüben.« Richter Ortiz hatte sich erhoben und gestikulierte wild in Richtung des aufgerufenen Zeugen. Sein zorniger Blick aktivierte den Gerichtsdiener, der den Alten schweigend zu seinem Platz dirigierte.

»Señor Aguilar, Sie erinnern sich an den Abend des 2. August?«, fragte Manero gelassen.

»Ich denke schon.« Die Stimme des Rentners klang unerwartet kräftig und forsch.

»In dieser Nacht wurde Ihr Nachbar Victor Nuñez umgebracht.«

»Das ist mir nicht neu, Jungchen.«

Irritiert stutzte der Herr Staatsanwalt, sammelte sich aber schnell wieder. »Sie bewohnen die *Casa* schräg gegenüber der Familie Nuñez?«

»Wann fragen Sie mich mal was Wichtiges?«

»Ein guter Einwand.« Richter Ortiz lächelte ungemütlich.

»Also schön, Tomas. In besagter Nacht … Haben Sie da Alicia Nuñez' Wagen gehört und gesehen?«

»Ja, sicher.«

»Und Sie können sich auch an die Uhrzeit erinnern, als der Wagen vorfuhr?«

»Das Fußballspiel war schon 'ne Weile vorbei, also so in etwa viertel vor elf.«

»Sie haben auf die Uhr gesehen?«

»Ja doch, Jungchen. Kann ich jetzt gehen, das Training von *Barca* wird gleich live übertragen.«

»Nun«, Manero lächelte zufrieden. »Keine weiteren Fragen, Euer Ehren.«

»Die Verteidigung?«

Andres Camacho bewegte sich geschmeidig um den Tisch herum. »Señor Aguilar, ich finde es gut, dass Ihr ausgeprägtes Rechtsempfinden Sie heute in diesen Gerichtssaal geführt hat.«

»So? Na, dann danke ich schön.«

»Ich werde mich bemühen, Sie nicht allzu lange aufzuhalten, damit Sie in den Genuss der ersten Trainingseinheiten unserer *Blaugrana* kommen.« Kurze Pause. »Darf ich Sie nach der Stärke Ihrer Brille fragen?«

»Elf Dioptrien.«

»Hu, das ist nicht wenig.«

»Kann's nicht ändern, Jungchen.«

»Als Sie das Auto hörten und auf die Uhr sahen, wo befanden Sie sich gerade?«

»Na, in meinem Fernsehsessel.«

»Gut. Sie hörten also einen Motor und sahen auf Ihre Armbanduhr?«

»Nee, auf die Wanduhr, ich mag nix am Arm haben.«

»Ah, okay.« Camacho ging zurück zu seinem Tisch. Audrey reichte dem Anwalt eine einfache, runde Küchenuhr mit weißem Blatt und schwarzen Zeigern. »Ihre Wanduhr, Tomas ... ist das etwa die richtige Größe?«

»Einspruch, was soll der Unsinn, der Verteidiger will den Zeugen nur verunsichern.«

»Das liegt mir fern, Euer Ehren, mir geht es nur darum, einige haarsträubende Unstimmigkeiten aufzuklären.«

»Fahren Sie fort, Herr Anwalt.«

»Danke, Euer Ehren. Señor Aguilar, die Größe der Uhr ist mit Ihrer vergleichbar?«

»Kann ich nicht sehen, zeigen Sie mal her, das Ding.«

»Gerne.« Camacho reichte dem Alten die Uhr.

»Ja, kommt hin.«

»Sehr schön. Von Ihrem bequemen Sessel bis zur Wand ...« Camacho ging, die Uhr über seinem Kopf haltend, drei Schritte zurück, »... das ist in etwa diese Entfernung?«

»Einspruch!«

»Abgewiesen!«

»Eher noch ein bisschen weiter, ich habe ein großes Wohnzimmer.« Andres wich noch einen Schritt zurück. »Ja, passt«, murmelte der Pensionär mit zusammengekniffenen Augen.

»Prima, Tomas, eine Sekunde bitte.« Camacho verstellte die Zeiger der Uhr und hielt sie wieder hoch. »Welche Uhrzeit habe ich eingestellt?«

Tomas Aguilar kniff die Augen noch ein wenig weiter zusammen und beugte sich weit über die Brüstung des Zeugenstandes.

»Äh, halb fünf?«

»Leider nein. Wollen Sie noch einmal genau hinsehen?«

»Einspruch, das ist üble Manipulation.«

»Abgewiesen, setzen Sie sich, Herr Staatsanwalt.«

»Tomas?«

»Halb sieben?« Ein Raunen ging durch den voll besetzten Gerichtssaal.

»Fünf Minuten vor zwölf.«

»Ja, das Ding ist halt zu weit weg, Sie wissen doch, dass ich schlecht sehen kann«, beschwerte sich Aguilar heftig.

»Schon gut, kein Problem. Sicher war es an diesem Abend in Ihrem Wohnzimmer deutlich dunkler als hier, habe ich recht?«

»Na sicher, dann kann ich besser fernsehen.«

»Es tut mir wirklich sehr leid, Tomas, aber im Halbdunkel, auf die eben beschriebene Entfernung, konnten Sie doch unmöglich die Ziffern der Wanduhr erkennen. Kann es sein, dass Sie sich womöglich geirrt haben, dass Sie im Nachhinein dachten, Sie hätten auf die Uhr gesehen?«

Tomas Aguilar kaute verlegen auf seiner Unterlippe. »Was weiß ich.«

»Gut, dann sind wir fast fertig.«

»Kann ich gehen?«

»Noch nicht ganz.« Camacho legte die Uhr ab und nahm drei DIN A3 Fotografien in die Hand. »Sie haben ausgesagt, dass Sie, nachdem Sie den Wagen gehört hatten, zum Fenster gegangen sind und auf die Straße geschaut haben.«

»Das stimmt, Jungchen.«

»Dort stand Alicia Nuñez' Auto.«

»Ganz recht.«

»Diesen Wagen kennen Sie gut?«

»Klar.«

»Okay, prima.« Andres Camacho lächelte gewinnend. »Sie kennen die Farbe von Alicia Nuñez' Auto.«

»Zum Teufel auch, es ist blau.«

»Euer Ehren, ich muss intervenieren.«

»Worauf soll das hinauslaufen, Herr Verteidiger?«

»Ich möchte nur sichergehen, dass Señor Aguilar wirklich den Wagen von Alicia Nuñez gesehen hat. Das haben wir in zwei Minuten geklärt.«

»Na schön, zügig bitte.«

»Tomas, hier habe ich drei Fotos mit Personenkraftwagen.« Camacho breitete die Bilder vor dem Alten aus. »Erkennen Sie auf einem Alicia Nuñez' Auto?«

»Aber sicher, Jungchen.« Grinsend tippte Aguilar auf das mittlere Blatt.

»Ganz sicher?«

»Natürlich.«

Andres hielt das Foto hoch. »Alicia Nuñez fährt einen zwölf Jahre alten Renault Clio.« Auf dem Foto war ein brandneuer blauer BMW abgebildet.

»Einspruch! Alle drei Fotos zeigen einen blauen Wagen, das ist irritierend.«

»Herr Staatsanwalt, der Unterschied zwischen einem nagelneuen fünfer BMW und einem altertümlichen Clio ist eklatant, blau hin oder her.«

»Dennoch war Ihr Vorgehen suggestiv!«

Der Geräuschpegel schwoll erheblich an.

»Ruhe! Ruhe hier, sonst lasse ich den Saal räumen!«

Langsam beruhigten sich die Gemüter. Ortiz nickte meinem Verteidiger zu.

»Tomas, niemand will Ihnen etwas unterstellen, aber könnte es nicht sein, dass Sie ein anderes Fahrzeug als den Clio von Alicia Nuñez gesehen haben? Ich möchte Sie nur ungern offiziell vereidigen lassen.«

»Also, na ja …«

»Einspruch, der Anwalt droht dem Zeugen.«

»Señor Camacho, bitte.«

»Tomas?«

»Kann schon sein, dass es eine andere Karre war«, murrte der Alte. »Aber ein Auto war da, das weiß ich ganz genau.«

»Sehr gut, danke, Señor Aguilar, keine weiteren Fragen.«

Im Garten der Liebe

»Die Runde ging voll an uns, wir liegen deutlich in Führung«, freute sich Luisa nach dem Verhandlungstag.

»Warum ruft er den armen Tomas in den Zeugenstand?«, wunderte sich Alicia. »Das hatten wir doch schon mit Robles geklärt, dass Tomas als Zeuge untauglich ist.«

»Gute Frage«, brummte ich. »War doch klar, dass Andres ihn auseinandernimmt. Das kann ja wohl nicht der berüchtigte neue Zeuge gewesen sein.«

»Morgen ist Sonntag«, bemerkte Audrey beiläufig.

»Was du nicht sagst.«

»Flores hat frei.«

»Ja, und?« Ich konnte mir ein Grinsen nicht verkneifen.

»Wir wollten ein bisschen über Land fahren, wenn du nichts dagegen hast.«

»Du bist nicht meine Amme.«

»Kommt doch mit, ihr drei.«

»Nee, lass mal.« Luisa schüttelte den Kopf. »Zwischen zwei turtelnden Pärchen komme ich mir ein wenig überflüssig vor.«

»Audrey, du wirst ja rot«, stellte ich kichernd fest.

»Quatsch, das kommt von der Sonne.« Wir nickten nur. »He, was sind denn das für Smileys, hm? Man wird doch noch mit einer Freundin was unternehmen dürfen.«

Alicia und ich fuhren nach Blanes in den *Jardin Botánic*, der den Beinamen *Matrimurtra* trägt, Meer und Myrte. Am späten

Nachmittag saßen wir mutterseelenallein im weißen Pavillon, den Blick auf das beruhigende Blau des Meeres gerichtet. Der Garten liegt direkt auf der Steilküste von Blanes und bietet an vielen Stellen ein atemberaubendes Panorama.

»Du machst dir zu viel Sorgen«, murmelte ich, den Arm um Alicias Schultern gelegt, die weißen Schaumkronen der anbrandenden Wellen verfolgend.

»Sollte ich nicht?«

»Wir sind verdammt weit gekommen, wir werden das letzte Stück auch noch schaffen.«

»Ich bin mir nicht sicher.«

»Andres ist brillant.«

Alicia nickte sanft. »Ich habe es dir noch nie gesagt.«

»Was denn?«

»Dass ich mich wirklich und wahrhaftig verliebt habe.«

»Das ist schön, oder?«

»Ja, vor allen Dingen, weil ich das niemals für möglich gehalten hätte.«

»Das macht mich unendlich glücklich.«

»Ich habe Angst, dass dieses Glück nur geborgt ist. Wir haben es uns einfach genommen.«

»Kismet, einfach nur Schicksal.« Ich sah mich kurz um, und natürlich, da saß er auf einer Bank unter Honigpalmen, mein Schatten, Horatio Robles. »Komm, bieten wir dem nervigen Voyeur eine kleine Vorstellung.«

»Was …?«

Unsere Lippen verschmolzen zu einem unendlichen Kuss, der nach Salz, Freiheit und Stolz schmeckte. Der letzte warme Wind des Sommers fuhr durch Alicias Haar.

Kennst du das Land, wo die Zitronen blüh'n,
Im dunklen Laub die Goldorangen glüh'n,
Ein sanfter Wind vom blauen Himmel weht,

Die Myrte still und hoch der Lorbeer steht?
Kennst du es wohl?
Dahin, dahin
Möcht ich mit dir, o mein Geliebter, zieh'n!
(Johann Wolfgang Goethe »Mignon«)

»Das ist schön«, flüsterte Alicia.

»Leider nicht von mir.«

»Aber du hast es wundervoll rezitiert.«

»Danke.«

»Ich bete dafür, dass uns eine Frist gewährt wird, Arthur, dass dieses unerwartete Glück nicht durch Gitterstäbe zerstört wird. Zeit ist ein eisernes Tor, und Gitter gebieten Schweigen.«

»Jetzt bist du aber die Philosophin«, versuchte ich zu scherzen.

»Ich bin nur müde, können wir uns irgendwo ein wenig ausruhen?«

»Ich glaube, direkt unterhalb der Zufahrtstraße gibt es ein kleines Hotel.« Hand in Hand schlenderten wir an Robles vorbei, ohne ihn auch nur eines Blickes zu würdigen. »Es ist Herbst, da bekommen wir bestimmt ein Zimmer.«

»Ich bin mit dir schon öfter aus Platja herausgekommen als mit Victor in zwanzig Jahren.«

»Na ja, ich bin halt ein unruhiger Geist.«

Robles stapfte gut zehn Schritte hinter uns.

»Übermorgen geht der Prozess weiter«, seufzte Alicia.

»Andres will zum Gegenangriff übergehen.«

»Was hat er vor?«

»Keine Ahnung, er meinte nur, dass er etwas höchst Erfreuliches über Richter Ortiz herausgefunden hätte.«

Am Abend aßen wir Muscheln in Weißweinsoße und anschließend eine Pizza. Zwei Flaschen kräftiger *Tempranillo Crianza* halfen uns beim Einschlafen.

Feuer frei, tapferer Streiter

»Die Verteidigung ruft Vater Emmanuel in den Zeugenstand.«

Der Staatsanwalt runzelte überrascht die Stirn, ebenso Richter Ortiz. Hoch erhobenen Hauptes stolzierte der Priester durch den Saal und nahm würdevoll auf dem leicht erhöhten Zeugenstuhl Platz.

»Ich beantrage die öffentliche Vereidigung von Pfarrer Emmanuel Levante.«

»Einspruch, Euer Ehren, was soll denn der Unsinn? Ich glaube kaum, dass uns ein Vertreter der Heiligen Römisch-katholischen Kirche belügen wird.«

»Señor Camacho?«

»Leider muss ich darauf bestehen, Euer Ehren.«

»Mit welcher Begründung?«, echauffierte sich Manero.

»Das muss ich nicht begründen, verehrter Kollege, das müssten Sie doch wissen«, erwiderte Camacho zuckersüß.

»Eine Ungeheuerlichkeit.«

»Na schön, Gerichtsdiener, vereidigen Sie …«, Ortiz verzog kurz verächtlich den Mund, »den Geistlichen.«

Sieh an, was hat Andres nur vor?

»Sehr schön, nun spricht es sich leichter. Vater Emmanuel, Sie werden sich fragen, warum ich Sie habe vorladen lassen.«

»Allerdings.«

»Entspricht es der Wahrheit, dass Sie sowohl am Tag nach dem Mord an Victor Nuñez als auch am Tag vor Prozessbeginn Tomas Aguilar daheim aufgesucht haben?«

»Tomas ist eine mir von Gott anvertraute Seele.«

»Also ist das ein Ja?«, beharrte Andres. Emmanuel nickte gnädig. »Ist es weiter richtig, dass Sie Ihr hilfebedürftiges Schaf Tomas bis dato, also in den letzten zwanzig Jahren, nicht ein einziges Mal aufgesucht haben?« Andres lehnte sich freundlich an die Brüstung des Zeugenstands. »In zwei Jahrzehnten nicht ein einziges Mal?«

»Einspruch, ich sehe nicht, wohin das führen soll.«

»Ja, Herr Verteidiger, das wüsste ich auch gern«, schloss sich Richter Ortiz an.

»Ich komme sofort auf den Punkt.«

»Nun, bitte.«

»Vater Emmanuel, haben Sie mit Tomas Aguilar über die Nacht des Mordes gesprochen?«

»Und wenn es so wäre?«

»Bitte beantworten Sie die Frage nicht mit einer Gegenfrage.«

»Es kam … zur Sprache.«

»Schön, und ist es nicht so, dass Sie den guten Tomas erst dazu animieren mussten, dass er eine Aussage zu Protokoll gab?«

»Einspruch, Euer Ehren, reine Spekulation!«

»Abgewiesen, ich will das hören.« Ortiz machte jetzt einen höchst interessierten Eindruck.

Der Priester rutschte nervös auf der Sitzfläche herum. »Nein, das habe ich nicht.«

»Ich erinnere Sie daran, dass Sie unter Eid stehen. Ich könnte Tomas Aguilar noch einmal aufrufen lassen.«

Der Priester suchte den Blickkontakt zu Manero, der nicht minder unruhig mit einem Bleistift spielte. »Nein, ich habe mit Tomas nur grundsätzlich über diese Tat gesprochen und sie auf das Schärfste verurteilt.«

»Sie lügen nicht sehr überzeugend.«

»Einspruch, das ist Verleumdung!«

»Stattgegeben! Señor Camacho, noch eine weitere Entgleisung, und ich verhänge eine disziplinarische Geldstrafe. Schreiber, streichen Sie die letzte Äußerung aus dem Protokoll.«

»Ich bitte um Verzeihung, Euer Ehren.« Andres tat zerknirscht und Ortiz nickte besänftigt. »Vater Emmanuel, stimmt es, dass Sie das Beichtgeheimnis schändlich verletzt haben, in dem Sie die Beziehung meines Mandanten mit Alicia Nuñez an Victor Nuñez weitergaben?«

»Einspruch! Einspruch! Das hat nichts mit unserem Fall zu tun!«, keifte Manero.

Warum tut Andres das?, fragte ich mich enttäuscht. *Jetzt hat er den Richter richtig gegen uns aufgebracht!*

»Ich möchte nur sehen, ob uns dieser Mann kalt lächelnd anlügt, Euer Ehren.«

Manero sah den zögernden Vorsitzenden entgeistert an. Man hätte eine Maus in Filzpantoffeln über das Parkett tapsen hören können, so still war es augenblicklich.

»Beantworten Sie die Frage.«

Ein überraschtes Stöhnen flog kurz durch den Gerichtssaal Nummer 13. Der Priester atmete schnell und stoßweise, an seiner Stirn bildeten sich Schweißtröpfchen.

»Überlegen Sie sehr gut, was Sie antworten, Señor Levante.« Camachos Stimme war eiskalt wie die Eiswürfel in einer *Pina Colada.* »Ich warne Sie, wenn Sie lügen, werde ich meinen nächsten Zeugen aufrufen …«

»Sie sind auch so ein Teufel wie dieser Schriftsteller.«

»Wir warten.«

»Sie stehen unter Eid!«, donnerte Ortiz, dessen Augen in einem gefährlichen Licht funkelten. »Vater …«

»Es gibt Situationen, da muss man Grenzen überschreiten zum Wohle der Gerechtigkeit.«

»Und deshalb haben Sie nicht nur Alicia Nuñez hilflos und allein mit ihren Nöten verraten, sondern auch den armen Tomas Aguilar zu einer Aussage genötigt. Einen alten Mann, der kaum sehen und einen Laster nicht von einem Cabrio unterscheiden kann.« Andres Camachos Worte trafen wie Peitschenhiebe. »Wollen Sie das leugnen?«

»Ich werde gar nichts mehr sagen, ich genieße Immunität, ich bin ein Mann Gottes.« Empörte Rufe hallten durch den Saal. Einige der Besucher waren Zeuge seiner furchtbaren Predigt gewesen.

»Sie sollten sich schämen, Sie kranker Narr.« Bühnenreif wandte sich Andres ab und setzte sich neben mich auf die Anklagebank. »Keine weiteren Fragen, Euer Ehren.«

Richter Ortiz sah drohend wie ein Racheengel auf den uneinsichtigen Priester herab. »Verlassen Sie unverzüglich meinen Gerichtssaal«, verlangte er schneidend. »Ich vertage die Verhandlung auf morgen früh neun Uhr.«

Der Saal leerte sich.

»Lieber Himmel, Andres, woher wussten Sie, dass der Richter in unserem Sinne agieren wird?«, fragte ich beeindruckt.

»Recherche ist alles, Arthur, das sollten Sie als Schriftsteller doch wissen. Vor zwanzig Jahren hat der gute Richter zum zweiten Mal geheiratet. Die Kirche hat ihm natürlich eine weitere kirchliche Hochzeit untersagt. Darüber war Ortiz so verbittert, dass er und seine zweite Frau konvertiert sind.«

»Wow, absolut cool«, lobte Luisa.

»Er ist eben der Beste«, freute sich Audrey.

»Ich habe nur gute Leute daheim in Barcelona«, wehrte Andres bescheiden ab.

»Trotzdem, warum Emmanuel? Das war zwar beeindruckend, aber was hat uns das eingebracht?«, hakte ich nach.

»Sympathie, Arthur. Der Richter ist stinksauer über Maneros Manöver mit Tomas Aguilar.«

»Ah, nun gut, wie geht es weiter?«

»Morgen wird er sein schwerstes Geschütz auffahren.«

»Den ominösen Zeugen«, stöhnte Alicia.

»Dann geht's ans Eingemachte«, befürchtete Luisa.

»So ist es.«

»La última escaramuza.« Das letzte Gefecht.

Irgendwie waren meine Knie ganz schön weich.

Sorgenfalten

Trine kam gähnend um die Ecke und gesellte sich zu mir auf die Couch. Ich blinzelte der jungen Katzendame vertraulich zu.

»Nervös?« Luisa legte mir die Hände auf die Schultern.

»Geht so.«

»Denk nicht so viel nach. Ein Glas Wein?«

»Lieber ein schwereres Kaliber.«

»Whisky?«

»Si, Milady.«

Sie reichte mir ein ordentlich gefülltes Glas *Glen Morangie*. Aufmunternd lächelnd stieß sie mit einem Teebecher an.

»Erzähl mir mal, warum Jack nicht bei Marun und seinem Sohn auf *Tamariu* geblieben ist. Immerhin ist sie die Mutter seines Sprösslings.«

»Hättest du so ein Ende denn gut gefunden? Trautes Heim, Glück allein?«

»Ich weiß nicht, als Leser hofft man noch auf das Wunder, darauf, dass Jack Irina findet.«

»Das stand nicht zur Debatte.«

»Kein Happy End?«

»Nö.« Ich nahm einen tiefen Schluck. Trine schnüffelte an meinem Glas, drehte das Köpfchen dann aber wenig begeistert zur Seite. »Ahnt man eigentlich, dass Jacks erste große Liebe Amaia noch leben könnte?«

»Nee, auf keinen Fall.«

»Dann bin ich zufrieden.«

»Du bist mir ja einer. Ich vermutete eigentlich, dass Jack in einem Sturm das Zeitliche segnen würde, aber gut, das Ende war dann halbwegs versöhnlich.«

»Da bin ich aber froh.«

»Ich mache mir Sorgen um Alicia.«

»Ich auch.«

»Wenn sie dich verknacken, wird sie auspacken.«

»Das befürchte ich auch. Ich baue auf dich, Kleines, du musst sie davon abhalten.«

»Ich werde mein Bestes geben, aber ob das reichen wird …«

»Verdammt noch eins, es kann mich doch keiner gesehen haben, ihr beide standet schließlich vor der Tür.«

»Da war niemand. Das Küchenfenster ist links von der Haustür. Wenn da jemand reingeäugt hätte, hätten wir das gesehen.«

»Hm, das ist alles höchst mysteriös.«

Ich trank aus. Mir wurde ganz schwindelig, denn etwas Vernünftiges hatte ich heute noch nicht zu mir genommen. »Wo steckt eigentlich Audrey?«

»Nur einmal darfst du raten.«

»Bei Flores also.«

»Vielleicht hängt sie ihren Job bald an den Nagel und wird Sprechstundenhilfe in der Tierklinik.«

»Im Ernst jetzt?«

Luisa kicherte röhrend. »Du bist echt süß, Arthur.«

»Puh, du kannst einem ja Angst und Bange machen.«

»Scheiß auf den Tee, ich trinke auch einen Goldgelben. Nachschlag?«

»Du musst mich aber auffangen, wenn ich von der Couch falle.«

Notfall-Management

»Die Staatsanwaltschaft ruft Pablo Morales in den Zeugenstand.«

Audrey lehnte sich nach vorn und fragte leise: »Okay, wer ist der Kerl?«

»Keine Ahnung.« Ich war ratlos.

»Ich kenne ihn auch nicht, es ist auf jeden Fall kein Nachbar«, murmelte Alicia.

»Hm, das ist nicht gut.«

Andres tippte hastig eine Nachricht in sein Smartphone, derweil ein etwa vierzigjähriger, perfekt gebräunter Mann in weißen Hosen, einem scharlachroten Hemd und einem cremefarbenen Blazer den Gerichtssaal betrat. Mit federnden Schritten ging er zum Zeugenstand.

»Euer Ehren, um den Prozess zu beschleunigen und die aufgekommenen Irritationen auszuräumen, werde ich nun den hier anwesenden Señor Morales befragen. Ich …«

»Euer Ehren.«

»Herr Anwalt?«

»Die Verteidigung macht von ihrem Recht auf eintägige Vertagung Gebrauch.«

»Das ist unerhört!«

»Mit welcher Begründung, Señor Camacho?«

»Beim Tennis würde man es als *Medical Timeout* bezeichnen, sowohl mein Mandant als auch ich haben gestern wohl nicht ganz so gute Muscheln gegessen. Sie verstehen unsere Probleme?« Andres verzog bühnenreif sein Gesicht und legte eine Hand auf seinen Waschbrettbauch. »Wenn wir heute weiterverhandeln, müssten wir andauernd unterbrechen. Außerdem wird uns ein Zeuge präsentiert, der bislang in keinem Protokoll aufgetaucht ist.«

»Das ist ja unglaublich, ich verlange …«

»Herr Staatsanwalt, ich glaube es steht Ihnen nicht zu, etwas in meinem Gerichtssaal zu verlangen. Sie haben uns schon genug Zeit gekostet.«

»Aber die sind doch kerngesund!«

»Sie verfügen auch über eine medizinische Approbation?«, fragte Richter Ortiz leutselig.

»Nein, natürlich nicht, aber das sieht doch ein Blinder mit Krückstock, dass hier nur Zeit geschunden werden soll.«

»Ich bin weder blind, noch gehe ich am Stock, Señor Manero!«, donnerte Ortiz, der sich halb erhoben hatte.

»Es ist außerdem wohl kaum zu erwarten, dass sich Ihr Zeuge über Nacht in Luft auflöst, verehrter Kollege«, assistierte Andres. »Aus welchem Hut Sie ihn auch immer hervorgezaubert haben.«

»Wir vertagen uns auf morgen früh, acht Uhr dreißig.«

»Ich protestiere!«

»Zur Kenntnis genommen. Die Sitzung ist geschlossen. Ich gehe davon aus, Señor Camacho, Sie und Ihren Mandanten morgen putzmunter auf der Anklagebank wiederzufinden.« Manuel Ortiz verschwand durch den Nebeneingang.

Hektik hoch Zehn

»Okay, Ruhe bewahren!«

Wir saßen allesamt um meinen Pool verteilt. Alicia, Luisa, Audrey, Andres Camacho und ich. Mein Anwalt hatte den Oberbefehl über unsere Truppe.

»Audrey, du fährst nach Llagostera, dort wohnt er. Versuch, alles, was möglich ist, über ihn herauszubekommen. Familie, Arbeit, Hobbys, irgendwelche Auffälligkeiten.«

»Okay.«

»Arthur und Luisa, ihr stürzt euch auf das Internet. Googelt den Typ, sein Umfeld, vielleicht stoßt ihr auf irgendwas Interessantes, das wir morgen gegen ihn verwenden können.«

»Geht klar, Chef.« Luisa nickte angespannt.

»Alicia, Ihre Aufgabe ist nicht minder delikat.«

»Was kann ich denn schon tun?«, fragte sie kläglich.

»Nutzen Sie all ihre Kontakte in der Gemeinde, bei Ihren Freunden, den Händlern und Lieferanten. Kennt jemand Pablo Morales? Gibt es Hinweise, Gerüchte, was auch immer.«

»Vielleicht haben sie ihn einfach gekauft?«, vermutete ich ohne rechte Überzeugung.

»Tja, aber wer, Arthur? Robles?«

»Nein, der ist so grundehrlich, wenn der einen Fünf-Euro-Schein auf der Straße findet, trägt er das Geld zum nächsten Fundbüro.«

»Schön, aber so ein Zeuge wächst nicht auf Bäumen.« Andres taxierte mich eingehend. Mir wurde regelrecht mulmig zumute. »Es sei denn, er hat Sie tatsächlich gesehen.«

»Wen denn?«

»Sie oder Alicia.«

»Das glaube ich einfach nicht.«

»Manero grinst nicht umsonst überheblich und siegessicher.«

»Du meinst, er wird diesen Morales als Augenzeugen präsentieren?«, hauchte Audrey befangen.

»Genau das befürchte ich.«

»Scheiße hoch zehn«, fluchte Luisa. »Meinen Vater bekommen die nicht.«

Ich lächelte sie dankbar an. Joschi schleppte eine kümmerliche Maus an und erwartete huldvoll Belobigungen.

»Du musst den Typ auseinandernehmen, Andres«, verlangte Audrey.

»Aber dazu brauche ich Futter, Herrschaften. Ich habe meine Kanzlei bereits darauf angesetzt. Meine Leute arbeiten mit Hochdruck an diesem Fall.«

»Hört sich gut an.«

»Aber zaubern können die auch nicht, deshalb halten wir uns an den Plan.« Andres klatschte dreimal in die Hände. »Also, *vamos,* sputet euch.«

»Wann und wo treffen wir uns wieder?«, fragte Audrey stöhnend.

»Um zehn im *Samal*«, entschied ich kurzerhand. »Zum letzten Abendmahl.«

Henkersmahlzeit

»Na schön.« Andres atmete tief durch und nahm einen Schluck Rosé. »Das ist nicht viel, aber immerhin etwas. Morales ist also Handlungsreisender.«

»Klinkenputzer hat man das früher genannt. Er verkauft Küchenmaschinen, Thermoskannen, Wasseraufbereiter und so 'n Zeug«, erläuterte Luisa. »Hat 'ne eigene Website. Billig und reißerisch gemacht, aber immerhin.«

»Wie läuft das Geschäft?«

»Keine Ahnung, das steht natürlich nicht im Internet.«

»Audrey?«

»Er war verheiratet, Carmen Eusebia …« Audrey blätterte in ihren Notizen. »Hat ihn vor drei Jahren verlassen, keine Kinder.«

»Okay, noch was?«

»Ist in Llagostera nicht gerade hoch angesehen. Tritt oft großspurig auf, logiert in einer Mietwohnung, verkehrt wohl ganz gern im Rotlichtmilieu.«

»Ein echtes Schnuckelchen«, stellte Luisa nüchtern fest.

Javier servierte wahlweise *Pollo a la brasa* oder fangfrischen *Merluza,* frisch vom Holzkohlegrill. Das Restaurant hatte wochentags geschlossen. In der Nachsaison verirrten sich einfach zu wenige Touris ins Hinterland.

»Das ist also meine Henkersmahlzeit«, analysierte ich trocken.

»Unsinn, die können dich doch gar nicht einsperren«, meinte Flores. »Wer soll sich denn um die Katzen in der *Mas Cabanes* kümmern?«

»Das Argument wird weder den Richter noch Inspektor Robles überzeugen.«

»Alicia, haben Sie etwas erfahren können?« Andres knabberte hingebungsvoll an einem Hähnchenbollen. »Echt lecker gewürzt.«

»Leider nein, niemand kennt Pablo Morales. In unserer Umgebung hat er sicher schon lange nicht mehr versucht, seine Ware zu verhökern.«

»Ich durchschaue das Spiel noch nicht, das muss ich zugeben«, sinnierte mein Anwalt kauend. »Aber wir haben ja noch den Rest der Nacht.«

»Ausgesprochen tröstlich«, bemerkte ich süffisant.

»Woher kommt dieser Typ nach so vielen Wochen? Warum hat er sich nicht viel eher gemeldet, wenn er tatsächlich was gesehen hat?«

»Zwei ausgesprochen gute Fragen«, befand Audrey.

»Die Sache stinkt doch zum Himmel.« Javier brachte eine Schüssel köstlicher Süßkartoffeln. »Der Kerl ist doch gekauft.«

»Aber das müssen wir beweisen«, stöhnte Audrey.

»Wenigstens haben wir den Richter auf unsere Seite, der kann den Staatsanwalt nicht leiden.« Luisa grinste. »Und den Pfaffen auch nicht. Bei den Beisitzern bin ich mir nicht sicher. Ich glaube aber, die haben nix zu melden.«

»Kann der Schwarzrock seine katholischen Wurstfinger in der Sache bemüht haben?«, fragte ich misstrauisch.

»Glaube ich diesmal nicht«, widersprach Audrey. »Morales gehört nicht zur Gemeinde und pflegt auch kein christliches Dasein.«

»Vielleicht hat er ihm die Vergebung all seiner Sünden versprochen.«

»Ablasshandel leicht gemacht?« Flores zeigte ein breites Lächeln.

»Dem traue ich alles zu.«

»Nein, nein, da fehlt was in diesem Puzzle.« Andres spießte eine halbe Süßkartoffel auf seine Gabel. »Vielleicht sollte ich mit Robles reden.«

»Oh, der ist sicher nicht weit«, seufzte ich.

»Ich spreche gleich mit meinen Leuten in der Kanzlei, vielleicht haben die noch was ausgegraben, seine Finanzen durchleuchtet,

Kontakte aufgedeckt. Kann ich noch so ein Hähnchenteil bekommen?«

Keiner wollte die Runde so recht aufheben, und so saßen wir, außer Andres, der sich gegen Mitternacht verabschiedete, noch bis gegen drei Uhr zusammen, meine Getreuen, meine Gefährten, meine Freunde.

Ich schlief vielleicht drei Stunden und träumte davon, in Ketten auf eine Galeere verbracht zu werden. Alicia und Luisa weinend am Pier. Man brachte mich unter Deck, aber da waren keine anderen Gefangenen, nur schief grinsende Skelette.

»Wirst den Kahn wohl allein rudern müssen«, meinte ein fetter, nur mit einem Lendenschurz bekleideter Trommler, wahrscheinlich der Taktgeber. »So verfahren wir hier mit Mördern.«

Ich wachte in Schweiß gebadet auf. Alicia war bereits unter der Dusche.

»Tja, Luzifer, nun ist es also so weit, der Tag X.«

Der schwarze Teufel erwischte eine Fliege im Sinkflug.

»Fressen und gefressen werden, so schaut's aus, mein Lieber.«

Wir rüsteten uns dann zum alles entscheidenden Gefecht.

Bis aufs Messer

»Ich hoffe doch, dass Sie beide genesen sind«, leitete Manuel Ortiz den neuen Verhandlungstag ein.

»Gewiss, Euer Ehren, wir haben extra gestern nur mageres Geflügel zu uns genommen«, gab Andres eloquent zurück.

»*Ahora bien*, Herr Staatsanwalt?«

»Wir rufen erneut Pablo Morales in den Zeugenstand.«

»Den wir auch gleich vereidigen möchten.«

»Natürlich … Gerichtsdiener.«

Die übliche Leier, ich schwöre, blah blah blah …

»Señor, Sie sind gelernter Handelsfachwirt …«

»Verzeihung, Euer Ehren, aber nach meinen Unterlagen hat Señor Morales keine qualifizierte Ausbildung, sondern nur ein Zertifikat in vier Wochenendkursen über einen abgeschlossenen Lehrgang mit dem Titel *Verkaufsorientiertes Marketing* erworben.«

Iker Manero bekam einen hochroten Kopf.

»So?« Ortiz sah ihn durchdringend an. »Ich hoffe, das geht nicht so turbulent weiter, Herr Staatsanwalt. Halten Sie sich an die Fakten.«

Das war schon einmal ein winziges Pünktchen für uns.

»Ich werde mich bemühen, Euer Ehren.«

»Wie schön für uns alle. Bitte weiter.«

»Señor Morales, Sie verkaufen Küchenmaschinen und Zubehör?«

»Das ist richtig.«

»Das ist ein sogenanntes Tür-zu-Tür- oder auch Haustüren-Geschäft.«

»Nun, sagen wir es so, ich erspare den Hausfrauen den beschwerlichen Weg in die Kaufhäuser.«

»Könnte der Herr Staatsanwalt vielleicht auf den Punkt kommen oder wird das hier eine Verkaufsveranstaltung für Küchenmaschinen?«, warf Andres frech ein. Richter Ortiz verzog belustigt das Gesicht.

»Bitte berichten Sie von dem Abend des vierten Augusts dieses Jahres. Wo befanden Sie sich an diesem Tag, Señor Morales?«

»Nun, ich hatte mein Tagewerk in Santa Christina abgeschlossen und befand mich auf dem Rückweg nach Hause, als ich über Handy einen Anruf erhielt.«

»Aha, und wer wollte Sie sprechen.«

»Victor Nuñez.« Ein Raunen und Getuschel flutete den Gerichtssaal. Andres verfolgte konzentriert die offensichtlich abgesprochene Befragung des Zeugen.

»Victor Nuñez. Woher kannten Sie den Ermordeten, Señor Morales?«

»Wir haben uns auf einer Feier in Lloret de Mar kennengelernt. Wir mochten uns vom ersten Augenblick an.«

»Man könnte also sagen, Sie waren Freunde.«

»Einspruch, Euer Ehren.«

Ortiz hob fragend eine Augenbraue.

»Ich habe mich ausführlich mit Alicia Nuñez über den Zeugen ausgetauscht. Ihr Mann hat seinen Namen niemals erwähnt, und er war auch niemals bei ihnen in der *Casa*.«

»Das heißt ja nichts, Euer Ehren.«

»Einspruch abgelehnt, fahren Sie fort, Señor Manero.«

»Danke, Euer Ehren. Señor Morales, schildern Sie uns doch bitte das Telefonat.«

»Ach, das ist ganz einfach, Victor lud mich auf einen Drink zu sich nach Hause ein.«

»Das ist lächerlich«, zischte Alicia leise. »Das hat Victor nie getan. Er hat sich mit seinen Kumpeln immer irgendwo draußen getroffen, niemals bei uns zuhause.«

Andres tippte bereits wieder Botschaften in sein Smartphone. »Task Force«, murmelte er nur.

»Was geschah dann, sind Sie der Einladung gefolgt?«

»Nun ja, erst wollte ich nicht, es war ja schon spät, aber Victor hatte seine ganz eigene Art, jemanden zu überzeugen.«

»Sie fuhren also das kurze Stück von Santa Christina bis in die Urbanisation von Platja D'Aro, um sich mit Victor Nuñez zu treffen.«

»Ja, genau.«

»Nur zu, Pablo, berichten Sie weiter.«

»Ich parkte meinen Wagen in der Parallelstraße …«

»Warum denn das?«

»Señor Camacho, ich kann Ihre Erregung verstehen, aber das ist jetzt der Zeuge des Staatsanwaltes, Ihre Stunde wird noch schlagen«, wies Ortiz meinen Verteidiger zurecht. »Bitte, berichten Sie weiter.«

»Ich ging die Straße hinauf und sah, dass vor dem Hause der Familie Nuñez ein blauer Clio stand. Das kam mir etwas merkwürdig vor.«

Andres machte sich eifrig Notizen.

»Warum denn das, Señor Morales?«, fragte Manero scheinheilig.

»Na, weil Victor mir versichert hatte, dass wir allein sein würden.«

»Ah, natürlich, das musste Sie irritieren. Wie ging es dann weiter?«

»Nach ein paar Metern erkannte ich zwei Frauen, die vor dem Haus standen.«

»Sind diese Frauen hier anwesend?«

»Jawohl, Herr Staatsanwalt.«

»Dann zeigen Sie eindeutig auf die Personen, die Sie in dieser Nacht dort erkannt haben.«

»Es waren die beiden Damen, die hinter der Anklagebank sitzen.«

»Und Sie sind sich ganz sicher?«

Manero rieb sich die Hände. »Das bin ich, Herr Staatsanwalt, absolut.«

»Voll Kacke«, maulte Luisa halblaut. »Der lügt ja wie gedruckt.«

»Was geschah dann, Señor Morales?«

»Wie gesagt, die ganze Situation kam mir reichlich merkwürdig vor. Ich hatte sofort ein ungutes Gefühl. Ich schlich mich durch den Garten des Nachbarhauses an das Haus von Victor heran.«

»Einspruch, das ist ja absurd. Der Mann war eingeladen, warum also diese Anschleicherei?«

»Abgelehnt, fahren Sie fort, Herr Staatsanwalt.«

»Niemand konnte Sie sehen?«

»Nein, wenn ich will, kann ich mich geradezu unsichtbar machen. Es gelang mir, bis zum Küchenfenster zu schleichen. Ich sah einen Schatten, der sich bewegte. Vorsichtig sah ich durch das angelehnte Fenster.«

»Was genau sahen Sie, Pablo?« Manero war aufgedreht wie ein Springteufel.

»Einen Mann, der einer Person, die wehrlos auf dem Rücken lag, ein großes Messer in die Brust rammte.«

»Und dieser Mann, können Sie ihn zweifelsfrei hier und heute identifizieren?«

»Das kann ich.«

»Wer ist der Mörder von Victor Nuñez?«

»Dieser Mann dort, der Angeklagte. Ich habe es gesehen, es war Arthur Crawley.«

Aus, dachte ich. *Der Arsch ist ab, letztendlich kriegen sie einen dann doch.*

Hinter mir schluchzte Alicia leise. Audrey und Luisa hielten sie fest in ihrer Mitte, und das war wohl auch gut so.

»Keine weiteren Fragen, Euer Ehren.« Manero marschierte triumphierend auf seinen Platz zurück. Neben mir vibrierte das Smartphone von Andres.

Trommelfeuer

Andres Camacho erhob sich unendlich langsam. Seine Miene verriet keinerlei Panik oder gar Resignation, was mir wiederum irgendwie Hoffnung machte.

»Señor Morales, das Geschäft mit den Küchenmaschinen, geht es gut?«

»Ging schon mal besser.«

»Aha.« Andres zog verstehend die Mundwinkel herab. »Am vierten August in Santa Christina, wie lief es denn da?«

»So lala.«

»Geht es etwas präziser?«

»Ich verstehe nicht.«

»Haben Sie etwas verkauft?«

»Ein paar Kleinigkeiten.«

»So? Was zum Beispiel?«

»'Ne Warmhaltekanne und einige Zubehörteile für einen Staubsauger.«

»Okay.« Andres drehte eine kleine Runde am Tisch der Staatsanwaltschaft vorbei und dann zurück zum Zeugenstand. »Wissen Sie, was ich merkwürdig finde? Kein Mensch in Santa Christina kann sich an Sie erinnern. Niemand.«

»Verstehe ich nicht.«

»Liegt es vielleicht daran, dass Sie sich so vorzüglich unsichtbar machen können?«

»Einspruch, Euer Ehren, die …«

»Ich ziehe die Frage zurück. Die Gegenstände, die Sie verkauft haben, Señor Morales … Da existieren doch sicher Rechnungen.«

»Einspruch, wir sind nicht hier, um die Verkaufspraktiken des Zeugen zu überprüfen!«

»Euer Ehren ...« Andres klang ganz souverän. »Wenn Sie erlauben, möchte ich diesen Zeugen der mehrfachen Lüge überführen. Seine angebliche Verkaufstour in Santa Christina ist die erste von vielen weiteren Unwahrheiten.«

»Fahren Sie fort, Herr Verteidiger.« Ortiz ließ die abgesetzte Brille an einem Bügel kreisen.

»Danke, Euer Ehren. Nun, Señor Morales, wie ist das mit den Rechnungen?«

»Es ... also, es kommt schon mal vor, dass keine offiziellen Belege ausgehändigt werden.«

»Wie kann das sein?«

»Na ja, in seltenen Fällen möchten die Kunden vielleicht die Mehrwertsteuer einsparen, Sie verstehen schon.«

»Wie am vierten August?«, fragte Camacho eindringlich.

»Kann schon sein.« Morales lächelte verkniffen.

»Keine Rechnungen, niemand hat Sie gesehen. In wie vielen Häusern haben Sie angeklingelt?«

»Ich weiß nicht mehr genau.«

»Fünf, zehn, zwanzig, auf die genaue Zahl kommt es nicht an.«

»Vielleicht zehn.«

»Vielleicht ... zehn?«, wiederholte Andres. »Ein bisschen wenig für einen ganzen Tag.« Morales knetete nervös seine Finger. »Waren Sie irgendwo essen, haben Sie sich etwas zu trinken gekauft?«

»Einspruch!«

»Abgelehnt. Seien Sie still, Herr Staatsanwalt!«

»Nein, ich hatte alles mit.«

»Na klar. Aber an einen Käufer können Sie sich sicher erinnern, oder? Irgendeinen.«

»Käufer?«

»Keinen Namen, nur an das Haus, ich würde das gern nachprüfen lassen, es dauert auch nicht lange, ich habe Personal vor Ort.«

»*Madre mia.*« Morales sah verstört zu Staatsanwalt Manero, der allerdings genauso belämmert dreinsah wie sein Zeuge.

Offensichtlich ist er nicht auf Ballhöhe, schoss es mir durch den Kopf.

»Sie waren nie und nimmer an diesem Tag in Santa Christina, Señor Morales, aber lassen wir das jetzt.«

Erleichtert schnaufte der Zeuge durch.

»Warum lässt er ihn vom Haken?«, fragte ich flüsternd zu meiner Rückbank.

»Andres weiß, was er tut«, beruhigte mich Audrey. »Hab Vertrauen.«

»Wenden wir uns den wirklich wichtigen Aspekten Ihrer Aussage zu.« Andres lächelte nachsichtig, aber hinter der freundlichen Maske lauerte die tödliche Kobra. »Sie folgten also Victor Nuñez' Ruf und fuhren in die Urbanisation.«

»Genau«, hechelte Morales erleichtert.

»Gehen wir einmal davon aus, dass Sie tatsächlich unter dem Küchenfenster lauerten. Bitte schildern Sie den genauen Tathergang.«

»Na, der Schriftsteller da hat meinen Kumpel erdolcht.«

»Geht das etwas genauer?«

»Wie jetzt?«

»Nun, wie hat Arthur Crawley Victor Nuñez umgebracht? Hat er das Messer in die Brust gerammt, kniete er dabei, stand er, holte er weit aus, oder steckte das Messer schon in der Brust? Señor Morales – wie hat Mister Crawley es getan? Daran werden Sie sich ja wohl erinnern können.«

»Einspruch!«, kreischte Manero alarmiert. »Das ist unerheblich.«

»Also bitte, Herr Staatsanwalt, die Ausführung der Tat ist aus Ihrer Sicht unerheblich?« Andres schüttelte tadelnd den Kopf.

»Abgewiesen! Was soll der Unsinn, Herr Staatsanwalt?«, blaffte Richter Ortiz stirnrunzelnd. »Beantworten Sie die Frage, Señor Morales.«

»Er … er hat richtig weit ausgeholt …«

»Einspruch!«

»Abgewiesen! Jetzt halten Sie den Mund, Herr Staatsanwalt!«, donnerte Ortiz. »Sonst lasse ich Sie von dem Fall entbinden!«

»Dann hat er zugestochen, mit voller Wucht.«

»Aha, danke, Señor Morales.« Andres ging zu unserem Tisch zurück und nahm eine Mappe in die Hand, die er ruhig aufblätterte. »Ich darf kurz aus dem Autopsie-Bericht zitieren, Euer Ehren?« Ortiz nickte gnädig. »Die Untersuchung der Wunde lässt nur einen Schluss zu: In einem ersten Akt wurde die todbringende Klinge in der Brust des Opfers versenkt. Diese Aktion führte nicht zum Tod. Erst ein zweiter kräftiger Stoß, der die Klinge tiefer in den Körper eindringen ließ und das anschließende Entfernen der Waffe führten zum Exitus. Das Zeitfenster zwischen den beiden Stößen liegt zwischen neunzig und einhundertzwanzig Minuten.«

Andres klappte die Mappe zu.

»Das Messer wurde nicht mehr aus der Wunde entfernt, Señor Morales, sondern einfach nur tiefer hineingedrückt, ehe die Klinge herausgezogen wurde, was letztendlich zum Tod von Victor Nuñez führte. Das ist doch sehr merkwürdig, finden Sie nicht?«

»Einspruch, der Zeuge hat eben den entscheidenden ersten Stich beobachtet.«

»Aha, dann lässt die Staatsanwaltschaft die Mordanklage ergo fallen?«

»Keinesfalls!«

»Aber Kollege Manero … wie wir gerade gehört haben, war der erste Stich nicht der tödliche. Es wäre womöglich sogar noch eine Rettung durch den Zeugen möglich gewesen. Nun müssen wir uns erneut auf die Suche nach dem eigentlichen Mörder begeben? Was genau wollen Sie denn nun?«

»Ja … ich meine … nein …«

»Also bitteschön, was denn jetzt?«

»Er war es.«

»Das passt doch zeitlich alles überhaupt nicht zusammen. Wenn Ihr Zeuge den ersten Stoß durch meinen Mandanten beobachtet hat, dann kann er den zweiten, letztendlich tödlichen überhaupt nicht gesehen haben, denn diese Tat fand mindestens neunzig Minuten später statt.« Andres breitete seine Arme aus. »Außerdem lag das Opfer bereits auf dem Boden, das Messer wurde nur tiefer in den Brustkorb gedrückt und dann herausgezogen. Wäre das nicht der Fall gewesen, hätte sich Victor Nuñez sicher gewehrt.« Mein Anwalt schüttelte mitleidig lächelnd den Kopf. »Vor der Tür standen nach eigener Aussage Alicia Nuñez und deren Begleitung Luisa, die, nachdem Mister Crawley aus der Küche nach draußen zurückkehrte, unverzüglich die Polizei angerufen haben. Nach den Ergebnissen der Gerichtsmedizin findet der tödliche Akt aber erst zwei Stunden später statt, da war Victor Nuñez, nach Angaben des Zeugen, aber bereits mausetot.«

Manuel Ortiz verzog griesgrämig sein Gesicht.

Hohe Mutter, es sieht aus, als könnten wir gewinnen.

»Würden Sie uns dieses Mysterium erklären, Señor Morales?«

»Ich weiß, was ich gesehen habe.«

»Tja, Sie waren wohl Zeuge eines Wunders, denn so, wie Sie den Tathergang geschildert haben, kann es sich unmöglich abgespielt haben.« Andres Camacho lächelte nun nicht mehr. »Ich gebe Ihnen nun letztmalig die Gelegenheit, die Wahrheit zu sagen, Señor Morales.«

»Einspruch, der Herr Anwalt setzt meinen Zeugen unnötig unter Druck.«

»Abgelehnt, fahren Sie fort, Señor Camacho.«

»Ich biete Ihnen eine Entscheidungshilfe an, Señor Morales.«

»Was … soll das sein?«

»Sie sind pleite, nicht wahr, zumindest waren Sie es bis vor einer Woche.«

»Das geht Sie nichts an.«

»Am 28. September gingen fünfunddreißigtausend Euro auf Ihrem Konto ein.«

»Einspruch! Was hat das mit dem Fall zu tun?«, ereiferte sich Manero.

»Wie Sie gleich anerkennen werden, eine ganze Menge, Herr Staatsanwalt.«

»Ich lasse die weitere Befragung zu.«

»Danke, Euer Ehren. Der Beschluss des Untersuchungsrichters zur Kontoeinsicht des Zeugen liegt natürlich vor.«

»Jetzt macht er ihn fertig«, flüsterte Audrey begeistert. Ich war sprachlos ob der unerwarteten Wendung der Dinge.

»Die Summe wurde über mehrere Offshore-Konten transferiert, aber meiner Kanzlei ist es gelungen, den eigentlichen Auftraggeber ausfindig zu machen. Wollen Sie uns den Namen Ihres Wohltäters nennen, Señor Morales?«

»Ich weiß nicht, nein.«

»Bitte, wie Sie wollen.« Andres Camacho wandte sich dem vollbesetzten Gerichtssaal zu. »Die Summe wurde überwiesen von … Gerard Reyes.«

Ein erstauntes Tuscheln und Raunen.

»So ein Arsch«, stieß Luisa heiser hervor.

»Gerard Reyes«, wiederholte mein Verteidiger laut. »Wie wir alle wissen, der Konkurrent meines Mandanten um den Sitz im Stadtrat der Gemeinde Calonge.«

Richter Ortiz sah sich bemüßigt, sein Ordnungsinstrument einzusetzen. Mehrfach hämmerte er auf sein Pult. »Ruhe! Ruhe, verdammt nochmal!«

Pablo Morales sah hilfesuchend zur Bank der Staatsanwaltschaft. Iker Manero allerdings fixierte kopfschüttelnd seine Hände.

»Wenn hier nicht augenblicklich Ruhe einkehrt, lasse ich den Saal räumen!«, drohte Richter Ortiz. Nur langsam beruhigten sich die Gemüter. Ich fragte mich, wie viele Mörder es schon durch einen guten Anwalt geschafft hatten, ihrer gerechten Strafe zu entgehen. Aber ich muss zugeben, meine Schuldgefühle hielten sich in Grenzen. Ich drehte mich um und sah Alicia und Luisa mit neu erwachender Hoffnung an.

»Euer Ehren, darf ich mit dem Herrn Staatsanwalt vor den Richtertisch treten?«

»Meinetwegen«, brummte Ortiz. »Kommen Sie.«

»Ich biete der Staatsanwaltschaft einen Deal an. Wie Sie sicher inzwischen unschwer nachvollziehen können, wurde Arthur Crawley auf das Übelste hereingelegt.«

»Also …«

»Seien Sie still, Manero«, kanzelte Ortiz den Vertreter des Staates ab.

»Die Verteidigung verzichtet auf eine Anklage wegen Meineides, wenn Ihr Zeuge die Verbindung zu Gerard Reyes gesteht.«

»Ich versichere Ihnen beiden, dass mir nichts von dieser … schändlichen Allianz bekannt war.«

»Das glaube ich Ihnen, Manero. Ich biete Ihnen die Gelegenheit, die Staatsanwaltschaft halbwegs unbeschadet aus diesem Dilemma herauszuhalten.«

»Nun?« Richter Ortiz sah Manero böse an. »So ein beschissenes Theater hatte ich lange nicht mehr in meinem Gerichtssaal. Welche lächerlich oberflächlichen Recherchen haben Sie eigentlich betrieben? Warum wurde der Zeuge nicht eingehend durchleuchtet? Sie kosten den Staat Geld und mich meine Zeit.«

»Mein Mandant wird natürlich wegen erwiesener Unschuld freigesprochen«, sagte Andres.

»Na schön, damit kann ich leben«, gab Manero zerknirscht zu.

»Des Weiteren gehe ich davon aus, dass Sie Gerard Reyes wegen Anstiftung zur Verleumdung und schweren Betruges anklagen werden.« Manero nickte betroffen. »Sehen Sie es locker, Herr Kollege.« Andres grinste lausbubenhaft. »Sie können denselben Zeugen wiederverwenden, und das Tolle ist, diesmal muss er nicht lügen.«

Recht und Gerechtigkeit

Freispruch. Ich konnte es kaum fassen. Luisa und Alicia erdrückten mich fast, Audrey herzte Andres Camacho ein ums andere Mal. Wahnsinn. Pool und *Vino Tinto,* statt gesiebte Luft und Kartoffelbrei. Samstagmorgen, halb elf. Die Nummer war durch.

Sergio, Javier, Mareike und Paco erwarteten uns am Ende der Freitreppe, die ins Gerichtsgebäude hinaufführte. Sektkorken flogen, Hände wurden geschüttelt, wilde Umarmungen. Andres Camacho war der Mann der Stunde.

»Ich weiß nicht, wie ich Ihnen danken soll«, klagte ich.

»Oh, Sie werden sich wundern, Arthur, wenn Sie die Rechnung bekommen. Ich musste fast meine gesamte Manpower einsetzen.«

»Sie hatten wirklich Leute in Santa Christina?«, wunderte sich Alicia.

»Ich verliere nicht gern.« Er blinzelte vertraulich mit dem linken Auge.

»Die Verfügung zur Konteneinsicht?«, hakte ich nach.

»Alles korrekt.«

»Dann haben Sie sich die Kohle redlich verdient.«

Die ganze Bande steuerte aufgekratzt auf den Parkplatz zu.

»Das riecht nach einer Party«, verkündete Luisa ausgelassen. »Die schmeißen mein Vater und ich.«

»Morgen machen wir alle dicht«, tönte Javier. »Was haltet ihr davon, Leute – *Fiesta Meyor* im *Samal.* Ich sorge fürs Essen.«

»Die Getränke gehen auf mich«, stimmte ich halb trunken vor Freude ein. Auf der gegenüberliegenden Straßenseite stand ein alter Bekannter. »Geht schon mal vor, ich komme sofort.« Ich überquerte die *Avenida* und sah meinem ärgsten Verfolger in die grauen Augen.

»Herzlichen Glückwunsch, Sie haben das Gesetz überlistet.«

»Inspektor Robles, darf ich hoffen, dass Sie Ihren Kreuzzug jetzt beenden?«

»Sie wurden freigesprochen, Mister Crawley, Sie können für dieses Verbrechen nicht noch einmal angeklagt werden, es sei denn, es treten gänzlich neue Aspekte zutage, die ein Aufleben zulassen, oder Sie stellen sich freiwillig.«

»Sie halten mich noch immer für den Mörder.«

»Natürlich.« Robles zog seine Weste zurecht. »Sie waren es, aber damit müssen Sie leben, nicht ich. Die Gerechtigkeit hat diesen Kampf verloren, wie schon so viele zuvor, verloren, weil ein verblödeter Baulöwe einen Vollidioten dazu überredet hat, ein hauchdünnes Lügengespinst vorzutragen. Dazu kommt die schlampige Arbeit der Staatsanwaltschaft, wirklich unglaublich.« Robles reichte mir die Hand. Ich war total perplex. »Ich hätte Sie erwischt, irgendwann hätten Sie einen Fehler gemacht.«

Ich nickte nachdenklich und ergriff die dargebotene Hand. »Gerechtigkeit muss sich nicht immer nur anhand der Gesetzestexte bemessen lassen. Es gibt womöglich eine Grauzone, Herr Kommissar, ein Bereich, in dem Zuneigung und Liebe regiert.«

»Eine Zone, in der man einen Mord rechtfertigen kann?«

»Sicher nicht, aber womöglich führen manchmal unglückliche Zufälle zu nicht beabsichtigten Ergebnissen.« Mehr wagte ich nicht anzudeuten. »Wir alle sind keine schlechten Menschen, Inspektor. Ach, noch eines ...«

»Bitte.«

»Ob Sie es glauben oder nicht, ich schätze Ihre Arbeit wirklich. Ich bedauere es, dass wir uns unter diesen ... *Umständen* kennenlernen mussten.«

Robles taxierte mich von Kopf bis Fuß. »Vielleicht versuche ich doch noch einmal, Ihr Buch zu lesen.«

»Das wäre mir eine große Ehre, Inspektor Robles.« Ich musste unwillkürlich schmunzeln. Ein aufrechter Mann, dem Korruption so fern war wie Alpha Centauri von der Erde. »Wer weiß, womöglich werden wir noch so etwas wie Freunde«, versuchte ich zu scherzen.

»Ich denke nicht, dass diese Gefahr besteht.«

Aber he, war da nicht ein freundliches Blinzeln? Zumindest bildete ich mir das ein. »Man soll niemals *nie* sagen, Herr Inspektor.«

»Hm.« Er nickte sacht und seine schmalen Lippen verzogen sich zu einem ironischen Lächeln. »Vielleicht ist unsere Geschichte tatsächlich noch nicht zu Ende erzählt. Leben Sie wohl, Señor Crawley.«

Atempause

»Ich kann es immer noch nicht glauben.«

Alicia hing glücklich an meinem Arm. Wir gingen die letzten Meter bis zum Törchen meines Grundstücks. Die Katzenbande saß artig, aber auch erwartungsfroh vor der Haustür.

»Yippie, das beste Futter für alle!«

Joschi nickte generös und leckte sich schon mal die Pfoten.

»Was hast du mit Robles bequatscht?«, wollte Luisa wissen.

»Wir haben uns verabschiedet. Er hält mich immer noch für den Mörder.«

»Nun ja …«

»Wirst du wohl still sein, vorlaute Göre.«

»Und wenn er es jetzt auf mich abgesehen hat?«

»Nein, Alicia. Ich war sein Objekt der Begierde, nicht du.«

»Du meinst, wir sind ihn los, ein für alle Mal?«

»Ich denke schon.«

»Das muss wirklich gefeiert werden.«

»Wie fühlst du dich, oh mein geliebter Papa?«

»Wie neugeboren.«

Audrey war mit Andres nach Platja gefahren, um dort mit Flores Essen zu gehen. Mein Anwalt war bereits mit dem nächsten Fall beschäftigt und würde leider auf der abendlichen Party fehlen.

»Ich werde mal mit meiner Agentin reden«, murmelte ich nachdenklich, den Blick auf die Ruine der Häberlis gerichtet. »Wenn ich genug Kohle habe, dann kaufe ich das Grundstück.«

»Wozu? Dein Haus ist doch klasse«, wunderte sich Alicia.

»Vielleicht möchte Luisa mal ihre eigenen vier Wände beziehen.«

Alicia nickte anerkennend. »Wir können mein Haus in Platja verkaufen.«

»Du willst für immer bei mir einziehen?«

»Nur, wenn du die grässlichen Vorhänge auf den Müll schmeißt.« Alicia lachte mich verschmitzt an.

»Die fackele ich sofort ab.«

»Das Sofa ist durchgesessen.«

»Wir suchen morgen was Neues aus.«

»Na dann …«

Es wurde eine ausgelassene, umwerfende Fiesta. Wir aßen, tranken, sangen und tanzten, bis die Sonne aufging.

Un nuevo comienzo. Ein neuer Anfang.

Drei oder vier Kamele

»Zweihundertfünfzigtausend Euro … für diesen Schlackehaufen? Das kann unmöglich Ihr Ernst sein, Señor Alvarez.«

Der Makler hatte etwas von einem Matador, jedenfalls benahm er sich genauso aufgeblasen und überheblich wie ein stolzer spanischer Stierkämpfer. »Die Lage ist exorbitant, ein fantastischer Blick aufs Meer.«

»Ich wohne Luftlinie fünfzig Meter entfernt, Sie müssen mir nicht die Vorzüge der Lage anpreisen wie auf einem Basar.«

»Sie wirken ein wenig ungeduldig, Señor Crawley.«

»Nicht ungeduldig, nur ein wenig genervt.«

»Ich mache die Preise nicht.« Hilflos breitete der Grande seine Arme aus, die in einem blütenweißen Designerhemd steckten.

»Ach nein, wer denn dann?«

»Die Gesetze der freien Marktwirtschaft. Angebot und Nachfrage, Sie verstehen schon.«

»Ich verstehe nur, dass Sie mich gewaltig übers Ohr hauen wollen.«

»Nicht doch, wir werden uns sicher handelseinig werden.«

»Was ja in Ihrem Interesse liegen muss, da ich der einzige Interessent bin.«

Für Sekundenbruchteile hatte ich es geschafft, ihn zu verunsichern. Seine sonst so ölig freundliche Mimik zeigte ein paar Risse. Ich war auf dem richtigen Weg. Er hatte keine weiteren potentiellen Käufer im Ärmel.

»Also schön, wollen wir mal sehen, was ich da noch rausrechnen kann, immerhin muss das Grundstück ja kernsaniert werden, was allerdings seinen Wert nicht drastisch mindert, nur marginal.«

»Ich bin ganz gespannt.«

Er tippte wild auf seinem Taschenrechner herum. Ich würde schwören, dass er überhaupt keine sinnvollen Rechenoperationen durchführte, sondern einfach nur seine übliche Show abzog.

»So.« Er stupste mit dem Zeigefinger auf seine Nasenspitze. Die Nummer war echt bühnenreif. Er atmete tief durch, ehe er mich entwaffnend, glaubte er zumindest, anlächelte. »Zweihundertzwanzigtausend.« Er strahlte über das ganze sonnengebräunte Gesicht. »Damit haben Sie nicht gerechnet, oder?«

»In der Tat.«

»Dann sind wir uns einig?«

»Einig darüber, dass Sie ein ganz ausgekochtes Schlitzohr sind? Oh ja, da besteht überhaupt kein Zweifel.«

»Aber Señor Crawley, Sie enttäuschen mich.«

»Das will ich hoffen.« Ich zog mein Smartphone aus der Tasche.

»Was soll das werden?«

»Ich rechne mal eben aus, was es kosten wird, die Brandruine abzutragen und das Grundstück neu zu kultivieren.«

»Ach, das wird nicht nötig sein.«

»Ich finde schon.« Fröhlich die Lippen schürzend spielte ich eine Runde *Pac Man*. »O la la, also … Mensch, das hätte ich aber nicht gedacht.«

»Was denn?«

»Also, ich komme summa summarum auf locker fünfzigtausend Euro, nur um das Grundstück wieder bebaubar zu machen.«

»Ach, wirklich?« Alvarez war sichtlich beeindruckt.

»Wenn wir die schon mal von den zweihundertzwanzig abziehen, landen wir bei einer Zwischensumme von hundertsiebzigtausend.«

»Zwischensumme?«, fragte der Makler misstrauisch.

»Ja, also, das ist jetzt natürlich brutto.«

»Ich verstehe nicht.«

»Nun, das ist die Summe ohne Abzüge.«

»Welche Abzüge sollen das denn sein?«

»Na, das übliche halt, Mehrwertsteuer, Luxussteuer und diese Sachen.« Ich machte einen höchst kompetenten Eindruck. »Wenn man diese ganzen Posten berücksichtigt, gelangt man zu einer realistischen Verhandlungsbasis.«

»Sie wollen mich auf den Arm nehmen, Señor Crawley.«

»Also bitte, das würde ich mir als amtierender Stadtrat niemals erlauben.«

»Ah ja, Sie wurden mit ziemlicher Mehrheit gewählt.«

»Wir wollen das nicht zum Thema machen, aber ja, es war ein schöner Erfolg. So hat man doch einen gewissen Einfluss auf die lokale Politik, aber das ist ja heute nicht unser Thema. Der Nettopreis liegt nach meinen Berechnungen übrigens bei einhundertdreißigtausend Euro.«

»Das ist …«

»Eine solide Verhandlungsbasis, finde ich auch.«

»Moment, ich habe das so verstanden, dass der Nettopreis gezahlt werden sollte.«

»Nein, nein«, wehrte ich jovial ab. Ich war kurz davor, dem Torero auf die Schultern zu klopfen, aber ich beließ es bei einem weiteren verbalen roten Tuch. »Das ist die Summe, die als Grundlage für unsere Verhandlung dient.«

»Das glauben Sie doch wohl selbst nicht.«

»Machen wir 'ne runde Summe draus. Für hunderttausend sind Sie den ganzen Ärger los.«

Und so nahm das Gefecht seinen Lauf. Es wurde ein heftiges Fighten um jeden Euro, aber da Alvarez selbst die Anfangssumme reduziert hatte, kamen wir, dank dem Einsatz von *Pac Man*, zu einem für mich überraschend guten Ergebnis.

»Einhundertdreizehntausend Euro.«

»Sie bringen mich ins Armenhaus«, stöhnte Rodrigo Alvarez. Diesen Stier hatte er nicht wirklich erlegt.

»Sie haben mein Mitgefühl«, versicherte ich.

»Haben Sie mal überlegt, mit dem Bücherschreiben aufzuhören und die Branche zu wechseln?«

»Ist mir zu anstrengend.«

Herrje, ich war jetzt ein Großgrundbesitzer. Das ist man doch ab zwei Grundstücken, oder?

Spät in der Nacht, es ging auf Mitternacht zu, saßen Luisa, Alicia und ich auf der durchgesessenen Hollywoodschaukel der Veranda. Still und unfassbar glücklich blickten wir über das Dorf. Calonge, die alte beleuchtete Kirche, die verwinkelten Gassen mit ihren hingetupften Straßenlaternen, der Platz vor der Bürgermeisterei, etwas abseits die alte Mühle. Ich hatte eine Flasche Cava geöffnet. Feine Bläschen stiegen in den beschlagenen Gläsern auf. Ein fast voller Mond zauberte goldene reflektierende Streifen auf das schlummernde Mittelmeer.

Die gesamte Katzenbande marschierte auf. Joschi, Manita, Karlo, Luzifer und Trine. Wohlwollend, zumindest kam es mir so vor, beäugten sie den Hausherren und die neu gegründete Familie.

»Es gibt keinen schöneren Platz auf dieser Erde.« Luisas Stimme klang wundervoll melodisch. Ihr Kopf lehnte sich an meine linke Schulter. Als hätten sich die beiden Frauen abgesprochen, spürte ich fast zeitgleich Alicias warme Wange an meiner rechten Seite. »Ich werde für immer hierbleiben.« Unvermittelt kicherte Luisa. »Scheiß auf den Rest der Welt … ich schwöre.«

»Bin dabei«, lachte Alicia gelöst.

»Mich braucht ihr gar nicht fragen«, tönte ich aufgekratzt.

»Lasst uns tanzen!« Luisa sprang unvermittelt auf, verschwand im Wohnzimmer. Schon dröhnte die unverkennbare Stimme Bruce Springsteens über den Berg. *Dancing In The Dark* …

Ja, bei unserer Hohen Mutter – was denn sonst?

Abspann

Sergio, Paco und ich schaufelten den Dreck in Schubkarren, den Javier, Audrey und Luisa in einen Container schütteten. Es war Frühling geworden, nicht zu heiß. Wir hatten damit begonnen, das Grundstück der Häberlis zu sanieren. Schutt, verbrannte Erde, verkohlte Utensilien, der ganze Mist musste weg.

»Hast du die Pläne gesehen, die Luisa und ich ausgearbeitet haben, Arty?«

»Habe ich, Audrey, das wird ein Traumhaus.«

»Mit drei Traumfrauen«, ergänzte Luisa fröhlich. »Nun mach nicht so ein Gesicht. Wir wohnen Luftlinie fünfzig Meter auseinander.«

Aus dem Ghettoblaster dröhnte Uriah Heep, *Lady In Black*. Audrey und ich sangen mit, so gut es eben ging, nicht schön, aber laut. Paco spielte hochkonzentriert Luftgitarre, Sergio trommelte auf einem umgekippten Eimer.

Alicia brachte belegte Baguettes, Bier und Wein. Wir hockten auf der Baustelle, die Gesichter der Sonne zugewandt. Die anderen schwatzten fröhlich drauflos. Freddy Mercury sang anschließend *Crazy Little Thing Called Love*.

Luisa hockte sich neben mich und reichte mir ein *San Miguel*.

»Das Leben kann so schön sein«, summte sie leise. Ich nickte nur und legte einen Arm um ihre Schulter. Alicia kam zu uns.

»Noch ein Arm frei, Gigolo?«

»Komm schon her«, verlangte ich grinsend.

»Und?« Alicia sah Luisa fragend an. »Wird er es tun?«

»Hey, was ist das für ein Komplott?«

Luisa und Alicia sahen mich provozierend lächelnd an. Urplötzlich ging mir ein Licht auf. »Was seid ihr zwei doch für durchtriebene Weibsbilder!«

Sie klatschten sich vergnügt ab.

Ich gab mich geschlagen.

Noch am selben Abend setzte ich mich vor den Computer und eröffnete eine neue *Word*-Datei. Aufgeregt wie ein kleiner Schuljunge tippte ich die ersten Worte in die Tastatur.

Die Insel-Chroniken, Band IV, Auferstehung …

Auf ein Wort …

Liebe Leserin, lieber Leser,

herzlichen Dank dafür, dass Du durch den Erwerb dieses Buches Arthur, Luisa, Alicia und viele andere liebenswerte Charaktere zum Leben erweckt hast, nicht zu vergessen Joschi, Manita, Luzifer, Karlo und die kleine Trine.

Es gibt noch jede Menge spannende, aber auch augenzwinkernde Geschichten rund um das kleine katalanische Dorf Calonge und dessen liebenswerte Einwohner zu erzählen.

Darf es vielleicht etwas mehr sein?

Im nächsten Band geht es um Arthurs neue, recht skurrile Nachbarn, einen seit Jahren unaufgeklärten Mord, einen alten mystischen Orden und um eine unerwartete Hochzeit …

Sollte Dir das Buch gefallen haben, würde ich mich sehr über eine Rezension im Internet freuen.

Ich hoffe, wir sehen uns bald auf einen Drink im *Cactus*.

Muchas Gracias!

Über den Autor

Ein Leben ohne Buch?
Niemals! Der im November 1958 in Duisburg geborene Uwe Rademacher kann seiner kreativen Ader nicht entfliehen: Nach mehreren Kurzgeschichten erschienen 2019 und 2021 seine beiden Duisburger Regionalkrimis, die positiv in seinem Umfeld aufgenommen wurden. Bisher ist er dem Ruhrpott zusammen mit seiner Frau Birgit treu geblieben …

Aber wird das auch nach seiner Pensionierung so sein?
Nein! Sein Sehnsuchtsort und seine zweite Heimat liegen in einem kleinen Dorf an der Costa Brava, in dem so viele Geheimnisse verborgen sind und Unmengen an wunderbaren Geschichten darauf warten, erzählt zu werden.

Wird Uwe auch weitere Bücher schreiben?
Definitiv Ja! Die Arthur-Reihe wird fortgesetzt! Die abschließende Überarbeitung und Veröffentlichung seines Lebenswerkes »Die Insel-Chroniken« (ein sechsbändiges Urban-Fantasy-Epos) brennt in seiner Seele, aber er wird warten, bis die Zeit gekommen ist und er sich mit all seinen Gedanken darauf konzentrieren kann.

Duisburg-Krimi

Der Duisburger Fall und die Schatten des Krieges: Eine packende Jagd nach einem tödlichen Vermächtnis

Bomben fallen auf Duisburg, 1944. Ein sterbender SS-Offizier übergibt einen mysteriösen Koffer an einen Priester – der Beginn einer Mordserie, die bis in die Gegenwart reicht.
Als BKA-Ermittler Jonathan Dawson zum Tatort in der St. Ewaldi-Kirche gerufen wird, ahnt er nicht, dass ihn dieser Fall tief in die dunkelsten Kapitel deutscher Geschichte führen wird. Ein gefolterter Priester, ein geschändetes Grab und plötzlich schalten sich der Vatikan und der BND ein.
Gemeinsam mit seiner Kollegin Sascha Brinkmann taucht Dawson in ein Netz aus Intrigen, das von den Kriegswirren bis in die höchsten Kreise der Gegenwart reicht. Was hat es mit dem verschwundenen Koffer auf sich? Warum sterben alle, die damit in Verbindung stehen?